Sabine Dabringhaus

Geschichte Chinas im 20. Jahrhundert

Sabine Dabringhaus

GESCHICHTE CHINAS IM 20. JAHRHUNDERT

Verlag C. H. Beck

Für Anett und Julia

Originalausgabe

Satz: Janß GmbH, Pfungstadt
Druck und Bindung: CPI- Ebner & Spiegel, Ulm
Gedruckt auf säurefreiem, alterungsbeständigem Papier
(hergestellt aus chlorfrei gebleichtem Zellstoff)
Printed in Germany
ISBN 978 3 406 592867

www.beck.de

Inhalt

Vorwort **7**

Einleitung **9**

I. Konfuzianismus am *fin de siècle*: Zwischen Reform und Untergang **27**

1. Krisenbewältigung und Reformversuche im Konfuzianismus **30**
2. Militärische Niederlagen, Risse im Vielvölkerimperium . **39**
3. Der Systemwechsel von 1911/12: Revolution ohne Neubeginn **44**
4. Gesellschaft zwischen Traditionsbruch und Ideenvielfalt **51**

II. Nationalismen in einer schwachen Republik **65**

1. Antiimperialismus: Im Widerstand formiert sich die Nation **66**
2. Politischer Nationalismus und schwacher Zentralstaat . **75**
3. Kulturelle Modernisierung und «nationaler Charakter» **91**
4. Ethnische Nationalismen **105**

III. Diktatur im kommunistischen Parteistaat **113**

1. Die frühe Volksrepublik: Befreiung, Wiederaufbau und «Neue Demokratie» **116**
2. Terror der Utopien: Vom Großen Sprung zur Kulturrevolution **131**

3. Zwischen Isolation und Integration 148
4. Chinesische Alternativen: Taiwan, Hongkong und die Diaspora 152

IV. Die achtziger Jahre: Staatliche Reformen, Öffnung nach außen und Demokratiebewegung 157

1. Neue staatliche Strategien in der Ära Deng Xiaopings . . 158
2. Intellektuelle Opposition und Demokratisierung als fünfte Modernisierung 182
3. Das Jahr 1989: Eine bittere Zäsur 190

V. China im Übergang zum «Kapitalismus» 195

1. Machteliten zwischen Herrschaftstradition und Neuanfang 197
2. Ökonomischer Wandel und Konsumgesellschaft 202
3. Weltmachtstreben 207
4. Ungleichheiten, Gegensätze und Widersprüche 214
5. Die Wiederentdeckung der Tradition 226
6. Neue Impulse 229

Epilog 233

Anmerkungen 239
Zeittafel 273
Literaturverzeichnis 277
Abbildungen 283
Personenregister 284
Sachregister 287

Vorwort

Zu Beginn des 21. Jahrhunderts gehört China zu den weltweit dynamischsten Wirtschaftsregionen und präsentiert sich als Gastland bedeutender internationaler Ereignisse wie der Olympischen Sommerspiele des Jahres 2008. Längst ist die Volksrepublik nicht mehr jenes verschlossene «Reich der Mitte», das sie noch in den siebziger Jahren war. Trotz eines weltoffenen Erscheinungsbildes, das sich am auffälligsten in den *skylines* der großen Städte manifestiert, ist China nicht zu einer Kopie des Westens geworden. Die chinesische Regierung versäumt nicht, Stabilität und Harmonie als wichtigste Leitprinzipien hervorzuheben und alle kritischen Stimmen unter der eigenen Bevölkerung zu unterdrücken. Zur Rechtfertigung dieses eisernen Kurses werden im sozialistischen China wieder die Schriften des alten Philosophen Konfuzius hervorgeholt. Konfuzius war von den Kommunisten jahrzehntelang geächtet worden, erfreut sich aber seit der Reform- und Öffnungspolitik, die um 1980 begann, neuer Beliebtheit. Im rasanten Aufstieg Chinas wird der eigenen Tradition eine neue Rolle zugewiesen. Wurde im frühen 20. Jahrhundert Stärkung in der Übernahme vor allem westlicher Ideen gesucht, so stellt sich die heutige Elite in die Tradition der eigenen Geschichte vor dem Einbruch der imperialistischen Mächte.

Trotz seiner wirtschaftlichen Erfolge und seiner geachteten Stellung in der Welt «freut sich China nicht» (*Zhongguo bu gaoxing*) – so jedenfalls behauptet es ein nationalistisches Pamphlet, das nach seinem Erscheinen im März 2009 millionenfach verkauft wurde. Seine Autoren warnen vor einer Verweichlichung und Verwestlichung ihres Landes und fordern, dass das große China endlich seine Rolle als Weltmacht wahrnehmen und gegenüber dem Westen selbstbewusster auftreten solle.

Aufgabe dieses Buches ist es, die Grundlinien und Dynamiken des 20. Jahrhunderts aufzuzeigen, um den widersprüchlichen, komplexen Weg Chinas hin zur Gegenwart verständlich zu machen. Anhand der fünf Leitbegriffe Konfuzianismus, Nationalismus, Kommunismus, Demokratisierung und Kapitalismus wird der Leser durch das vorherige Jahrhundert geführt und auf unterschiedliche Aspekte der jeweiligen Zeitabschnitte aufmerksam gemacht. In der Abfolge der Perioden hat sich Chinas äußere Form gewandelt. Allzu leicht wird neben dem kontinentalen Kernchina die «Peripherie» vernachlässigt. Dem soll die Darstellung entgegenwirken, indem sie die Aufmerksamkeit immer wieder auf die zentralasiatischen Landesteile, auf Hongkong, Taiwan und die überseeische chinesische Diaspora lenkt.

Als Standardumschrift für chinesische Begriffe und Namen wird das international übliche *hanyu pinyin* verwendet. Dies gilt auch für die im Deutschen traditionell anders geschriebenen Ortsnamen Peking (heute: Beijing) und Kanton (heute: Guangzhou). Bei chinesischen und japanischen Namen steht der Familienname an erster Stelle, gefolgt vom persönlichen Namen. Die Bibliographie enthält Literaturempfehlungen; die der Darstellung zu Grunde liegende Literatur wird in den Anmerkungen genannt.

Für viele Hinweise und Anregungen kann ich mich hier nur pauschal bedanken. Namentlich danken möchte ich denjenigen, ohne die das Buch nicht zustande gekommen wäre. Ulrich Herbert und Jörn Leonhard, die Direktoren des Freiburg Institute for Advanced Studies (FRIAS), gaben mir im akademischen Jahr 2008/2009 den notwendigen Freiraum, um das Projekt überhaupt verwirklichen zu können. Sehr anregend waren auch die Diskussionen in den Kolloquien des FRIAS und mit den anderen Fellows des ersten Jahrgangs. Philipp Geck half bei der Literaturbeschaffung. Zang Xiaowei und Nicola Spakowski gaben wichtige Hinweise. Philipp Dabringhaus hat bei der Zusammenstellung des Registers geholfen. Besonders danken möchte ich Dominic Sachsenmaier für seinen Kommentar zu einer frühen Fassung meiner Thesen und Jürgen Osterhammel für die kritische Durchsicht des Manuskripts.

Einleitung

China zu verstehen stellt eine große Herausforderung dar. Denn es lässt sich kaum in eines der Modelle der westlichen Sozialwissenschaften pressen. China ist zugleich städtisch und ländlich, es gehört ebenso zum industrialisierten globalen Norden wie zum kaum entwickelten globalen Süden. An den chinesischen Küsten prosperieren moderne Metropolen, die sich wenig von westlichen Großstädten unterscheiden. Die Regionen im Landesinneren und im Nordwesten liegen hingegen in ihrer Entwicklung weiterhin zurück. Umso schwieriger erscheint es, China in einem gesamten Jahrhundert zu erfassen.

Die Geschichte des 20. Jahrhunderts lässt sich als Abfolge markanter Perioden erzählen, zwischen denen Jahre des Übergangs liegen:

Zusammenbruch der dynastischen Ordnung (1908–1916)
Bewegung für Neue Kultur (1915–1925)
Nanjing-Regime der Guomindang (1927–1937)
Chinesisch-japanischer Krieg (1937–1945)
Bürgerkrieg (1946–1949)
Errichtung und Konsolidierung des Parteistaates (1949–1956)
Großer Sprung und Großer Hunger (1958–1962)
Kulturrevolution (1966–1976)
Reform und Öffnung (1978–1989)
Aufstieg zur ökonomischen Globalmacht (seit den 1990er Jahren).

Alle diese Zeitabschnitte – bis auf den letzten – sind von Kriegen und Aufständen, Massakern und Massenkampagnen geprägt. Hinter den Veränderungen auf der Ebene der Ereignisse verbergen sich Aspekte der Kontinuität, die eine Gesamtdarstellung des Jahrhunderts ebenfalls erfassen muss. Dazu gehört beispielsweise die Bindung des chinesischen Herrschaftssystems an ideologische Bekenntnisse, an eine starke Führungselite und an eine landesweite bürokratische Kontrolle.

Ebenso ließe sich bei einer ganz auf das politische und militärische Geschehen eingeengten Darstellung der Übergang von der traditionalen zur modernen Gesellschaft nicht deutlich genug erkennen, der selbst schon die Frage der chronologischen Einteilung historischer Zeit beeinflusst. So gibt es heute in China verschiedene Begriffe für «Moderne» mit jeweils unterschiedlichen historischen Bezügen: *Jindai* («neuere Epoche») meint die Periode zwischen dem Ersten Opiumkrieg (1840–42) und der Vierten-Mai-Bewegung von 1919. *Xiandai* («neue Epoche») verweist auf die Jahrzehnte zwischen 1919 und der Gründung der Volksrepublik. Auch die chinesische Bezeichnung für «Modernisierung» (*xiandaihua*) wird davon abgeleitet.[1] *Dangdai* («gegenwärtige Epoche») bezieht sich nur auf die Zeit der Volksrepublik China.

Die Frage nach der Bestimmung von Modernität prägt in China – wie in anderen Teilen der Welt – die Geschichte des 20. Jahrhunderts.[2] Sie war von Anfang an von einer Auseinandersetzung mit dem Westen beeinflusst, ohne aber zur «Verwestlichung» Chinas zu führen. Die westliche Moderne war nicht nur Vorbild, sondern immer auch Gegenbild. Die Spannung zwischen Nationalismus und Globalisierung, die Christopher R. Hughes für die Periode seit den späten 1970er Jahren analysiert hat, spiegelt sich strukturell in der Geschichte des gesamten Jahrhunderts wider.[3] Chinas Internationalisierung war immer auch mit einem selbstbewussten Nationalismus verbunden.[4] So erfolgte der ausländerfeindliche Boxeraufstand um 1900, als die erste Generation chinesischer Intellektueller Chinas Integration in die moderne Staatenwelt diskutierte und im Exil den Sturz der Dynastie vorbereitete. Und in der Spätphase der Kulturrevolution, die das Land vollkommen von der internationalen Kommunikation abkoppelte, vollzog sich zu Beginn der 1970er Jahre der erste Schritt zur Aufnahme diplomatischer Beziehungen mit den Vereinigten Staaten. James Gregor, der zwar – wie viele andere Autoren – die «Revolution» als Narrativ der Epoche in den Vordergrund stellt, vertritt in seiner eigenwilligen Interpretation des 20. Jahrhunderts dennoch die These, dass Chinas Suche nach Gleichberechtigung und Anerkennung in der modernen Staatenwelt ein ebenso wesentliches Merkmal dieser Periode darstellt.[5]

Die grundsätzliche Schwierigkeit einer Gesamtdarstellung dieses Jahrhunderts liegt darin, dass sich die historische Literatur in China wie im Westen lange Zeit strikt an die politischen Epochengrenzen des spätkaiserlichen China, der Chinesischen Republik (1912 bis 1949) und der Volksrepublik China (seit 1949) gehalten hat. Erst seit einigen Jahren erscheinen Werke, die solche zeitlichen Konventionen ignorieren und die späte Qing-Dynastie des 19. Jahrhunderts mit der frühen Republik zusammenfassen (*Qingmo minchu*).[6] Seltener wird die Zäsur von 1949 überwunden. Chinesische Autoren verbanden mit 1949 den radikalen Wechsel von der «schlechten alten Gesellschaft» zu einem «guten neuen China».[7] In der westlichen Forschung trat erst nach dem Zusammenbruch der Sowjetunion und dem Ende des Kalten Krieges der Kommunismus als Leitmotiv in den Hintergrund. Zudem dominierten lange Zeit sozialwissenschaftliche Analysen mit ihrem eher kurzen Zeithorizont die westlichen Darstellungen der Volksrepublik. Erst das wachsende Interesse von Historikern an der Geschichte der VR China öffnet den Blick vom frühen 21. Jahrhundert zurück in die Zeit nach 1949.[8] Ein solcher Blick macht langfristige Zusammenhänge sichtbar, etwa den Umstand, dass dem heutigen Aufblühen eines privaten Unternehmertums in der Volksrepublik während des zweiten und dritten Jahrzehnts des 20. Jahrhunderts eine erste Gründerzeit eines industriellen und finanziellen Kapitalismus vorausging. Auch die Gesamtentwicklung Chinas verändert die Perspektive. Eine historische Rückschau auf das 20. Jahrhundert als Epoche ist überhaupt erst möglich, seit Deng Xiaopings (1904–1997) Reform- und Öffnungspolitik als abgeschlossene Phase hinter uns liegt und die Historikerin sich in einem abermals neuen Übergangsprozess verorten kann.[9]

Den Meistererzählungen der westlichen Geschichtsschreibung zur chinesischen Neuzeit liegt jeweils eine von drei Leitideen zu Grunde, die in manchen Darstellungen auch miteinander verknüpft werden: Revolution, Nation und Modernisierung. Sie alle entstanden im europäischen Kontext und ordnen die Geschichte Chinas in einen linearen Prozess ein:

(1) Von einer *Revolution* sprach man bereits im kaiserlichen China bei jedem Dynastiewechsel. Seine moderne Bedeutung erhielt der Begriff um die Wende zum 20. Jahrhundert auf zweifache Weise: Zunächst einmal bezeichnete er den systemischen Wandel

der jahrhundertealten Monarchie in eine Republik. Darüber hinaus diente er verschiedenen intellektuellen Gruppen als Parole in ihrem politischen Kampf um die Befreiung und Einigung Chinas. In chinesischen Texten der politischen Publizistik taucht der Begriff schon in den Jahren vor 1911 zur Beschreibung der strukturellen Veränderungen in dieser Umbruchsphase auf. Mit «Revolution» wird in diesem Zusammenhang ein evolutionärer, längerfristiger Veränderungsprozess bezeichnet. Westliche Autoren bewerten jedoch erst die Republikgründung als eine Revolution. Sie fragen vor allem nach dem Scheitern der Stabilisierungsversuche der Chinesischen Republik und nach den Ursachen für den kommunistischen Sieg von 1949. Mit Chinas marxistischen Historikern verbindet sie die Wahrnehmung der chinesischen Revolution als eines langfristigen Prozesses bzw. einer ganzen Serie von Revolutionen. Unterschiedliche Konzepte gibt es allerdings zum zeitlichen Rahmen dieser revolutionären Transformation. Eine besonders einflussreiche Interpretation entwickelte John K. Fairbank, der Chinas revolutionäre Periode mit dem Vordringen des westlichen Imperialismus in der Zeit der Opiumkriege zwischen 1840 und 1860 beginnen lässt.[10] Entsprechend hat er seine gemeinsam mit Teng Ssu-Yu herausgegebene Quellensammlung, ein Grundwerk der Chinahistorie, *China's Response to the West* genannt.[11] Der deutsche Sinologe Wolfgang Franke lässt sein «Jahrhundert der chinesischen Revolution» zwar auch um die Jahrhundertmitte beginnen, wählt aber den Taiping-Aufstand (1851–1864) als Startsignal. Er betrachtet die Taiping-Rebellen, die in Zentralchina ein eigenes Herrschaftsregime errichteten, als Vorstufe der revolutionären Prozesse des 20. Jahrhunderts.[12] Ebenso wenig lässt sich das Ende des Revolutionskonzepts durch einen festen Zeitpunkt bestimmen. Denn eine radikale Umgestaltung der chinesischen Gesellschaft erfolgte erst nach Gründung der Volksrepublik im Verlauf der fünfziger Jahre. In China verschwand der Begriff der Revolution im politischen Wortschatz erst nach dem Tod Mao Zedongs (1893–1976), der bis zuletzt an seinem Konzept einer «permanenten Revolution» festhielt. In der westlichen Literatur verlor er nach dem Ende der Mao-Ära seine politische Bedeutung, taucht aber weiterhin zur Beschreibung der Veränderungen im wirtschaftlichen und gesellschaftlichen Bereich auf.[13]

Eine grundsätzliche Schwäche des Revolutionsansatzes ist es, dass er sich sehr stark auf Dynamik konzentriert, aber nicht die tiefer liegenden Strukturen und Kontinuitäten erfasst und daher den ereignisgeschichtlichen Zäsuren ein zu großes Gewicht verleiht. Dieses Problem zu umgehen, ist Rana Mitter gelungen.[14] Der Oxforder Historiker gehört zu den wenigen Autoren, die das gesamte 20. Jahrhundert betrachten und die beiden Perioden der Chinesischen Republik und der Volksrepublik zusammenführen. Als Ausgangspunkt seiner Synthese des 20. Jahrhunderts wählt Rana Mitter die Vierte-Mai-Bewegung von 1919, die er als «schmerzhaften Übergang von einer vormodernen Vergangenheit in eine moderne Welt» bezeichnet. Er erkennt Auswirkungen dieser ersten kulturellen Revolution in der chinesischen Geschichte bis in die gegenwärtige Politik und Kultur des Landes. Mitter bezeichnet die unmittelbaren Ereignisse der Vierten-Mai-Bewegung von 1919 als «Schock», auf die ab 1931 eine Zeit der Nachwirkungen folgte. Räumlich konzentriert er sich auf die Veränderungen des städtischen Lebens und der Ideenwelten in den beiden Metropolen Beijing und Shanghai. Den «Geist des Vierten Mai» findet er im gesamten 20. Jahrhundert. Chinas Bauern, die mindestens zwei Drittel der Bevölkerung ausmachten und für den Erfolg des chinesischen Kommunismus eine ausschlaggebende Rolle spielten, bleiben in dieser Interpretation des 20. Jahrhunderts allerdings unberücksichtigt.

(2) Die Idee einer chinesischen *Nation* entwickelte sich parallel zum Revolutionsdiskurs etwa um 1900. Dabei ging es zunächst vor allem um den Prozess der Nationsbildung, der in China eng mit dem anti-imperialistischen Widerstand verbunden war, und weniger um den kulturellen Begriff «Nationalismus», der sich in dieser Phase kaum vom weniger offensiven Patriotismus (*aiguo*) unterschied. In der westlichen China-Forschung hat sich Chinas *nation-building* zu einem Leitthema für die Beschreibung des historischen Wandels im späten 19. und frühen 20. Jahrhundert entwickelt. Chinesische Autoren verbinden mit dem Nationsdiskurs eine Abkehr sowohl vom traditionellen Selbstverständnis der eigenen kulturellen Überlegenheit gegenüber den benachbarten «Barbarenvölkern» als auch von den konfuzianischen Normen, die jahrhundertelang der kaiserlichen Herrschaft universale Gültigkeit verliehen hatten.

Kritik an der Idee des Nationalstaats als Ergebnis einer linear verlaufenden, evolutionären Geschichte äußert der amerikanische Historiker Prasenjit Duara.[15] Er versteht die Nation als einen Raum, auf dem unterschiedliche Gruppenidentitäten miteinander konkurrieren. Neu für China sei vor allem die Integration in ein internationales System von Nationalstaaten, das die Nation als Ort der Geschichte unersetzbar mache. Die Instabilität des Projekts der chinesischen Nation während der ersten Hälfte des 20. Jahrhunderts erklärt Duara mit der Konkurrenz von Seiten teils lokaler Bewusstseinsformen, teils transnationaler Visionen wie des Panasianismus.

Als neues Interpretationsmuster kommt der Ansatz der Internationalisierung Chinas hinzu, der von William C. Kirby mit Bezug auf die Republikzeit entwickelt wurde und der inzwischen auch auf das 19. Jahrhundert sowie die VR China angewendet wird.[16] Kirby geht davon aus, dass die Chinesische Republik in allen Bereichen von Politik, Wirtschaft und Gesellschaft von außen geprägt wurde. Seinen roten Faden durch die neuere chinesische Geschichte bildet das Wechselspiel von Konflikt und Kooperation zwischen China und dem Ausland. Die Grenzen einer Leitidee von Nationalismus, Nationsbildung und Nationalstaat werden deutlich, wenn transnationale Prozesse wie globale Migrationsbewegungen oder konkurrierende Nationalismen (in Taiwan oder bei den nationalen Minderheiten der Tibeter, Mongolen und Turkvölker) zu wenig Beachtung finden.

(3) Konzepte von *Modernisierung* lassen sich in China seit den 1860er Jahren finden. Ihr Ausgangspunkt war die Überzeugung einiger führender Beamter des späten Qing-Staates, dass man dem westlichen Imperialismus nur erfolgreich Widerstand entgegensetzen könne, wenn man sich seinen technologischen Fortschritt aneignen und ihn mit seinen eigenen Waffen schlagen würde. Eine steuerbare Teilmodernisierung erwies sich jedoch als illusorisch. Weitergehende Modernisierungswege wurden nach der Niederlage im Krieg gegen Japan von 1895 zunächst während der Hundert-Tage-Reform von 1898 und dann mit Hilfe der Reformen des letzten Jahrzehnts der Qing-Dynastie zwischen 1901 und 1911 gesucht. Dabei veränderte sich auch die Semantik der Modernisierung: Hatte man die Innovationen zunächst mit dem Begriff

«westlich» (*yang*) charakterisiert, so lauteten die Parolen ab der Jahrhundertwende «neu» (*xin*) als Gegenbegriff zu allem «Alten» (*jiu*), das abgeschafft werden sollte. Als Vorbild rückte zunehmend Japan in den Vordergrund, das eine mit Europa konkurrenzfähige Modernisierung zu verwirklichen schien. Mit der Bildung von Parteistrukturen in der jungen Republik nach 1912 tauchte zudem der Ausdruck «Aufbau» (*jianshe*, *reconstruction*) auf.

Anfang der zwanziger Jahre versuchte Sun Yatsen (1866–1925) aus den unterschiedlichsten Quellen ein zeitgemäßes Programm für die Modernisierung Chinas zu entwerfen. Die letzte von mehreren Versionen trug er kurz vor seinem Tod in einer Vorlesung vor, die er 1924 unter dem Titel «Die Drei Volksprinzipien» (*Sanmin zhuyi*) als Buch veröffentlichte und die bald einen kanonischen Status erhielt, den sie in Taiwan bis heute behalten hat. Suns Ziel war eine staatlich gelenkte Modernisierung von oben. Ähnlich wie die konservativen Modernisierer seit dem späten 19. Jahrhundert forderte er zwar die Übernahme instrumentellen Wissens aus dem Westen, warnte aber davor, den kulturellen Kern Chinas aufzugeben. Seine Betonung lag auf einer starken Staatsmacht, weniger auf der Durchsetzung demokratischer Kontrollmechanismen. Volkssouveränität blieb in seinem Konzept eher virtuell. Die Freiheit des Einzelnen ordnete er der Freiheit der Nation unter. Sun Yatsens ehrgeiziges Industrialisierungsprogramm sah den Aufbau einer Eisen- und Stahlindustrie, die Modernisierung der Textilindustrie und die Durchführung wichtiger Infrastrukturprojekte vor, in erster Linie des Eisenbahnbaus.

Als sehr viel bescheidener erwies sich der Weg, den sein Nachfolger Chiang Kaishek (1887–1975), dessen Nanjing-Regierung zudem niemals die Einigung ganz Chinas glückte, nach 1928 beschritt. Die Durchführung von staatlichen Modernisierungsprojekten übertrug Chiang einer neugegründeten Aufbaukommission. Selbst die kommunistische Führung nach 1949 hielt an der Semantik des Aufbaus fest, verband sie aber mit der Parole des «Vertrauens auf die eigene Kraft» (*zili gengsheng*). Nach dem Tod Mao Zedongs erklärte Deng Xiaoping das bereits von Zhou Enlai (1898–1976) Anfang der siebziger Jahre entwickelte Programm der «Vier Modernisierungen» zur politischen Leitlinie. Der umfassenden Modernisierung von Landwirtschaft, Industrie, Verteidigung sowie Wissenschaft und Technik legte er eine Kombination von Reform- und Öffnungspolitik zugrunde. Chinas eigenständiges Modernisierungsziel wird in der Selbstbeschreibung als «Sozialismus chinesischer Prägung» (*you Zhongguo tese de shehui zhuyi*) definiert. Damit verlagert sich auch der Akzent in Chinas Modernisierungsprozess. Ging es bislang vor allem um ein Aufholen gegenüber dem Westen, so wird inzwischen selbstbewusst die Selbstständigkeit des chinesischen Entwicklungsweges betont.

Bereits die einflussreichen Studien von R. Bin Wong und Kenneth Pomeranz warnten davor, Chinas Rückständigkeit gegenüber dem Westen historisch vor 1800 zu legen und als unveränderbar darzustellen.[17] Beide Autoren belegen, dass China und der Westen sich seit dem 16. Jahrhundert in einigen Bereichen – wie etwa bei der Kommerzialisierung des Handwerks oder bei der Steigerung der Agrarproduktion – ähnlich entwickelt haben und Chinas wirtschaftliche, technische und kulturelle Leistungsfähigkeit tatsächlich erst während des 18. Jahrhunderts im Weltmaßstab zurückfiel. Den modernen Industriekapitalismus des Westens erklären sie nicht aus einer langfristigen Sonderentwicklung, sondern vor allem aufgrund kurzfristiger Fortschritte bei der Energienutzung mit Hilfe von Kohle und durch die Mechanisierung mit Hilfe der Dampfkraft. Auch die Erschließung überseeischer Kolonien wird als Vorteil des Westens gewertet. Problematisch am Modernisierungsansatz in Bezug auf China sind der von ihm vertretene Gegensatz zwischen Tradition und Moderne sowie der daraus resultierende normative Glaube an eine lineare, evolutionäre Entwicklung. Die Wiederbelebung der traditionellen Kultur im Verlauf der Reform- und Öffnungsphase seit Ende der siebziger Jahre hat gezeigt, dass selbst die brachialen Modernisierungsmethoden der kommunistischen Regierung die Traditionswerte nicht ganz zerstören konnten. So erlebte der Konfuzianismus vor dem Hintergrund der Krise des Kommunismus eine Neubewertung als positive Wertorientierung. Anders als die Vierte-Mai-Generation von 1919 oder als die einflussreiche Interpretation, die der Soziologe Max Weber zu Beginn des 20. Jahrhunderts vorgeschlagen hatte, sehen Chinas heutige Neukonfuzianer im Konfuzianismus kein Entwicklungshindernis mehr. Selbst die Republikzeit erfährt im Kontext eines kritischen Umgangs mit westlichen Modernisierungskonzepten neuerdings eine sozioökonomische Neubewertung. Chinesische und westliche Autoren interpretieren den Modernisierungsschub in den Städten der zwanziger und dreißiger Jahre als Keim einer bürgerlich-kapitalistischen Gesellschaft, an die eine seit Anfang der neunziger Jahre sichtbar werdende Schicht neuer chinesischer Privatunternehmer erfolgreich anknüpfen kann. Es ist wichtig, den chinesischen Modernisierungsprozess, wie immer man ihn interpretiert, keinesfalls mit «Verwestlichung» gleichzusetzen.

Im Zuge der seit den späten 1980er Jahren einsetzenden Tendenzen sowohl westlicher als auch chinesischer Studien, die Ursprünge der chinesischen Modernisierung in China selbst zu verorten, erfolgte auch eine Begriffsverschiebung von «Modernisierung» zu «Modernität», wie sie vor allem in neuen Lebensstilen (*life styles*) und Konsummustern gefunden wird. Entsprechend dem von S. N. Eisenstadt entwickelten Bild einer vielfältigen Moderne sucht die Modernisierungsforschung heute nach deren spezifisch chinesischen Ausprägungen. Fragwürdig ist in diesem Zusammenhang wiederum, dass vor allem die Entwicklung in den städtischen Metropolen im Mittelpunkt steht. Der ländliche Raum, ohne den sich der kommunistische Erfolg nicht erklären lässt, bleibt unberücksichtigt.

Folglich weist jedes der drei wichtigsten Leitkonzepte einer Meistererzählung über das moderne China Probleme auf. Kein Ansatz bietet sich als alleiniger Maßstab an, um die Geschichte Chinas im 20. Jahrhundert zu erfassen. Dies gilt ebenso für ein weiteres Erzählmotiv dieser Epoche, die Anwendung von massenhafter Gewalt, die von Bruce A. Elleman in seinem Werk *Modern Chinese Warfare* zum dominanten Leitfaden des Geschichtsverlaufs erhoben wird.[18] Als Ziel aller fünfundzwanzig inneren wie äußeren militärischen Konflikte während der letzten beiden Jahrhunderte identifiziert er die Bewahrung oder Wiederherstellung der Einheit Chinas – sei es durch die Niederschlagung von lokalen Aufständen, die Unterdrückung ethnisch motivierter Widerstände, die Abwehr des ausländischen Imperialismus in seinen verschiedenartigen Erscheinungsformen oder die Aktionsweisen hanchinesischer Expansion.

Als eine weitere durchgängige Dimension, deren Auswirkungen

auf Staat und Gesellschaft ständige Beachtung verdient, ist der Einfluss informeller Strukturen, von Beziehungen (*guanxi*) oder – modern gesprochen – Netzwerken zu nennen. Auch in der Geschichte der Neuzeit nahmen informelle Faktoren gegenüber rechtlichen Normierungen und administrativen Strukturen eine vorrangige Stellung ein. Beziehungen und ihre Netzwerke entstehen auf der Grundlage von Gemeinsamkeiten (*tong*) – sei es die gleiche regionale Zugehörigkeit (*tongxiang*) oder die Solidarität zwischen Mitschülern, Mitstudenten (*tongxue*) oder Fachkollegen (*tonghang*). Im politischen Alltag führen Beziehungen zur Formierung von Cliquen (*pai*), durch die Macht- und Interessenkonflikte ausgetragen werden. Institutionen und Ideologien werden den Interessen politischer Akteure untergeordnet und Entscheidungsprozesse verlangsamt, da die Ansprüche einzelner Gruppen erst gegeneinander abgewogen werden müssen. Während der letzten Jahrzehnte der Kaiserzeit stellte die Bildung von Netzwerken ein wichtiges Instrument dar, um am Kaiserhof und in den staatlichen Institutionen überhaupt politischen Einfluss ausüben zu können. Diese Tendenz verstärkte sich nach dem Systemwechsel von 1911/12 und bildete ein wichtiges Kontinuitätselement zwischen der späten Kaiserzeit und den nachfolgenden Staatsformen der Republik und der Volksrepublik. Zwischen 1916 und 1928 (und in manchen Provinzen auch noch später) beherrschten wechselnde Militärcliquen die chinesische Politik. Im Einparteienstaat Chiang Kaisheks blieben die informellen Verbindungen zwischen Politik und Militär bestehen. Dafür stand nicht zuletzt Chiang Kaishek selbst, die politische Führungsfigur im Nanjing-Staat.

Auch die kommunistische Kaderpartei war alles andere als monolithisch. Mao Zedong profitierte nicht nur bei seiner endgültigen Durchsetzung als Parteichef in den 1940er Jahren, sondern auch später als charismatischer Staatsführer der Volksrepublik von seinem geschickten Ausspielen der konkurrierenden Cliquen innerhalb der Parteiführung. Der Rückgriff auf solche persönlichen Netzwerke erlaubte es, dass sich politische Führer zeitweise offiziell zurückziehen konnten. Mao Zedong praktizierte diese Strategie bis zu seinem Lebensende und auch Deng Xiaoping bediente sich dieser informellen Taktik. Mit dem Aufstieg der Shanghai-Clique um Jiang Zemin (geb. 1926), der nach der Niederschlagung der Demokratiebewegung 1989 als Generalsekretär nach Beijing gerufen worden war, etablierte sich erstmals eine regional definierte Clique, die systematisch ihre Gegnergruppen innerhalb der Partei- und Staatsführung ausschaltete bzw. schwächte. Die wachsende politische Dezentralisierung, eine verstärkte Eigenständigkeit des Nationalen Volkskongresses und der zunehmende politische Einfluss erfolgreicher privatwirtschaftlicher Akteure lassen seit den 1990er Jahren die politische Lage noch komplizierter erscheinen. Umso wichtiger sind dabei die informellen Beziehungsstrukturen geworden.

Als Grundmuster für eine Geschichte Chinas im 20. Jahrhundert bietet sich neben den genannten Leitbegriffen auch die Unterscheidung von drei wichtigen Umbruchphasen an:

(1) Eine lange Übergangsperiode des *fin de siècle*: Sie begann in den 1890er Jahren, als der japanische Sieg deutlich machte, dass die bisherigen Reformversuche nicht ausreichten, um den Qing-Staat im Inneren und nach Außen hin zu stabilisieren. An ihrem Ende stand nicht der Untergang der letzten Dynastie im Jahre 1911, sondern erst die Vierte-Mai-Bewegung von 1919. 1911/12 erfolgte lediglich ein formaler Wechsel des politischen Systems von der Monarchie zur Republik. Sehr viel einschneidender waren die Folgen der Bewegung für Neue Kultur (*xin wenhua yundong*), die mit den Studentenprotesten im Mai 1919 ihren politischen Höhepunkt erreichte und die das gesamte Jahrzehnt zwischen 1915 und 1925 prägte. Die chinesischen Städte erlebten in dieser Phase mit Demonstrationen und Boykotten neue Formen der politischen Auseinandersetzung. Zur umfassenden Erneuerung gehörte die Einführung einer für die breite Bevölkerung verständlichen Sprache und Literatur. Daher wird die Periode der Vierten-Mai-Bewegung als Chinas erste kulturelle Revolution bezeichnet. Die endgültige Abkehr vom Konfuzianismus und eine weitreichende Umorientierung im Weltbild der chinesischen Intellektuellen spiegelten sich im Aufkommen der sozialistischen Bewegung wider.

(2) Das erste Jahrzehnt der Volksrepublik China: Ihre Ausrufung durch Mao Zedong am 1. Oktober 1949 bestätigte den in großen Feldschlachten errungenen militärischen Sieg der Kommunisten. Ein tiefgreifender Wandel folgte in den fünfziger Jahren durch die politische Umerziehung der gesamten Bevölkerung und erfasste

alle ökonomischen und kulturellen Lebensbereiche. Nie zuvor in der chinesischen Geschichte war der Staat so tief in die Gesellschaft eingedrungen wie in der Aufbauphase des Sozialismus. Hinzu kam eine unmittelbar erfolgreiche internationale Neupositionierung der VR China als Militärmacht im Koreakrieg. Bis Anfang der sechziger Jahre bekannte sich die kommunistische Regierung zum sowjetischen Lager. Mit ihrer Loslösung vom sowjetischen Entwicklungsmodell nach dem Großen Sprung nach vorn (1958–1961) entschloss sich die chinesische Führung erneut zu einer außenpolitischen Umorientierung. Deren Erfolge zeigten sich nach einer Zwischenphase der Isolation schließlich während der siebziger Jahre mit der Aufnahme diplomatischer Beziehungen zu den meisten Staaten des Westens.

(3) Die von Deng Xiaoping Ende der siebziger Jahre eingeleitete Reform- und Öffnungspolitik: In dieser Umbruchphase wurden die gesamten politischen und gesellschaftlichen Energien zunächst auf einen beispiellosen Wirtschaftsaufbau gelenkt. Die Niederschlagung der Studentenproteste auf dem Tian'anmen-Platz von 1989 schien sie jäh zu beenden. Freilich wurden die Wirtschaftsreformen auch in den 1990er Jahren fortgeführt, wenngleich die Partei- und Staatsführung seitdem ihre Repression freiheitlicher Bestrebungen in der Gesellschaft durch die Förderung eines zunehmend virulenten Nationalismus zu überdecken sucht. Der von Deng Xiaoping eingeleitete sozio-ökonomische Wandel beschleunigte sich in den letzten Jahren des 20. Jahrhunderts unter seinen Nachfolgern. Angetrieben wurde er von einem Bündnis von mächtigen politischen und wirtschaftlichen Interessengruppen, die zudem über hervorragende Verbindungen zur internationalen Geschäftswelt verfügten. Diese neue Elite «chinesischer Kapitalisten» war der große Gewinner der letzten der drei Umbruchphasen des 20. Jahrhunderts, die den Rahmen der auf einer chronologischen Gliederung beruhenden Gesamtdarstellung der Epoche bilden.

Ausgehend von den entscheidenden Umbruchphasen wird in diesem Buch das Jahrhundert in fünf kleinere Zeitabschnitte unterteilt, denen jeweils ein Kapitel zugeordnet wird: von den 1890er Jahren bis etwa 1919, von den 1920er bis zu den 1940er Jahren, von Anfang der 1950er bis Ende der 1970er Jahre, die 1980er Jahre und schließlich die Zeit nach 1990. Jedem Kapitel ist ein thematischer Leitbegriff zugeordnet, der für das Verständnis der jeweiligen Phase von zentraler Bedeutung ist und ihr einen besonderen Charakter verleiht.

Im ersten Kapitel stehen die unterschiedlichen Auseinandersetzungen mit dem *Konfuzianismus* im Mittelpunkt, durch die sich allmählich ein Bruch mit der kaiserlichen Herrschaftstradition vollzog. Dem Konfuzianismus kam als offiziell vom Staat propagierter Weltanschauung und geistiger Grundlage der Gelehrtenbeamten eine fundamentale Bedeutung für die Stabilität des Reiches und die Legitimität dynastischer Herrschaft zu. In der zweiten Hälfte des 19. und im ersten Jahrzehnt des 20. Jahrhunderts gab es wiederholt Versuche, den Konfuzianismus zu reformieren. Bei der Hundert-Tage-Reform von 1898, die auf den vom jungen Guangxu-Kaiser (1871–1908) unterstützten Gelehrtenbeamten Kang Youwei (1858–1927) zurückging, diente der Konfuzianismus als geistige Grundlage für eine umfassende Erneuerung Chinas, deren Ziel die Umwandlung des Qing-Staates in eine konstitutionelle Monarchie war. Aufgrund der Widerstände am Kaiserhof wurde dieses Projekt jedoch gewaltsam abgebrochen und erst nach der Boxerkatastrophe von 1900 im Rahmen der «Neuen Politik» der Qing-Regierung wieder aufgegriffen. Durch Reformen im Bildungs- und Erziehungsbereich, in der Wirtschaft und im Kommunikationswesen wollte sich die Dynastie an der Macht halten. Dennoch ließ sich das Ende des letzten Kaiserhauses nicht mehr aufhalten. Auf den politischen Systemwechsel von der Monarchie zur Republik von 1911/12 folgte ab 1915 in der Neuen Kulturbewegung eine radikale Abrechnung mit der konfuzianischen Tradition, die für die Krise des chinesischen Staates verantwortlich gemacht wurde. Den Höhepunkt bildete die radikale politische Umorientierung in Richtung der sowjetischen Revolutionsstrategie zu Beginn der zwanziger Jahre. Auf die Vierte-Mai-Demonstrationen von 1919, als chinesische Studenten in Beijing gegen die Beschlüsse der Versailler Friedenskonferenz protestierten, folgte mit Unterstützung der Kommunistischen Internationale (Komintern) die Gründung der kommunistischen Bewegung in China. Nicht nur die Kommunisten, sondern auch gemäßigtere Intellektuelle in der Republik erklärten den Konfuzianismus zur wesentlichen Ursache für die Schwäche Chinas. Dennoch blieb der Konfuzianismus indirekt weiterhin präsent. Dem jungen Revolutionär Mao Zedong, der noch eine konfuzianische Erziehung durchlaufen hatte, gab er Anknüpfungspunkte bei der Schaffung seines politischen Programms.

Das zweite Kapitel macht die Folgen des Zusammenbruchs der traditionalen Strukturen im weiteren Verlauf der Republikzeit sichtbar. Der *Nationalismus* in seinen unterschiedlichsten Erscheinungsformen prägte diese Phase. Als einzige ideologische Gemeinsamkeit verband er nahezu alle politischen Strömungen der ersten Hälfte des 20. Jahrhunderts. Der chinesische Nationalismus war kein striktes Dogmengebäude. Es lassen sich vielmehr idealtypisch vier verschiedene Spielarten unterscheiden, die sich immer wieder miteinander verbanden. Die Ursprünge seiner *anti-imperialistischen* Ausrichtung gehen auf das 19. Jahrhundert zurück, als seit den 1870er Jahren in fremdenfeindlichen Aktionen der lokale Widerstand gegen die ausländische Präsenz immer stärker wurde. Vom Boxeraufstand des Jahres 1900 bis zum Zusammenbruch des japanischen Imperiums in China 1945 setzte sich der anti-imperialistische Nationalismus am sichtbarsten von allen chinesischen Nationalismen in politische Aktionen um. Im Widerstand gegen die europäische und japanische Aggression formierte sich die chinesische Nation.

Wichtigster Bezugspunkt für den *politischen* Nationalismus war der Zentralstaat, dem es allerdings nach dem Ende des kaiserlichen Vielvölkerreiches nicht gelang, die zentrifugalen Kräfte des chinesischen Staatsvolkes organisatorisch zusammenzuhalten. Dem Staat fehlten neue Identifikationsangebote, die die Autorität des Kaisertums ersetzten. Vorrangiges Ziel des politischen Nationalismus war der Aufbau moderner politischer Institutionen im Zentrum und ihr Zusammenwirken mit den provinzialen, regionalen und lokalen Ebenen der Politik. Zur Integration des politischen Systems gehörte die Schaffung eines chinesischen Staatsbürgerbewusstseins. Die politische Loyalität musste von der personalisierten Autorität eines Monarchen auf den Nationalstaat übertragen werden. Da in der Republikzeit jedoch die Stabilisierung eines leistungsfähigen Zentralstaats nicht gelang, blieb diese Variante des Nationalismus zunächst noch eine Utopie. In Anlehnung an traditionelle *ethnische* Grenzziehungen zwischen Chinesen und «Barbaren» sowie unter dem Einfluss europäischer Rasselehren hatten die frühen revolutionären Theoretiker um Sun Yatsen sowie radikale Gelehrte wie Zhang Binglin (1868–1936) seit der Jahrhundertwende einen rassisch begründeten Anti-Mandschurismus entwickelt. Nach 1912 schwenkte Sun Yatsen auf einen inklusiven Nationalismus um, der die chinesische Nation auf «fünf Rassen» (Mandschu, Mongolen, Tibeter, Turkvölker und Han-Chinesen) gründete, die gemeinsam den Imperialismus bekämpfen sollten. Auf diese Weise konnte auch an dem Herrschaftsanspruch der Republik über alle Völker in den Grenzen des Qing-Imperiums festgehalten werden. Ein ethnischer Nationalismus stieß bei allen politischen Kräften der Republikzeit auf wenig Interesse, hätte er doch konsequenterweise eine staatliche Beschränkung auf die chinesischen Kernprovinzen bedeutet.

Auf einen *kulturellen* Nationalismus bezogen sich in dieser Phase alle, die von «nationaler Essenz» (*guocui*) oder einem «nationalen Charakter» (*minzuxing*) des Chinesentums sprachen. Die soziokulturelle Tradition galt in diesem Denken als eine besondere Kraftquelle der modernen chinesischen Nation, um im internationalen Daseinskampf zu überleben. Die Vertreter des kulturellen Nationalismus betrachteten die historische Erfahrung ihres Volkes als einzigartig und privilegiert. Unter dem Eindruck des Ersten Weltkriegs leiteten sie daraus sogar eine moralische Überlegenheit über den angeblich spirituell unterentwickelten Westen ab. *Allen* Spielarten des chinesischen Nationalismus war sein vorwiegend defensiver Charakter gemeinsam, der – bis zum heutigen Tag – in einer Abwehrhaltung gegen angebliche oder tatsächliche Bedrohungen von außen zum Ausdruck kommt.

Die Diktatur des *Kommunismus* prägte die ersten drei Jahrzehnte der Volksrepublik. Eine Sinisierung des Marxismus begann bereits vor 1949 durch Mao Zedongs Hinwendung zu den Bauern als führender revolutionärer Kraft. Damit wurde in China eine revolutionäre Strategie entwickelt, die später anderen agrarischen Gesellschaften zum Vorbild dienen sollte. Auch als kommunistischer Staatsführer war Mao nach 1949 immer wieder gezwungen, sich in Machtkämpfen innerhalb der Partei- und

Staatsführung durchzusetzen. Ständig wechselten in der Regierungspolitik radikale mit gemäßigteren Strategien. Ähnlich wie in Europa spielten im China der sechziger Jahre Generationenkonflikte eine wichtige Rolle. Mit der Kulturrevolution gelang es Mao 1966, diese Spannungen auszunutzen und die städtische Jugend gegen seine politischen Gegner zu mobilisieren. Maos wichtigste Stütze blieb immer das Militär, das in der zweiten Phase der Kulturrevolution die außer Kontrolle geratene Jugend wieder gewaltsam unter Parteikontrolle brachte.

Wegen der Machtverhältnisse innerhalb der KPCh hielt Deng Xiaoping nach Maos Tod zunächst noch am Sino-Marxismus fest und schuf die Voraussetzung für einen späteren Wandel unter Berufung auf die von Mao selbst in den Kriegsjahren geprägte Parole, «die Wahrheit in den Tatsachen zu suchen» (*shishi jiushi*). Sie erhob die Praxis zum Kriterium von Wahrheit und den wirtschaftlichen Erfolg zum Prüfstein der marxistischen Ideologie. Damit begann nach dem Tod Maos die Phase der ökonomischen Reformen, die zunächst auch von einer politischen Liberalisierung begleitet wurden. Ihre Rechtfertigung als eigenständiger Zeitabschnitt in der Geschichte des 20. Jahrhunderts erhält diese Epoche durch die außergewöhnliche Offenheit und Meinungsvielfalt, die an die Zeit der Vierten-Mai-Bewegung von 1919 erinnert. Sucht man nach Ansätzen einer chinesischen Zivilgesellschaft, so finden sie sich in diesen Jahren. *Demokratie*, was immer darunter verstanden wurde, galt als Ideal vieler Intellektueller der achtziger Jahre. Ihre Übertragbarkeit in die chinesische Gesellschaft wurde viel diskutiert.

Nach dem Ende des Kalten Krieges und dem Zusammenbruch des Sowjetblocks eröffneten sich auch für China, das schon sehr viel früher eigene Wege gegangen war, neue Perspektiven. Diese blieben freilich auf den wirtschaftlichen und den kulturellen Bereich beschränkt. Mit dem *Kapitalismus*, der sich in unterschiedlichster Gestalt entwickelte, drang auch die Konsumgesellschaft vor. Allerdings führte der ökonomische Wandel nicht nur zu wachsenden Unterschieden zwischen Arm und Reich, sondern auch zu einer zunehmenden Schwächung des Zentralstaates. Auf der lokalen Ebene wurden weder gesetzliche noch moralisch-ethische Restriktionen respektiert. Eine Verwahrlosung der lokalen politischen Macht und der Rückzug des Staates von der untersten Verwaltungsebene waren die Folgen. Verhalf der wirtschaftliche Wandel China zum Weltmachtstatus, so lassen sich heute die negativen Konsequenzen für Innenpolitik und Gesellschaft nicht übersehen.

I. Konfuzianismus am *fin de siècle*: Zwischen Reform und Untergang

Als Herrschaftsideologie der chinesischen Dynastien trug der Konfuzianismus zum Erhalt der politischen Ordnung bei. Er orientierte sich an den Idealen einer glorreichen Vergangenheit und erhob Erfahrung und Bildungswissen zum obersten Wertmaßstab einer erfolgreichen Regierung. Da allein die literarische Bildung gemäß der klassischen konfuzianischen Schriften den Zugang zur Herrschaftselite ermöglichte, war die chinesische Politik und Gesellschaft durch eine starke Hierarchisierung gekennzeichnet. Die Einhaltung von Riten und strengen Moralvorschriften galt als Garantie korrekten Verhaltens und verlieh dem Konfuzianismus seinen orthodoxen Charakter.[1] Die Gelehrtenbeamten (*literati*) der kaiserlichen Regierung stellten die Träger und Bollwerke der konfuzianischen Ordnung dar. Als gute Konfuzianer mussten sie im Zweifelsfall auch zum Konflikt mit dem Kaiser bereit sein. Das konfuzianische System bot keine Lösung für den Widerspruch zwischen dem autokratischen Herrscher, dessen persönliche Tugend als Anker der konfuzianischen Ordnung galt, und seinen einflussreichen Bürokraten, die hauptsächlich an der Aufrechterhaltung ihrer eigenen Stellung in diesem System und an der Bewahrung von Stabilität und Wohlstand im Staat interessiert waren.[2] Philip Kuhn hat aus dieser Doppelstruktur von autokratischem Herrscher und Beamtenapparat den Begriff der «bureaucratic monarchy» entwickelt.[3] Der Konfuzianismus garantierte nicht nur als politische Ideologie den Fortbestand der chinesischen Monarchie, sondern wies gleichzeitig dem Individuum seinen Platz in der Gesellschaft zu. Die hierarchische Zuordnung des Einzelnen erfolgte aufgrund seiner verwandtschaftlichen Position im übergeordneten Familien- und Clansystem und bestimmte den Spielraum der zwischenmenschlichen Kommunikation in diesem Rahmen.[4] Persönliche Beziehungen (*guanxi*)[5] existierten außerhalb des Verwandtschaftsrahmens in Form von

Landsmannschaften (*huiguan*) und beruflichen Gilden (*gongsuo*), die den Einzelnen über die Grenzen seines Heimatortes hinweg unterstützten und die Migration vom Land in die Stadt, in andere Landesregionen oder – im 19. Jahrhundert zunehmend – nach Übersee ermöglichten.[6]

Eine allmähliche Erosion des kaiserlichen Herrschaftssystems zeichnete sich während der Mitte des 19. Jahrhunderts ab. In Zentralchina stürzte die Taiping-Bewegung (1851–1864) den Qing-Staat in einen Bürgerkrieg, der über 30 Millionen Menschen das Leben kostete und weite Teile des Landes zerstörte. Im Norden bedrohten gleichzeitig Nian-Rebellen (1853–1868) die kaiserliche Autorität, und in den Grenzprovinzen des Südwestens (1855–1873) und des Nordwestens (1862–1878) machten muslimische Aufständische gleichfalls die Mobilisierung der militärischen Kräfte des Qing-Staates erforderlich. Die Bekämpfung der zahlreichen Unruheherde gelang nur durch die Unterstützung unabhängiger Provinzarmeen, die von den Provinzgouverneuren der Krisenregionen aufgestellt wurden und ihren Kommandeuren loyal ergeben waren.

Während der zweiten Hälfte des 19. Jahrhunderts bedrohten zusätzlich externe Kräfte die Autorität der kaiserlichen Regierung. Nach Chinas Niederlagen in beiden Opiumkriegen (1839–1842, 1856–1860) diktierten die westlichen Imperialmächte in «Ungleichen Verträgen» erstmals die Friedensbedingungen. Die chinesischen Zugeständnisse betrafen Territorien (Vertragshäfen, Pachtgebiete), Handelsbestimmungen und die Bewegungsfreiheit von Ausländern.[7] Sie bedeuteten eine schwere Demütigung Chinas. Das Qing-Imperium verlor seinen traditionellen Einflussbereich der Tributstaaten an den Grenzen des Vielvölkerreiches, konnte aber seine eigene Peripherie, die zentralasiatischen Reichsteile, bis zum Ende der Dynastie vor dem Zugriff der Imperialmächte bewahren. Dies lag weniger im Erfolg des konfuzianischen Kaisertums begründet, als im geschickten Umgang des mandschurischen Herrscherhauses der Qing mit seinen zentralasiatischen Untertanenvölkern, deren Loyalität sie sich noch zu einem Zeitpunkt sicher sein konnte, als im chinesischen Kernland bereits die Vertreter eines Antimandschurismus ihre Vertreibung vom Kaiserthron forderten.

Das konfuzianische Weltbild bekam zwar im Verlauf des 19. Jahrhunderts seine ersten Risse, wurde aber noch nicht zum Einsturz gebracht. Die frühen Versuche, sich mit dem westlichen Denken und der überlegenen Technologie des Westens vertraut zu machen, gingen auf die Absicht zurück, das chinesische Wesen als Kern zu bewahren, indem die westliche Militärtechnik genutzt wurde, um dann den Westen erfolgreich bekämpfen zu können. Die chinesischen Beamten, Gelehrten und Studenten, die sich dieses Wissen in Europa, Japan und den USA aneigneten, erwarben nicht nur Kenntnisse über fremde Sprachen, Naturwissenschaften, Waffentechnologie und andere moderne Wissensbereiche. Ihre neuen Karrierewege entfernten sie auch von dem traditionellen kaiserlichen Bildungs- und Prüfungswesen. Die Übernahme westlichen Wissens führte langfristig zu Veränderungen in zentralen Bereichen des konfuzianischen Herrschafts- und Gesellschaftssystems. Ähnliche Folgen hatte die wachsende Präsenz von Ausländern im Land: In Beijing und in den Vertragshäfen lebten Kolonialbeamte, Kaufleute und Gelehrte; westliche Missionare drangen in die entlegenen ländlichen Regionen des Landesinneren vor. Mit den Fremden kamen neue Ideen, Lebensweisen und Kommunikationsformen nach China, die in manchen Bereichen auf qingzeitliche Veränderungen trafen und in dieser Kombination von Chinesischem und Westlichem Neuentwicklungen hervorriefen, die sich als «modern» charakterisieren lassen.

Ein frühes Beispiel ist die Entstehung eines chinesischen Pressewesens. Die ersten Zeitungen wurden in den 1830er Jahren von Missionaren herausgegeben. Eine wichtige Grundlage für die Entstehung einer modernen Presse bildeten die qingzeitliche Kommerzialisierung und die geographische Ausweitung des chinesischen Buchmarktes. Um 1838 stellte der protestantische Missionar Walter H. Medhurst (1796–1857) begeistert fest, dass gedruckte Texte sogar entlegene Dörfer erreichten:

> «Bücher werden zu billigen Preisen in einem beinahe unbegrenzten Ausmaß vervielfältigt; und jeder Bauer und Bettler verfügt über ein allgemeines, seinen Möglichkeiten entsprechendes Wissensreservoir. Es wäre nicht übertrieben zu behaupten, dass es im Vergleich zu vielen anderen Ländern der

Welt in China mehr Bücher und Menschen gibt, die sie lesen können.»[8]

Der Buchmarkt des spätkaiserlichen China stellte ein wichtiges Instrument kultureller Integration dar.[9] Die konfuzianische Elitenkultur wurde durch elementare Lehrbücher, rituelle Handbücher, Romane und Gedichtsammlungen auch einer breiteren Bevölkerung näher gebracht. In den 1870er Jahren erschienen die ersten chinesischsprachigen Zeitungen.[10] Durch die Expansion des Publikationswesens entstand in den Städten eine neue «Mittelschicht» von Fachkräften außerhalb des Staatsdienstes, die in den ersten, noch vom Ausland finanzierten modernen Verlagen und Presseorganen alternative Karrierechancen zum Staatsdienst fanden.[11] Im städtischen Umfeld der Vertragshäfen entwickelten sich unter dem Einfluss westlicher Ideen und im Kontakt mit ausländischen Unternehmern, Diplomaten, Missionaren und Journalisten ein neues soziales Milieu und ein öffentlicher Raum für politische Diskussionen.

1. Krisenbewältigung und Reformversuche im Konfuzianismus

Die frühen Qing-Reformer und der Einfluss des Westens Die konfuzianischen Gelehrten des 19. Jahrhunderts reagierten unterschiedlich auf die westliche Herausforderung. Wei Yuan (1794–1856), der als erster ausführlich die fernen Länder des Westens beschrieb, suchte ebenso wie Xue Fucheng (1838–1894), der zwischen 1890 und 1892 Chinas Gesandter in London war, eine Verbindung zwischen den Ursprüngen des Christentums und des Konfuzianismus.[12] Beide bemühten sich um eine Wiederherstellung der alten Stärke des Konfuzianismus. Den verlorenen ersten Opiumkrieg betrachtete Wei Yuan als eine Chance, um dringend notwendige Reformen in Angriff zu nehmen.[13] Nach dem Ende des zweiten Opiumkrieges riefen reformbereite Kräfte in der Regierung gemeinsam mit einigen Provinzgouverneuren zur Stabilisierung der dynastischen Ordnung eine Strategie der defensiven Erneuerung ins

Leben. Die Selbststärkungsbewegung (*ziqiangyundong*) der 1870er bis 1890er Jahre bemühte sich erstmals um eine Anpassung des Konfuzianismus an die westliche Moderne. Ihre Vertreter waren davon überzeugt, dass sich der Konfuzianismus ohne tiefgreifende Veränderungen des Herrschafts- und Gesellschaftssystems mit westlicher Technologie verbinden lasse. Da die überlegenen Gewehre und Kriegsschiffe der Europäer ausschlaggebend für die militärischen Niederlagen Chinas in dieser Periode gewesen waren, erschien eine Übernahme des technischen Fortschritts aus dem Westen als eine Chance für China, wieder die traditionell gewohnte machtpolitische Oberhand zu gewinnen.[14] Zhang Zhidong (1837–1909), einer der führenden «Selbststärker» unter den Provinzgouverneuren, räumte sogar ein, dass westliches Wissen notwendig sei, um überhaupt «den Staat zu erhalten, die Lehre des Konfuzianismus zu bewahren und die chinesische Rasse zu schützen».[15] In zahlreichen Provinzen entstanden Infrastrukturprojekte, Fabriken und Kohleminen, die von Kaufleuten unter der Kontrolle von Beamten geführt wurden (*guandu shangban*).[16] Die konservative Fraktion am Kaiserhof verhinderte jedoch, dass aus diesen ersten Entwicklungsprojekten, in denen ausländische Errungenschaften (*yangwu*) teilweise übernommen wurden, ein landesweites Modernisierungskonzept entstand.

Einen anderen Weg beschritten die Anhänger der Neutextschule des Konfuzianismus. Sie wollten Ideen aus dem modernen europäischen Denken – wie Evolution und Fortschritt – in die klassischen Texte des Konfuzianismus projizieren. Eine wichtige Rolle spielten für sie die übersetzten Schriften der Evolutionstheorie und des Sozialdarwinismus. Aus den Werken von Herbert Spencer (1820–1903) und Thomas H. Huxley (1825–1895) zogen sie den Schluss, dass in einer Welt konkurrierender Nationen und Völker nur die Starken überleben könnten und Chinas Selbststärkung zugleich zu seiner Integration in das internationale Staatensystem führen müsse. Obwohl die Vertreter dieser Reformrichtung noch tief in der traditionellen chinesischen Geisteswelt verwurzelt waren, setzten sie sich für die Einführung westlichen Denkens in China ein und unterzogen die konfuzianische Kultur einer radikalen und umfassenden Analyse in der Hoffnung, sie dann konstruktiv in die Weltgesellschaft integrieren zu können.[17] Kang Youwei, dessen Werke eine häretische Interpretation des Konfuzianismus ausarbeiteten, stellte Konfuzius nicht nur als Vermittler alter Weisheiten dar, sondern auch als einen wichtigen Innovator. Er erhob Konfuzius in den Rang der «weisen Könige» (*sheng wang*) des Altertums und formte den Konfuzianismus in eine Religion um – mit Konfuzius als ihrem wichtigsten Propheten.[18] Aus seiner Neuinterpretation des Konfuzianismus entwickelte Kang Youwei ein Reformprogramm, das institutionelle Veränderungen in den Mittelpunkt stellte, wie sie zur Zeit der Hundert-Tage-Reform auch Unterstützung am Kaiserhof fanden. Den Kontext dafür bildete Kang Youweis Konzept gesellschaftlichen Fortschritts, das auf drei Stufen basierte, die er als Perioden (1) des Chaos (*juluan*), (2) des aufsteigenden Friedens (*shengping*) oder der kleinen Ruhe (*xiaokang*) und (3) eines universalen Friedens (*taiping*) oder der großen Harmonie (*datong*) bezeichnete. Jeder Stufe ordnete er ein besonderes politisches System zu und kam so zu einem Entwicklungsprozess von der absoluten Monarchie zur konstitutionellen Monarchie und schließlich zur republikanischen Regierungsform.[19]

Scheitern des frühen Konstitutionalismus, Liang Qichaos Suche nach einem Neuanfang und die «Neue Politik» nach der Jahrhundertwende Bis zum verlorenen Krieg mit Japan von 1894/95 hatte die chinesische Regierung erwartet, dass ihre mit westlicher Hilfe modernisierte Militärtechnologie einer Konfrontation mit dem kleinen Inselreich Japan standhalten würde. Unklare Kommandostrukturen, Korruption und Inkompetenz hatten jedoch die chinesischen Kriegsanstrengungen geschwächt. Der Sieg Japans führte zum Verlust Taiwans und entfesselte einen Wettlauf der Kolonialmächte um Konzessionen und Pachtgebiete in China. Auf den Krieg folgte die gescheiterte Reforminitiative Kang Youweis, der mit britischer Hilfe ins Ausland fliehen konnte. Die Monarchie ging geschwächt aus diesen Ereignissen hervor, da die Spaltung des Kaiserhofes in zwei Fraktionen um den Guangxu-Kaiser, der unter Hausarrest gestellt wurde, und die Anhänger der Kaiserinwitwe Cixi sich vertiefte und das Fehlen einer starken Herrscherfigur auf dem Kaiserthron deutlich sichtbar wurde. Für die Reformkräfte, die um die Jahrhundertwende auch außerhalb der Staatsbürokratie in Erscheinung traten, erleichterte diese Machtlücke ihre Umorientierung auf einen Reformkurs, der den Monarchen zunehmend aus ihren Plänen ausschloss und den Weg zur Republik öffnete.[20]

Kang Youweis berühmtester Schüler und enger Vertrauter Liang Qichao (1873–1929), dem 1898 ebenfalls die Flucht ins Ausland gelungen war, wandte sich nach dem Scheitern der Reforminitiative von 1898 vom Zeitaltermodell seines Lehrers ab und konzentrierte sein Denken auf die Schaffung einer modernen Nation. In einem Brief an Kang Youwei verwarf er 1902 sogar eine Bewahrung des Konfuzianismus:

> «Aus Sicht Eures Schülers gibt es nichts Dringenderes als eine Veränderung des chinesischen Geistes durch die Einführung neuer Theorien. Freilich wird es zu Beginn auch einige Zerstörungen geben. Vieles im Konfuzianismus passt nicht mehr in die neue Welt. Falls man dennoch weiterhin seine Bewahrung bevorzugen würde, dann würde dies nur bedeuten, dass man gegen seine eigenen Absichten handelt.»[21]

Liang Qichao entwickelte ein Konzept des chinesischen Nationalstaates, in dem die Menschen eine gemeinsame Überzeugung und Kultur teilten und nicht nur durch ethnische Bindungen zusammengehalten wurden. Eine moderne chinesische Nation, so hoffte er, würde sich besser dem internationalen Konkurrenzkampf stellen können als das Kaiserreich. In seiner Sorge um die Rettung Chinas schuf Liang Qichao auch eine neue politische Sprache. Er übertrug den Begriff des «Staatsbürgers» (*guomin*), den die japanischen Reformer der Meiji-Zeit (1868–1912) aus dem Westen übernommen hatten, auf das chinesische Volk.[22] Liang Qichaos wichtigste Leistung war die Eröffnung neuer Perspektiven für die chinesische Kultur. Er ebnete dem konfuzianischen Denken den Weg zum Dialog mit anderen geistigen Traditionen. Im Entstehungsprozess des modernen chinesischen Denkens spielte Liang Qichao eine ausschlaggebende Rolle. Dazu bediente er sich neuer Waffen im politischen Überzeugungskampf, etwa der Mobilisierung der Bevölkerung durch öffentliche Reden.[23]

In den ersten Jahren des 20. Jahrhunderts, als Liang Qichao seine Ideen einer chinesischen Nation vom Exil aus in Zeitschriften verbreitete, erkannte auch die Qing-Regierung die Notwendigkeit radikaler Veränderungen. Erstmals standen wesentliche Strukturelemente des monarchischen Staates zur Disposition. Die bedeutendste Maßnahme dieser «Neuen Politik» war die Abschaffung der kaiserlichen Staatsprüfungen im Jahre 1905. Sie änderte den Charakter der chinesischen Monarchie. Staatsämter waren nicht mehr ein Monopol der Gelehrtenelite, die sich dazu jahrelang in konfuzianischen Schriften schulen musste. Aus kaiserlichen Hofämtern wurden moderne Ministerien. Die zentralisierte Verwaltungsstruktur, die den dynastischen Staat zusammengehalten hatte, zerbrach und wurde durch ein neues institutionelles Gefüge ersetzt, das konstitutionelle Elemente für alle Ebenen vorsah.[24] Erstmals entwickelte die Qing-Regierung eine Strategie zur landesweiten Koordination ihres Reformkurses. Unterstützung holte sie sich auch aus dem Ausland. Vor allem japanische Berater sollten bei der Umsetzung der Bildungs- und Militärreformen helfen. Die Gründung von Handelskammern (*shanghui*) legalisierte erstmals eine moderne, über die traditionellen Gilden hinausweisende Selbstorganisation der chinesischen Kaufmannsschicht. Zu den erfolgreichsten Reformprojekten gehörte die Anti-Opium-Politik, die den Anbau, Vertrieb und Konsum der chinesischen Volksdroge bekämpfte.[25]

Der Qing-Staat schien endgültig auf dem Weg zur konstitutionellen Monarchie zu sein, als im Jahre 1906 die Kaiserinwitwe Cixi die Ausarbeitung einer Verfassung versprach und nach ihrem Tod 1908 zumindest auf der Provinzebene die Einführung von Parlamenten verwirklicht wurde. Bis Herbst 1911 wurden auf der Lokalebene landesweit etwa 5000 Gemeinderäte gewählt – die überwiegende Mehrheit davon in kleinen Kreisstädten.[26] Erstmals erhielt die nicht-bürokratische Elite auf diese Weise ein formales Mitspracherecht.[27] Aus der Perspektive des kaiserlichen Zentralstaates stellte dies den Versuch dar, mehr Einfluss auf der Lokalebene zu gewinnen, die sich stets der Kontrolle durch den kaiserlichen Beamtenapparat entzogen hatte.[28] Selbst unter den hohen Qing-Beamten fand der Konstitutionalismus seine Fürsprecher, die darin einen Weg zu dem Ziel sahen, Gleichberechtigung mit dem

Westen zu fordern. Stellte der Konstitutionalismus einerseits eine Art von «geliehener» Modernität dar, so markierte er andererseits einen praktischen Zugewinn an politischer Partizipation, indem er zu Chinas ersten Wahlen führte.[29]

Städtischer Wandel: Foren einer neuen Öffentlichkeit und Literatur Die Auswirkungen der qingkaiserlichen «Neuen Politik» wurden vor allem im städtischen Leben sichtbar. Die Gesundheitsversorgung und das Polizeiwesen wurden neu geregelt und Restriktionen gegenüber Glücksspiel, Prostitution und Pfandleihe aufgestellt. Indem Lokalbehörden zur Umsetzung des Ideals einer «ordentlichen Stadt» angespornt wurden, setzten sie die neuen Vorgaben zur Straßensäuberung, städtischen Beleuchtung, Organisation von Feuerwehr und Katastrophenhilfe um.[30] In vielen Städten wurden dabei längerfristige Prozesse aufgegriffen, die bereits in den 1890er Jahren begonnen hatten und sich bis in die 1930er Jahre erstreckten. Selbst die historischen Kulturgüter erhielten in dieser Phase eine neue Bedeutung und wurden als Symbole «nationaler Essenz» (*guocui*) in den Modernisierungsprozess integriert.[31] Roger Thompson hat daraus den Schluss gezogen, dass mit der «Neuen Politik» der späten Qing-Regierung die Auseinanderentwicklung zwischen dem ländlichen und städtischen China begonnen habe.[32] Dazu gehörte auch eine neue Form urbanen Protests, die erstmals in der anti-amerikanischen Boykottbewegung nach der Jahrhundertwende sichtbar wurde. In Massenkundgebungen kamen die Menschen in den Städten zusammen, machten ihren Protest auf Spruchbändern sichtbar und wurden darin von der modernen Presse und den Handelskammern unterstützt.[33]

Die Abschaffung des kaiserlichen Prüfungssystems führte zu bedeutenden Veränderungen in der Praxis und im Verständnis von Literatur. Da die gesellschaftliche Stellung und der Einfluss des Einzelnen fortan nicht mehr an seine Kenntnisse der Klassikertexte gebunden waren, nahm die chinesische Schriftkultur eine autonomere, zugleich aber auch marginalisierte Position ein. Repräsentiert und verbreitet wurde sie nun nicht mehr vom kaiserlichen Staatsgelehrten, sondern vom modernen Typus des Gebildeten, dem Intellektuellen, dessen Hauptmerkmal gerade diese neugewonnene Unabhängigkeit vom Staatssystem war.[34] Wie in vielen anderen Bereichen des gesellschaftlichen Umbruchs, so war es auch hier Liang Qichao, der als einer der Ersten die Chancen eines Wandels erkannte. Er betrachtete die Literatur (besonders Romane) als ein nützliches Instrument, um das Denken einer breiten Leserschaft zu beeinflussen und auf diese Weise soziale und politische Reformen umzusetzen. Liang Qichao übertrug den politischen Begriff der «Revolution» (*geming*) auf Dichtkunst, Romanliteratur und Theater.[35] Mao Zedong griff diesen Gedanken 1942 auf, als er Literatur und Kunst zum wesentlichen Bestandteil der Verbreitung einer revolutionären Ideologie im Volk erklärte. Bereits 1902 schrieb Liang Qichao in einem Beitrag, dass die Literatur einen starken Einfluss auch auf das Denken des einfachen Volkes ausüben könne.[36] Entsprechend ließ sie sich zur Mobilisierung des Volkes für Patriotismus und Nationalismus nutzen und war folglich Teil des Modernisierungsprozesses.[37]

Die technologischen Fortschritte im Druckwesen spielten für die Verbreitung von Wissen und die Politisierung einer städtischen Öffentlichkeit eine wichtige Rolle. Die Einführung des Dampfdruckes ermöglichte eine umfangreiche und billigere Produktion als in der Vergangenheit. Bildmaterial ließ sich einfacher und kostengünstiger in die Texte integrieren. Die großen Verlagsgesellschaften boten neue Karrieremöglichkeiten für Redakteure, Herausgeber, Übersetzer und Journalisten. Das kosmopolitische koloniale Shanghai entwickelte sich zum Zentrum der neuen Medien- und Pressekultur und zog viele literarische Intellektuelle an. Im Jahre 1908 wurde in Shanghai das erste moderne Theater Chinas unter dem Namen «Neue Bühne» (*xin wutai*) eröffnet, dessen Proszenium aufwendige Bühnenbilder und Dekorationen ermöglichte. Salons, Klubs und literarische Vereinigungen trugen zur Entstehung einer öffentlich sichtbaren «literarischen Szene» (*wentan*) in der Stadt bei.[38]

Zu den bekanntesten frühen Zeugnissen einer modernen chinesischen Literatur gehören Romane wie «Die Reisen des Lao Can» (*Can youji*, 1907) von Liu E (1857–1909) oder «Merkwürdige Ereignisse, mit eigenen Augen in den letzten zwanzig Jahren erlebt» (*Ershi nian mudu zhi guai xianzhuang*, 1910) von Wu Woyao (1866–1910).[39] Ihre langen Kapitel ähnelten noch der Form traditioneller chinesischer Romane, jedoch erschienen sie seriell in den neuen Literaturzeitschriften und stellten die individuellen Erfahrungen ihrer Protagonisten in den Vordergrund. Modern ist in beiden Romanen das zum Ausdruck gebrachte Gefühl der Krise von Gesellschaft und Kultur. Nicht zuletzt die Tatsache, dass die Autoren dieser Romane nicht mehr auf den traditionellen Karriereweg innerhalb der staatlichen Bürokratie fixiert waren, sondern bereits die Autonomie eines modernen Intellektuellen verkörperten, ermöglichte neuartige Perspektiven. Wovor beide allerdings trotz aller Kritik am bestehenden monarchischen System noch zurückschreckten, war die Forderung nach einer politischen Revolution.

Obwohl sich die politischen Konflikte mit dem westlichen Ausland in dieser Periode verschärften und vor allem der wirtschaftliche Druck der Kolonialmächte zunahm, gewann die chinesische Kultur in ihrem Wandlungsprozess nach der Jahrhundertwende wichtige Anregungen aus dem Ausland. Wie in der Wissenschaft, so übernahm Japan auch im Bereich der Literatur zunächst die Rolle des Vermittlers zwischen China und dem Westen. Dies zeigte sich vor allem bei der Entstehung einer modernen chinesischen Form des Sprechtheaters (*huaju*) während der letzten Jahre der Qing-Dynastie. Anders als im traditionellen chinesischen Drama, wurden die Dialoge nicht mehr gesungen, sondern gesprochen. Eines der frühen Zeugnisse war das 1907 in Japan aufgeführte Stück «Der Schrei des schwarzen Sklaven zum Himmel» (*Heinu yutian lu*), eine Adaption des amerikanischen Romans *Uncle Tom's Cabin* von Harriet Beecher Stowe (1811–1896). Ähnlich wie bei anderen künstlerischen Neuschöpfungen dieser Periode spiegelte sich auch im Sprechtheater das Bedürfnis der Autoren wider, mit ihren Werken zum gesellschaftlichen Wandel beizutragen.[40]

Neue Inhalte in Schule und Bildung Die erste moderne staatliche Schule Chinas war 1862 zu Beginn der Selbststärkungsreformen in Beijing als Übersetzungsschule (*Tongwenguan*) geschaffen worden.[41] Bei den nachfolgenden kaiserlichen Neugründungen stand neben Sprachunterricht die Vermittlung militärischen und technischen Wissens im Vordergrund. 1897 wurde in Shanghai Chinas erste Schule für Lehrerausbildung (*Shifan yuan*) eingerichtet, 1903 folgte eine ähnliche Institution in der Hauptstadt. Die Auflösung des kaiserlichen Staatsprüfungssystems löste nach 1905 eine

Welle von Neugründungen aus. Innerhalb von zwei Jahren entstanden 541 Lehrerakademien. Vor allem Frauen profitierten von diesen neuen Einrichtungen, da die Lehrerausbildung ihnen eine wichtige Möglichkeit für eine Rolle im öffentlichen Leben eröffnete.[42]

Im Zuge der «Neuen Politik» nach der Jahrhundertwende, als die Erziehung möglichst vieler Chinesen zu verantwortungsvollen Staatsbürgern zum Leitgedanken des Reformkurses erhoben wurde, legte eine landesweite Schulordnung eine moderne Ausbildung von der Vorschule bis zum Postgraduiertenstudium fest. Durch die Gründung eines nationalen Bildungsministeriums (*Xuebu*) sicherte sich die Regierung 1905 die Kontrolle über den Bildungsbereich bis zur unteren Verwaltungsebene der Landkreise. Ergänzend zu den Klassikerstudien wurden moderne Fächer wie Naturwissenschaften, Arithmetik und Sport in die Lehrpläne integriert.[43] Die traditionellen Akademien (*shuyuan*) und Wohlfahrtsschulen (*yixue*) wurden fortan in «neuen Schulen» (*xin xuetang*) zusammengefasst, unterlagen aber weiterhin der Finanzierung durch die Lokalregierungen. Die Einführung einer Grundschulpflicht sollte nach 1912 allen Kindern den Besuch einer modernen Schuleinrichtung ermöglichen.

An der umfangreichen Neustrukturierung des Erziehungswesens wirkten von Anfang an auch ausländische Experten mit. Der Aufbau eines nationalen Schulsystems erfolgte zunächst nach japanischem Vorbild. Nach 1922 orientierten sich die chinesischen Bildungsreformer am amerikanischen System, das viele von ihnen selbst erlebt hatten. Erstmals spielte auch die körperliche Ertüchtigung eine wichtige Rolle. Bereits in den 1890er Jahren führten preußische und japanische Militärberater, Vertreter des nordamerikanischen YMCA und Missionare westliche Sportarten in China ein. Im Jahre 1907 knüpfte eine Kampagne des chinesischen YMCA die nationale Rettung Chinas sogar an den Aufbau einer körperlichen Erziehung des Volkes. Dazu wurden drei Fragen gestellt:

1. Wann wird China erfolgreiche Athleten zu Olympischen Spielen schicken?
2. Wann wird China in der Lage sein, sogar ein Siegerteam bei den Olympischen Spielen zu stellen?

3. Wann kann China selbst die Welt nach Beijing zu Olympischen Spielen einladen?

Die beiden ersten Fragen realisierten sich 1984. Veranstaltungsort von Olympischen Spielen wurde das Land 2008.[44] Selbst die Verteidiger einer «nationalen Essenz» sahen in der Stärkung des Körpers ein wichtiges Element des nationalen Zusammenhalts und betrieben die Umwandlung der traditionellen chinesischen Kampfkunst (*wushu*) in eine moderne Sportart, indem sie eine nationale Kampfkunsthalle errichten ließen und 1923 einen landesweiten Wettkampf organisierten.[45] Nicht zuletzt wurde die Überlegenheit des Westens auch mit seiner als männlich-athletisch charakterisierten Kultur begründet, die sich deutlich von dem schwachen, femininen und vergeistigten Chinesentum abhebe. Auch die frühen chinesischen Revolutionäre griffen diese negative Sichtweise auf. Mao Zedongs erste Veröffentlichung von 1917 war eine «Studie zur physischen Kultur» (*Tiyu zhi yanjiu*), in der er über das chinesische Desinteresse an Bewegung klagte: «Übungen sind wichtig für die körperliche Erziehung, aber heutzutage sind die meisten Gelehrten nicht an Sport interessiert.»[46] Mao selbst hielt während seiner gesamten politischen Karriere an der Strategie der «Bewegung» (*yundong*) als Mittel gegen Chinas Passivität und Schwäche fest. Mit der Entdeckung der körperlichen Ertüchtigung entfernte sich die chinesische Gesellschaft vom traditionellen daoistischen Prinzip der individuellen «Kultivierung des Lebenswegs» (*yang sheng zhidao*) und des «Nichthandelns» (*wu wei*) hin zu einer modernen Körpererziehung der Bewegung (*tiyu yundong*) für die Bevölkerungsmassen.

2. Militärische Niederlagen, Risse im Vielvölkerimperium

Territoriale Dimensionen des Imperialismus in China Japans Sieg über das Qing-Reich von 1895 leitete eine neue Phase des Imperialismus in China ein. Bis dahin hatten sich die Großmächte auf den Ausbau eines «Treaty-Port-Imperialismus» beschränkt, der ihnen eine Reihe von gemeinsamen Sonderrechten garantierte, ihren Einfluss aber auf die maritime Peripherie des chinesischen Imperiums beschränkte. Im Landesinneren und an den weiträumigen kontinentalen Grenzen konnte kaum von einer «Öffnung» gesprochen werden. In den unter ausländischer Rechtsprechung stehenden Treaty Ports, jedenfalls in den größten unter ihnen, entstanden Gesellschaften neuen Typs.[47] Mit dem Kaiserlichen Seezollamt (*Haiguan*) wurde eine gemischte sino-europäische Behörde geschaffen.[48] Von chinesischer Seite wurden die der Qing-Regierung aufgezwungenen Verträge zwar als «ungleich» verurteilt, dennoch bedeutete das Vertragssystem eher einen Kompromiss als ein koloniales Diktat. Den Privilegien der Fremden lag auf ausländischer Seite das Vertrauen zugrunde, dass die kaiserliche Regierung in Beijing deren Einhaltung garantieren könne. Chinas überraschende Niederlage im Krieg mit Japan hatte dieses Vertrauen zerstört. Auf die Suche nach gemeinsamen Vorteilen folgte der Wettkampf um individuelle Sonderrechte über bestimmte Territorien, in denen die jeweilige Imperialmacht alleinige Kontrolle ausüben wollte.[49] In dem von einer Allianz aus acht Mächten gegen China geführten Boxerkrieg des Sommers 1900 fanden die Konkurrenten ein letztes Mal zusammen.[50]

Japan trat zwar erst spät als Imperialmacht auf dem ostasiatischen Kontinent hinzu, erwies sich aber als umso erfolgreicher. Seit 1895 verfügte es mit Taiwan über eine eigene Kolonie in der Region. 1898 griff es direkt in den Wettlauf um Konzessionen auf dem Festland ein, indem es sich von Beijing zusichern ließ, die Taiwan gegenüberliegende Provinz Fujian keinesfalls der Kontrolle anderer Großmächte zu überlassen. Nach dem Russisch-japanischen Krieg erhielt Tokyo 1905 das strategisch und wirtschaftlich wertvolle russische Konzessionsgebiet in der Südmandschurei, das sich in nächster Nähe zu Japans Protektorat in Korea befand und das in den folgenden Jahrzehnten zu einem Brückenkopf für die Durchdringung der restlichen Mandschurei werden sollte.[51] Noch hielt sich die japanische Außenpolitik an den Multilateralismus in China.[52]

Auflösungstendenzen an der imperialen Peripherie Insgesamt blieben die territorialen Verluste Chinas, vergleicht man sie etwa mit dem Schicksal anderer Teile Asiens und Afrikas im Zeitalter des Hochimperialismus, nach 1895 relativ gering. Kolonisiert wurden nur dünn besiedelte, administrativ schwach integrierte Grenzgebiete wie die Mandschurei und Taiwan. Allerdings verlor das Qing-Reich zwischen 1909 und 1914 die letzten Reste seines kontinentalasiatischen Tributgürtels. Hatte China 1894 mit dem Hinweis, dass Korea jahrhundertelang ein Tributstaat des chinesischen Kaiserreiches gewesen sei, noch gegen Japan um den Einfluss in Korea Krieg geführt, so war die Qing-Dynastie 1910, als Japan Korea annektierte, nicht mehr zur Gegenwehr in der Lage.[53] Allerdings unterstützte die nachfolgende Regierung der Chinesischen Republik die koreanische Exilregierung, die sich nach 1919 in Shanghai formierte.[54] Die Himalaya-Region war bereits im Verlauf des 19. Jahrhunderts unter den Einfluss von Britisch-Indien geraten. An ihrer Südgrenze musste die Qing-Regierung 1885 nach einer militärischen Niederlage gegen Frankreich den Verlust des ehemaligen Tributstaates Vietnam anerkennen.[55]

Zwar wagte die Regierung von Britisch-Indien, die noch 1904 Truppen nach Lhasa gesandt hatte («Younghusband-Mission»), keinen direkten Zugriff auf Tibet, bot dem Dalai Lama aber Zuflucht, als dieser 1910 vor den Qing-Truppen nach Darjeeling floh. Der Zusammenbruch der Qing-Herrschaft von 1911 verhinderte eine verstärkte Anbindung Tibets an das chinesische Kernland.[56] Nach seiner Rückkehr bekräftigte der Dalai Lama 1913 seinen Anspruch auf die religiöse und politische Herrschaft über Tibet und leitete Reformmaßnahmen zum Aufbau eines modernen Regierungssystems ein. Der chinesische Einfluss reduzierte sich fortan auf ein Minimum. In der Konvention von Simla (1913/14) zwischen Britisch-Indien, Tibet und China sollten Tibets Status und der Grenzverlauf festgelegt werden. Obwohl die Vereinbarungen weite Zugeständnisse von Seiten der Tibeter beinhalteten und statt einer vollständigen Unabhängigkeit nur eine weitgehende Autonomie für Tibet vorsahen, verweigerte schließlich die chinesische Regierung ihre Unterschrift aufgrund von Meinungsverschiedenheiten über den Grenzverlauf. Damit blieb Tibets Status ungelöst. China verhinderte mit diplomatischem Geschick, dass Tibets faktische Unabhängigkeit international anerkannt wurde.[57]

Als weniger erfolgreich erwies sich die chinesische Regierung in

Bezug auf die mongolische Peripherie. Die Äußere Mongolei erklärte unmittelbar nach der Abdankung der Qing-Dynastie 1912 ihre Unabhängigkeit.[58] Zwar einigte sich Russland noch 1915 vertraglich mit Beijing über eine formale Anerkennung der chinesischen Suzeränität. Spätestens nach Gründung der Mongolischen Volksrepublik von 1924 wurden aber die wahren Machtverhältnisse deutlich, wenn es auch noch bis 1946 dauern sollte, bis China die Selbstunterstellung seiner ehemaligen mongolischen Untertanen unter russisches Protektorat anerkannte. Eine andere Konstellation ergab sich in der Inneren Mongolei, die seit ihrer Integration in das Qing-Imperium im 17. Jahrhundert sehr viel stärker chinesischem Einfluss ausgesetzt war.[59] Um sich für die Reparationsforderungen aus dem Boxerkrieg neue Finanzquellen zu erschließen, forcierte die Qing-Regierung nach 1902 die Agrarisierung der innermongolischen Gebiete durch chinesische Einwanderer aus dem Kernland. Bereits 1912 stellten die Chinesen in der Region mit 1,5 Millionen Menschen die Bevölkerungsmehrheit.[60] Die Aufteilung der Inneren Mongolei in drei Sonderverwaltungsgebiete förderte nach 1914 schließlich auch ihre institutionelle Integration in die chinesische Republik.

Migration als Phänomen des Wandels Viel ist in der späten Qing-Zeit und frühen Republik von der Öffnung Chinas und dem Eindringen von Menschen und Ideen aus dem Westen die Rede. In umgekehrter Richtung verlief eine große Emigration von Chinesen, die sich sogar durch die amerikanischen Einwanderungsverbote nicht unterdrücken ließ.[61] Die chinesischen Migranten waren Teil einer internationalen Migrationsbewegung von Arbeitskräften, die eine globale Ausbreitung des Kapitalismus im 19. Jahrhundert begleitete.[62] Die Ursachen der ersten modernen Auswanderungswelle lagen nicht nur bei den zahlreichen Unruhen und Aufständen des 19. Jahrhunderts, dem raschen Bevölkerungswachstum und den Naturkatastrophen, sondern auch in der generellen Atmosphäre von Krise und Instabilität, die das Auftreten der Imperialmächte in China hervorrief.[63] Zudem machte der technologische Fortschritt der Dampfschifffahrt eine Migration großen Ausmaßes überhaupt erst möglich.[64] Es waren nicht die Ärmsten, die sich zu diesem Schritt entschlossen, sondern diejenigen, die das Geld für die Überfahrt aufbringen konnten und junge Arbeitskräfte, die in der Lage waren, ihre Reisekosten nach ihrer Ankunft abzuarbeiten. Organisiert wurde die Auswanderung durch ein Netzwerk von Clanorganisationen, Schiffsreedereien, Firmen und Anwälten, die dafür garantierten, dass ihren Klienten ungeachtet der Ausschlussgesetze die Einreise nach Nordamerika gelang.[65] Die chinesischen Migranten brachten nicht nur ihre menschliche Arbeitskraft in den Westen mit, sondern auch Waren, Kapital und kulturelles Wissen. So errang die traditionelle chinesische Medizin auch in der westlichen Kultur eine eigenständige Wertstellung.[66] Umgekehrt machte sich der Einfluss von Auslandschinesen auf ihre Heimat in der Einführung von neuen Ideen und in der Finanzierung von Modernisierungsprojekten bemerkbar.

Ungeachtet ihrer modernen Umwelt im Westen hielten viele Überseechinesen auch dann noch am Konfuzianismus als Grundlage der chinesischen Kultur fest, als dieser nach 1915 in China immer stärker bekämpft wurde. Ein Beitrag zu einer in San Francisco erscheinenden Zeitung warnte im September 1916 die chinesische Regierung:

> «Die chinesische Kultur ist verwurzelt im Konfuzianismus. Die Abschaffung des Konfuzianismus bedeutet nationalen Selbstmord, da ein solcher Akt den Urquell der chinesischen Zivilisation abschneidet. Die Erziehung sollte den Konfuzianismus zu ihrem grundlegenden Inhalt machen. Hiermit flehen wir Sie an, am Konfuzianismus festzuhalten.»[67]

Im Leben der Chinesen Amerikas erfüllte der Konfuzianismus auch in der modernen Gesellschaft eine wichtige Funktion. Ihre Konfrontation mit Rassenvorurteilen und kultureller Diskriminierung bestärkte sie in ihrer Überzeugung, dass ihnen der Konfuzianismus als kulturelles Erbe die Grundlage für ein erfülltes Leben bot.

3. Der Systemwechsel von 1911/12: Revolution ohne Neubeginn

Das plötzliche Ende der Dynastie Am 12. Februar 1912 bestätigte die Abdankung des sechsjährigen Qing-Kaisers Puyi (1906–1967) formal das Ende dynastischer Herrschaft in China. Auf den monarchischen Staat folgte die Republik. Allein diese Tatsache berechtigt dazu, von einer Revolution zu sprechen. Jedoch verlief der Wandel des politischen Systems keineswegs reibungslos. Sun Yatsen, der sowohl von den Kommunisten als auch von den 1949 nach Taiwan geflohenen Guomindang-Anhängern als «Landesvater» (*guofu*) und Staatsgründer verehrt wird, gehörte nur sechs Wochen lang der neuen Regierung an.[68] Er verzichtete zu Gunsten von Yuan Shikai (1859–1916) auf das Präsidentenamt, einem Spitzenbeamten der Qing-Dynastie, der nach der Jahrhundertwende in Nordchina eine schlagkräftige, moderne Provinzarmee aufgebaut und in der Revolution die Seiten gewechselt hatte.[69]

Der aus der Nähe von Guangzhou (Kanton) stammende Sun Yatsen war erst kurz zuvor nach China zurückgekehrt. Er hatte bis dahin die wenigste Zeit seines Lebens auf dem chinesischen Festland verbracht. Seine berufliche Ausbildung als Arzt durchlief er in Hongkong, den revolutionären Umsturz bereitete er in Japan und unter den Auslandschinesen vor. Alle Versuche an der Jahrhundertwende, den Sturz der Dynastie zu beschreiben, schlugen fehl. Die von ihm inspirierten Aufstände blieben erfolglos.[70] Sun Yatsens Verdienst war es, in den Jahren vor dem Ende der Dynastie die revolutionären Exilgruppen in Tokyo zu einer Allianz (*Tongmenghui*) zu verbinden.[71] Ihre Mitglieder bauten nach ihrer Rückkehr auf das Festland ein Beziehungsnetz auf und konnten ihr revolutionäres Gedankengut vor allem unter den Offizieren der neuen Provinzarmeen verbreiten.[72]

Der Sturz der Dynastie geschah eher zufällig, als am 10. Oktober 1911 eine Fehlzündung in einer heimlichen Waffenfabrik radikaler junger Militärkadetten in Wuchang (heute Teil von Wuhan) eine Armeerevolte auslöste und der Militärkommandeur der Qing-Regierung die Gefolgschaft aufkündigte. Eine Welle von Unabhängigkeitserklärungen der Provinzen zwang die kaiserliche Regierung zum Einlenken. Das mandschurische Kaiserhaus, das im Verlauf des 19. Jahrhunderts zahlreiche Aufstände und Rebellionen sowie die Kriegsniederlagen gegen die Imperialmächte überlebt hatte, schien seinen Willen zum Machterhalt verloren zu haben. Zahlreiche Garnisonen der mandschurischen Bannertruppen, die über das ganze Land verteilt waren und zusammen mit der traditionellen chinesischen Armee der «Grünen Standarte» die Regierungstruppen stellten, liefen zu den Revolutionären über. Nur wenige mandschurische Garnisonen leisteten noch einige Wochen gegen die Revolutionstruppen Widerstand. Vor allem im Süden und im Nordwesten des chinesischen Kernlandes kam es zu antimandschurischen Ausschreitungen.[73] Selbst die Revolutionäre waren von ihrem unerwarteten Erfolg überrascht.[74]

Letztlich zeigte die fortschreitende Schwächung der Qing-Herrschaft durch die Konflikte mit den neuen Eliten in den Provinzen ihre Wirkung. Eigentlich war es das Ziel der kaiserlichen «Neuen Politik» nach 1901 gewesen, die zentralisierte Herrschaftsausübung wieder zu stärken. Tatsächlich war es der Dynastie zunächst gelungen, durch die Öffnung des Staatsdienstes für breitere Anwärtergruppen und eine finanzielle Unterstützung von modernen Schulen, durch Industriegründungen, Eisenbahnbau, moderne Armeen und andere Reformprojekte in den Provinzen die Unterstützung der neuen städtischen Eliten zu gewinnen. Die politischen und administrativen Reformen wurden jedoch nur zögerlich umgesetzt. Nach dem Tod des Guangxu-Kaisers und der Kaiserinwitwe Cixi im Jahre 1908 beherrschten Kräfte am Kaiserhof die Politik, die für eine stärkere Verteidigung der Privilegien der Mandschu gegenüber den chinesischen Beamten und den Provinzeliten eintraten.[75] Als die 1909 gewählten Provinzversammlungen nun auch Wahlen zur angekündigten Nationalversammlung sowie die Einsetzung eines dem Parlament verantwortlichen Kabinetts forderten, verschärfte sich der Konflikt zwischen dem Zentrum und seinen Provinzen. Gleichzeitig setzte sich die Qing-Regierung über den wachsenden antiimperialistischen Patriotismus in der Bevölkerung hinweg, indem sie ihr Versprechen ignorierte, den Ausbau des Schienennetzes rein chinesischen Bahngesellschaften zu überlassen und ausländisches Kapital davon auszuschließen. Im Frühjahr 1911 stellte die Dynastie selbst die Weichen für ihr baldiges Ende, als sie ihr neues Kabinett mit einer Mehrheit alter Kräfte aus dem Mandschu-Adel besetzte und dann auch noch am 9. Mai 1911 die Verstaatlichung aller großen Eisenbahnlinien verfügte.[76] Die Personalpolitik des Kaiserhofes bedeutete letztlich einen Schlag ins Gesicht aller Reformer: Von dreizehn Ministerposten des Kabinetts wurden nur vier mit Han-Chinesen besetzt. Mitte Juni richtete eine Föderation von Provinzparlamenten eine Petition an die Regierung, in der sie die Ernennung eines Mandschuprinzen zum Ministerpräsidenten als Verstoß gegen die Grundidee einer konstitutionellen Monarchie beklagte.[77] Gleichzeitig löste der Abschluss einer Auslandsanleihe mit einem Viermächte-Bankenkonsortium zur Finanzierung der geplanten Huguang-Eisenbahnlinie heftige Proteste gegen die kaiserliche Eisenbahnpolitik aus. Vor diesem Hintergrund erfolgten im Oktober die Militärrevolte in Wuchang und die Unabhängigkeitserklärung der Provinzen, denen der Kaiserhof militärisch und politisch wenig entgegenzusetzen hatte.

Der schwierige Übergang zur Republik unter Yuan Shikai Yuan Shikai nutzte das plötzliche Machtvakuum und übernahm im März 1912, zunächst provisorisch, das Präsidentenamt.[78] Bei den ersten Parlamentswahlen im Winter 1912/13 konnte ein einziges Mal in der Geschichte Chinas ein relativ hoher Prozentsatz der chinesischen Bevölkerung ihre nationalen Vertreter selbst wählen. Der Ausgang der Wahl bestärkte Yuan Shikai in seiner Ablehnung einer liberalen Republik. Denn die aus Sun Yatsens revolutionärer Allianz hervorgegangene Guomindang (Nationale Volkspartei, GMD) errang einen deutlichen Sieg und konnte 269 der 596 Abgeordneten stellen.[79] Ihr Parteivorsitzender Song Jiaoren (1882–1913), einer der schärfsten Kritiker Yuan Shikais, gehörte zu den ersten Opfern der nun folgenden «zweiten Revolution». Er wurde im März 1913 ermordet. Eine systematische Bekämpfung aller revolutionären Kräfte im Land begann. Diese schlossen sich zu Anti-Yuan-Bündnissen zusammen.

Wichtige Unterstützung erhielt Yuan Shikai in diesem kritischen innenpolitischen Moment von den Großmächten, die ihm durch eine «Reorganisationsanleihe» von 25 Millionen Pfund den Rücken stärkten. Während der revolutionären Ereignisse im

Herbst 1911 war das Ausland zunächst neutral geblieben. Die Großmächte hatten den innenpolitischen Schwebezustand genutzt, um den chinesischen Seezoll, der seit 1863 durch eine sinoausländische Behörde erhoben wurde, fortan ihrer direkten Kontrolle zu unterstellen und damit die lukrative Handelssteuer der chinesischen Regierung zu entziehen.[80] In Shanghai zogen die Gerichte der Internationalen Niederlassung auch die Rechtsprechung über rein chinesische Fälle an sich. Beide Maßnahmen schränkten die Souveränität Chinas weiter ein. Als Garant dieser Privilegien erschien Yuan Shikai dem Ausland die aussichtsreichste politische Figur in der jungen Republik zu sein. Die Reorganisationsanleihe vom April 1913 gab Yuan Shikai einen entscheidenden Vorsprung vor seinen politischen Rivalen und erleichterte ihm den Weg zum diktatorischen Regime.[81] Innenpolitisch profitierte er von der Zersplitterung der politischen Elite auf Provinz- und Lokalebene. So schlug sich selbst Li Dazhao (1889–1927), einer der späteren Begründer der kommunistischen Bewegung in China, angesichts der «despotischen Macht» des Provinzmilitärs im Sommer 1913 offen auf die Seite Yuan Shikais:

> «Wie konnte der frühere Glanz jener Helden, die unsere Flüsse und Gebirge [von den Mandschu] zurückeroberten, so verblassen? Die Gefahr, in der sich die Nation nun befindet, ist doppelt so groß wie zur Zeit der früheren Qing. Die Mongolei und Tibet sind abgespalten worden. Externe Schwierigkeiten sind stärker als zuvor. Die Finanzen sind erschöpft. Die Schränke sind leer. Wenn sich jeder als Herr des Moments betrachtet, ohne über unmittelbare Pläne für eine allgemeine Rettungsstrategie zu verfügen, dann missachten wir die Warnungen aus dem Balkan und folgen wahrscheinlich dem Schicksal Ägyptens.»[82]

Für viele Revolutionäre und Reformer verkörperte Yuan Shikai in diesem Moment den nationalen Einheitsgedanken. Als er die Absetzung dreier prominenter Guomindang-Gouverneure verkündete, riefen die Revolutionäre um Sun Yatsen in den südlichen Provinzen zum Widerstand auf, der rasch niedergeschlagen wurde. Tatsächlich gelang es Yuan Shikai, das Land zusammenzuhalten.

Er stützte sich dabei nicht nur auf die Finanzmittel der Reorganisationsanleihe und die wohlwollende Haltung des westlichen Auslands, sondern auch auf große Teile der Elite, die zur Durchsetzung ihrer wirtschaftlichen Interessen auf Ordnung und Ruhe angewiesen war.[83] Bis Mitte 1915 wurden zwölf Provinzen des chinesischen Kernlands mit einer Gesamtbevölkerung von etwa 300 Millionen Menschen in ein stark zentralisiertes Herrschaftssystem einbezogen. Selbst in den verbliebenen Landesteilen war Yuans Einfluss nicht gering.[84] Der Preis dafür war die Diktatur. Nachdem er sich vom eingeschüchterten Parlament zum Präsidenten wählen ließ und die Mächte seine Republik anerkannten, verbot Yuan Shikai die Guomindang und rief das Kriegsrecht aus. Im November 1913 ließ er die Nationalversammlung auflösen und zahlreiche Abgeordnete verhaften. Die Presse unterstellte er einer strengen Zensur; viele Zeitungen mussten ihr Erscheinen einstellen. Durch die Reaktivierung alter Beamtenränge, die Verleihung von Adelstiteln und die Umbenennung von Regierungsämtern erfolgte schrittweise eine Rückkehr zu kaiserlichen Herrschaftspraktiken. Als Yuan Shikai im Dezember 1915 die Wiedereinführung der Monarchie mit sich selbst als dynastischem Oberhaupt verkündete, formierte sich der Widerstand. Seine wichtigste Stütze, das Militär, verweigerte ihm nun die Gefolgschaft. Die revolutionäre Zäsur der Jahreswende 1911/12 ließ sich nicht mehr vollständig rückgängig machen. Überall im Land entstanden «Armeen zum Schutz des Staates» (*huguojun*). Yuan Shikai zog im Frühjahr 1916 sein Vorhaben wieder zurück. Er starb im Juni des Jahres und hinterließ ein politisches Trümmerfeld.[85]

Schwächung von außen: China im Visier des japanischen Imperialismus

Die mühsamen Anfänge der jungen chinesischen Republik ermöglichten es Japan, seine Expansionsziele auf dem ostasiatischen Kontinent voranzutreiben, während die westlichen Großmächte in den Auseinandersetzungen des Ersten Weltkriegs gebunden waren. Nach ihren großen Erfolgen in den Kriegen mit China (1894/95) und Russland (1904/5) betrachtete die japanische Regierung die Schwäche Chinas und die Ablenkung der westlichen Konkurrenten als willkommene Gelegenheit zur Neuformierung ihrer Nation als Imperium. Im November 1914 eroberten japanische Truppen das deutsche Pachtgebiet in Shandong. 1915 folgte die Verkündung der ultimativen «21 Forderungen», durch die Japan seine hegemoniale Stellung auf dem ostasiatischen Kontinent ausbauen und China auf einen protektoratsähnlichen Status reduzieren wollte. In Geheimabkommen mit Frankreich und Großbritannien ließ sich Japan als Gegenleistung für seine Kriegsbeteiligung auf Seiten der Alliierten den Anspruch auf Shandong zusichern. Seine territorialen Ansprüche gingen jedoch weit über das von Deutschland übernommene Gebiet in Nordchina hinaus und steckten bereits das künftige – teils formelle, teils informelle – japanische Imperium der dreißiger Jahre ab, das sich am Vorabend des Kriegsbeginns 1937 vom Osten der Inneren Mongolei über die Mandschurei und die Provinzen Hebei und Shandong bis zur südchinesischen Küstenprovinz Fujian erstrecken sollte.[86] Auf der Versailler Friedenskonferenz wurde an den Vereinbarungen der Kriegszeit festgehalten. Chinas Delegation erlebte die Verhandlungen als eine tiefe Demütigung. Unterstützung erhielt sie durch Tausende von Chinesen aus China und Übersee, die in Telegrammen ihre tiefe Enttäuschung über die Ergebnisse von Versailles zum Ausdruck brachten.[87] China unterschrieb den Versailler Vertrag nicht. Dennoch stärkten sein Engagement im Ersten Weltkrieg[88] und das geschliffene – wenngleich erfolglose – Auftreten seiner Diplomaten bei den Friedensverhandlungen die Integration des Landes in die internationale Gemeinschaft. Zwei Jahre nach Versailles unterschrieb China im Mai 1921 einen Vertrag mit Deutschland, der erstmals nach den «Ungleichen Verträgen» des 19. Jahrhunderts bilaterale Beziehungen auf den Prinzipien von Gleichheit und Gegenseitigkeit vereinbarte.

Proteste und Wandel in der städtischen Gesellschaft Die innenpolitischen Folgen des «Betrugs von Versailles» waren erheblich. Die Protestbewegung des Vierten Mai 1919, die im Anschluss an die Boykotte in den Jahren zuvor eine neue Form der politischen Öffentlichkeit in China markierte, bewies, dass sich trotz aller Schwierigkeiten nach 1911 bereits viel mehr verändert hatte als nur formal das Regierungssystem. Mit dem Zusammenbruch des kaiserlichen Staatswesens gerieten auch seine kulturellen Grundlagen ins Wanken. Die Gesellschaft suchte nach einer neuen geistigen Orientierung. Die einschneidendsten Veränderungen erfolgten zunächst im städtischen Kulturleben: Ein neuer Kalender löste den traditionellen chinesischen Mondkalender ab. Der Mandschu-Zopf der Männer wich einem westlichen Haarschnitt. Neue öffentliche Rituale und Symbole wurden geschaffen, wie die Verehrung der revolutionären Märtyrer, ein Nationalfeiertag, eine Nationalflagge und eine Nationalhymne.[89] Für die städtische Bevölkerung führte der Systemwechsel von 1911/12 zu einer Revolutionierung ihres Alltagslebens: Der neue Kalender strukturierte ihr Leben neu, die Männer wirkten mit ihren neuen Haarschnitten europäisch, und die neuen Rituale des Staatsbürgers vermittelten jedem einzelnen Mitglied der Gesellschaft eine nationale Identität.[90] In Chinas urbanen Zentren entfaltete der frühe chinesische Nationalismus seine Rolle als treibende Kraft von Identitätsbildung und kultureller Modernisierung. Als kulturelles Programm ermöglichte er die Integration der Symbole des modernen, westlichen Nationalismus. Während Militärcliquen sich in den Provinzen in ständig wechselnden Machtkämpfen verstrickten, suchte die junge Generation der Intellektuellen in den Städten nach einer neuen Grundlage zur Reintegration der Gesellschaft. Durch Versailles hatten ihr Bild vom Westen und die Attraktion westlicher Ideen schweren Schaden genommen.[91] «Selbstvertrauen» hieß die neue Devise, die nun von Liang Qichao ausgegeben wurde, der als Beobachter zu den Friedensverhandlungen nach Paris gereist war und sich wieder vermehrt in der Öffentlichkeit zu Wort meldete.[92]

Sieg des Militarismus Unter den Intellektuellen fand der Militarismus im Land durchaus Anhänger. Liu Shuya (1893–1958) warnte in einem Beitrag unter dem Titel «Staatsmilitarismus» (*junguo zhuyi*): «Es gibt keinen anderen Weg, Territorium und Volk der Nation zu verteidigen. Denn die heutige Welt ist eine Welt des Militarismus.»[93] Selbst Chen Duxiu (1879–1942), einer der Wortführer der Neuen Kulturbewegung, sprach dem Krieg generell eine belebende, stärkende Bedeutung für die Gesellschaft zu, wenngleich er 1918 in einem Artikel unter dem Titel «Nieder mit den Kriegsherren» (*Dao junfa*) den Zerfall Chinas in konkurrierende Kriegsherrengebiete verurteilte und dabei erstmals den Begriff des

«Kriegsherren» (*junfa, warlord*) verwendete.[94] Auch Liang Qichao forderte die Chinesen zu mehr Kampfgeist auf.[95] Der Aufstieg des Militarismus war eng mit dem wachsenden Nationalismus verbunden. Im sozialdarwinistischen Kampf der Nationen erschien militärische Stärke als Mittel zur Rettung des chinesischen Staates. Die gescheiterte Festigung der republikanischen Regierungsform trieb das Militär zum Eingreifen in der Politik.[96] Edward A. McCord, ein profunder Kenner der frühen Republik, sieht die eigentliche Ursache des Zerfalls in regionale Militärcliquen in der Krise der politischen Autorität, die wiederum auf den fehlenden Konsens über die Organisation politischer Macht zu Beginn der Republikzeit zurückgehe. Die Militarisierung der republikanischen Politik verstärkte sich, als die verschiedenen politischen Kräfte sich dem Militär zuwandten, um scheinbar unversöhnliche politische Konflikte zu lösen. Weniger die ablehnende Haltung der Militärkommandeure gegenüber der legitimen politischen Autorität als vielmehr die Schwierigkeit, überhaupt zu definieren, welche Autorität legitim war, führte zur Fragmentierung Chinas in konkurrierende Kriegsherrengebiete.[97] Nominell bestand die Zentralregierung der Republik in Beijing auch nach 1916 fort. Sie beschränkte sich auf die Funktion als Kabinett für die wechselnden Militärführer, die jeweils die hauptstädtische Region kontrollierten, und als außenpolitische Vertretung gegenüber dem Ausland. Im Gegensatz zur zivilen kaiserlichen Bürokratie war das Militär in China niemals zentral organisiert worden. Folglich gelang es keinem der Kriegsherren, kaiserliche Strukturen wiederzubeleben, um das Land horizontal zusammenzuhalten.

4. Gesellschaft zwischen Traditionsbruch und Ideenvielfalt

Die Entdeckung des Staatsbürgers Die politische und militärische Fragmentierung während der ersten beiden Jahrzehnte der Republik hatte zur Folge, dass die Suche nach neuen kulturellen Orientierungspunkten in der Gesellschaft sich frei entfalten konnte. Der neue Typus des chinesischen Intellektuellen, wie er sich zunächst in den Treaty Ports entlang von Chinas Küste entwickelte, setzte in seinen Reforminitiativen einen anderen Schwerpunkt als die konfuzianischen Beamtengelehrten des späten 19. Jahrhunderts. Die Mobilisierung der breiten Bevölkerung rückte zunehmend in den Vordergrund. Liang Qichao, der im japanischen Exil den Wandel vom traditionellen Gelehrten zum modernen Intellektuellen erlebt und von dort aus seine Idee des neuen Bürgers (*xin min*) als Grundstein der modernen chinesischen Nation verbreitet hatte,[98] verwarf die konfuzianische Kosmologie und übernahm stattdessen die Prinzipien des Sozialdarwinismus. Fortan ging es um Fortschritt oder Verderben sowie um das Überleben des Stärkeren. Da er bei seinen Landsleuten eine öffentliche Moral, die das Volk zusammenhielt, vermisste, forderte Liang Qichao eine «moralische Revolution» in China: «Was ist öffentliche Moral? Es ist das, was eine Gruppe hervorbringt und eine Gruppe macht eine Nation zur Nation. Es ist die Moral, auf der die Gemeinschaft und die Nation basieren.»[99] Eine politische Revolution lehnte Liang jedoch ab, da er als deren Folge Chaos befürchtete und China dann den Imperialmächten noch hilfloser ausgeliefert sei.[100]

Antimandschurismus: Chinas frühe Form eines ethnischen Nationalismus Die Revolutionäre stimmten zwar mit Liang Qichao in dem Streben nach einem chinesischen Nationalismus überein, definierten ihn aber zunächst weniger politisch als ethnisch und gegen das mandschurische Herrscherhaus der Qing gerichtet. Als hanchinesische Opposition, die sich in scharfer Rhetorik gegen die kaiserliche Ordnung wandte, verurteilten die Anhänger eines antimandschurischen Nationalismus am *fin de siècle* die Qing-Dynastie als «Fremdherrschaft».[101] Im Jahre 1907 schlug Zhang Binglin in seinem Programm zur Zukunft Chinas eine «*chinesische* Republik» (*zhonghua minguo*) vor und beschränkte damit den Staatsbürgergedanken auf die Hanchinesen. Die für einen ethnischen Nationalismus typische Abgrenzung machte sich auch im Denken von Zhang Binglin bemerkbar. Tibeter, Mongolen und Turkvölker schloss er als Staatsbürger aus und stellte ihnen frei, das Land zu verlassen oder sich vollständig zu assimilieren. Dabei vermischte er die Bezeichnung «Han» für Chinesen mit dem westlichen Rassebegriff (*zhongzu*). «Han» wurde zu einer biologischen Kategorie auf der Grundlage von Verwandtschaftsbeziehungen. Entsprechend bezog Zhang Binglin auch die Kultur auf die gemeinsame Rasse.[102] Mit der Abdankung der Dynastie war 1912 das Ziel der Verfechter eines ethnischen Nationalismus erreicht.

Danach trat ein ethnischer Nationalismus nur noch bei den zentralasiatischen Grenzvölkern auf. Ihre Loyalität zu den Mandschu-Herrschern war hinfällig geworden. An eine chinesische Republik fühlten sie sich weniger gebunden. So wurde Besinnung auf das ethnisch Eigene zur Reaktionsweise auf expansive Tendenzen der Hanchinesen. Im chinesischen Zentrum wurde ein ethnisch exklusiver Denkansatz nicht mehr verfolgt, da seine Realisierung umfangreiche territoriale Verluste und eine Beschränkung Chinas auf das traditionelle Kernland aus Vor-Qing-Zeiten nach sich gezogen hätte. Aus dem Antimandschurismus der Jahrhundertwende entwickelte sich die Lehre einer «nationalen Essenz», bei der die Erforschung der Hanchinesen und ihrer Kultur in den Vordergrund rückte. Die Verteidiger einer «nationalen Essenz» definierten das Chinesentum auf der Grundlage seiner kulturellen Traditionen. Wie bei allen neuen Diskursen dieser Periode schlossen sich die Anhänger zu einer eigenen Gruppe zusammen, der «Schule nationaler Essenz» (*guocui pai*), und brachten eine gemeinsame Zeitschrift heraus.[103] Ihr Engagement bildete die Grundlage für die Entfaltung des chinesischen Nationalismus im frühen 20. Jahrhundert.

Chinesische Aufklärung und Traditionskritik Die Idee der «Aufklärung» (*qimeng*) als einer radikalen kritischen Neubewertung der Tradition entstand aus dem Gefühl nationaler Bedrohung nach 1895. Im Gegensatz zu den staatstreuen Reformern in der zweiten Hälfte des 19. Jahrhunderts, die den Konfuzianismus noch als eine modernisierungsfähige Lehre betrachtet und die notwendigen Reformen ganz in die konfuzianische Tradition integriert hatten, machten die Vertreter einer Aufklärungsstrategie gerade den Konfuzianismus für die Hilflosigkeit ihres Landes gegenüber der imperialistischen Bedrohung verantwortlich. Solche radikaleren Diskurse finden sich vor allem in der 1915 von Chen Duxiu in Shanghai gegründeten Zeitschrift «Neue Jugend» (*Xin qingnian*).

Erstmals traten in dieser Phase der «Neuen Kulturbewegung» auch Studenten öffentlich in Erscheinung. 1919 gründeten sie mit der Zeitschrift «Neue Welle» (*Xin chao*) ihr eigenes Sprachrohr. Eine Koalition aus Professoren, Studenten und Intellektuellen außerhalb der Universitäten artikulierte immer offener ihre Überzeugung, dass vor allem die «feudale Tradition» für die Krise des chinesischen Staates verantwortlich sei, erst an zweiter Stelle die imperialistische Aggression. Sie erlebten die frühe Republik, die sich unter Yuan Shikai zu einer Diktatur entwickelte, und nach Shikais Tod den Zerfall des Landes in konkurrierende Kriegsherrengebiete als eine Katastrophe. In ihrer Ernüchterung über die Erfolge der politischen Revolution wandten sie sich der kulturellen Erneuerung Chinas zu. Der in Japan ausgebildete Politikwissenschaftler Gao Yihan (1884–1968) notierte:

> «Die Revolution der früheren Jahre [1911] war nur formal eine Revolution. Nun muss eine Revolution des Geistes folgen. Unsere Leute wissen zwar schon sehr genau, wie man eine Revolution der politischen Institutionen durchführt, aber nicht wie eine Revolution des politischen Denkens und der Erziehungsprinzipien umgesetzt wird.»[104]

Der an der Beijing-Universität lehrende Chen Duxiu warf dem Konfuzianismus vor, dass er das Denken der Menschen durch die abergläubische Verehrung von Vätern und Herrschern vergifte. Daher könnten sich die Chinesen auch nicht für demokratische und egalitäre Ideale öffnen. Es reiche nicht aus, staatliche und gesellschaftliche Institutionen zu reformieren, die menschlichen Verhaltensweisen müssten geändert werden. Chen Duxiu vertraute auf die Generation der Jugend, die durch Erziehung zu «neuen Menschen» gebildet werden solle. Dies setzte sowohl die Auflösung des überkommenen Familiensystems als auch eine Öffnung des Bildungswesens für breitere Bevölkerungsschichten voraus. Sein Kollege Hu Shi (1891–1962), der 1917 nach einem Studium in den Vereinigten Staaten nach China zurückgekehrt war und seitdem an der Beijing-Universität lehrte, engagierte sich für die Einführung einer leichter verständlichen, vereinfachten Zeichenschrift und Umgangssprache für das ganze Volk.[105]

Früher Sozialismus und Anarchismus Sozialistische Ideen wurden zunächst aus Japan übernommen. Bis in die zwanziger Jahre spielte Tokyo eine wichtige Rolle für die ideologische Radikalisierung in ganz Asien. Chinesische, koreanische und vietnamesische Intellektuelle orientierten sich an den Werken japanischer Anarchisten und Marxisten. Um 1905 fand sozialistisches Gedankengut in Sun Yatsens «Allianz» (*Tongmenghui*) erstmals auch ein politisches Sprachrohr. Angesichts der in diesem Jahrzehnt durch die «Neue Politik» der Qing-Regierung eingeleiteten Staatsbildungsprozesse stand für Sun Yatsen die Vermeidung sozialer Ungerechtigkeiten im Vordergrund, die er von der Integration Chinas in die internationale Welt des Kapitalismus befürchtete. Daher forderte Sun staatliche Kontrollen von Grundbesitz und industriellen Großprojekten. Er stimmte mit Jiang Kanghu (1883–1954), dem Gründer der Chinesischen Sozialistischen Partei (*Zhongguo shehui zhuyi dang*), darin überein, dass eine «Revolution» von oben erfolgen sollte, da es die Aufgabe des Staates sei, die durch wirtschaftliche Ungleichheiten hervorgerufenen sozialen Probleme zu lösen. Die erste Generation chinesischer Sozialisten verfolgte eher einen «nicht-kapitalistischen Entwicklungsweg» als die sozialistische Revolution. Jiang Kanghu blieb zwar politisch unbedeutender als Sun Yatsen, gewann aber nach 1915 an Einfluss, da er als erster den Begriff der «Neuen Demokratie» aufbrachte. Der Historiker Arif Dirlik spricht sogar von einem «Jiang-Kanghu-Sozialismus». Darunter verstand Jiang selbst den Aufbau sozialistischer Institutionen auf allen politischen Ebenen von der Gemeinde bis zum nationalen Parlament.[106]

Zu den frühen konkurrierenden sozialistischen Bewegungen gehörten verschiedene anarchistische Gruppen. Der Anarchismus war vor allem unter den chinesischen Studenten in Frankreich und Japan beliebt. 1906 startete in Paris die Gruppe «Weltgesellschaft» (*Shijie she*) ihre Zeitschrift «Neue Ära» (*Xin shiji*), die sich zu einer der wichtigsten chinesischen Quellen anarchistischer Theorie entwickelte.[107] Ihre Anhänger verstanden Revolution als einen Prozess, den sie mit Fortschritt gleichsetzten und als evolutionäre Entwicklung erklärten. Einer ihrer führenden Köpfe, der Biologiestudent Li Shizeng (1881–1954), war über den bekannten französischen Geographen und anarchistischen Vordenker Élisée Reclus (1830–1905) zum Anarchismus gekommen. In den Beiträgen der «Neuen Ära» wurde auch die chinesische Tradition angegriffen, insbesondere der Konfuzianismus. Im Gegensatz dazu vertrat die Tokyo-Gruppe einen von Leo Tolstoi (1828–1910) beeinflussten anti-modernistischen Anarchismus und betonte die Gemeinsamkeiten zwischen dem Anarchismus und den philosophischen Strömungen des traditionellen Daoismus in China.[108] Die «Gesellschaft zum Studium des Sozialismus» (*Shehui zhuyi jiangxihui*) brachte eine Zeitschrift unter dem Titel «Natürliche Gerechtigkeit» (*Tianyi bao*) heraus, die in revolutionärem Ton die Not der Frauen und unteren Gesellschaftsschichten beklagte und die Ideale einer agrarischen Gesellschaft beschwor.[109]

Nicht nur in diesem Punkt machte sich der Einfluss des klassischen Gelehrten Liu Shipei (1884–1919) und seiner Frau He Zhen auf die Anarchisten bemerkbar. Liu Shipei, der noch das kaiserliche Staatsprüfungssystem durchlaufen hatte, aber 1903 an der letzten Prüfungshürde gescheitert war, hatte sich zunächst den antimandschurischen Kräften in Shanghai angeschlossen. Als Redakteur für die republikanische Zeitschrift «Volksjournal» (*Min bao*) ging er 1907 nach Tokyo und wurde dort in Sun Yatsens «Allianz» aktiv.[110] Über seine Freundschaft mit japanischen Sozialisten wandte er sich dem Anarchismus zu. In seinem Entwurf einer anarchistischen Gesellschaft stellte er die körperliche Arbeit in den Mittelpunkt.[111] Nach 1915 berichteten chinesische Zeitungen häufig von Arbeiterstreiks. In der radikalen Presse nahmen anarchistische Blätter eine führende Rolle bei der Diskussion um Arbeitsprobleme ein. Die 1912 gegründete «Stimme des Volkes» (*Minsheng*), eines der wichtigsten Organe des Anarchismus in China, informierte zu dieser Thematik aus dem In- und Ausland.[112] Nach 1911 waren die Pariser Anarchisten in ihre Heimat zurückgekehrt und engagierten sich in der Arbeiterbewegung sowie im Erziehungsbereich.[113] Mit ihren Ideen über Familie, Jugend und Frauen, ihren Kommuneexperimenten und dem Interesse an Arbeiterfragen beeinflussten sie auch die Anhänger der Neuen Kulturbewegung. Erst mit der Gründung einer bolschewistischen Kommunistischen Partei in China im Jahre 1921 verloren die Anarchisten an Einfluss. Ihr wesentlicher Beitrag bleibt die Einführung der Idee einer sozialen Revolution in China. Die Anarchisten der unterschiedlichsten Ausrichtung teilten die Überzeugung, dass die Gesellschaft und die sozialen Kräfte die bestimmenden Faktoren der Politik seien und daher die Grundlage für alle bedeutungsvollen Veränderungen bildeten. Von nachhaltiger Wirkung war zudem die Integration von Industrie und Landwirtschaft in ihr Programm sozialer Entwicklung.

Wirtschaftsbourgeoisie und Arbeiterschaft Die am Ende des 19. Jahrhunderts beginnende Industrialisierung brachte zwei neue städtische Gesellschaftsgruppen hervor: eine Wirtschaftsbourgeoisie und eine Arbeiterschaft. Die frühen Wirtschaftsunternehmen, Kohlegruben und metallverarbeitenden Industrien, die seit den 1870er Jahren gegründet worden waren, unterstanden noch der staatlichen Aufsicht.[114] 1894 arbeiteten insgesamt etwa 125 000 Chinesen in diesen Betrieben.[115] Einen Entwicklungsschub erlebte die chinesische Wirtschaft zwischen 1905 und 1912, als jährlich 65 bis 85 neue Unternehmen entstanden, nicht mehr nur in den Vertragshäfen, sondern zunehmend auch im Hinterland der städtischen Zentren. Die Qing-Regierung versuchte 1903 durch Gründung eines Handelsministeriums (*Shangbu*) mehr Einfluss auf die landesweite Entwicklung von Handel und Industrie zu gewinnen. Widerstände gab es sowohl von Seiten der Provinzgouverneure, die ihre eigene Kontrolle über die neuen potentiell lukrativen Wirtschaftszweige bedroht sahen, als auch von anderen Ministerien, die über die Verteilung der Zuständigkeitsbereiche stritten.[116] Der Erste Weltkrieg ließ für einige Jahre die europäische Konkurrenz vom chinesischen Markt verschwinden; umso stärker drang allerdings ab diesem Zeitpunkt die japanische Wirtschaft in China vor.[117] Zwar fürchtete die Wirtschaftsbourgeoisie sich generell vor politischen Unruhen, sympathisierte aber mit den patriotischen Aktionen der Bevölkerung, vor allem den Boykotten ausländischer Waren. Nach 1916 nahm der Druck auf die chinesischen Unternehmer von Seiten der lokalen Kriegsherren und der ausländischen Mächte zu. Denn diese beiden Kräfte bestimmten über Steuern, Infrastrukturmaßnahmen und Rahmenbedingungen des Marktes. Die chinesischen Unternehmer betrachteten sich selbst als fortschrittlich und sahen ihren Beitrag zur Stärkung Chinas in der erfolgreichen Industrialisierung des Landes. Vor allem die Jahre zwischen 1914 und 1927 waren ein «goldenes Zeitalter der Bourgeoisie».[118]

Die Anfänge einer chinesischen Arbeiterschaft gehen gleichfalls auf die letzten Jahrzehnte des Kaiserreiches zurück. Ihr Anteil an der Bevölkerung blieb selbst in der Republikzeit noch gering. Chinas frühindustrielle Zentren befanden sich entlang der Küsten und am Yangzi (die Schiffswerften von Shanghai, Fuzhou und Hongkong, die Dampfschifffahrt auf dem Yangzi) sowie im Umfeld des Baus und Betriebs der Eisenbahnen und in der Rüstungsindustrie. Die Arbeitskräfte der kaum mechanisierten Bereiche wie Rikschakulis, Schiffsschlepper, Bauarbeiter, Lastenträger und Hauspersonal waren in den traditionellen Gilden und Landsmannschaften organisiert. Eine moderne Fabrikarbeiterschaft entwickelte sich erst nach 1895, als es Staatsangehörigen der Industrienationen erlaubt wurde, eigene Betriebe in China zu errichten. Chinesische Vermittler lieferten ihnen Arbeitskräfte zu Niedriglöhnen. Vor allem in Shanghai und in den Bergwerken waren die Arbeiter der Willkür ihrer Kontraktoren (*baogong*) ausgeliefert. Dennoch waren die ersten Arbeiterstreiks primär patriotisch motiviert.[119] Die ab 1909 entstehenden Verbände waren nach Berufszweigen organisiert und nahmen sowohl Arbeiter als auch Unternehmer auf. Wie die allmähliche Industrialisierung zur Auflösung der konfuzianischen Familienordnung beitrug, zeigt das Beispiel der Arbeiterinnen in der Textilindustrie. Die neuen Erwerbsmöglichkeiten in den städtischen Seiden- und Textilfabriken ermöglichten es den vom Lande kommenden jungen Frauen, sich gegen die traditionelle Zwangsheirat zu wehren.[120]

Die Anfänge eines modernen Frauenbildes Nach der Jahrhundertwende traten Frauen als eine neue soziale Gruppe in Erscheinung.[121] Erste Ansätze eines modernen Feminismus gehen auf die Reformbewegung der 1890er Jahre zurück. 1892 organisierte Kang Youwei eine Gesellschaft gegen das traditionelle Füßebinden.[122] Liang Qichao veröffentlichte in seinen Reformschriften von 1896/7 auch einen Text über Frauenerziehung. Eine Verbesserung der Stellung von Frauen gehörte aus Sicht der frühen Reformer zum Rettungsprogramm der Nation (*jiuguo*). Erstmals wurde die Frauenfrage öffentlich diskutiert – wenn auch überwiegend von Männern. 1903 verfasste Jin Songcen (1874–1947) ein erstes Werk, in dem für Frauen gleiche Bürgerrechte verlangt wurden. Eine Umsetzung seiner Forderungen knüpfte Jin Songcen an die Beseitigung der Qing-Dynastie. Der Text liest sich auch als Aufruf an die Frauen zum Engagement in der revolutionären Bewegung.[123] In Shanghai erschienen zwischen 1902 und 1911 eine ganze Reihe von Frauenzeitschriften. Zur ersten Märtyrerin wurde Qiu Jin (1875–1907), die sich während ihres Auslandsstudiums den antimandschurischen Aktivisten anschloss und als Vertreterin ihrer Heimatprovinz Zhejiang 1905 in Sun Yatsens «Allianz» eintrat.[124] Nach ihrer Rückkehr aus Japan gründete Qiu Jin in Shanghai eine Zeitschrift, in der sie die weibliche Abhängigkeit in der von Männern dominierten Gesellschaft beklagte und eine Gleichstellung von Frauen forderte:

> «Frauen müssen eine Schulbildung erhalten und für ihre Unabhängigkeit eintreten. Sie können nicht einfach weiterhin bei den Männern um Alles bitten. Die jungen Intellektuellen schreien alle ‹Revolution, Revolution›. Ich aber sage, dass die Revolution in unseren Familien beginnen muß, indem für Frauen die gleichen Rechte erreicht werden.»[125]

Freilich gehörte sie zur kleinen Gruppe einer jungen intellektuellen Elite, die mit ihren Aufrufen nur wenige Adressaten erreichen konnte. Sie wurde Opfer ihres politischen Engagements, als sie sich nach dem Verbot ihrer Zeitschrift nach Zhejiang zurückzog und dort in einer Mädchenschule aktiv wurde. Während eines gescheiterten Aufstands in den Provinzen Anhui und Zhejiang wurde Qiu Jin verhaftet und hingerichtet.[126]

Unterstützung fanden die frühen Feministinnen auch bei den Anarchisten. Li Shizeng machte die konfuzianischen Autoritätsstrukturen für das ungerechte Geschlechterverhältnis verantwortlich.[127] He Zhen forderte vom Exil in Tokyo aus Chinas Frauen auf, sich selbst zu befreien und ihren Kampf an eine Revolution der gesamten Gesellschaft zu knüpften. Lin Zongsu (1878–1944), Chinas erste Journalistin, rief im November 1912 die erste politische Organisation zur Durchsetzung des Frauenwahlrechts ins Leben.[128] Die chinesische Frauenbewegung trat in eine neue Phase ein, in der es nicht mehr nur um die Durchsetzung von Bildungschancen für

Frauen ging, sondern diese aktiv in den politischen Prozess eingegliedert werden sollten. Die Schaffung von chinesischen Staatsbürgern war verbunden mit einer Integration der Frauen in die moderne politische Gemeinschaft. Dort sollten sie als «Mütter der Bürger» (*guomin zhi mu*) ihren Beitrag zur nationalen Stärkung Chinas leisten.[129] Viele Forderungen der Anarcho-Feministen wurden später in der Vierten-Mai-Bewegung der frühen 1920er Jahre wieder aufgegriffen. Auch die Angriffe der Neuen Kulturbewegung auf die traditionellen Familienstrukturen stärkten die Forderungen nach Frauenrechten. Mit ihrem Konzept der «Kleinfamilie» (*xiao jiaoting*) brachte die Bewegung konkrete Veränderungsvorschläge vor, mit denen die traditionellen konfuzianischen Autoritätsstrukturen und der Zwang zur Fünfgenerationenfamilie durchbrochen werden sollten. Damit änderte sich auch die Stellung der weiblichen Familienmitglieder, die bei einer freien Partnerwahl mehr Mitspracherecht bekamen und im Rahmen der Kleinfamilie eine aktivere Rolle übernehmen konnten.[130]

Anfänge des chinesischen Films Neue Entfaltungsmöglichkeiten für Frauen bot die seit der Jahrhundertwende nach China vordringende Welt der modernen Medien, insbesondere des Kinos. Die ersten Filme waren noch westliche Importe, die ab 1896 in Hongkonger Hotels und in Shanghais Gärten als Teil von Varieté-Programmen gezeigt wurden. Die Teehäuser als traditionelle Orte der Begegnung sowie ihre modernen Pendants, Hotels und öffentliche Gärten, blieben zunächst die einzigen Veranstaltungsorte.[131] Die frühesten chinesischen Produktionen nach 1905 orientierten sich noch inhaltlich an klassischen Opernszenen.[132] In Anlehnung an die traditionellen Kampfkunsttechniken entwickelten sich auch Kampfkunstfilme zu beliebten Genres. In den Kampfszenen ließen sich zudem die neuen wissenschaftlichen und technischen Möglichkeiten zum Ausdruck bringen.[133] Zunächst waren die Filmgesellschaften vorwiegend in ausländischer oder privater Hand. Das Anliegen der Filmemacher war es, mit ihren Produktionen einen Beitrag zur kulturellen Aufklärung der Chinesen zu liefern. Die Akzeptanz, auf die der Film als neue Medienform aus dem Westen stieß, zeigt einerseits eine Bereitschaft unter den Chinesen, sich modernen Angeboten zu öffnen; die traditionellen

Inhalte der frühen Filme brachten andererseits ein wachsendes Bewusstsein von eigener kultureller Identität zum Ausdruck.

Religion als Modernisierungselement Emanzipatorische Impulse erfassten in der frühen Republik auch das Christentum. Um die Jahrhundertwende entwickelte sich eine eigenständige protestantische Bewegung. Die Ursprünge des Protestantismus lassen sich bis in die ersten Jahre des 19. Jahrhunderts zurückverfolgen. 1807 hatte Robert Morrison (1782–1834) von der London Missionary Society seine Missionsarbeit in Guangzhou begonnen. In den «Ungleichen Verträgen» der Jahrhundertmitte wurde den Missionaren in China erstmals Bewegungsfreiheit zugesichert. Dadurch weitete sich ihre Arbeit von der Übersetzung der Bibel und christlicher Traktate sowie der Redaktion erster moderner Zeitungen und Zeitschriften während der zweiten Hälfte des 19. Jahrhunderts auf Gemeindegründungen aus. Protestantische Missionare drangen auch in entlegene Dörfer vor und errichteten bis 1890 in fast allen Provinzen insgesamt 498 Missionsstationen. Dennoch blieb die Zahl ihrer 80 000 Konvertiten weit hinter den 720 000 getauften Katholiken zurück.[134] Vor diesem Hintergrund entstand nach der Jahrhundertwende die erste eigenständige Bewegung des Protestantismus. 1906 gründete der presbyterische Pfarrer Yu Guozhen mit einigen Shanghaier Kollegen die «Chinesische Christliche Union» (*Zhongguo jidutu hui*), die sich dem Einfluss ausländischer Missionsgesellschaften entzog, eine eigene Zeitschrift herausgab und im ganzen Land zu eigenständigen Gemeindegründungen anregte. Einer daraus entwickelten Föderation christlicher Kirchen, «Unabhängige Gemeinschaft christlicher Kirchen Chinas» (*Zhongguo jesujiao zilihui*) genannt, gehörten 1920 über hundert Gemeinden an. Ihre Mitglieder stammten hauptsächlich aus der städtischen Mittelschicht. Eine ähnliche Bewegung war 1912 auch in Nordchina entstanden. In Shandong, Beijing und Tianjin schlossen sich chinesische Gemeinden zusammen.[135] Der wachsenden einheimischen Gegnerschaft durch wissenschaftliche Vereinigungen und nationalistische Gruppen setzten die chinesischen Christen die Gründung der «Chinesischen Vereinigung nationaler christlicher Literatur» (*Zhongguo jidujiao wenshe*) entgegen, die in den zwanziger Jahren für eine besondere chinesische Form des Christentums eintrat.[136] Eine zweite Welle der Sinisierung des Protestantismus verbreitete sich unter der ländlichen Bevölkerung in Zentral- und Nordchina und vermischte sich mit Elementen der traditionellen volksreligiösen Sekten. Das Zentrum der 1917 gegründeten pfingstlerischen Bewegung der «Wahren Kirche Jesu» befand sich in den Provinzen Henan und Hunan.[137] In den zwanziger Jahren rief der junge evangelikale Prediger Ni Tuoshen («Watchman Nee», 1903–1972) die Gemeinden der «Kleinen Herde» (*Xiao qun*) ins Leben, die wie die Pfingstlerbewegung von einer ausländerfeindlichen Haltung geprägt waren und sich im ganzen Land ausbreiteten. Chinas Katholiken engagierten sich in der jungen Republik vor allem im Bildungsbereich. Ihre Projekte reichten von Grundschulen bis zu Universitäten. Im Katholizismus konnte sich der ausländische Einfluss länger halten als bei den Protestanten. Die Anfänge einer eigenständigen christlichen Bewegung in China sind ein weiteres Beispiel für die Indigenisierung von außen kommender Impulse im Übergang von der Monarchie zur Republik.

Auch lang etablierte Religionen wie der Buddhismus erhielten in dieser Epoche neue Impulse. Akademien zur Ausbildung von Mönchen und Nonnen sowie regionale und landesweite buddhistische Laiengesellschaften spiegelten die institutionelle Erneuerung des Buddhismus wider.[138] Eine besondere Rolle spielten gebildete Laien wie Ouyang Jingwu (1871–1943), der buddhistische Texte herausgab und unter dem Klerus das Studium der buddhistischen Philosophie verbreitete. Die Einführung moderner Drucktechniken förderte die Verbreitung buddhistischer Schriften, Traktate und Zeitschriften.[139] Ähnlich wie die christlichen Organisationen engagierten sich die buddhistischen Einrichtungen im sozialen Bereich. Sie gründeten Krankenhäuser, Schulen, Waisenhäuser und Altersheime. Buddhistische Mönche trugen nach 1937 zum antijapanischen Widerstand bei, indem sie ihre Gebäude den Guomindang-Truppen zur Verfügung stellten, antijapanische Propaganda verbreiteten und sich an Widerstandsaktionen beteiligten. Damit wollten sie eine Wiederbelebung des chinesischen Buddhismus in den Aufbau des modernen Nationalstaates integrieren.[140] Es gelang dem buddhistischen Klerus, sich in dieser Periode der Kriege und Bürgerkriege auf nationaler Ebene zu etablieren. Insgesamt soll es 1947 in China über 4,6 Millionen Buddhisten gegeben haben.[141]

Auch diese beiden Beispiele aus dem Bereich der Religionen belegen die Aufbruchstimmung innerhalb der chinesischen Gesellschaft während dieser Übergangsphase. Die Impulse zum Wandel kamen aus dem Westen, von dem sich aber die religiösen Vertreter abzugrenzen versuchten. Denn allen Verfechtern einer gesellschaftlichen Erneuerung – von den Anarchisten bis zu den Buddhisten – ging es um den Aufbau eines selbstbewussten neuen China in einer modernen Staatenwelt.

CHONG CYCLE & MOTOR
五卅上海工人學生在南京路大示威
方幹民稿

II. Nationalismen in einer schwachen Republik

Als einzige ideologische Gemeinsamkeit verband der Nationalismus nahezu alle politischen Strömungen in China während der ersten Hälfte des 20. Jahrhunderts. Die europäischen Ordnungsvorstellungen des modernen Nationalstaates waren China bis zum Ende des 19. Jahrhunderts fremd. Der traditionelle Reichsbegriff *tianxia* («alles unter dem Himmel») bezog sich auf eine vom Kaiser als «Sohn des Himmels» beherrschte kulturelle Ökumene. Das Wort *guo* («Land») galt nur der herrschenden Dynastie. Als allgemeiner Staatsbegriff tauchte *guo* erst um die Jahrhundertwende auf. Wichtigster Bezugspunkt für den *politischen* Nationalismus war der Zentralstaat. Er reagierte vor allem auf zwei Probleme der jungen chinesischen Republik: Wie ließen sich nach dem Ende des kaiserlichen Vielvölkerimperiums die zentrifugalen Kräfte des chinesischen Staatsvolkes organisatorisch bändigen? Und: welche neuen Identifikationsangebote konnten die Autorität des Kaisertums ersetzen? Da in der Republikzeit die Stabilisierung eines leistungsfähigen Zentralstaats fehlschlug, blieb die *politisch* lebensfähige Nation einstweilen noch eine Utopie. Sie sollte erst durch die Kommunisten zu Beginn der 1950er Jahre verwirklicht werden. Ein moderner Nationalstaat ließ sich auch von der Guomindang-Regierung unter Chiang Kaishek nach 1927 nicht vollständig durchsetzen. Auf ihrem schwierigen Weg der Machteroberung entwickelte die kommunistische Bewegung unterschiedliche Strategien: die Mobilisierung der Arbeiterschaft (1921–23), die Einheitsfront (1924–27), die Anpassung an die ländlichen Verhältnisse (1929–34), den strategischen Rückzug (Langer Marsch, 1934/35), den Aufbau hinter der Kriegsfront (1935–1947) und den Bürgerkrieg (1946–49). 1949 wurde ein Souveränitätsrahmen errichtet, der in der Folgezeit noch ausgefüllt werden musste. So waren die Nationalismen der Republikzeit Hoffnungen und Bestrebungen auf der Suche nach Nation und Nationalstaat gewesen. Aber auch 1949 wurde zunächst nur ein Zwischenziel erreicht.

1. Antiimperialismus: Im Widerstand formiert sich die Nation

Die Ursprünge eines chinesischen Anti-Imperialismus, der auch als «reaktiver Nationalismus» beschrieben werden kann,[1] gehen auf die zweite Hälfte des 19. Jahrhunderts zurück, als sich die Bevölkerung nordchinesischer Städte und Dörfer in antichristlichen und fremdenfeindlichen Ausschreitungen gegen die wachsende ausländische Präsenz zu wehren begann. Die Proteste erreichten im Boxeraufstand von 1900 ihren Höhepunkt. Anders als in den enger basierten Bauernaufständen früherer Zeiten und den Rebellionen von Sekten und Geheimgesellschaften, verbanden sich in der Boxerbewegung die unterschiedlichsten Elemente der ländlichen Gesellschaft. Neu war zudem ihre Allianz mit dem Kaiserhof in Beijing, dessen konservative Repräsentanten sich mit den Boxern gegen den gemeinsamen Feind, die ausländischen Imperialisten, verbündeten. Folglich wies der Boxeraufstand als eine Allianz zwischen Bauern und Regierungsbürokratie bereits gewisse moderne Elemente auf, wenngleich er in seinem Kern ein Phänomen des traditionellen China blieb.

Eine für China charakteristische Form des modernen Antiimperialismus seit der Jahrhundertwende waren die Boykotte gegen ausländische Waren. Die patriotisch motivierten Angriffe der städtischen Bevölkerung trafen den wirtschaftlichen Lebensnerv der ausländischen Präsenz. Erstmals ging es bei diesen Aktionen auch um allgemeinere Werte wie einen verletzten Nationalstolz. Auslöser für die anti-amerikanischen Boykotte von 1905 war eine Verschärfung der amerikanischen Einwanderungsbestimmungen. Organisiert wurde der Boykott von den traditionellen Gilden und den neugegründeten Handelskammern. Er erfasste fast alle chinesischen Handelsstädte sowie die Auslandschinesen und ebbte erst allmählich ab. Erstmals kamen die auch für spätere Boykotte typischen Agitationsformen der Massenkundgebungen, der Parolen auf Spruchbändern, der Beteiligung der Presse und der feierlichen Schwüre zur Geltung. Im Jahre 1908 folgte ein anti-japanischer Boykott, mit dem die chinesischen Kaufleute vor allem ihre japanischen Konkurrenten schädigen wollten. Landesweite Ausmaße erreichten die Boykotte von 1915, die sich gegen Japans «21 Forderungen» richteten.[2]

Mit der Vierten-Mai-Bewegung von 1919 begann auch für den Antiimperialismus eine neue Phase. Die städtische Allianz der Protestaktionen reichte von Studenten und Intellektuellen über Kaufleute und Industrielle bis zu einfachen Hafenarbeitern und Taschendieben. Am 5. Juni 1919 kam es zum ersten Generalstreik der chinesischen Geschichte. In den zwanziger Jahren erlebte China seine erste Woge von Arbeitskämpfen,[3] die zunächst von Hafenarbeitern und Seeleuten der Region Guangzhou-Hongkong ausgingen und später auch Eisenbahnen und britische Kohlebergwerke in Nordchina erfassten. Aus diesen Streiks entstanden die ersten chinesischen Gewerkschaften, die jedoch ihre Mitglieder vor politischen Repressalien nicht schützen konnten. Eine Eskalation der Gewalt kennzeichnete die Bewegung vom 30. Mai 1925 (*Wusa yundong*), als in der Internationalen Niederlassung in Shanghai britische und indische Polizisten das Feuer auf Demonstranten eröffneten. In Guangzhou starben am 23. Juni mindestens 52 Chinesen, die gegen die «Ungleichen Verträge» protestiert hatten, durch Schüsse der britischen und französischen Konsulatswachen. Zwar zogen sich die Protestaktionen noch bis zum Oktober hin, doch konnte ihr Ziel, die Abschaffung der Exterritorialität, nicht erreicht werden.

Antijapanische Ausschreitungen blieben eine Konstante der Republik, obwohl der Druck der japanischen Imperialmacht stets dafür sorgte, dass sie bald erstickt wurden. So hatten die Revolutionäre gemeinsam mit chinesischen Erziehungsreformern 1924 eine landesweite Kampagne geplant, um gegen die Gründung von über 450 japanischen Schulen und etwa 100 Bibliotheken zu protestieren, durch welche Japan seine Kontrolle über die Mandschurei auf Sprache, Kultur und Schulcurricula ausdehnen wollte. Auf Druck Japans verhinderten jedoch die Lokalbehörden die Umsetzung des Vorhabens. Als kurz darauf in der Provinz Fujian Studenten gegen japanische Geschäftspraktiken protestierten und einheimische Kaufleute angriffen, die japanische Produkte aus Taiwan verkauften, wurden sie, ebenfalls nach japanischem Druck auf die Lokalautoritäten, zum Schweigen gebracht. Dennoch kam es an vielen Orten des Landes zu ähnlichen Ausbrüchen einer antijapanischen Stimmung in der Bevölkerung.[4]

Die Mandschurei-Krise Die im 19. Jahrhundert geschaffenen Konzessionen und Niederlassungen dienten vor allem kommerziellen Interessen. Die fremden Mächte beriefen sich dabei entweder auf die fehlende faktische, also mit staatlichen Machtmitteln durchgesetzte Kontrolle Chinas über seine Peripherien oder betrachteten Gebietsaneignungen in sozialdarwinistischer Manier schlichtweg als ein Recht des militärisch Stärkeren. Sie übten jedoch keine besonders brutale Kolonialherrschaft aus, sondern boten auch der chinesischen Bevölkerung ein Mindestmaß an Rechtssicherheit. Einzelne Repräsentanten der reichen chinesischen Geschäftswelt erhielten seit den 1920er Jahren Sitze in den Selbstverwaltungsorganen dieser Gebiete.

Ganz anders entwickelte sich der japanische Imperialismus in der Mandschurei, wo das Militär von Anfang an eine führende Rolle spielte. Es war seit 1906 zum Schutz der Eisenbahnanlagen des japanischen Pachtgebietes auf der Halbinsel Liaodong stationiert worden und 1919 als «Kwantung-Armee» eine eigenständige Truppe mit großer Autonomie gegenüber der Militärführung in Tokyo. Viele Offiziere befürworteten eine Loslösung der Mandschurei von China. Zur strategischen Bedeutung der Region als Puffer zwischen Russland und der koreanischen Halbinsel traten in den zwanziger Jahren Überlegungen hinzu, die in der Besetzung der Mandschurei eine Lösung für Japans Wirtschaftsprobleme (Rohstoffmangel, schwache schwerindustrielle Entwicklung, eine als bedrohlich empfundene Übervölkerung) sahen.[5] Am 18. September 1931 fingierten Mitglieder der Kwantung-Armee einen Sprengstoffanschlag auf die Bahnlinie bei Mukden (heute Shenyang), den berühmten «Mukden-Zwischenfall». Unter dem Vorwand der Wiederherstellung der Ordnung begann kurz darauf die japanische Besetzung der gesamten Mandschurei. Unverzüglich wurde der letzte Qing-Kaiser Puyi aus seinem Exil in der japanischen Konzession zu Tianjin in die Mandschurei geholt; unter seiner Führung wurde eine mandschurische Unabhängigkeitsbewegung inszeniert.[6] Am 1. März 1932 folgte die Gründung des japanischen Marionettenstaates Mandschukuo (Manzhouguo) mit Puyi als Staatsoberhaupt. Freilich vollzog sich die japanische Ablösung der Mandschurei in einem veränderten internationalen Kontext. Seit dem Ersten Weltkrieg wurde das Völkerrecht zumindest in der Theorie ernster genommen als zuvor. Eine vom Völkerbund 1932 nach China, Japan und in die Mandschurei gesandte Kommission unter Lord Lytton ermöglichte es China, erstmals vor der Weltöffentlichkeit für seine Position zu werben. Der im Oktober 1932 veröffentlichte Lytton-Bericht verurteilte das japanische Vorgehen. Dennoch ließen die Großmächte, die den Völkerbund dominierten, Japan bei seiner Expansionspolitik gewähren.[7]

Für China leitete der Verlust der Mandschurei eine neue Stufe der imperialistischen Aggression ein. Die chinesische Bevölkerung reagierte spontan mit Demonstrationen und Boykotten. In Nanjing marschierten 6000 junge Chinesen durch die Straßen und forderten die Regierung auf, sie zum antijapanischen Widerstandskampf nach Norden zu schicken. Aufgebrachte Studenten griffen das Hauptquartier der Guomindang an. Einige Demonstranten drangen ins Außenministerium ein und beschimpften den Minister, der unter dem Schutz seiner Wachen fliehen mußte.[8] In Shanghai forderten 50000 Demonstranten den Tod aller, die weiterhin mit dem Feind Handel trieben. Durch den Boykott japanischer Waren fielen die Importe aus Japan 1932 um 90 Prozent. Auch chinesische Banken der Stadt schlossen sich den Protestaktionen an und verweigerten japanischen Firmen ihre Kooperation. Die japanische Regierung antwortete mit militärischen Mitteln. Während eines mehrwöchigen Angriffs von der See aus auf Shanghai starben im Frühjahr 1932 mehrere tausend Soldaten und weitaus mehr Zivilisten. 12000 Wohnungen, 4000 Geschäfte, 600 Fabriken und 200 Schulen wurden zerstört. Eine halbe Million Chinesen flohen aus der Stadt. Britische und amerikanische Vermittler handelten die Beilegung des Konflikts und den Rückzug der japanischen Armee aus, die von Mandschukuo aus ihre Expansionspläne in Nordchina weiterverfolgte.[9]

Der chinesische Antiimperialismus konzentrierte sich seitdem auf den anti-japanischen Widerstand, der auch in der Mandschurei selbst immer wieder aktiv wurde. Auf dem Lande wehrten sich die chinesischen Bauern mit bewaffneten Aktionen gegen die neuartige Bedrohung durch japanische Militärkolonisten.[10] In den Städten nutzten Schriftstellerinnen das beliebte Mittel des Volksromans, um die anti-japanische Stimmung unter ihren Landsleuten zu schüren. Inspiriert vom emanzipatorischen Geist der Vierten-Mai-Generation definierten sie sich als moderne Frauen im Widerstand gegen die patriarchalischen Grundlagen des japanischen Imperialprojekts.[11]

Antiimperialismus als christenfeindliche Aktion Ein weiteres Angriffsziel für antiimperialistische Emotionen der chinesischen Bevölkerung boten die christlichen Missionen und ihre chinesischen Konvertiten. Waren es um die Jahrhundertwende vor allem die Bauern gewesen, die sich gegen den wachsenden Einfluss der Missionare und ihr Auftreten in den Dörfern gewehrt hatten, so brachten in den zwanziger Jahren die Vierte-Mai-Intellektuellen ihre antichristliche Haltung zum Ausdruck. Als im Februar 1922 führende Vertreter der chinesischen Kirchen bekannt gaben, dass in Beijing der 11. Weltkongress der Christlichen Studentenvereinigung tagen sollte, und sie kurz darauf ein Konzept zum protestantischen Engagement in China veröffentlichten, explodierte die Stimmung unter den antichristlichen Studenten. In Shanghai bildete sich eine antichristliche Studentenallianz. An der Beijing-Universität folgte die Gründung einer gleichgesinnten Organisation. Zweigstellen entstanden in zahlreichen Städten des Landes. In der Presse lieferten sich christliche und antichristliche Intellektuelle heftige Debatten. Zwar versiegte die Protestbewegung nach einigen Monaten, ohne eine breitere Aufmerksamkeit in der Öffentlichkeit gefunden zu haben, doch zogen chinesische Christen daraus die Konsequenz, eine stärkere Selbstständigkeit ihrer Kirche anzustreben und eine Indigenisierung (*bendihua*) des Christentums voranzutreiben. Dennoch blieben die christlichen Institutionen weiterhin ein Angriffsziel des studentischen Anti-Imperialismus. Auf dem Lande, wo sie als einzige Symbole des Auslands selbst in kleineren Ortschaften vertreten waren, boten die Kirchen leichte Angriffsziele. Aus der Perspektive der Protestierer stellten antichristliche Aktionen die sicherste Form dar, ihre antiimperialistische Gesinnung zum Ausdruck zu bringen. Darüber hinaus stärkte der antichristliche Aktivismus im Gegensatz zu Arbeiteragitationen, die Chinas Gesellschaft in ökonomische Klassenlager zu spalten drohten, die nationale Einheit, allerdings auf Kosten der einheimischen Christen.

Der moderne Körper als Symbol der Nation Jenseits der großen politischen Aktionen spiegelte sich die antiimperialistische Grundhaltung der Republikzeit auch in der Entwicklung einer chinesischen Körperkultur wider. In der liberalen Atmosphäre der zwanziger Jahre konnte sich die körperliche Ertüchtigung zunächst im Sport frei von parteipolitischen «Ismen» entfalten. 1923 wurde in Shanghai der «Chinesische Athletenverband» (*Zhonghua tiyu xiehui*) ins Leben gerufen. Mit den dritten Nationalen Spielen von 1924 in Wuchang setzten sich sportliche Wettbewerbe auf nationaler Ebene durch. Frauen wurden an Wettkämpfen des Ballsports zugelassen. Die körperlichen Übungen und Sportwettkämpfe stärkten die Frauen in ihrem Engagement für Emanzipation. Erstmals konnten sie frei über ihren Körper verfügen.

Die junge kommunistische Bewegung propagierte den Nutzen von körperlicher Erziehung und Sport als Teil des Nationalisierungsprozesses der chinesischen Gesellschaft. Im Jiangxi-Sowjet der frühen dreißiger Jahre leistete die «Rote Sportbewegung» (*Chishe tiyu yundong*) einen wichtigen Beitrag dazu.[12] Von Anfang an hatte die nationale Entwicklung des Sports eine antiimperialistische Prägung. Auf Provinzebene wurden Sportler aus christlichen Schulen von Wettkämpfen ausgeschlossen. Westliche Modelle der Beziehung zwischen individuellem und nationalem Körper dienten in China der Auflehnung gegen die Aggression der Imperialmächte.[13] Im Guomindang-Staat der dreißiger Jahre trat die Betonung eines starken, einheitlichen nationalchinesischen Körpers in den Vordergrund. Auch die individuelle sportliche Leistung wurde vom Staat vereinnahmt und der Körper des Einzelnen der Autorität des Staates unterworfen, um in Sportveranstaltungen zu Höchstleistungen angetrieben zu werden.[14] Im April 1930 eröffnete Chiang Kaishek die vierten Nationalen Wettkämpfe mit einer Ermahnung an die Athleten, zum Wohl der Nation beizutragen:

> «Heute sind die Massen aus allen Regionen unserer Nation in diesem athletischen Treffen zusammengekommen. Aber welchen Einfluss werden diese Nationalen Spiele auf die chinesische nationale Rasse haben? Die chinesische Nation mit einer Bevölkerung von 400 Millionen Menschen und einem weitläufigen Territorium ist weltweit konkurrenzlos. Aber die

> Stellung Chinas in der Welt und seine internationale Position sind nicht einmal drittrangig. Das ist die größte Schande unserer chinesischen Nation. Und die Ursache liegt in der Schwäche unserer nationalen physischen Verfassung, die Völker anderer Nationen veranlasst, uns nicht ernst zu nehmen. Das heutige Treffen zeigt den wahren Geist des Wunsches der chinesischen Nation nach Freiheit und Gleichheit. Es ist auch ein brennender Ausdruck der Unterstützung für die Nationalregierung durch herausragende Teilnehmer aus dem ganzen Land. Daher liegt die Bedeutung der heutigen Nationalen Spiele darin, einen neuen nationalen Rekord an Gesundheit und Erfolg in Bezug auf unsere physische Verfassung aufzustellen.»[15]

Zwei Aspekte kennzeichneten die republikzeitliche Entwicklung des Sports: seine Ausweitung zur Massenkultur und seine Militarisierung im Dienste des Antiimperialismus. In dem Werk «Der öffentliche Sportplatz» (*Gonggong tiyuchang*) hob Wang Geng 1931 die generelle Bedeutung des Sports für die Gesellschaft hervor: Körperliche Ertüchtigung trage nicht nur zur Gesundheit und Stärke der Bevölkerung bei, sondern fördere auch die Willenskraft der Menschen. Die Schaffung eines modernen Körpers wurde mit seiner politischen Beherrschung verbunden und gegen die äußere Bedrohung gerichtet, die mit dem Kriegsbeginn von 1937 eine neue Stufe erreichte.

Vom Antiimperialismus zum Widerstandskrieg Als am 7. Juli 1937 ein Schusswechsel an der Marco-Polo-Brücke (*Lugouqiao*) bei Beijing den zweiten Chinesisch-japanischen Krieg der Neuzeit auslöste, ging der Antiimperialismus in einen Widerstandskrieg gegen Japan über. Von 1937 bis 1945 besetzten die japanischen Truppen die wichtigsten Städte und Kommunikationsverbindungen im gesamten Osten Chinas und setzten in den Gebieten unter ihrer Kontrolle Marionettenregime ein.[16] Der antijapanische Widerstand entwickelte sich zu einem der bestimmenden Mythen der modernen chinesischen Nation. In ihm konnte China seinen Ruf als schwache, geschlagene Macht hinter sich lassen. Für die beiden konkurrierenden politischen Kräfte im Land bot sich die Gelegenheit, dem Anderen einen Mangel an Engagement im Kampf gegen den äußeren Feind und damit Verrat an der Nation und am eigenen Volk vorzuwerfen. Kurzfristig schienen beide Parteien sich in einer erneuten Einheitsfront zusammenzuschließen. Chiang Kaishek war zu diesem Schritt gezwungen worden, nachdem ihn einer seiner Generäle im Dezember 1936 in der nordchinesischen Stadt Xi'an festnahm und seine Einwilligung in das Bündnis erzwang. Der Xi'an-Zwischenfall brachte zwar keine grundlegende Wende in der Zurückhaltung Chiang Kaisheks gegenüber einem aktiven antijapanischen Widerstand, milderte aber den wachsenden Unmut in den eigenen Reihen und im Volk gegen seine Politik.[17]

Freilich gab es im Krieg auch Kollaborateure.[18] Die Masse der Bevölkerung, die nicht vor den japanischen Besatzern ins Hinterland fliehen konnte, kämpfte schlichtweg ums Überleben. Die Kriegsführung beider Seiten machte das Überleben in diesem Krieg überall schwierig. Die japanischen Truppen waren zunächst von Nordchina aus entlang der Küste nach Süden vorgestoßen und hatten beim Kampf um Shanghai Chiang Kaisheks Elitetruppen fast vollständig vernichtet. Bei der Eroberung der ehemaligen nationalchinesischen Hauptstadt Nanjing fielen im Dezember 1937 vermutlich über 200 000 Chinesen einem grausamen Dauermassaker an der Zivilbevölkerung und an Kriegsgefangenen zum Opfer.[19] Ein Jahr später kostete Chiang Kaisheks Versuch, die japanische Invasion aufzuhalten, indem er die Deiche des Gelben Flusses sprengen und dabei etwa 5000 Dörfer sowie elf größere Städte überfluten ließ, Millionen Menschen das Leben.[20]

Der 1938 in der Provinz Henan wirkende kanadische Missionsarzt Robert McClure erklärte dennoch, dass die Bauern Chinas es gewohnt seien, immer erobert zu werden und sie daher auch auf die japanische Invasion nicht besonders furchtsam reagiert hätten. Japanische Untersuchungen unter der nordchinesischen Landbevölkerung bestätigten eine gleichgültige Haltung der bäuerlichen Bevölkerung gegenüber den neuen Machthabern. Für die Kollaborateure erwies sich ihre neue Stellung unter dem japanischen Besatzungsregime als politisch instabil und moralisch belastend. Nur einige fanden auf diese Weise eine angenehme berufliche Nische und waren in der Lage, ihren Besitz und ihre Familie zu schützen.[21] Nachdem sich die Guomindang-Führung in die Stadt Chongqing in der geschützt gelegenen westchinesischen Provinz Sichuan zurückgezogen hatte und die USA nach dem japanischen Angriff auf Pearl Harbor (7. Dezember 1941) in den Weltkrieg eingetreten waren, setzte Chiang Kaishek auf ausländische Hilfe, um den Krieg zu gewinnen und hielt von diesem Zeitpunkt an seine Eliteeinheiten für einen endgültigen Schlag gegen die Kommunisten in der Nachkriegszeit zurück.

Maos «Neue Demokratie» und die Sammlung antiimperialistischer Kräfte

In Yan'an, dem kommunistischen Rückzugsgebiet im Nordwesten hinter den Kriegsfronten, stieg Mao Zedong zur mächtigsten Figur der KPCh auf. Dort entwickelte er angesichts der Notwendigkeit einer zweiten Einheitsfront mit der Guomindang sein Konzept der «Neuen Demokratie», das er im Januar 1940 erstmals veröffentlichte und das von einer antiimperialistischen Grundhaltung geprägt war: Da sich Chinas aktuelle Lage deutlich von der Situation in den fortgeschrittenen kapitalistischen Ländern und in der Sowjetunion unterscheide, müsse es seinen eigenen Weg der Revolution verfolgen und folglich eine Zwischenstufe zwischen Kapitalismus und Sozialismus einlegen. Die Phase der «Neuen Demokratie» beschrieb er als eine Mischung von öffentlicher und privater Wirtschaft, als ein Bündnis der «fortschrittlichen» Klassen (in das neben Arbeitern und Bauern auch «nationale» Bourgeoisie und Kleinbourgeoisie einbezogen wurden) und als eine nationale Kultur, die mit Elementen des Marxismus durchsetzt sei. Damit näherte sich Mao deutlich den «Drei Volksprinzipien» Sun Yatsens. Er wollte die vielen Intellektuellen ansprechen, die längst erkannt hatten, dass die Kommunisten sich im Gegensatz zur Guomindang-Regierung ernsthaft im Kampf gegen Japan engagierten. Selbst die Unternehmer fühlten sich von Maos Versprechen, die Privatwirtschaft weiterhin zu unterstützen, angezogen. Beide Gruppen sollten im Bürgerkrieg nach 1945 zum Sieg über die Guomindang beitragen. Doch zunächst brachte der amerikanische Sieg über Japan durch den Einsatz von Atombomben im August 1945 die wichtigsten chinesischen Städte wieder unter die Kontrolle der Guomindang-Regierung. Beide Parteien begannen mit Unterstützung des amerikanischen Sonderbeauftragten General George C. Marshall zunächst halbherzige Friedensverhandlungen. Chiang Kaishek entschloss sich jedoch im Winter 1946/47, die Kommunisten endgültig zu vernichten. In China ging der antiimperialistische Widerstandskrieg fast fließend in einen totalen Bürgerkrieg über.

2. Politischer Nationalismus und schwacher Zentralstaat

1919: Die politische Massenbewegung formiert sich Der 4. Mai 1919 war zunächst einmal ein politisches Ereignis: Mehrere Tausend Studenten der Beijinger Universitäten protestierten vor dem Tor des Himmlischen Friedens, im Zentrum der Hauptstadt, gegen eine Unterzeichnung des Versailler Friedensabkommens und forderten von der Regierung die Entlassung ihrer pro-japanischen Minister. Als Demonstranten die Residenz eines Ministers in Brand setzten, griff die Polizei ein. Es kam zu Verhaftungen. Ein Student erlag seinen Verletzungen.[22] Die Proteste weiteten sich aus: Zu den Demonstrationen auf den Straßen kamen Streiks und Boykotte gegen japanische Waren hinzu. Neben Beijing erfasste die Bewegung auch viele andere Städte des Landes. In Shanghai schlossen sich Arbeiter und Kaufleute den Studenten an. Die Regierung lenkte ein, entließ die drei Minister und verweigerte in Versailles die Unterschrift.[23] Gehören Anlass und Ausbruch der Vierten-Mai-Bewegung zur Geschichte des Anti-Imperialismus, so hatte ihr Erfolg auch eine wichtige innenpolitische Signalwirkung. Erstmals schlossen sich im Frühsommer 1919 studentische Demonstranten mit der antiimperialistischen Bourgeoisie und den Arbeitern zu einer städtischen Massenbewegung zusammen. Wenngleich die Protestwelle nach wenigen Monaten verebbte, so hatten die revolutionären Kräfte in China doch zu neuen Formen gefunden. Seitdem unterstützten politisierte Studenten die Arbeiterschaft bei der Organisation von Streikfonds und engagierten sich in Arbeiterschulen. Die zwanziger Jahre waren von einer Ausweitung des Staatsbürgerbewusstseins geprägt, zu dessen Arena sich der öffentliche Raum der Straße entwickelte. Ein breites Spektrum von Städtern, das vom einfachen Rikscha-Kuli bis zum Polizisten, Kaufmann oder Studenten reichte, übernahm neue politische Rollen und brachte auf der Straße neue Forderungen zum Ausdruck.[24]

Der frühe Kommunismus und die Polarisierung der Revolution Zu Beginn der zwanziger Jahre trat eine Polarisierung der revolutionären Bewegung ein. Sie spaltete sich in zwei Parteien, die Guomindang und die kommunistische Partei Chinas (KPCh), die im Juli 1921 in Shanghai ihren Gründungskongress abhielt. Beide ideologischen Lager entwickelten in den nächsten Jahren zunehmend autoritäre Strukturen. Ihr erbitterter Machtkampf prägte die politische Geschichte der Republik bis zu ihrem Ende im Jahre 1949. Zweimal kam es in diesem Zeitraum zu einem Bündnis beider Kräfte in einer Einheitsfront (1924–1927; 1937–1941/45). Jedoch basierten die labilen Kooperationen auf strategischen Überlegungen und dem Druck Moskaus. Die Sowjetunion spielte für die Entwicklung beider Parteien in dieser Phase eine zentrale Rolle. Lenins Ziel war es, die Weltrevolution am Leben zu erhalten und den kapitalistischen Mächten an ihren kolonialen Peripherien zu schaden. Daher schleuste die Kommunistische Internationale (Komintern) nach 1920 ihre Berater nach China ein, um die chinesischen Revolutionäre beim Aufbau einer kommunistischen Partei zu unterstützen und die Guomindang in eine Kaderpartei umzuwandeln.[25]

Bei der Organisation einer kommunistischen Bewegung in China gab es von Anfang an nicht nur sprachliche Verständigungsschwierigkeiten. Die Shanghaier Parteiführung warf Moskau vor, zu wenig vom lokalen Kontext zu verstehen. Mit Hilfe eines «inneren Blocks» aus Kommunisten innerhalb der Guomindang sollte das Volk für die Guomindang gewonnen und das Projekt einer nationalen Revolution umgesetzt werden. Erfolge konnte das Einheitsfrontbündnis hauptsächlich im Umfeld der GMD-Machtbasis in Guangdong aufweisen. Die Strategie der frühen KPCh war es, Chinas Wiedervereinigung durch die Massenmobilisierung der verschiedenen «fortschrittlichen» Interessengruppen der Gesellschaft zu erreichen. Alle konstituierten gemeinsam die Nation; jede Gruppe sollte auf ihre Weise zum Befreiungskampf beitragen.[26] Die KPCh behielt sich dabei die Kontrolle und Kanalisierung der einzelnen Aktivitäten vor. Tatsächlich konnte die Shanghaier Parteiarbeit in den zwanziger Jahren nacheinander Erfolge unter den

Arbeitern, der Jugend, den Frauen und schließlich den Unternehmern verzeichnen. Die Partei selbst unterzog sich zwischen 1921 und 1927 der Transformation einer marxistischen Studiengruppe in eine bürokratische, hierarchische und zentralisierte Organisation. Aus dem Konglomerat der Vierten-Mai-Revolutionäre entwickelte sich eine erste Generation von Parteiintellektuellen.[27]

Ihre Mitglieder zeichneten sich noch durch einen kosmopolitischen, städtischen Hintergrund aus; viele hatten in Frankreich oder Russland studiert. Ihre Parteimitgliedschaft war oftmals mit der Aufgabe einer lukrativen Karriere und der Zurückstellung ihres Familienlebens hinter ihre Rolle als Parteifunktionäre verbunden. Umgekehrt konnten sie sich durch die Parteiarbeit von den traditionellen Hierarchien emanzipieren und mit freieren, offeneren Beziehungen experimentieren. Für die Parteiaktivisten aus der Arbeiterklasse barg ein Engagement innerhalb der kommunistischen Bewegung immer auch die Gefahr des Verlusts ihres Arbeitsplatzes. Einigen ermöglichte es den sozialen Aufstieg durch eine Karriere im Parteiapparat. Als die Kommunisten 1927 von Chiang Kaishek aus den Städten vertrieben wurden, bedeutete dies zwar eine Zäsur in der Geschichte der kommunistischen Bewegung Chinas, jedoch hatte sich die KPCh zu diesem Zeitpunkt bereits als eine politische Kraft in der nationalen Politik etabliert. Gemeinsam mit der Guomindang hatte sie Schlüsselinstitutionen und Praktiken eingeführt, die Chinas Politik der nachfolgenden Jahrzehnte prägen sollten: die zentralistische, bürokratische, aber in den «Massen» verankerte Partei, eine Ausrichtung auf Massenmobilisierung, eine Parteiarmee und eine charakteristische politische Sprache. Die Nation war fortan nicht ohne das Volk denkbar, und nationale Befreiung hieß nicht mehr nur Emanzipation vom Militarismus der Kriegsherren und von ausländischer Kontrolle, sondern auch Entlastung der Bevölkerungsmehrheit von Armut, Ausbeutung und Unwissenheit.[28]

Reorganisation der Guomindang und die Drei Volksprinzipien Sun Yatsens

Auch Sun Yatsen setzte 1923 auf einen leninistischen Neuanfang, nachdem er sich von seiner Basis in der Provinz Guangdong aus vergeblich um eine Allianz mit den lokalen Kriegsherren und um eine finanzielle Unterstützung durch das westliche Ausland bemüht hatte. Während seines japanischen Exils war er von dem Marxisten Kawakami Hajime (1879–1946) beeinflusst worden. Nach der Rückkehr seiner Partei auf das chinesische Festland erhielt die innerparteiliche Diskussion über den Marxismus durch den Zustrom junger Radikaler der Vierten-Mai-Generation neuen Auftrieb. In diesen Jahren gab Sun Yatsen seiner politischen Philosophie der «Drei Volksprinzipien» ihre endgültige Gestalt. Das erste Prinzip, das man als «Nationalismus» (*minguo zhuyi*) übersetzen kann, übertrug er von seiner ursprünglich innenpolitischen, antimandschurischen Ausrichtung auf die außenpolitische Situation der Republik und hob darin das Selbstbestimmungsrecht der Völker Chinas hervor. Der Antiimperialismus rückte nun in den Vordergrund. Im zweiten Prinzip, «Volksherrschaft» (*minzhu*) genannt, gestand Sun Yatsen seinen Mitbürgern zwar prinzipiell ein demokratisches Wahlrecht zu, sah jedoch in der aktuellen Krisensituation die chinesische Bevölkerung noch nicht reif für diesen Schritt und befürwortete daher eine Vormundschaftsregierung oder Erziehungsdiktatur, wie sie später Chiang Kaishek mit der Errichtung seines autoritären Regimes in Nanjing zu realisieren beanspruchte. Das dritte Prinzip, das meist mit «Volkswohlfahrt» (*minsheng*) wiedergegeben wird, blieb sehr vage formuliert. Sun Yatsen verband damit vor allem eine Modernisierung der Infrastruktur und des Steuersystems sowie den Aufbau einer Schwerindustrie. Sein Ziel war es, durch Produktionssteigerungen Chinas Armut zu bekämpfen. Auch in diesem Punkt schrieb Sun Yatsen dem Zentralstaat eine starke Position zu und lehnte liberalere Wirtschaftsformen ab. Mit dieser überarbeiteten Version der «Drei Volksprinzipien» (*sanmin zhuyi*) konnten sich später die kommunistischen Mitglieder der Einheitsfront identifizieren.

Zur engen Zusammenarbeit mit der Komintern kam es, nachdem sich Sun Yatsen 1923 mit dem sowjetischen Botschafter Adolf Joffe (1883–1927) getroffen hatte. Chinas junge kommunistische Bewegung erschien Moskau noch als zu schwach, um das Land einigen und selbständig regieren zu können. Darin kamen beide Unterzeichner des Sun-Joffe Abkommens überein:

«Dr. Sun hält die Einführung des Kommunismus oder auch nur des Sowjetsystems in China für nicht möglich, da hier die nötigen Vorbedingungen für eine erfolgreiche Anwendung fehlen. Herr Joffe schließt sich voll und ganz dieser Ansicht an. Er ist des Weiteren der Meinung, dass das wichtigste und dringlichste Problem Chinas die Herstellung seiner nationalen Einheit und seiner vollkommenen nationalen Unabhängigkeit sei. Herr Joffe hat Dr. Sun im Hinblick auf diese große Aufgabe der wärmsten Sympathien des russischen Volkes für China und (seiner) Hilfsbereitschaft versichert.»[29]

Umgekehrt fand die Komintern in der Guomindang einen dankbaren «bourgeoisen» Verbündeten. Von 1924 bis 1927 lieferte sie der GMD finanzielle Unterstützung, Waffen sowie Berater, die den Wandel zur Kaderpartei und den Aufbau eines effektiven Militärapparates organisierten. Mit Hilfe sowjetischer Militärberater gelang Chiang Kaishek in Whampoa (bei Guangzhou) die Errichtung einer modernen Militärakademie, die eine militärische Wiedervereinigung Chinas vorbereiten sollte.

Die Bündelung der politischen Kräfte in der Einheitsfront Zur Strategie der Komintern gehörte in den ersten Jahren ihres ostasiatischen Engagements auch ein Zusammenschluss beider chinesischer Parteien zu einer Einheitsfront. Auf diese Weise verlagerte sich der Schwerpunkt der kommunistischen Bewegung von der Parteizentrale in Shanghai nach Südchina. Mitglieder der KP-Führung übernahmen gleichzeitig Ämter im Guomindang-Apparat: Zhou Enlai wurde Chiang Kaishek als Leiter des politischen Kommissariats der Militärakademie an die Seite gestellt, und Mao Zedong ging als Guomindang-Vertreter nach Hunan, um in der Provinz eine lokale Bauernbewegung zu organisieren.[30] Der Schwerpunkt der Partei während der zwanziger Jahre lag sowohl bei der Guomindang wie auch bei der KPCh in der Werbung um die Unterstützung der städtischen Bevölkerung. In Shanghai konkurrierten beide Parteien um die Arbeiterschaft. Die ohnehin angespannte Lage in der Stadt explodierte 1925, als in einer japanischen Fabrik ein Arbeiter von seinem japanischen Vorgesetzten getötet wurde und bei den darauffolgenden Demonstrationen am 30. Mai britische Soldaten zehn weitere Personen erschossen. Ein Generalstreik breitete sich von Shanghai auf andere Städte aus. Die Chinesische Handelskammer unterstützte die Aktionen der Arbeiterschaft. Obwohl die Kommunisten die Führung der landesweiten Streikaktionen übernahmen, gewannen beide Parteien durch die Ereignisse des 30. Mai großen Zulauf. Die Protestbewegung lässt sich nicht nur in die lange Reihe der antiimperialistischen Aktionen einreihen, die in China immer wieder aufflammten, sondern zeigt ebenso die Bedeutung der Massenmobilisierung im Formierungsprozess des politischen Nationalismus.[31]

Chiang Kaisheks Versuch der «Wiedervereinigung» und der Aufbau seines autoritären Regimes 1925 war auch das Jahr, in dem Sun Yatsen, der Vater der chinesischen Revolution, starb. Trotz ihrer Reorganisation als Kaderpartei hinterließ der Gründer der GMD eine weiterhin zersplitterte Gefolgschaft. Die Parteiführung übernahm zunächst Wang Jingwei (1883–1944), ein Vertreter des linken Parteiflügels. Als Leiter der Whampoa-Militärakademie verfügte Chiang Kaishek über den größten Rückhalt im Militär, dessen Truppenstärke inzwischen 60 000 Mann erreichte.[32] Im Juli 1926 führte Chiang Kaishek die Nationale Revolutionsarmee von ihrer Basis im Süden Guangdongs aus auf den Nordfeldzug, der China wiedervereinigen sollte und der im Juni 1928 mit der Besetzung Beijings endete.[33] Zu den frühen Erfolgen des großangelegten Feldzugs trugen nicht zuletzt die von den Kommunisten organisierten Bauernbünde bei. Chiang Kaishek erreichte zumindest nominell sein Ziel der Einigung weiter Teile des chinesischen Kernlands, indem er die Kriegsherren entweder besiegte oder mit ihnen Kompromisse schloss. Letzteres führte allerdings dazu, dass sich die Nationale Revolutionsarmee zu einer Ansammlung unabhängiger Militäreinheiten aufblähte und einzelne Kriegsherren oder korrupte Kommandeure fortan unter dem Dach der Nationalregierung (*Guomin zhengfu*) ihr Unwesen treiben konnten.[34] 1930 gelang dem «christlichen Warlord» Feng Yuxiang (1882–1948) die Formierung einer alternativen Regierung in Beijing; 1931 entstand nach einer Rebellion in Guangzhou auch dort ein Gegenregime, das erst 1936 unterworfen wurde. Zwar erwiesen sich andere Separierungsversuche als kurzlebiger, dennoch blieb Faktionalismus ein Grundprinzip im politischen Kampf.[35] Chiang Kaisheks Staatsgründung beruhte auf labilen Militärbündnissen. Während ihrer zwei Jahrzehnte umfassenden Herrschaft war die Nationalregierung ständig bemüht, regionalen Autonomieversuchen entgegenzutreten und militärische Gegenmaßnahmen zu ergreifen.[36] Chiang Kaishek nutzte den Nordfeldzug außerdem zum Schlag gegen die Kommunisten. Bereits im März 1926 war es in Guangzhou zu gewaltsamen Aktionen gegen Kommunisten gekommen («Kanton Coup»). Im April 1927 richteten Guomindang-Verbände im Bündnis mit lokalen Geheimgesellschaften in Shanghai unter den Kommunisten ein Massaker an. Die kommunistische Bewegung verlor mit ihrem Hauptquartier die wichtigste städtische Basis und wurde in den Untergrund getrieben.[37]

Chiang Kaishek wählte Nanjing als Hauptstadt seiner Republik.[38] Die Verlagerung des politischen Machtzentrums in die untere Yangzi-Region, eines der wirtschaftlichen Wachstumszentren mit engen kommerziellen Beziehungen zum Ausland, wies auf Chiangs neue Prioritäten hin. Bei der Auswahl seiner engen Vertrauten spielten Auslandserfahrung sowie gute Kontakte zu Handel, Industrie, Militär und Geheimgesellschaften eine zentrale Rolle. Der direkte Einfluss der Nationalregierung blieb jedoch relativ gering. Nur in sechs zentralchinesischen Provinzen konnte sie über die Steuereinkünfte verfügen. Lloyd Eastman bezeichnete in seiner Interpretation des Nanjing-Jahrzehnts ihre Herrschaft daher als «misslungene Revolution».[39] Chiang Kaishek selbst hielt 1932 offiziell noch an der Wiederbelebung eines revolutionären Geistes fest, der seiner Partei im Verlauf der späten zwanziger Jahre verloren gegangen sei: «Die chinesische Revolution ist gescheitert. Mein einziger Wunsch ist heute, den revolutionären Geist wiederherzustellen, den die chinesische Guomindang 1924 besaß.»[40]

Auch als Regierungspartei blieb die Guomindang quasi-leninistisch organisiert und zumindest auf dem Papier einer ideologischen Indoktrination, der Disziplinierung ihrer Mitglieder und der agitatorischen Mobilisierung der Bevölkerung verschrieben. Ihr autoritäres Verhalten als Staatspartei kostete die Guomindang allerdings die Zustimmung großer Teile der Bevölkerung. Nach der Verfolgung der Kommunisten und des GMD-eigenen linken Parteiflügels sowie der Integration von Kriegsherren, Industriellen und Vertretern der Lokaleliten, deren Neigung zu revolutionären Prinzipien äußerst fragil war, veränderte die Partei auch ihre Organisationsrichtung: Weniger denn je die Mobilisierung von unten, vielmehr Befehlsstrukturen von oben nach unten bestimmten die Parteiarbeit.[41] Wenn es je eine «liberale» Phase der Revolution gegeben hatte, dann war sie seit etwa 1930 vorüber. Dennoch konnten führende Intellektuelle der Vierten-Mai-Ära wie Hu Shi und Ding Wenjiang (1888–1936) sowie zurückgekehrte Auslandsstudenten für die Mitarbeit im autoritären Parteistaat gewonnen werden.

Als Feindbild der GMD-Propaganda lösten die Kommunisten nunmehr die Imperialisten, Kapitalisten und Militaristen der zwanziger Jahre ab. Auf internationaler Ebene wurde die bisherige Strategie antiimperialistischer Agitation durch eine Beschwichtigungspolitik gegenüber den westlichen Mächten und Japan ersetzt.[42] Dies hatte auch innenpolitische Folgen: Die Nationalregierung ordnete an, dass sich «alle zivilen und militärischen Beamten von der offiziellen Unterstützung jeglicher Form von Gewalt oder Agitation gegen ausländisches Leben und Eigentum, die den öffentlichen Frieden und die Ordnung gefährdeten, fernhalten» sollten.[43] Auf der internationalen Bühne präsentierte sich die Nationalregierung als weltoffener, modernisierungswilliger Partner. Der Zwang zur Staatsbildung löste den revolutionären Antiimperialismus der zwanziger Jahre ab und führte zu einem entschlossenen polizeilichen Einschreiten gegen alle spontanen Agitationen aus der Bevölkerung. Ein Organisationsgesetz legte im Oktober 1928 den Staatsaufbau fest, der an den Theorien und Grundsätzen Sun Yatsens anknüpfte: Präsident und Staatsrat bildeten die Regierung, die auf dem von Sun Yatsen entwickelten Prinzip der fünf Gewalten (Exekutive, Legislative, Justizamt, Kontrollamt und Prüfungsamt) beruhte. Zwar vereinigte Chiang Kaishek die Partei-, Staats- und Militärführung in seiner Hand, musste sich jedoch mit rivalisierenden Cliquen und Interessengruppen arrangieren. Neue institutionelle Strukturen wurden im Steuerwesen, bei der Erziehung, für die Gesundheitsfürsorge und in der Außenpolitik eingeführt. Erfolgreich funktionierten allein das sino-ausländische Salz-Inspektionsamt, das Finanzministerium und das Außenministerium, die alle ein hoher Grad von Bürokratisierung und Professionalisierung, die Durchsetzung von Eigenständigkeit und die Isolierung von externen Einflüssen auszeichneten. Zumindest in den kritischen Bereichen des Steuerwesens und der Außenpolitik zeigte sich die Nationalregierung in der Lage, starke, effektive Institutionen zu schaffen.[44] Gegenüber der strukturellen Krise in Chinas Landwirtschaft erwies sich Nanjing als teils blind, teils hilflos. Sie wurde von Ökonomen und Soziologen erforscht und von namhaften Schriftstellern in ihren Werken thematisiert. Vereinzelt versuchten ländliche Aufbauprojekte die Not zu mildern. Selbst die Nationalregierung verkündete einige Pläne; ihr fehlten jedoch der Wille und die Ressourcen, um – etwa durch eine Bodenreform – nennenswerte Veränderungen auf dem Lande zu bewirken.[45]

Der Mythos nationaler Einheit erforderte aus der Perspektive Chiang Kaisheks vor allem Uniformität. Autonomes Handeln der Bürger war nicht gefragt. Ähnlich wie die Kommunisten in ihren Rückzugsgebieten erklärte die Nationalregierung die Schaffung einer neuen Gesellschaft zu ihrem Ziel. Dazu waren Ordnungskategorien notwendig, nach denen die gesellschaftlichen Gruppen neu eingeteilt werden konnten. Es wurde definiert, wer zu den «guten Bürgern» zählte und wer von diesem Muster abwich, also zu den «schlechten Leuten» gehörte. Flüchtlinge, Rikscha-Kulis, Prostituierte und Bettler entsprachen dem Nanjinger Ideal eindeutig nicht und zählten zu den sozialen Problemgruppen. Entsprechende Maßnahmen wurden unternommen. Zur Prävention gehörte, dass Flüchtlingen aus dem ländlichen Raum der Zugang zur Hauptstadt verwehrt wurde. Ebenso versuchte die Regierung auf institutionelle Weise dieser Gruppen Herr zu werden, indem sie Hilfskomitees einrichtete, Elendsviertel säubern ließ oder Regeln für den Rikschabetrieb aufstellte.[46] Im Gegensatz zum ländlichen Raum, griff die Nationalregierung in den Städten organisatorisch in bestehende Strukturen ein, um die Situation zu ihren Gunsten zu ändern.

Ideologisierung und Mobilisierung unter Chiang Kaishek Mit der Anfang 1934 initiierten «Bewegung Neues Leben» (*Xin shenghuo yundong*) versuchte Chiang Kaishek, den ideologischen Rahmen für eine Massenbasis der GMD festzulegen. Die Bewegung verband ein antikommunistisches Feindbild mit konfuzianischen, sozialrevolutionären und totalitären Elementen. Chiang rekonstruierte den

Konfuzianismus als Staatsreligion und erklärte den Geburtstag von Konfuzius zum Nationalfeiertag. Eine wichtige Rolle bei der Implementierung der Bewegung spielte die 1932 gegründete, bis zu 130 000 Mann starke Miliz der «Blauhemden» (*Lanyi she*).[47] Einfluss auf die Bewegung nahmen zudem christliche Organisationen, die von Chiang Kaishek zur Mitarbeit aufgefordert wurden. Chiangs Hauptziel, die Mobilisierung der einfachen Bevölkerung, wurde durch diese Indoktrinierungsversuche nicht erreicht. Trotz eines offiziellen Verbots von Parteiaktivitäten außerhalb der Guomindang entstanden in diesem Jahrzehnt zahlreiche kleinere demokratische Gruppen.[48] Eine wichtige Ursache für die Schwäche der Nationalregierung lag in Chiang Kaisheks starker Konzentration auf seinen innenpolitischen Gegner und der Missachtung bzw. Unterschätzung der japanischen Gefahr. Im September 1931 war die japanische Invasion der Mandschurei erfolgt, kurz darauf die Errichtung eines Marionettenregimes in der rohstoffreichen Region. Von dort aus breitete sich in den nächsten Jahren der Einfluss Japans auf große Teile Nordchinas aus und warf einen Schatten auf die Legitimität von Chiang Kaisheks hilflosem Regime als *nationaler* Regierung Chinas.

Die kommunistische Bewegung zwischen Untergang und Neuanfang Der Kommunismus überlebte nach 1927 im ländlichen Hinterland und unternahm von dort aus einen mühsamen Neubeginn.[49] Als einer der ersten brach Mao Zedong mit der marxistischen Orthodoxie und wandte sich den Bauern als neuer revolutionärer Kraft zu. Im ländlichen Raum und Milieu reorganisierte sich die kommunistische Bewegung. Mao und seine Anhänger bauten in den entlegenen Bergregionen des Südostens kleine kommunistische Basisgebiete und eine eigene Armee auf. Als Hauptsitz der Sowjetrepubliken wählten sie den Ort Ruijin im Westen der Provinz Jiangxi. Die Kommunisten nutzten das Machtvakuum in ihren ländlichen Rückzugsgebieten zu ersten Experimenten mit der Landreform und teilten die ländliche Bevölkerung in fünf Gruppen ein: (1) Grundbesitzer, deren Land enteignet und an arme Bauern verteilt wurde; (2) reiche Bauern, die nur so viel Land behalten durften, wie sie persönlich bewirtschaften konnten; (3) mittlere Bauern, die zunächst unbehelligt gelassen wurden; (4) arme Bauern und

(5) Landlose. Die letzten beiden Gruppen profitierten von der Umverteilung am meisten. Bei ihrer Umsetzung dieser Maßnahmen waren die Kommunisten auf die Unterstützung der ländlichen Bevölkerung angewiesen. Daher trug die Landreform entscheidend zur Mobilisierung der Bauern für die kommunistische Bewegung bei. Sie war mit der Propagierung eines antifeudalen und antiimperialistischen Nationalismus verbunden, der sich deutlich vom Internationalismus und Kosmopolitismus unterschied, die beide in den frühen zwanziger Jahren zur Attraktion der kommunistischen Bewegung in den Städten beigetragen hatten. Die ersten Ansätze einer «Sinisierung des Marxismus» - wie sie von Mao Zedong in den vierziger Jahren in seinen Schriften ideologisch fixiert wurde - erfolgten vor diesem historischen Hintergrund. Der Marxismus wurde in den lokalen Kontext übersetzt, um ihn für die Masse der chinesischen Bauern verständlich zu machen. Aufgrund der neutralen chinesischen Übersetzung des Begriffs «Proletariat» mit «besitzloser Klasse» (*wuchan jieji*) ließen sich die Bauern problemlos in das marxistische Konzept einordnen. Politische Kampagnen (*yundong*) dienten dem Ziel, die breite Bevölkerung für konzentrierte Angriffe auf konkrete Probleme zu mobilisieren.[50]

Kommunistische Guerilla-Kriegsführung In ihrem Abwehrkampf gegen Chiang Kaisheks Vernichtungsfeldzüge setzten die Kommunisten auf eine Guerilla-Taktik, durch die sich die Partei eng an das Militär band.[51] Diese Allianz entwickelte sich zu einem bleibenden Merkmal des chinesischen Kommunismus. Ohne die Rote Armee hätte die KPCh in dieser Phase nicht überlebt. Arif Dirlik charakterisiert die kommunistische Bewegung der dreißiger Jahre als «Guerilla-Sozialismus» und leitet aus dem ständigen Abschätzen der Kräfte im Guerilla-Krieg ein weiteres Element der Sinisierung des Marxismus ab: Mao Zedongs Betonung der Widerspruchslehre. Das Prinzip, in der konkreten Situation einen gesellschaftlichen «Hauptwiderspruch» zu definieren und sein Freund-Feind-Schema danach zu ordnen, ermöglichte eine flexible Wahl der Bündnispartner: In Zeiten des Krieges gegen die Japaner kooperierten die Kommunisten mit der feindlichen Guomindang gegen den Hauptgegner Japan, und im Bürgerkrieg verschonten sie die ländliche Oberschicht durch eine gemäßigtere Landreform, um sie im Kampf gegen die Guomindang auf ihre Seite zu bringen. Erst im Zuge des fünften Vernichtungsfeldzugs gelang es 1934 den Truppen Chiang Kaisheks, die Kommunisten endgültig aus ihren ländlichen Stützpunkten zu vertreiben. Die kommunistische Bewegung sammelte ihre verbliebenen militärischen Kräfte und begab sich auf den berühmten «Langen Marsch» (*chang cheng*), der ihre verschiedenen Truppenteile von Südostchina aus über die Südwestprovinzen bis nach Shaanxi im Nordwesten führte. Auf ihrer Flucht verloren die Kommunisten bis zu 90 Prozent der Teilnehmer des Marsches.[52]

Das Yan'an-Experiment: Erste Schritte auf dem Weg zur Macht Das neue Basisgebiet im entlegenen Yan'an war besser vor Chiang Kaisheks Angriffen geschützt und ermöglichte eine Ausbreitung im nordchinesischen Hinterland, während die japanischen Truppen nach Kriegsbeginn im Juli 1937 die Guomindang aus den Städten vertrieben. In Yan'an entstand eine funktionierende Regierung, die autoritär Land umverteilte, Abgaben und Pacht reduzierte und durch ein neues Steuer- und Wahlsystem die traditionellen Machtstrukturen in den Dörfern veränderte. Die Guerilla-Verbände sollten als Modell einer embryonalen sozialen Einheit wirken und zu einer neuen Dimension des Kampfes unter Beteiligung jedes Einzelnen führen. Die Struktur der Parteimitgliedschaft veränderte sich dabei vollkommen. Nur wenige Kommunisten hatten die ständigen militärischen Konfrontationen seit 1927 überlebt. Mitte der vierziger Jahre bestand die Partei mehrheitlich aus Bauern der nordchinesischen Basisgebiete. Nur noch die Parteiführung spiegelte die städtischen Ursprünge in Südchina wider. Der doppelte Druck durch die japanische Kriegsmaschinerie und eine Guomindang-Blockade schränkte die Ressourcen der Kommunisten in den entlegenen, armen Regionen sehr ein und zwang zur engen Zusammenarbeit zwischen den Guerillakämpfern und der Lokalbevölkerung.

Vor diesem Hintergrund entstanden jene politischen Praktiken, die oft als «Yan'an-Komplex» bezeichnet werden: eine dezentrale Herrschaft, die lokalen Führern ein beträchtliches Maß an operationaler Flexibilität erlaubte; die Instrumentalisierung der Ideologie, um die Loyalität der Kader gegenüber der Parteiführung zu gewährleisten und sie im Umgang mit Problemen berechenbar zu halten; die Bevorzugung von Beamten, die in verschiedensten Bereichen Führungsaufgaben übernahmen und sich nicht auf ein Gebiet spezialisierten; die Betonung enger Beziehungen zur Lokalbevölkerung anstelle unpersönlicher Kommandostrukturen, verbunden mit der Betonung eines egalitären und kargen Lebensstils der Parteikader. Obwohl sich diese Prinzipien in der Praxis häufig nicht verwirklichen ließen, entwickelten sie sich dennoch zu zentralen Parteiwerten.[53] Erste Erfolge zeichneten sich für die Frauenbewegung ab. Das Bild der «Yan'an-Frau» wurde geschaffen, die, befreit von der Tradition gebundener Füße, eine Schulbildung erhielt, in der Lage war, sich körperlich zu trainieren, sich auf eine Karriere vorzubereiten und ihre soziale Stellung als moderne Ehefrau, Mutter und Schwiegertochter zu finden.[54]

Mao gelang in Yan'an die Konsolidierung seiner persönlichen Machtstellung. Diesem Ziel diente auch die «Gedankenreform» (*sixiang gaige*) zwischen 1942 und 1944, bei der jeder durch intensives Studium der Parteidokumente sein eigenes Tun kritisch zu reflektieren hatte. Der Zwang zur öffentlichen Selbstkritik widersprach dem traditionellen Prinzip der Wahrung des eigenen Gesichts und bedeutete für den Einzelnen eine tiefe Demütigung. Verschärft wurde dieses Druckmittel in der Berichtigungskampagne dieser Jahre, bei der die Partei durch Selbstkritik und Folter von innerparteilichen Gegnern gesäubert wurde. Eine der Hauptfiguren dieses Terrors war Kang Sheng (1898–1975), der sich während der dreißiger Jahre in der Sowjetunion mit den Methoden des stalinistischen Massenterrors und der Geheimpolizei vertraut gemacht hatte und nach seiner Rückkehr 1937 zum engen Vertrauten Maos aufstieg. Die neue Parteiverfassung von 1945 erhob Maos Denken zusammen mit dem Marxismus-Leninismus zur Leitideologie. Mit diesem Schritt wurde in der Partei seine Anpassung der Moskauer Parteilinie an die spezifischen Bedingungen in China offiziell anerkannt. Die Kommunisten hatten den antijapanischen Krieg nicht nur zur territorialen Expansion, sondern auch zur Erprobung nationaler Herrschaftsstrategien genutzt.[55]

Ländliche Rettungsversuche Der Nationalregierung war es nicht gelungen, außerhalb enger Grundherrenkreise auf dem Lande Unterstützung zu gewinnen. Da es keine allgemeinen Wahlen gab, machte sich dies direkt wenig bemerkbar. Sofern es in den dreißiger Jahren außerhalb der großen Städte zu Wiederaufbauprojekten kam, beruhten sie vielfach auf lokalen und halbprivaten Initiativen. In der Provinz Zhejiang bemühte sich der Reformer Sheng Dingyi (1883–1928) um eine wirtschaftliche, bildungspolitische und politische Förderung von Kreisstädten.[56] Genossenschaften und Schulen wurden gegründet, die medizinische Versorgung der Bevölkerung wurde verbessert und die lokale Seidenraupenzucht modernisiert. Ein anderes Projekt in der Provinz Hebei erfasste über 60 Marktstädte und Dörfer und legte den Schwerpunkt auf die Massenbildung durch die Verbreitung von «Schulen des Volkes». James Y. C. Yen (Yan Yangchu, 1899–1990) weitete dieses Projekt auf die Schaffung eines Musterdorfes aus, in dem auch auf die Förderung der Agrarentwicklung Wert gelegt wurde.[57] In Shandong erhielt Liang Shuming (1893–1988) für sein Ländliches Aufbauinstitut auch staatliche Unterstützung.[58] Gleichzeitig trieb die Nationalregierung die Verbreitung von Genossenschaften im ländlichen Raum voran. Ihre Aufgabe bestand vor allem in der Bereitstellung von finanziellen Mitteln für den ländlichen Wiederaufbau. Dennoch gehörten sie zu den Regierungsinitiativen, die von der Basis nicht angenommen wurden. Nur insgesamt drei Prozent der bäuerlichen Anleihen wurden durch sie gedeckt. Ebenso wenig konnten sich die lokalen Projekte langfristig durchsetzen. Die Hoffnung ihrer Initiatoren, Modelle für eine Entwicklung auf nationaler Ebene schaffen zu können, erfüllte sich nicht. Auch sie fielen 1937 dem Kriegsausbruch zum Opfer.[59]

«Könige des Kapitalismus»: Der Aufstieg chinesischer Unternehmer In Chinas Städten gewann die neue Schicht der Privatunternehmer nach der Jahrhundertwende zunehmend an Einfluss. Der Aufbau ihrer Wirtschaftsunternehmen trug selbst in den Krisen- und Kriegszeiten der Republik zur Stabilisierung einer modernen chinesischen Nation bei. Die dynamischen Kräfte hinter dem Aufstieg der ersten Generation chinesischer Kapitalisten lagen in ihrem komplexen Verhältnis zum chinesischen Staat, den besonderen Geschäftsstrukturen und im Rückhalt familiärer Netzwerke. Die Expansion eines Unternehmens erfolgte entweder durch die regionale Markterweiterung seines Hauptprodukts oder durch eine Ausweitung auf andere Produktbranchen. Die

Generationen der Firmengründer und die ihrer Söhne behielten die Verantwortung für das Management und die Kapitalkontrolle in der Hand. Marie-Claire Bergère beschreibt den traditionellen familiären Zusammenhalt als Garant von Flexibilität, Dynamik und Schwung, der dem aufsteigenden chinesischen Kapitalismus half, die zahlreichen Krisen dieser Epoche zu bestehen.[60]

Der Aufstieg der ersten Generation chinesischer Unternehmen wurde nicht zuletzt durch die Bereitschaft der Firmengründer zur Einführung moderner Geschäftsstrukturen in Gestalt von Aktienkapital ermöglicht. Dabei wurden körperschaftliche Organisationsformen aus dem Westen übernommen. Dennoch überlebten in dieser Phase noch traditionelle Einrichtungen wie das «Buchhaltungsbüro» (*zhangfang*), dessen Ursprünge bis auf die Zeit der Yuan-Dynastie (1279–1368) zurückgehen.[61] Die Funktionen eines *zhangfang* erstreckten sich im frühen 20. Jahrhundert von den Sekretariats- und Buchhaltungsaufgaben bis zur Finanzverwaltung.[62] Wie die Beibehaltung von *zhangfang* in den modernen Betrieben der Republikzeit zeigt, legten die chinesischen Unternehmer durchaus auf einen eigenständigen Entwicklungsweg wert, der eine Kombination von westlicher Aktiengesellschaft und Elementen aus der eigenen Wirtschaftstradition nicht ausschloss. Die Institution des *zhangfang* ermöglichte dem Firmenchef eine direkte Kontrolle über die Finanzierung seines Wirtschaftsimperiums und ein Festhalten an der persönlichen Leitung seiner verschiedenen Firmenzweige. Einen großen Aufschwung erlebte in der Republikzeit das Bankgewerbe. Nachdem eine erste moderne Bank von der Qing-Regierung 1897 ins Leben gerufen worden war, befanden sich 1920 bereits 103 Banken in chinesischem Besitz, die im Verlauf der zwanziger und dreißiger Jahre an Bedeutung gewannen und sich zu einer wichtigen Stütze des chinesischen Unternehmertums entwickelten. Während Kriegsherren und politische Parteien um die Einigung der chinesischen Nation kämpften, legte die Wirtschaftsbourgeoisie die materiellen Grundlagen für einen Konsolidierungsprozess. Obwohl Chinas industrieller Sektor in dieser Periode noch klein blieb und sich auf die Regionen im Umfeld der Treaty Ports beschränkte, stieg sein Anteil an der Gesamtwirtschaft des Landes in der Zeit vor 1937 deutlich an, auch wenn die Qualität der amtlichen Statistik keine belastbaren Aussagen zulässt.[63] Der Beginn des Chinesisch-japanischen Krieges 1937 zerstörte allerdings das Engagement der ersten Generation chinesischer Kapitalisten.[64]

Der Bürgerkrieg: Die militärische Einigung der Nation Der Einigung und Konsolidierung der chinesischen Nation ging ein Bürgerkrieg voraus.[65] Trotz starker Verluste aus dem Krieg mit Japan verfügte Chiang Kaishek im August 1945 noch über eine etwa 3 Millionen Mann starke Armee aus regionalen Einheiten unterschiedlicher Qualität und von fragwürdiger Loyalität, die in einem Reorganisationsprozess auf 2,7 Millionen Soldaten reduziert wurde. Maos Rote Armee umfasste zu diesem Zeitpunkt etwa 1,2 Millionen Kämpfer. Obwohl die nationalchinesische Wiederbesetzung der Schlüsselpositionen im Osten des Landes von amerikanischer Transport- und Truppenhilfe unterstützt wurde, gelang der Roten Armee der Einmarsch in der Mandschurei, wo sowjetische Truppen über 700 000 japanische Soldaten entwaffneten. In dieser Region kam es zu den ersten militärischen Zusammenstößen. General George C. Marshall (1880–1959), der als amerikanischer Vermittler 1946 einen Waffenstillstand erreichen wollte, erklärte im Januar 1947 das endgültige Scheitern seiner Mission. Maos Strategie im Bürgerkrieg bestand zunächst in der Umzingelung der großen Städte und ihrer Isolierung vom Hinterland. Nachdem die Nationalregierung bis Mitte 1947 eine Serie von Siegen verzeichnen konnte, wendete sich das Blatt. Der Volksbefreiungsarmee, wie sich die kommunistischen Truppen inzwischen nannten, gelang es, ihre Truppenstärke aufrechtzuerhalten, indem sie ständig Soldaten aus der ländlichen Bevölkerung rekrutierte und regionale Guerilla-Einheiten sowie lokale Milizen in ihre Armee aufnahm. Im Verlauf des Jahres 1948 musste Chiang Kaishek seine demoralisierten Garnisonen im Nordosten aufgeben. Die Volksbefreiungsarmee ging nun zu offenen, großangelegten Feldschlachten über. Das Jahr 1949 begann mit dem größten Sieg der Kommunisten in der Geschichte des Bürgerkriegs. Chiang Kaisheks Armee verlor mit einem Schlag über eine halbe Millionen Mann. Im Januar fielen Tianjin und Beijing, Chinas wichtigste Metropolen im Norden. Die kommunistische Führung versprach eine «Neue Demokratie», um in den eroberten Städten die Intellektuellen und Unternehmer für sich zu gewinnen. Mit konventionell geführten Feldzügen war die politische Einigung Chinas unter kommunistischer Führung endgültig erzwungen worden.[66]

3. Kulturelle Modernisierung und «nationaler Charakter»

Nationalisierung der Sprache In der ersten Phase der Neuen Kulturbewegung hatte zwischen 1915 und 1919 die radikale Abrechnung mit der chinesischen Tradition im Mittelpunkt gestanden. Die Vierte-Mai-Bewegung von 1919 leitete eine Politisierung der Bewegung ein. Der chinesische Nationalismus verwandelte sich von einer geistigen Haltung in eine politische Kraft. Die Aktionen auf der Straße beschworen das nationale Zusammengehörigkeitsgefühl. Die größten Erfolge errang die Vierte-Mai-Bewegung jedoch nicht in der Politik, sondern mit ihrer Sprach- und Literaturreform. Die ersten Initiativen zur Schaffung einer Nationalsprache erfolgten noch vor Gründung der Republik. 1911 wurde eine sprachliche Planungskommission eingerichtet, die eine Standardaussprache für 6500 Zeichen festlegte. Eine Sonderkommission vereinheitlichte die Aussprache für jedes dieser Zeichen. 1919 folgte die Veröffentlichung der Ergebnisse in einem Wörterbuch, das 1932 auf 12219 Zeichen erweitert wurde.[67] Eine zentrale Rolle bei der Sprachreform spielte der vielseitige Intellektuelle Hu Shi, der die Einführung einer vereinfachten Sprache (*baihua*) forderte, wie sie bereits in einer traditionellen Form seit der Yuan-Dynastie (1279–1368) im Volkstheater und in den Volksromanen verwendet worden war. Im Volk und seiner Sprache sah Hu Shi die Grundlagen einer modernen chinesischen Nation. Wie vor ihm Liang Qichao wies Hu Shi der Populärliteratur eine ausschlaggebende Bedeutung für die Etablierung der Nation in der Vorstellung der Bevölkerungsmehrheit zu.[68] Auch die frühe kommunistische Bewegung suchte in den Volkstraditionen nach identitätsstiftenden Elementen. Im Stile der alten Volksopern und Geschichtenerzähler wurden eigene Propagandastücke auf dem Lande verbreitet.

Die Neukonfuzianer und ihre Widersacher Ungeachtet der scharfen Angriffe aus der Neuen Kulturbewegung erlebte auch der Konfuzianismus in den zwanziger Jahren einen Neuanfang.[69] Zhang Junmai (Carsun Chang, 1886–1969), der in Japan und Deutschland studiert hatte und an der Qinghua-Universität in Beijing lehrte, hielt Vorlesungen unter dem Titel «Lebensphilosophie» (*rensheng guan*), deren Veröffentlichung 1923 eine landesweite Debatte über den Zusammenhang von Wissenschaft und menschlichem Leben anregte.[70] Er vertrat die Ansicht, dass gerade die modernen Naturwissenschaften, in denen die radikalen Intellektuellen der Vierten-Mai-Bewegung die Rettung Chinas suchten, keine Lebensphilosophie bieten könnten. Eine vorbehaltlose Wissenschaftsgläubigkeit lehnte er entschieden ab. Zhang Junmai sprach von einer «neuen Metaphysik» (*xin xuanxue*) und schlug eine Synthese von neokonfuzianischem Gedankengut und der intuitiven Lebensphilosophie von Henri Bergson (1859–1941) vor:

> «Die unterschiedlichen Punkte einer Lebensphilosophie sind Subjektivität, Intuitivität, Kraft der Synthese, freier Wille und persönliche Einheit. Aufgrund dieser fünf Qualitäten kann die Lösung der Probleme bei einer Aufrechterhaltung der Lebensphilosophie nicht durch Wissenschaft erreicht werden, sei sie auch noch so fortschrittlich, sondern nur durch den Menschen selbst.»[71]

Zhang Junmai warf dem wissenschaftlichen Fortschritt vor, zu einer materialistischen und moralisch degenerierten Zivilisation zu führen. Die westliche Wissenschaft sei nicht in der Lage, die geistigen Probleme der Menschen zu lösen. Nur durch Intuition, den freien Willen und die Kultivierung des inneren Wesens lasse sich eine Philosophie des Lebens entwickeln.[72]

Die erste Generation der «Neukonfuzianer» verband ein starkes Interesse an der europäischen Philosophie. Dies gilt besonders für den oben bereits als Reformer des Dorfes vorgestellten Liang Shuming, der sich gegen den Ikonoklasmus der Neuen Kulturbewegung wandte und angesichts der intellektuellen Sinnkrise nach dem Ersten Weltkrieg im Konfuzianismus ein Denkmodell von universaler Tragweite sah. Er entwickelte diesen Ansatz in seiner 1922 erschienenen Schrift «Kulturen des Ostens und des Westens und ihre Philosophien» (*Dongxi wenhua jiqi zhexue*), die auf seinen

Vorlesungen an der Beijing-Universität basierte, wo er indische Philosophie lehrte.[73] Liang Shuming verband mit seiner Wiederbelebung des Konfuzianismus nicht eine konservative Verteidigung des traditionellen chinesischen Gesellschaftssystems. Vielmehr sollte er im Einklang mit wissenschaftlichem Fortschritt auch in der modernen Gesellschaft eine wichtige Rolle spielen.[74] Nach intensiver Beschäftigung mit den Philosophien Indiens und des Westens war Liang zu der Überzeugung gekommen, dass die Zukunft der Weltzivilisation in einer Rekonstruktion der chinesischen Zivilisation liege. Eine Verwestlichung Chinas lehnte er daher ab. Aus seiner Sicht war zudem keine Kultur einer anderen überlegen; jede Kultur entwickelte sich aus einem bestimmten Kontext.[75] Unterstützung fand sein Ansatz bei Zhang Binglin, der sich nach der Jahrhundertwende als antimandschurischer Verteidiger einer nationalen chinesischen Essenz einen Namen gemacht hatte. Nach 1911 trat er durch kritische Analysen der westlichen Moderne und sein Plädoyer für einen kulturellen Pluralismus hervor. Die Intellektuellen der Vierten-Mai-Bewegung, die nach universalen Prinzipien des Fortschritts suchten, verwarfen seinen Ansatz jedoch als traditionalistische Abkehr von der «neuen Kultur».[76]

Als einer der schärfsten Widersacher der Neukonfuzianer äußerte sich der Geologe Ding Wenjiang, der nach einem Studium in Großbritannien seit 1913 für verschiedene Ministerien der Republik arbeitete und zwischen 1916 und 1921 das staatliche Forschungsprojekt einer «Geologischen Erfassung Chinas» (*Zhongguo dizhi diaocha*) leitete; später wurde er ein einflussreicher Minister in der GMD-Regierung. Ding Wenjiang verurteilte die neukonfuzianische Wertschätzung der Metaphysik als Aberglaube und lehnte Zhang Junmais Trennung zwischen Wissenschaft und Lebensanschauung ab. Vielmehr erschienen ihm die geistigen und materiellen Phänomene nicht voneinander trennbar.[77] Gesellschaftlichen Fortschritt band er an wissenschaftliche Erkenntnis. Mit seinen Beiträgen zum kritischen Wochenmagazin «Bestreben« (*Nuli zhoubao*) begann sein Engagement im politischen Journalismus. Es führte ihn auch mit Hu Shi zusammen, der sich gleichermaßen von den Neukonfuzianern absetzte. Hu Shi entwarf ein «lebensphilosophisches» Gegenmodell und verteidigte das wissenschaftliche Wissen der Neuzeit als notwendige Basis jeglicher praktischen Philosophie.[78] 1922 veröffentlichte er ein Pamphlet unter dem Titel «Unsere politischen Vorschläge» (*Women di zhengzhi zhuzhang*), das von sechzehn bekannten Intellektuellen unterzeichnet wurde – auch von Ding Wenjiang. Ihr Vorschlag sah eine Friedenskonferenz zwischen den rivalisierenden Militärfraktionen des Nordens und des Südens, die Reaktivierung der Nationalversammlung von 1917 sowie die Ausarbeitung einer neuen Verfassung vor. Eine «gute Regierung» hing aus ihrer Sicht von der tatkräftigen Führung einer kleinen Gruppe integrer, fähiger Männer ab.[79] Revolutionäre und Neukonfuzianer teilten das Bedürfnis, eine moderne Gesellschaft zu schaffen, unterschieden sich aber grundsätzlich in der Wahl ihrer Mittel zur Erreichung dieses Ziels. Im Gegensatz zu den Revolutionären sahen sie keinen Widerspruch zwischen dem Konfuzianismus und den Erfordernissen der modernen Welt, sondern betrachteten die Wissenschaft und die Demokratie als zeitgemäße Mittel zur Realisierung ihrer Ideale.

Einen wichtigen Beitrag zur Weiterentwicklung des Konfuzianismus unter den Voraussetzungen des republikzeitlichen Nationalismus leistete Feng Youlan (1895–1990). Er hatte 1923 an der Columbia University in New York promoviert und sich wie viele seiner chinesischen Zeitgenossen intensiv mit der westlichen Philosophie beschäftigt. Aus seinem Bedürfnis, die zentralen Themen des Konfuzianismus mit Hilfe westlicher Methoden zu bearbeiten, entwickelte er eine Neuinterpretation des Konfuzianismus, eine «Neue Metaphysik» (*xin lixue*) in sechs Werken, die zwischen 1939 und 1946 erschienen.[80] Feng Youlan verband darin die rationalistischen Elemente des songzeitlichen Neokonfuzianismus mit Realismus und Logik aus der westlichen Philosophie und gewissen metaphysischen Elementen aus dem Daoismus.[81] Aus seinen philosophischen Überlegungen zog er den pragmatischen Schluss, dass China sich nicht in Debatten über Kommunismus oder parlamentarische Demokratie verlieren dürfe, sondern seine Energie auf die Industrialisierung des Landes konzentrieren solle.[82]

In den dreißiger Jahren nahm unter Chinas Intellektuellen die Furcht zu, eine eigene kulturelle Substanz vollständig zu verlieren. Selbst die kommunistische Bewegung, die in diesen Jahren um ihr Überleben kämpfte, hatte europäische Wurzeln und stand unter sowjetischem Einfluss. Zehn Professoren entschlossen sich im

Januar 1935 zu einer gemeinsamen «Erklärung zum Aufbau der Kultur auf eigenen chinesischen Grundlagen» (*Zhongguo benwei di wenhua jianshe xuanyan*), in der sie zu einer Synthese westlicher und chinesischer Kulturelemente aufriefen, die auf einem klaren chinesischen Kern beruhen sollte. Ihre Devise war eindeutig:

> «Nicht der Vergangenheit anhängen oder [den Westen] blind imitieren, sondern fest auf einer chinesischen Basis stehen, eine kritische Haltung bewahren und mit wissenschaftlichen Methoden die Vergangenheit untersuchen, an der Gegenwart festhalten und die Zukunft schaffen!»[83]

Die Neukonfuzianer fanden in der vom Konfuzianismus geschaffenen «Essenz» des Chinesentums die Antwort auf die Frage nach Wesen und Zukunft der chinesischen Nation.

Selbstfindung in der Literatur Der gesellschaftliche Wandel wurde auch in der republikzeitlichen Literatur reflektiert. So schuf die revolutionäre Bewegung ihre eigenen literarischen Ausdrucksformen in Gestalt von Kurzgeschichten und Miszellen, die durch die moderne Presse verbreitet wurden. Viele Mitglieder der 1921 gegründeten Literarischen Gesellschaft (*Wenxue yanjiu hui*) lassen sich der revolutionären Bewegung zuordnen.[84] Lu Xun (1881–1936), Ba Jin (1904–2005), Ding Ling (1904–1986) und anderen bekannten Autoren ist es zu verdanken, dass die revolutionäre Literatur bereits während der Republikzeit an Einfluss gewann und heute zu den wichtigsten chinesischen Beiträgen zur Weltliteratur zählt. Ein revolutionäres Bewusstsein schlug sich in der literarischen Praxis als Wahrnehmung der Widersprüche zwischen den sozialen Gruppen in der eigenen Gesellschaft nieder. Die Kurzgeschichten der zwanziger Jahre handeln meist von Frauen und Männern, die versuchen, arrangierten Heiraten und anderen traditionellen Normen zu entfliehen, oder von Angehörigen der Oberschicht, die das Elend der Bauern und Arbeiter entdecken. Aufgrund ihrer sozialkritischen Inhalte wurde der revolutionären Literatur eine gesellschaftsverändernde Wirkung zugeschrieben. Ihre Autoren wollten das Bewusstsein der Leser verändern, zu konstruktiven Debatten über zeitgenössische soziale Fragen anregen, radikale Kollektivaktionen wie Streiks und Demonstrationen in Gang setzen sowie Arbeitern, Bauern und Soldaten erzieherischen und organisatorischen Beistand leisten.[85]

Ein anderer Modernisierungseffekt ging von den als «Mandarinenten- und Schmetterlingsromanen» (*yuanyang hudie pai*) bezeichneten Werken einer jungen Generation Shanghaier Schriftsteller aus.[86] Zum Inbegriff dieser Gattung wurde «Der Geist der Jadeperle» (*Yuli hun*, 1912) von Xu Zhenya (1889–1937). Der Roman, der im Stil der traditionellen Metaphorik die Liebenden mit Schmetterlings- und Mandarinentenpaaren vergleicht, erzählt von der tragischen Liebe einer jungen Witwe zum Lehrer ihres Sohnes, die im unvermeidbaren Konflikt mit der konfuzianischen Moral und dem Selbstmord der Witwe endet. Im Gegensatz zu den revolutionären Werken der Zeit waren die etwa zweitausend Romane dieser Gattung, die zwischen 1910 und 1930 erschienen, meist noch im klasischen Chinesisch geschrieben, und enthielten keine klare Aufforderung zu sozialem Wandel, freier Liebe oder weiblicher Emanzipation. Als Massenunterhaltung geschrieben waren sie allein zum Zeitvertreib bestimmt und boten ihrer Leserschaft die Möglichkeit der Flucht in Traumwelten. Indes leisteten sie einen wichtigen Beitrag zur Verbreitung von Lesegewohnheiten in der Bevölkerung.[87]

Zu den bekanntesten Repräsentanten der neuen Literatur (*xin wenxue*), die auf eine Verwestlichung setzten, gehörte Wen Yiduo (1899–1946), der von 1922 bis 1925 in den USA Literatur und Malerei studiert hatte. In seinem ersten Gedicht in moderner Sprache suchte er 1920 unter dem Titel «Das westliche Ufer» (*Xi an*) nach einer Verbindung zwischen West und Ost. Sein Gedicht «Totes Wasser» (*Si shui*, 1926), das an den Stil Baudelaires erinnert, bezieht sich zwar auf keinen konkreten Kontext, wird jedoch meist als Allegorie Chinas in den zwanziger Jahren gelesen:

> «Dies ist ein totes Gewässer, bar jeder Hoffnung.
> Ein reiner Wind würfe nicht einmal eine halbe Welle auf.
> Am besten, man gibt noch Unrat dazu.
> Auch die Reste deiner Mahlzeit sind willkommen.»[88]

Wen Yiduos Gedichte brachten seinen leidenschaftlichen Wunsch nach Erneuerung zum Ausdruck. Nach seiner Rückkehr schloss er sich 1928 der «Neumondgesellschaft» (*Xinyue she*, 1923–1931) an, die aus einem literarischen Freundeskreis entstanden war und sich zur entschiedenen Gegnerin der revolutionären Intelligentsia entwickelte. Wen Yiduo teilte ihre Ablehnung des Marxismus und ihren Ästhetizismus. Zur Lösung der chinesischen Probleme entwickelte er seine Theorien eines «Kulturnationalismus» und der «ästhetischen Erziehung» (*meiyu*). In seinen Gedichten brachte Wen Yiduo seine Verzweiflung über den maroden Zustand der chinesischen Gesellschaft zum Ausdruck. Seine späteren philologischen Forschungen bezogen westliche Lehren ein und entwickelten daraus bahnbrechende Neuinterpretationen zu Themenbereichen wie chinesischer Mythologie, Tang-Dichtung und konfuzianischen Klassikertexten.

Die junge moderne Literatur dieser Epoche zielte auf die Schaffung von nationalen Standards. Gleichzeitig gab es eine Reihe von Werken, die eine starke Identifizierung der Autoren mit der Kultur ihrer Heimatregion (*xiangtu wenxue*, wörtlich: Dorf- und Heimatprosa) zum Ausdruck brachten. Stilbildend für diese Gattung, die realistisch das Leben im ländlichen China beschrieb, waren Lu Xuns «Heimatdorf» (*Guxiang*) von 1921 und Vorbilder aus Osteuropa und Skandinavien. Solche Werke schildern das Leben vorwiegend bäuerlicher Schichten in abgelegenen, vom modernen Wandel ausgeschlossenen Regionen. Sie kritisieren die Rückständigkeit und den desolaten Zustand der Dörfer, die patriarchalische Feudalordnung und den Widerstand gegen moderne Ideen. Einer der bekanntesten Vertreter dieser Richtung war Shen Congwen (1902–1988). Seine Erzählungen spielen im Westen der Provinz Hunan, wo sich das Königreich Chu früherer Epochen befand, in dem sich eine alternative Kultur zur Hauptströmung des Konfuzianismus entwickelt hatte. In seinen Werken bezieht sich Shen Congwen oftmals auf diese alte Kultur seiner Heimat. Seine Charaktere stammen meist aus den einfachen Schichten des Volkes. Er beschränkt sich jedoch nicht wie die revolutionären Autoren dogmatisch auf ein Bild der Bauern als unterdrückter Klasse, die sich nach Aufklärung und Führung sehnen. Vielmehr repräsentieren Shen Congwens Erzählungen die für diese Gattung typische Mischung aus Problembewusstsein bezüglich der Not der ländlichen Gesellschaft und Nostalgie über einen untergehenden Lebensstil jenseits von Modernisierung. Während der Republikzeit zählte Shen Congwen zu den populärsten Autoren. Nach 1949 wurden seine Werke wegen ihrer «bürgerlichen und pessimistischen Einstellung» kritisiert und aus dem politisch genehmen literarischen Kanon gestrichen. Erst in den 1980er Jahren wurden sie wiederentdeckt und dienten nun den Autoren der «Schule auf der Suche nach den Wurzeln» (*xungen pai*) als Inspiration.[89]

Nationalisierung der Kultur in den dreißiger Jahren Chiang Kaisheks Bruch mit den Kommunisten von 1927 führte in vielen Bereichen der chinesischen Kultur zu einer Zäsur. Das gesellschaftliche Engagement von Schriftstellern war bei der Nanjing-Regierung nicht mehr gefragt. Viele flohen in den Süden des Landes. 1930 schlossen sich die verstreuten linken Kräfte der literarischen Szene zur Chinesischen Liga linker Schriftsteller (*Zhongguo zuoyi zuojia lianmeng*) zusammen.[90] Ihre Gründung erfolgte zeitgleich mit dem Höhepunkt einer internationalen proletarischen Literaturbewegung, die sich, ausgehend von der Sowjetunion, in den Metropolen Deutschlands, Frankreichs, der USA und Japans, verbreitete. Durch die Schaffung einer revolutionären Kultur wollten die linken Schriftsteller zur Befreiung der arbeitenden Klassen beitragen. Sie engagierten sich in Übersetzungsprojekten, befürworteten die Förderung von Esperanto als Weltsprache und experimentierten mit neuen literarischen Formen wie der Reportageliteratur (*baogao wenxue*), die ihre Aufgabe in der Aufklärung und kritischen Betrachtung gesellschaftlicher Vorgänge sah. Davon ließen sich ihre Autoren auch durch das autoritäre Nanjing-Regime nicht abbringen, sondern führten in den dreißiger Jahren die Reportageliteratur sogar zu einem ersten Höhepunkt. 1937 versuchte Mao Dun (1896–1981) in seinem Aufsatz «Über Reportageliteratur» (*Guanyu baogao wenxue*) das neue Genre erstmals definitorisch zu erfassen. Die von ihm in den dreißiger Jahren herausgegebene Reihe «Ein Tag in China» (*Zhongguo de yiri*) gehört zu den wichtigsten Zeugnissen dieser ersten Generation chinesischer Dokumentarliteratur. Eine wichtige mobilisierende Funktion übte sie nach 1937 im antijapanischen Krieg aus.[91]

Für Chinas junge Filmproduktion bedeutete die japanische Invasion von 1937 das Ende ihres ersten goldenen Zeitalters. Obwohl die Nationalregierung 1931 mit der Gründung eines nationalen Kontrollkomitees auch den Film ihrer Zensur unterstellen wollte und die Kampfkunstfilme, die bis in die zwanziger Jahre die frühe chinesische Filmwelt dominiert hatten, als unwissenschaftlichen Aberglauben verbot, erlebte der chinesische Film in diesem Jahrzehnt zunächst einen Aufschwung.[92] Die ersten Tonfilme dieser Periode leisteten einen wichtigen Beitrag zur Verbreitung einer Nationalsprache.[93] Hingegen gelang es den ersten weiblichen Filmstars nur sehr mühsam, sich von dem traditionellen Image der Schauspielerin als Konkubine zu lösen. Auch in ihren Inhalten spiegelten die frühen chinesischen Filme die Konfrontation des traditionellen konfuzianischen Wertesystems mit der modernen Kultur aus dem Westen wider. Dennoch war es in diesen Jahren gelungen, sich unter dem Einfluss des Westens mit der Filmkunst ein neues Medium der Massenkultur zu Eigen zu machen.[94]

Kulturelle Rückbesinnung und Ideologisierung in Yan'an Der Ausbruch des antijapanischen Widerstandskrieges löste 1937 auch eine Rückbesinnung auf eigene «nationale Formen» (*minzu xingshi*) der Volkskultur aus. Mit Hilfe von Geschichtenerzählern und Lokalopern sollte die Bevölkerung auf dem Lande zum Kampf gegen den Imperialismus mobilisiert werden. Gleichzeitig zwang die kommunistische Bewegung in Yan'an die revolutionäre Literatur zu einer optimistischen Wende. Ein typisches Beispiel für die neue positive sozialistische Literatur stellt «Leben in Yan'an» (*Yan'an shenghuo*, 1946) von Zhao Shuli (1906–1970) dar. Zhao kontrastiert darin das individuelle Leid in der alten Gesellschaft mit den Erfolgen unter dem Sozialismus. In dem Roman «Die Wandlung des Dorfes Lijiazhuang» (*Lijiazhuang de bianqian*, 1945) thematisierte Zhao das erwachende politische Bewusstsein der Bauern.

Mao Zedongs Reden auf dem Literatur- und Kunstforum im Mai 1942 in Yan'an, das Teil einer Berichtigungskampagne innerhalb der Kommunistischen Partei war, stellten die Literatur ganz in den Dienst der Politik. Gesellschaftskritik war fortan auch unter den Kommunisten unerwünscht.[95] Bereits 1938 hatte Mao in einer Rede dazu aufgefordert, den Marxismus «chinesisch werden» zu lassen und damit eine Debatte über nationale Formen und übernationale Inhalte ausgelöst, ohne aber zu verdeutlichen, was er damit genau meinte. Umso klarer argumentierte er auf dem Yan'an-Forum und ermahnte die Intellektuellen, der kommunistischen Bewegung zu dienen:

> «Die Aussprache, die wir heute eröffnen, soll dazu dienen, dass sich Literatur und Kunst als integrierender Bestandteil in den Gesamtmechanismus der Revolution gut einfügen, dass sie zu einer machtvollen Waffe für den Zusammenschluss und die Erziehung des Volkes, für die Schläge gegen den Feind und für dessen Vernichtung werden, dass sie dem Volk helfen, einmütig gegen den Feind zu kämpfen.»[96]

Gleichzeitig wandte sich Mao gegen eine Reihe von Intellektuellen, die ihre Unzufriedenheit über die Situation in den «befreiten Gebieten» der Kommunisten offen geäußert hatten. Wang Shiwei (1906–1947), der sich wie viele Intellektuelle erst nach seiner Flucht nach Yan'an der kommunistischen Bewegung angeschlossen hatte, schrieb in der Tageszeitung «Befreiung» (*Jiefang ribao*) einige Artikel unter dem Titel «Wilde Lilien» (*Ye baihehua*), in denen er sich kritisch über die wachsende Korruption und andere Probleme in Yan'an äußerte. Wang Shiwei wurde ins Gefängnis geworfen und 1947 umgebracht, als die Kommunisten aus Yan'an abzogen. Die rigide kommunistische Kulturpolitik erstickte nicht nur die Individualität und Subjektivität der Vierten-Mai-Generation, sondern auch neue Stilformen wie die Reportageliteratur. Die wenigsten älteren Schriftsteller waren allerdings bereit, sich Maos Forderungen in seinen Yan'an-Reden zu unterwerfen. Die meisten verstummten für die nächsten Jahre.[97] Damit endete 1942 in Yan'an eine von Modernität und Pluralismus gekennzeichnete Ära. Fortan musste, jedenfalls im Herrschaftsbereich der KPCh, in allen Bereichen der Kultur die Perspektive der «Massen» eingenommen werden.

Widerstandsliteratur in Shanghai Nur in Shanghai entwickelte sich unter dem Schutz der Internationalen Niederlassung eine eigene Widerstandsliteratur, die sich bis zur japanischen Besetzung der Stadt Ende 1941 halten konnte. Die Schriftsteller schrieben in ausländischen Lokalzeitungen kritische, patriotische Essays (*zawen*), wie sie Lu Xun als moderne Literaturform in den dreißiger Jahren eingeführt hatte. Während sich Essays zur beliebten Waffe linker Autoren entwickelten, zogen andere «kleine Prosastücke» (*xiaopin*) vor, die auf Vorbilder der qingzeitlichen Literatur des 17. Jahrhunderts zurückgriffen, als sich in solchen Texten Individualität ausdrückte. Eine Rückbesinnung auf die Volkstraditionen erlebte auch Shanghais Theater, das in den zwanziger Jahren zunächst einen modernen Stil entwickelt und westliche Stücke aufgeführt hatte, sich aber nun wieder älteren Inhalten und Darstellungsformen zuwandte. Ein literarisches Spiegelbild des Lebens im japanisch besetzten Shanghai der 1940er Jahre bot Zhang Ailing (1920–1995). Ihre Romane erzählen vom harten Kampf verunsicherter Männer und Frauen um soziale und ökonomische Stabilität und lassen sich durch den Begriff des «Anti-Romantismus» charakterisieren.[98] Zhang Ailing schrieb zwar nicht vom Krieg, der um sie herum wütete, lehnte aber jeglichen Idealismus ab und stellte das Leben in Shanghai in einer krisenhaften Übergangszeit dar. Literarischen Ruhm errang sie mit ihrer Novelle «Das Goldene Joch» (*Jinsuo ji*, 1943), in der sie den zerstörerischen Einfluss der in Dekadenz zerfallenen traditionellen Lebensformen auf junge Menschen schildert. In der Volksrepublik wurden Zhang Ailings Werke bis in die 1980er Jahre ignoriert, verbreiteten sich jedoch unter Auslandschinesen und auf Taiwan.[99]

Modernität und nationales Bewusstsein in der Kunst Chinas Maler zog es in den zwanziger Jahren vor allem nach Frankreich. Wer sich den Aufenthalt dort nicht leisten konnte, fand in Japan eine Alternative, um sich mit dem kulturell Anderen in der Kunst vertraut zu machen. Aus diesen Erfahrungen entstanden – wie in anderen Bereichen der chinesischen Kultur – hybride Formen der Modernität.[100] So hielt Gao Jianfu (1879–1951) am Erbe der traditionellen Tuschemalerei fest und bezeichnete sie als nationales Symbol, verband diese Technik aber mit Inhalten des modernen Lebens.[101] Nach ihrer Rückkehr aus Frankreich schlossen sich Lin Fengmian (1900–1991) und Xu Beihong (1895–1953) dem Gründerkreis der chinesischen Kunstakademien an, dessen Mitglieder die Etablierung der Kunsterziehung in China in den Mittelpunkt ihres Engagements stellten. Unterstützung fanden sie bei Cai Yuanpei (1868–1940), der zunächst Erziehungsminister der Chinesischen

Republik gewesen war und seit 1916 das Amt des Rektors der Beijing-Universität bekleidete.[102] Cai Yuanpei war davon überzeugt, dass die Kunst im geistigen Leben des Volkes die traditionelle Rolle der Religion übernehmen könne.[103] Die Etablierung einer akademischen Kunstausbildung in China gehörte zu den kulturellen Leistungen der Republikzeit und brachte die Kunst einer wachsenden Öffentlichkeit näher. Einen wichtigen Beitrag dazu leisteten staatlich geförderte Kunstausstellungen, wie es sie früher nicht gegeben hatte. Eine erste Ausstellung fand 1929 in Shanghai statt, gefolgt 1937 von Ausstellungen in Nanjing, Shanghai und Guangzhou. Zusätzlich boten die zahlreichen neuen Kunstzeitschriften ein Diskussionsforum. Die Öffnung der Kaiserlichen Kunstsammlung als Museum signalisierte im Jahre 1925 eine radikal neue Art der Instrumentalisierung der Vergangenheit im Prozess der kulturellen Modernisierung des Landes. Chinas Geschichte wurde nicht nur einem breiten Publikum zugänglich gemacht, sondern als nationales Erbe in die Schaffung der modernen Nation einbezogen.

Erziehung und Bildung am Scheideweg Den Bildungsreformern der Republikzeit gelang zwar die Integration der Kunsterziehung in das moderne Schulwesen, jedoch hielten viele neue Schulen nicht das, was sich die Reformer erhofft hatten. Trotz der Einführung westlicher Curricula und westlicher Pädagogik überlebten die traditionellen Lehrmethoden. Dies galt vor allem für das Landesinnere und den ländlichen Raum. Die integrative Funktion von Bildung, die bis 1905 vom kaiserlichen Prüfungssystem verfügt worden war, beschränkte sich nach den Reformen des frühen 20. Jahrhunderts auf die Ausbildung der städtischen Elite, die sich zu einer professionellen, kaufmännischen Schicht entwickelte und die westliche Version von Modernität verkörperte.[104] Zu Beginn der Erziehungsreformen hatte sich der Schwerpunkt von der Expertenausbildung zur Verbreitung von Bildung unter den Massen verlagert.[105] Die Gründung moderner Schulen sollte ein patriotisches Engagement im nationalen Projekt fördern, durch die Vermittlung moderner Staatsbürgerkonzepte eine neue Identität schaffen und die technischen Fähigkeiten sowie eine Arbeitsethik vermitteln, die den Erfordernissen von Staat und Wirtschaft im Modernisierungsprozess entsprach. Selbst in den dreißiger Jahren, als eine Beschäftigungskrise Zweifel an der Effektivität der modernen Schulen hervorrief, hielten die Reformer weiterhin an der These fest, Chinas größte Schwäche liege im Mangel an Fachkräften. Nur eine kleine Minderheit, die im Ausland oder an den führenden Bildungseinrichtungen in den Metropolen des Landes ausgebildet worden war, verfügte über eine wissenschaftliche und fachliche Bildung.[106]

Eine langfristige Stärkung des nationalen Charakters von Bildung folgte aus der Verlegung von Schulen und Universitäten ins Landesinnere nach der japanischen Invasion von 1937. Vor allem an der westlichen und südwestlichen Peripherie fanden schulische Institutionen eine neue Heimat und trugen auf diese Weise die nationale Bildung in entlegene Inlandregionen. Die betroffenen Studenten und Lehrkräfte erlebten ihre Verlegung ins Hinterland zunächst als Kulturschock. Viele zeigten sich jedoch fasziniert von der ethnischen Vielfalt der Lokalgesellschaften und erforschten ihre Kulturen. Umgekehrt führte ihre Präsenz in den meist ländlichen Gebieten dort einen neuen Lebensstil ein. Das Erziehungsministerium trieb ab 1938 die Gründung weiterer Schulen und Lehrerkollegs auf allen Verwaltungsebenen der Rückzugsgebiete voran. Dabei erhielten die Institutionen wieder mehr Eigenständigkeit und wurden aufgefordert, sich aktiv am sozialen Reformprozess zu beteiligen.[107] Zahlreiche Schulen und Universitäten blieben mit ihren Lehrkräften auch nach Kriegsende im Landesinneren und erleichterten nach 1949 der neuen kommunistischen Regierung in Beijing die landesweite Machtübernahme und den Wiederaufbau.[108]

Am Beispiel der Erziehungsreformen zeigt sich, dass sich die kulturelle Konstruktion der modernen chinesischen Nation vor allem auf die Städte konzentrierte. Hier traten die Symbole der Modernität in Gestalt von Zeitungen, politischen Parteien, Universitäten, Arbeitervereinen, Verlagen und Reformernetzwerken hervor und trugen zur Formulierung einer neuen, modernen Identität der chinesischen Staatsbürger bei. Damit verbunden war ein widersprüchlicher Prozess. So enthielt die städtische Neuordnung, die mit dem Abriss historischer Stadtmauern zugunsten breiter Straßen verbunden war, sowohl konstruktive als auch destruktive Elemente.[109] Ebenso lässt sich gerade im kulturellen Bereich dieser Epoche immer wieder eine verschränkte Parallelität von Traditionellem und Modernem erkennen, die überhaupt ein Merkmal des chinesischen Nationalismus der Republikzeit war.[110]

Fortschritte in der Frauenfrage Die Kritik der Vierten-Mai-Revolutionäre am traditionellen Familiensystem brachte erneut die Frauenfrage in die öffentliche Diskussion. Das patriarchalische Familien- und Heiratssystem galt als Haupthindernis weiblicher Emanzipation. Noch immer dominierten Männer den Kampf um die Befreiung der Frau. Li Da (1890–1966), einer der frühen marxistischen Philosophen Chinas und Autor einer «Modernen Soziologie» (*Xiandai shehuixue*) von 1926, in der die marxistische Theorie systematisch entwickelt wurde, hatte bereits 1919 die Frauenemanzipation in seine politischen Forderungen nach Menschenrechten (*renquan*) einbezogen.[111] Frauen müssten überhaupt erst einmal als eigene soziale Kategorie anerkannt werden, um alle Rechte der männlichen Gesellschaftsmitglieder zuerkannt zu bekommen. Ähnlich argumentierte Li Dazhao. Er knüpfte eine vollständige Befreiung der Frau an die Verwirklichung einer «weltweiten großen Vereinigung» (*shijie de da lianhe*).[112] Für die betroffenen Frauen selbst rückte in dieser Periode das Bewusstsein ihrer doppelten Diskriminierung in den Vordergrund: durch ihre soziale Stellung im Gesellschaftssystem, die sie immer zu Beherrschten machte, und durch ihr Schicksal als das von Geburt an «schwächere Geschlecht». Die Schriftstellerin Lu Yin (1898–1934) kritisierte zudem die darwinistische Untermauerung einer «bioethnischen Politik»,[113] die dazu führe, dass sie sich schwer bekämpfen lasse.[114] Innerhalb der Frauenbewegung wurde zunehmend das kollektive Interesse von Frauen betont, das Frauen über die Kategorien von Klasse, Rasse und Religion hinweg miteinander verband. Die Frauen betonten die Notwendigkeit einer kulturellen Revolution, um ihre eigenen Ziele der Gleichstellung zu erreichen.[115] Ein wichtiger Erfolg war die allmähliche Aufhebung der getrennten Hochschulbildung. Dienten die Mädchenschulen der Förderung eines weiblichen Gemeinschaftssinns und der Formierung einer politischen Identität, so bot der Zugang zu den Universitäten Frauen ein Forum, um diese politische Identität auch zu praktizieren.[116] In den Jahren zwischen 1919 und 1923 entwickelten sich unter dem Dach der Frauenvereinigung (*Nüjie lianhehui*) zahlreiche Organisationen, die versuchten angesichts der politischen Zersplitterung des Landes zumindest auf Provinzebene für ein Frauenwahlrecht zu kämpfen. Als neues Element kam das Bewusstsein der Feministinnen hinzu, dass sich die politischen Interessen von Frauen und Männern grundsätzlich unterschieden und daher Frauen eine eigene Interessenvertretung bräuchten. Hatte die Frauenbewegung in den frühen zwanziger Jahren noch vom offenen, liberalen Geist der Neuen Kulturbewegung profitiert, so führte Chiang Kaisheks Wiedervereinigung weiter Teile Chinas und sein «weißer» Terror nach 1927 zu einer Spaltung der Bewegung in drei Aktionsfelder: Ihre in den städtischen Gebieten zurückgebliebenen Mitglieder mussten sich mit der Nationalregierung arrangieren; die zu den Kommunisten in die ländlichen Rückzugsgebiete geflohenen Aktivistinnen engagierten sich fortan in der Propagandaarbeit unter der weiblichen Landbevölkerung. Eine dritte Gruppe versuchte, eine mittlere Position einzunehmen und setzte sich weiterhin für Menschenrechte, nationale Rettung und demokratische Grundsätze ein. In breiter Gemeinsamkeit über die politischen Lager hinweg verfolgten Frauen in den dreißiger und vierziger Jahren das Ziel des Frauenwahlrechts und der Gleichstellung.[117] Mit der Formierung eines politischen Gruppenbewusstseins leisteten die Frauen in dieser Phase einen wichtigen Beitrag zum kulturellen Nationalismus.

4. Ethnische Nationalismen

Hanchinesischer Nationalismus Mit der Gründung der Chinesischen Republik veränderte sich auch der ethnische Nationalismus im chinesischen Kernland, der bis dahin auf die Vertreibung der mandschurischen Dynastie ausgerichtet war. Ein ethnischer Nationalismus von Seiten der Han-Chinesen kam immer dann zum Ausdruck, wenn es um die Durchsetzung ihrer Vorherrschaft im neuen Staatswesen ging. Diesem Ziel dienten die offizielle Definition Chinas als «Republik der fünf Völker» (*wuzu gonghe*: Han, Mongolen, Tibeter, Mandschu und Turkvölker) und die Schaffung des übergeordneten Begriffs des «chinesischen Volkes» (*zhonghua minzu*). Geographisch etablierte sich der chinesische Nationalstaat in den Grenzen des qingkaiserlichen Vielvölkerimperiums, obwohl die Frage der Loyalität der verschiedenen Völker gegenüber den Machthabern der Chinesischen Republik nie gelöst wurde. Das Verhältnis zwischen Han-Chinesen und den ehemaligen Untertanen im zentralasiatischen Teil des Qing-Reiches blieb gespannt, wenngleich Guomindang wie auch Kommunisten sich um einen flexiblen Umgang mit den Grenzvölkern bemühten.[118] Die kulturelle Arroganz der Hanchinesen ließ sich durch einen politischen Pragmatismus nicht verdecken. Sie wurde von den betroffenen Völkern deutlich wahrgenommen. So erklärte der Sportler Chang Bo, der in den Nationalen Wettkämpfen von 1935 die tibetische Provinz Xikang vertrat, die tieferen Ursachen dieses Konfliktes:

> «Die Ausländer verachten die Chinesen als niedrigstehend und schwach. Ebenso sehen die Chinesen die Völker der Grenzgebiete als wertlos an. Besteht dabei irgendein Unterschied? Die Ausländer meinen, dass alles in China rückständig sei und die Chinesen bezeichnen die Grenzregionen als grob und unzivilisiert. Gibt es darin etwa einen Unterschied?»[119]

Durch ihren geschickten Umgang mit den Völkern der zentralasiatischen Peripherie hatten die Qing-Kaiser ein multiethnisches Imperium geschaffen, in dem ihre Machtstellung seit dem späten 18. Jahrhundert nicht mehr in Frage gestellt wurde.[120] Mit der Republikgründung übernahmen die Han-Chinesen wieder die Regierungsmacht. Ihr Ziel war es, in den Grenzen des qingzeitlichen Vielvölkerimperiums einen modernen Nationalstaat zu schaffen. Folglich konnte sich der chinesische Nationalismus nicht mehr wie zur Jahrhundertwende exklusiv auf das traditionelle Kernvolk beschränken, sondern musste versuchen, auch die anderen Völker in die neue Staatsform zu integrieren. Ein auf das Kernland reduziertes «Klein-China» stand nicht zur Diskussion. Alle politischen Kräfte hielten in der Republikzeit an der von den Qing-Kaisern geschaffenen territorialen Einheit fest, obwohl sie unmittelbar nach dem Zusammenbruch der Dynastie bereits zur Fiktion geworden war. Sucht man nach einem ethnischen Nationalismus in dieser Epoche, so findet man ihn unter den Völkern der zentralasiatischen Peripherie, die sich weigerten, nach dem Untergang der Qing-Dynastie am Großstaatsgedanken festzuhalten.

Zersplitterung und Einigungsprozesse in der Inneren Mongolei Nur in der ersten (1911–13) von drei Phasen der mongolischen Nationalbewegung wurden panmongolische Ziele verfolgt. Damals forderten die Bannerfürsten der innermongolischen Gebiete ihren Anschluss an den neu gegründeten außermongolischen Staat. In der zweiten Periode (1925–29) bemühte sich eine Innermongolische Revolutionäre Partei unter dem Einfluss der Komintern um die Unabhängigkeit der Region, überlebte aber nur kurze Zeit. Einen stärkeren Einfluss übte Japan im Osten der Inneren Mongolei aus. Die Japaner erschienen vielen Mongolen in ihrem Kampf gegen den chinesischen Kolonialismus als kleineres Übel. Schließlich engagierten sich in der dritten Phase (1931–47) drei nationalistische Gruppen gleichzeitig für eine Befreiung aus den Fesseln des chinesischen Provinzsystems.[121] Die Autonomiebewegung unter Führung des Prinzen Demchugdongrob (1902–1966) in der Silingol-Region machte sich von japanischer Unterstützung abhängig und verlor nach der japanischen Niederlage von 1945 Einfluss und Kredit.[122] Weiter im Osten bot die militärische Organisation der mongolischen Xing'an-Armee in Mandschukuo den Mongolen einen organisatorischen Rahmen. Nach einem gescheiterten Wiedervereinigungsversuch mit der Mongolischen Volksrepublik im Herbst 1945 wurde im Frühjahr 1946 eine Autonome Regierung der Ostmongolei ausgerufen. Am erfolgreichsten war eine dritte Gruppe unter der Führung von Ulanhu (1906–1988) im Westen der Inneren Mongolei, deren Mitglieder sich schon früh der kommunistischen Bewegung in China anschlossen und gleichermaßen die Guomindang und die japanischen Imperialisten bekämpften. Als Gegenleistung für die Unterstützung während des Langen Marsches versprach Mao ihnen eine weitgehende Autonomie.[123] Ulanhu begab sich 1941 mit seinen Anhängern nach Yan'an und stieg vier Jahre später zum Mitglied des Zentralkomitees auf. Mao schickte ihn im Mai 1947 zur Gründung einer innermongolischen Regierung in den Osten der Mongolei. Den chinesischen Kommunisten gelang es auf diese Weise, den mongolischen Nationalismus im Bürgerkrieg für ihre eigenen Ziele zu nutzen. Nach dem Sieg der Kommunisten kehrten vier Millionen chinesischer Siedlungsbauern jedoch nicht mehr in ihre chinesische Heimat zurück, sondern wurden in das Autonome Gebiet der Inneren Mongolei integriert. Die territoriale Rehabilitierung der Inneren Mongolei, die 1947 im Osten begonnen hatte, fand erst 1956 ihren Abschluss.[124]

Tibets Suche nach der eigenen Nation Die Ursprünge der ungelösten Tibet-Frage, die bis in die Gegenwart Chinas internationales Ansehen belastet, gehen auf die Republikzeit zurück. Nach seiner Rückkehr aus dem indischen Exil regierte der politisch versierte 13. Dalai Lama (1876–1933) bis zu seinem Tod unbeeinflusst von der chinesischen Politik. Da Tibets Status bei den Verhandlungen in Simla 1913/14 nicht gelöst worden war, beanspruchte die Nationalregierung weiterhin die Oberherrschaft über das Land, ohne sie realisieren zu können.[125] Seine faktische Unabhängigkeit während der nachfolgenden drei Jahrzehnte konnte indes nicht verhindern, dass Tibet eine internationale Anerkennung seiner Staatlichkeit versagt wurde.[126] Eingeschlossen zwischen China und Britisch-Indien, die beide ernstere Sorgen hatten als die Tibetfrage und sich dort nach 1914 nicht mehr in größerem Umfang engagierten, sah sich die tibetische Regierung ohne ausländische Hilfe der objektiven Notwendigkeit zur Modernisierung gegenüber, die sich aber aufgrund interner Widerstände nicht verwirklichen ließ. Tibet verfügte um die Zeit des Ersten Weltkriegs weder über ein Steuersystem, mit dem sich Reformen finanzieren ließen, noch über ein funktionierendes Polizeiwesen, eine effektive Armee oder über brauchbare Post- und Telekommunikationsverbindungen zur Außenwelt. Die Erträge aus aristokratischem und staatlichem Grundbesitz wanderten größtenteils in die Kassen der Klöster.[127] Daher war der Dalai Lama zur Durchführung seines Modernisierungsprogramms auf die finanzielle Unterstützung der reichen Klosterzentren angewiesen, die jedoch ihre Machtstellung durch die Reformen bedroht sahen. Aufstände einzelner Klöster konnten nur durch militärische Drohung beendet werden. Immerhin gelang dem Dalai Lama die Verwirklichung einiger Modernisierungsprojekte: 1921 entstand zwischen Lhasa und Gyantse eine erste Telegraphenleitung; für tibetische Offiziere wurden spezielle Ausbildungskurse eingeführt; 1922/23 löste ein Polizeiapparat die klostereigenen Mönchsmilizen ab; 1924 wurde in Gyantse eine englische Schule für Kinder der tibetischen Aristokratie gegründet. Daher kann zumindest für die zwanziger Jahre von einer positiven Entwicklungsdynamik in der tibetischen

Gesellschaft gesprochen werden. Nach dem Tod des 13. Dalai Lama 1933 verschärfte sich jedoch der Konflikt der nunmehr führerlosen reformerischen Kräfte mit konservativen Mönchen. Der Widerstand der lamaistischen Elite verhinderte die ökonomische Entwicklung des Landes und verspielte die Chance einer dauerhaften staatlichen Unabhängigkeit. Der Aufbau einer modernen tibetischen Nation scheiterte sowohl an der inhärenten Schwäche der theokratischen Gesellschaft als auch an internationalem Desinteresse.

Xinjiang Die militärisch kontrollierte Grenzregion Xinjiang erhielt 1884 den Status einer chinesischen Provinz. Bis zur Ermordung eines langjährig amtierenden chinesischen Provinzgouverneurs im Jahre 1928 wurde Xinjiang in einem *de facto* autonomen Status regiert und nicht in die militärischen Wirren des chinesischen Kernlandes hineingezogen. Die konservativen islamischen Führer in den südlichen Oasenstädten und die Aristokratie der Khanate von Hami behielten ihren Einfluss auf die Lokalpolitik. Gleichzeitig erfolgte eine kulturelle Hinwendung zur Türkei, nachdem der türkische Pädagoge Ahmed Kemal 1914 eine erste moderne Schule in Kashgar gegründet hatte, aus der viele spätere Wortführer der Nationalbewegung Ostturkestans hervorgingen. Andere brachten moderne nationalstaatliche Ideen von ihrer Schulausbildung im Ausland nach Xinjiang mit. Ein Streit zwischen einem chinesischen Offizier und einem einflussreichen Vertreter der Lokalelite in Hami führte 1931 zum gewaltsamen Ausbruch der schwelenden antichinesischen Stimmung in der Region. 1933 folgte eine Rebellion in Turfan, und in Khotan wurde eine «Türkisch-Islamische Republik Ostturkestan» ausgerufen. Sie brach jedoch kurz darauf im Dreifrontenkrieg mit der chinesischen Provinzregierung in Urumqi, dem muslimischen Rebellenführer Ma Chongying und den Sowjetrussen zusammen.[128] 1944 wurde von Ili aus ein erneuter Versuch nationaler Eigenständigkeit unternommen und die «Republik Ostturkestan» ausgerufen.[129] Diese wurde von der Sowjetunion unterstützt, die sich bereits 1931 in einem Geheimabkommen mit der Nationalregierung Xinjiang als Protektorat gesichert hatte und daher antichinesische Aktionen der Turkvölker in der Region befürwortete. Von einem revolutionären Zentralstab aus sollte die muslimische

Nationalbewegung in den verschiedenen Landesteilen koordiniert werden. Der kasachische Widerstandskämpfer Osman Batur (1899–1951) trat dem starken sowjetischen Einfluss entgegen und schlug sich auf die Seite der Chinesen.[130] Folglich war Xinjiang am Ende der Republikzeit in drei Machtzentren gespalten: die chinesische Provinzregierung in Urumqi, die Republik Ostturkestan im Ili-Gebiet und Osman Batur im Altai. Damit war der Versuch, in Xinjiang eine eigene Nation der Turkvölker zu schaffen, in der Phase faktischer Unabhängigkeit zur Zeit der GMD-Regierung an innerer Uneinigkeit gescheitert. Der Islam, der noch unter den Qing-Kaisern die Turkvölker Xinjiangs als politische Integrationskraft zusammenhielt, reichte in der Republikzeit zur nationalstaatlichen Durchsetzung nicht aus. Der Widerstand der Turkvölker gegen die Chinesen blieb lokal begrenzt und verfolgte – abgesehen von den beiden fehlgeschlagenen Republikgründungen – keine langfristig nationalstaatliche Perspektive.

Sonderfall Mandschurei und antijapanische Defensive Die japanische Besetzung der Mandschurei von 1931 und Japans Austritt aus dem Völkerbund zwei Jahre später signalisierten eine tiefe Zäsur in der japanischen Außenpolitik, die fortan auf eine autonome Entwicklung setzte. In der Mandschurei schlug sich der japanische Rückzug von der internationalen Gemeinschaft in einer Zerstörung ihrer Identität als chinesischer Region nieder. Es folgte eine Reorganisation nach japanischem Muster. Obwohl «Mandschukuo» rechtlich außerhalb des japanischen Kolonialimperiums blieb, wurde seine Verwaltung dem Personal der Kwantung-Armee unterstellt. Puyi unterzeichnete mehrere Verträge, die das Verhältnis zu Japan als Protektoratsbeziehung definierten. In der Praxis erhielt der neue Staat nicht mehr Souveränität als die beiden Kolonien Korea und Taiwan. Zeitgenössische Beobachter wie auch spätere Autoren sahen in der Mandschurei der dreißiger Jahre ein großes imperialistisches Experiment.[131] Nur der chinesische Widerstand verhinderte einen schnellen japanischen Erfolg. In den Augen der Chinesen waren die Japaner Helden und Schurken zugleich: Als asiatische Sieger über eine europäische Macht boten sie eine Quelle der Inspiration, als Imperialisten im eigenen Land erwiesen sie sich als ebenso raffgierig wie ihre Konkurrenten aus dem Westen.[132]

Von einem ethnischen Abwehrnationalismus kann im Kontext der japanischen Invasion ausnahmsweise auch im chinesischen Kernland gesprochen werden. Ziel einer von der Nationalregierung unterstützten und zum Teil finanzierten Erforschung der Grenzgebiete war es, die historischen Ansprüche Chinas auf die ehemalige zentralasiatische Peripherie des Qing-Reiches wissenschaftlich zu untermauern. Der Historiker Gu Jiegang (1893–1980) veröffentlichte 1938 ein Werk mit dem Titel «Geschichte der Veränderungen in Chinas Grenzregionen» (*Zhongguo jiangyu yange shi*).[133] Mit seinem wissenschaftlichen und publizistischen Engagement protestierte er gegen den japanischen Imperialismus in China, wollte aber gleichzeitig seine hanchinesischen Landsleute über ihre traditionellen Beziehungen zu den anderen Völkern des chinesischen Kulturraumes aufklären und dem Herrschaftsanspruch der modernen Nation Nachdruck verleihen.[134] Der offizielle Nationalismus der Nanjing-Regierung lehnte hingegen eine Beschäftigung mit den ethnischen Unterschieden in der Bevölkerung des Landes ab und ließ 1939 in einer Regierungsverordnung versichern: «In unserem Land ist die Fusion von Rassen, Kulturen und Abstammungsgruppen längst abgeschlossen und sollte daher nicht willkürlich analysiert werden.»[135] Dieser Auffassung schlossen sich auch die Kommunisten an. Ihre früheren föderativen Ideen wurden durch das Ziel eines «vereinten Vielvölkerstaates» (*tongyi duominzu guojia*) ersetzt.[136]

Eine der Ursachen für den Misserfolg aller Völker der zentralasiatischen Peripherie Chinas lag in ihrer Unfähigkeit, Konzepte gesellschaftlicher Modernisierung zu entwickeln. Im Gegensatz zu den ethnischen Identitätsbewegungen in den Grenzgebieten verbanden die frühen hanchinesischen Nationalisten im Kernland ihre Forderungen nach nationaler Bewusstseinsfindung mit der institutionellen Neuordnung durch umfassende staatliche Reformen. Die Radikalisierung ethnischen Bewusstseins der hanchinesischen Intellektuellen entsprach der Radikalität ihrer politischen Ziele. Die Völker der Grenzregionen grenzten sich zwar in der Republikzeit immer stärker gegen den chinesischen Zentralstaat ab, jedoch gelang es ihnen aufgrund von inneren Machtkonflikten und kulturellem Traditionalismus nicht, aus ihrem ethnischen Nationalismus heraus moderne Nationalstaaten zu entwickeln.

III. Diktatur im kommunistischen Parteistaat

Nach Jahrzehnten des Krieges und Bürgerkrieges war der Kommunistischen Partei 1949 die Wiedervereinigung des Landes gelungen. Nun versprach sie einen erfolgreichen Wiederaufbau und eine neue Gesellschaftsordnung. Die KPCh stand vor der Herausforderung, den großen Schritt von der revolutionären Bewegung im ländlichen Hinterland zur Staatspartei zu vollziehen.

Massenkampagnen als Instrument maoistischer Politik Für den sozialistischen Aufbau in der Volksrepublik musste sich die KPCh zunächst Autorität bei den «Volksmassen» verschaffen. Zur Kommunikation mit dem Volk übernahm Mao vom sowjetischen Kommunismus die Strategie des «demokratischen Zentralismus». «Demokratisch» bedeutete in diesem Verständnis nur die Hinwendung zum Volk, indem die Parteiführung sich regelmäßig über die Stimmung an der Basis informieren ließ. Nach der offiziellen Vorstellung sollte vor jeder Kursentscheidung ein solcher «Beratungsprozess» erfolgen und ein Meinungsbild aus der Bevölkerung analysiert werden. Nach der Festlegung einer politischen Strategie in den obersten Parteigremien entfiel dieser Spielraum, und der Aspekt des «Zentralismus» trat in den Vordergrund. Die kommunistische Regierung schuf ein stark vertikal integrierendes Herrschaftssystem, das eine freie Meinungsäußerung in der Bevölkerung ausschloss. Stattdessen griff die Regierung immer wieder auf Massenkampagnen zurück, um ihre Durchsetzungsfähigkeit zu demonstrieren und in politische Strategien umzusetzen. Es gab zwei unterschiedliche Arten von Massenkampagnen: Kampagnen im Stile der Kulturrevolution sollten den Hass des Volkes auf den momentanen Klassenfeind lenken; andere Kampagnen – wie die Kollektivierung der Landwirtschaft oder der Aufbau der Volkskommunen – trieben Eingriffe in die Produktionsformen voran. Oftmals gingen beide Formen ineinander über, da bei den radikalen Reformen in der frühen Volksrepublik die Verlierer und Kritiker der tiefen strukturellen Veränderungen bekämpft wurden. Mao benutzte Massenkampagnen als Mittel, um den regulären bürokratischen Apparat zu umgehen und seine radikalen Absichten im Zweifelsfall gegen Widerstand aus den eigenen Reihen durchzusetzen. Massenkampagnen richteten sich gegen «Klassenfeinde» sowohl in der Gesellschaft als auch in Partei und Staatsverwaltung. Auf jede Kampagne folgten personelle Veränderungen im kommunistischen Machtapparat, in dem dadurch eine hohe Karrieremobilität entstand. Der einzelne Kader konnte plötzlich in der Parteihierarchie aufsteigen, aber ebenso schnell in einer Kampagne seine Position verlieren.

Die Bevölkerung wurde durch die Medien (Radio, Zeitungen, Zeitschriften) und in Massenversammlungen mobilisiert. Sie war in den ersten Jahrzehnten der Volksrepublik permanenter staatlicher Gewalt (Kampfversammlungen, Arbeitslager, Exekutionen) ausgesetzt und litt unter den dramatischen wirtschaftlichen und sozialen Folgen (Hungerkatastrophen, Zerstörung von Familienstrukturen) der maoistischen Politik. Angesichts der traumatischen Erfahrungen in dieser Periode dienten später die Namen einzelner Massenkampagnen der Chronologisierung von Erinnerung; die konkreten Jahreszahlen rückten in den Hintergrund. Auf diese Weise strukturierten die Massenkampagnen die gesamte Herrschaftszeit Maos:

1950–52	Landreform
1951	Unterdrückung von Konterrevolutionären
1951–52	Drei-Anti- und Fünf-Anti-Bewegung, Gedankenreform der Intellektuellen
1955–56	Landwirtschaftliche Kollektivierung, Sozialistische Umwandlung von Industrie und Handel, Anti-Hu-Feng-Bewegung
1957	Hundert-Blumen-Bewegung, Anti-Rechts-Bewegung
1958–61	Großer Sprung nach vorn
1963–65	Vier Große Säuberungen, zweite Drei-Anti-Bewegung
1966–76	Große Proletarische Kulturrevolution
1976	Kritikbewegung gegen Deng Xiaoping

Kampf als Herrschaftsstrategie Eng verbunden mit dem Instrument der Massenkampagne war das Prinzip des Kampfes (*douzheng*). Die kommunistische Regierung schürte ständig den zwischenmenschlichen Kampfgeist. Mao sah im Kampf das geeignete Mittel zur vollständigen Umkehrung der gesellschaftlichen Werte und zur Schaffung einer neuen Identität des Einzelnen. Die Aufforderung zum Kampf bestimmte fortan alle menschlichen Beziehungen. Durch die Aufhebung aller traditionellen sozialen Tabus konnte sich der Kampf auch gegen die Autorität von Lehrern, Vorgesetzten und Eltern richten. Ziel der kommunistischen Regierung war es, eine neue Gesellschaft zu schaffen, die nicht mehr durch Hierarchien, sondern durch egalitäre Strukturen gekennzeichnet war. Chinas Ausgangslage erleichterte Anfang der fünfziger Jahre ein solches Vorhaben: Die Masse der Bevölkerung setzte sich aus verarmten Bauern und Städtern zusammen; viele Angehörige der ehemaligen Oberschicht von Intellektuellen, reichen Unternehmern und Politikern der Guomindang oder eines liberalen «Dritten Weges» waren entweder geflohen oder den frühen Massenkampagnen zum Opfer gefallen.

Die noch im Land verbliebenen Geschäftsleute wurden 1955 gezwungen, ihre Unternehmen an den Staat zu verkaufen. Viele verwalteten ihre Betriebe noch bis zur Einarbeitung der neuen kommunistischen Manager, wurden aber nach wenigen Jahren völlig aus der Unternehmensführung verdrängt. Vom Aufbau der neuen Gesellschaftsordnung profitierten vor allem die Parteikader, die Arbeiter und diejenigen, die den Klassencharakter «arm» oder «untere bis mittlere Bauernschicht» für sich beanspruchen konnten. Bis Mitte 1956 verschwand in der gesamten Wirtschaft der Privatsektor. Die Zahl der Industriearbeiter wuchs während des Umwandlungsprozesses von über 3 Millionen zu Beginn der Republikzeit auf über 9 Millionen im Jahr 1957. Noch schneller nahm die Staatsbürokratie zu: Hatte die Nationalregierung 1948 etwa 2 Millionen Funktionäre beschäftigt, so verfügte der kommunistische Staats- und Parteiapparat 1958 über 8 Millionen Kader.[1] In den ersten Jahren der «sozialistischen Umgestaltung» Chinas war aus der ländlichen Guerillabewegung der Kommunisten die Herrschaftselite eines Parteistaates geworden.[2]

Zur Disziplinierung von Kritikern des neuen diktatorischen Machtsystems wurde die von Mao bereits in Yan'an eingeführte Methode der «Berichtigung» (*zheng*) übernommen. Berichtigungen begleiteten die Massenkampagnen und wurden auf allen regionalen und funktionalen Ebenen durchgeführt.[3] Hinzu kam die Kategorie der «Bewegung» (*yundong*), an der Mao als Staatsmann nach 1949 festhielt. Das Element der Bewegung prägte alle kommunistischen Strategien von der Massenlinie bis zum Klassenkampf. In der Aufbauphase der Volksrepublik stellte die Bewegung das wichtigste Mittel der regierenden KPCh dar, um ihre Kontrolle über die breite Bevölkerung durchzusetzen. Innerhalb der Regierungspolitik kam es zu ständigen Strategiewechseln zwischen radikalen und gemäßigteren Methoden. Hinzu traten in den sechziger Jahren die wachsenden Generationenkonflikte in der Gesellschaft, die von Mao zu Beginn der Kulturrevolution im Jahre 1966 ausgenutzt wurden, um die Jugend gegen seine politischen Gegner zu mobilisieren.[4] Wichtigste Stütze Maos in seinen ständigen Macht- und Richtungskämpfen blieb während dieser gesamten Periode das Militär, dem in der zweiten Phase der Kulturrevolution die heikle Aufgabe zufiel, die außer Kontrolle geratene rotgardistische Jugend wieder gewaltsam unter Parteikontrolle zu bringen.[5]

Nach Maos Tod hielt Deng Xiaoping, der neue starke Mann, zunächst am Sino-Marxismus fest. Den notwendigen tiefgreifenden Wandel bereitete er vor, indem er sich auf die von Mao in den Kriegsjahren geprägte Parole berief, «die Wahrheit in den Tatsachen zu suchen» (*shishi jiushi*). Auf diese Weise konnte Deng Xiaoping die Praxis zum Kriterium von «Wahrheit» und den wirtschaftlichen Erfolg zum Prüfstein der marxistischen Ideologie erheben.

1. Die frühe Volksrepublik: Befreiung, Wiederaufbau und «Neue Demokratie»

Territoriale Rekonstruktion der Staatsmacht In großen Feldschlachten hatten die Kommunisten 1949 China erobert. Nun galt es, in der jungen Volksrepublik die Institutionen eines modernen Nationalstaates aufzubauen, das Land einer industriellen Revolution zu unterziehen und für China den Status einer international anerkannten Großmacht zu erlangen. Erstmals seit dem Ende des Kaiserreiches sollte das Land wieder zum einem Großstaat zusammengeführt werden. In einem ersten organisatorischen Schritt wurde das Staatsgebiet in sechs Großregionen unterteilt (Nordosten, Norden, Osten, Zentral-Süden, Südwesten, Nordwesten). Für jede Region übernahm eine Kombination aus Partei-, Regierungs- und Militärorganen die Verantwortung. Zunächst unterlagen die einzelnen Regionen noch dem Kriegsrecht; erst nach einer Konsolidierungsphase wurden sie der Zivilverwaltung übertragen.[6] Der Übergang erfolgte in den einzelnen Gebieten zu unterschiedlichen Zeitpunkten. Aufgrund ihrer Erfahrungen im Guerillakrieg und in den verstreuten Basisgebieten war sich die Parteiführung der starken regionalen Unterschiede bewusst und ließ daher die frühen politischen Kampagnen in den einzelnen Regionen zu unterschiedlichen Zeitpunkten durchführen. Jeder Region wurde eine der Feldarmeen der 5,5 Millionen Mann starken Volksbefreiungsarmee zugeordnet, deren militärische Spitze einem Mitglied der regionalen Parteiführung unterstand. Die höchste Militärführung erhielt gleichzeitig Führungsposten in der Zentralregierung. Noch im Gründungsjahr der Volksrepublik waren eine Kriegsmarine und eine nationale Luftwaffe geschaffen worden. Bis zum Ausbruch des Koreakrieges bestand die Hauptaufgabe der Volksbefreiungsarmee darin, den militärischen Sieg in ganz China abzuschließen.[7]

Als Symbol des nationalen Neubeginns erhielt die Hauptstadt Beijing eine neue Gestalt. Mit seiner Festlegung auf die spätkaiserliche Metropole als Hauptstadt der Volksrepublik schloss Mao an die imperiale Tradition der Qing-Zeit an. Für die Stadt selbst hatte dieser Schritt weitgehende architektonische Folgen. Die historischen Stadtmauern Beijings fielen einem neuen Modernisierungswillen zum Opfer. Die traditionellen Rikschas wurden durch Fahrräder ersetzt. Südlich des Kaiserpalastes entstand in Gestalt des Tian'anmen-Platzes ein riesiges Areal, das mit Gebäuden von nationaler Bedeutung umgeben wurde: Im südlichen Bereich des Platzes wurde das Denkmal der Volkshelden errichtet, an seiner Westseite folgte die «Große Halle des Volkes» (*Renmin dahuitang*) und an seiner Ostseite das Geschichtsmuseum (*Lishi bowuguan*). Sie gehörten zu insgesamt zehn Großbauprojekten, mit denen 1959 das zehnjährige Gründungsjubiläum der Volksrepublik gefeiert wurde. Allein in dieser Dekade wurden über 400 000 Menschen nach Beijing umgesiedelt, die als Militärpersonal, Verwaltungsbeamte und Fachkräfte in der Hauptstadt beschäftigt wurden. Die Gesamtbevölkerung Beijings betrug 1959 knapp 7 Millionen Einwohner.[8]

Die drei Machtsäulen der Parteidiktatur Wie in der Sowjetunion galt als Grundprinzip beim Aufbau des Staatsapparats die Schaffung einer parallelen Struktur von Partei- und Staatsorganen. Die Zivilverwaltung bestand aus vier territorialen Ebenen: der Zentralregierung (*zhongyang*) in Beijing, den Provinzen (*sheng*), den Städten (*shi*) und den Landkreisen (*xian*). Überall richtete die KPCh eigene Organe ein, die in die staatlichen Institutionen hineinwirkten und sich von ihnen in der Namensgebung unterschieden. Sie erhielten nicht den Beinamen «Regierung» (*zhengfu*), sondern wurden als «Komitee» (*weiyuanhui*) bezeichnet. Ihre Aufgabe war es, die Kontrolle der KPCh landesweit durchzusetzen. Die Parteikanäle garantierten zudem, dass die ideologische Indoktrinierung auf allen Verwaltungsebenen ankam. Bis Mitte der fünfziger Jahre entstand so der weltweit größte bürokratische Herrschaftsapparat der Neuzeit.

Innerhalb der Parteielite gab es eine Gruppe von etwa 25 bis 35 Personen, die für alle politischen Entscheidungen die Richtung festlegten.[9] Innerhalb dieses innersten Kreises wurden die Aufgaben auf die vier Themenbereiche Parteiangelegenheiten, Regierungsarbeit, Staatssicherheit und internationale Angelegenheiten verteilt. Für die drei ersten Arbeitsfelder, die sich mit innenpolitischen Fragen befassten, wurden Arbeitsgruppen mit einem landesweiten Netzwerk (*xitong*, wörtlich: System) eingerichtet. Das für Parteiangelegenheiten (*dangwu*) zuständige Gremium wurde vom Generalsekretär der Partei geleitet. Der zentralistische Aufbau der Netzwerke sorgte dafür, dass Anordnungen aus der Parteiführung auf den untersten Ebenen ankamen. Außenstehenden blieb dieses Gefüge von informellen Netzwerken innerhalb des Parteiapparates verborgen.

Die diktatorische Willkür der Mao-Ära machte selbst vor dem innersten Machtzirkel nicht Halt. Auch engste Vertraute Maos waren niemals vor Säuberungen sicher. Die informellen Strukturen, die den despotischen Charakter der kommunistischen Herrschaft in der Volksrepublik verstärkten, wurden von persönlichen Sekretären (*mishu*) getragen, die alle Führungskader umgaben und deren Karriere auf ihrer persönlichen Nähe zur Parteielite beruhte.[10] Vielen Sekretären gelang aufgrund ihrer Loyalität der Aufstieg in eine Führungsposition im Partei- oder Staatsapparat. Freilich konnten sie ebenso schnell ihre Stellung wieder verlieren, wenn ihr Patron einer der zahlreichen Säuberungskampagnen zum Opfer fiel.[11] Eine ähnliche Funktion wie die Sekretäre erfüllten die Leibwächter von Spitzenkadern, die von der Volksbefreiungsarmee zur Verfügung gestellt wurden und die den Zugang zu den Politikern kontrollierten.[12]

Das wichtigste Entscheidungsgremium ist auch heute noch das Politbüro mit seinem inneren Machtkern, dem Ständigen Ausschuss, dem durchschnittlich fünf bis sechs Mitglieder angehören, die Chinas mächtigste Männer sind. Das Zentralkomitee der Partei, das bis 1966 knapp hundert Personen zählte, verfügte in der Mao-Ära über geringen Einfluss. Erst nach der Kulturrevolution stieg nicht nur seine Mitgliederzahl (und erreichte in den achtziger Jahren etwa 300 Mitglieder), sondern auch seine Bedeutung. Als oberstes Regierungsorgan wurde 1954 der vom Ministerpräsidenten geleitete Staatsrat eingerichtet. Ihm wurden neben den Regierungsministerien auch zahlreiche Kommissionen zugeordnet, von denen die besonders wichtige Staatliche Planungskommission für die Festlegung langfristiger und jährlicher Entwicklungspläne zuständig war. Als dritte landesweite Organisation wurde das Militär ausgebaut. Es behielt auch in der Volksrepublik seine starken Bindungen an die Partei. Die Tatsache, dass Mao persönlich bis zu seinem Tod den Vorsitz in der Militärkommission beim ZK der KPCh beanspruchte und später Deng Xiaoping an keinem Amt so lange festhielt wie an diesem, spiegelt dieses enge Verhältnis zwischen Partei und Armee deutlich wider. Zahlreiche Mitglieder der Parteiführung stammten aus dem Militärapparat oder hatten vor 1949 in der Roten Armee gedient.

Städtische Konsolidierung und Gleichschaltung Nach ihrer Machteroberung handelte die kommunistische Regierung schnell. Zunächst bemühte sie sich um eine Bekämpfung der Inflation in den Städten und um eine Wiederbelebung des städtischen Wirtschaftslebens.[13] Dazu warb sie bei den chinesischen Unternehmern um Unterstützung. Die wertlosen nationalchinesischen

Dollars wurden in eine neue «Volkswährung» (*renminbi*) konvertiert. Im Jahre 1950 folgte die Festlegung des Staatsbudgets und der Steueraufkommen. Innerhalb eines Jahres gelang es, die Inflationsspirale zu durchbrechen und das städtische Leben wieder in Gang zu bringen. Ein geregelter Alltag schien in Chinas Städte zurückzukehren. Wie die Übergangsphase individuell erlebt wurde, hing allerdings von der gesellschaftlichen Stellung des Einzelnen ab. Die Amerikanerin Shirley Wood, die in Shanghai mit einem Chinesen verheiratet war, betont in ihren Erinnerungen den Zwiespalt zwischen Normalität und Wandel während dieser Übergangszeit. Einerseits kehrten die Bürger zu ihrem regulären Tagesgeschehen zurück, andererseits wurden sie in Komitees mit verschiedenen Aufgaben gedrängt und bekamen dort völlig neue Verhaltensnormen vermittelt.[14] Vor allem unter der Shanghaier Wirtschaftsbourgeoisie dominierte das Gefühl des Verlusts von Lebensqualität. Daher entschlossen sich viele Unternehmer zum Verlassen des Landes.[15] Für die Stadt selbst, die während der ersten Hälfte des 20. Jahrhunderts zu den kosmopolitischen Metropolen der Welt gehört hatte, bedeutete der Machtwechsel am Beginn der fünfziger Jahre das Ende ihrer Rolle als «Treffpunkt zwischen Ost und West» und «Paris des Orients». Diese Rolle fiel nun an die britische Kronkolonie Hongkong.[16]

Landesweit wurde die Stadtbevölkerung aufgefordert, einer der staatlichen Massenvereinigungen beizutreten. Frauenverbände, Gewerkschaften, Einwohnerkomitees, Sportvereine und patriotische Gesellschaften dienten als staatlich kontrollierte Ventile der politischen Partizipation der Bürger.[17] Gleichzeitig begann die Regierung in ersten städtischen Kampagnen mit ihrer brutalen Verfolgung von «Konterrevolutionären». Zwei Personengruppen fielen zunächst unter dieses Feindbild: die früheren nationalchinesischen Bürokraten, die anfangs auf ihren Posten belassen worden waren, um die Verwaltung überhaupt wieder in Gang zu setzen, und die Geheimgesellschaften, die in vielen Städten das Transportwesen kontrollierten. Zwar kam es bei den Säuberungen auch zu öffentlichen Exekutionen, dennoch verlief die erste Kampagne ohne eine Mobilisierung der Bevölkerungsmassen. Ganz anders gestalteten sich die beiden nachfolgenden Kampagnen der «Drei Anti» (gegen Verschwendung, Korruption und Bürokratismus) und «Fünf Anti» (gegen Korruption, Betrug, Steuerhinterziehung, Diebstahl von Staatseigentum und von staatlichen Wirtschaftsgeheimnissen). Ihnen lagen zwei Motive zugrunde: Die Regierung brauchte Geld zur Finanzierung des Koreakrieges, und die Parteiführung zeigte sich besorgt über die Korruption innerhalb der städtischen Partei- und Verwaltungsorgane. Die Drei-Anti-Bewegung richtete sich gegen die eigenen Kader an der städtischen Basis; die Fünf-Anti-Bewegung nahm zudem die Geschäftsleute ins Visier. In beiden Kampagnen wurde auf die erprobten Zwangsmittel der Yan'an-Ära zurückgegriffen: Massenmobilisierung, Bildung von Studiengruppen zur Kritik und Selbstkritik, soziale Ächtung, Denunziation, usw.

Eine vierte Kampagne, die als «Gedankenreform» (*sixiang gaige*) bezeichnet wurde, konzentrierte sich auf die Intellektuellen. In den Universitäten wurden die Studenten gegen ihre Lehrer mobilisiert. Alle an westlichen Vorbildern orientierten Curricula wurden abgeschafft.[18] Eine grundsätzliche Überprüfung des Verhältnisses der Partei zu den Intellektuellen erfolgte im Sommer 1957 mit der «Hundert-Blumen-Bewegung». Mao forderte die Intellektuellen zur offenen Kritik an der neuen politischen Ordnung auf. Nach anfänglichem Zögern wagten überraschend viele diesen Schritt. Ihre Kritik richtete sich gegen die Ignoranz und Überheblichkeit von Parteifunktionären sowie gegen die starke Orientierung am sowjetischen Vorbild.[19] Ebenso wurde das Machtmonopol der kommunistischen Partei in Frage gestellt.[20] Maos Antwort kam unverzüglich: Er erklärte die Kritiker zu Feinden des chinesischen Volkes und startete eine Kampagne gegen «Rechtsabweichler».[21] Um diese zu überführen, genügten anonyme Denunzierungen. Die Lokalbeamten erhielten Quoten für Rechtsabweichler zugeteilt, die sie erfüllen mussten. Über 400 000 Menschen fielen den Verfolgungen zum Opfer und verschwanden in Arbeitslagern und Gefängnissen.[22] Die Kampagne weitete sich auch auf das Land aus und nahm dort die Kritiker der landwirtschaftlichen Kollektivierung ins Visier. Am Ende dieser Kampagne standen zwei Ergebnisse fest: Erstens würde kaum jemand ab Ende 1957 weiterhin Kritik am politischen und wirtschaftlichen Kurs der Regierung wagen. Zweitens verlor die Partei ihre wichtigste personelle Stütze für die weitere Umsetzung des sowjetischen Entwicklungsmodells, da die «Rechtsabweichler» hauptsächlich aus den Regierungsorganen, den Staatsbetrieben und den Universitäten stammten.[23] Durch ihre Beseitigung stellte sich Mao demonstrativ auf die Seite der bäuerlichen Parteifunktionäre und gegen die Kritiker aus der Intelligentsia. Jedoch ließ sich ohne zureichende Fachkompetenz der zentralisierte, von der Regierung gelenkte Kurs in Richtung eines schnellen Wirtschaftswachstums nicht durchhalten.

Politische Meinung, Klassenstatus und diktatorische Macht Die Massenkampagnen der frühen fünfziger Jahre hatten den Klassenstatus des Einzelnen in der Gesellschaft neu bestimmt und die Kollektivierung der Landwirtschaft sowie die Verstaatlichung von Industrie und Handel vorbereitet. Dieser Prozess war 1956 abgeschlossen. Nach der Beseitigung des Privateigentums wurde es jedoch schwieriger, die Klassenidentität des Einzelnen festzulegen. Die kommunistische Regierung löste dieses Problem auf unmarxistische Weise, indem sie die politische Haltung - und nicht die Beziehung zu den Produktionsmitteln - zum Bestimmungskriterium erhob. Auf diese Weise ließ sich 1957 auch die Verfolgung von Intellektuellen rechtfertigen, die während der Hundert-Blumen-Bewegung im Vorjahr kritische Äußerungen gewagt hatten. Für diejenigen, denen ein «schlechter» Klassenstatus zugeordnet wurde - neben Intellektuellen vor allem Grundherren, reiche Bauern und städtische Kapitalisten -, bedeutete dies, dass sie auch in späteren Phasen des politischen Kampfes mit großer Wahrscheinlichkeit zu den Opfern zählten. Darüber hinaus zerstörten die frühen Kampagnen das bisherige soziale Beziehungsgefüge. Denunzierung und öffentliche Selbstkritik verbreiteten in der Gesellschaft eine Atmosphäre von Misstrauen, Unsicherheit und Traumatisierung.

Mao sicherte sich seinen diktatorischen Einfluss nicht nur durch die Übernahme mehrerer Führungsämter im Staats- und Parteiapparat (Parteivorsitzender, Staatspräsident bis 1959, Vorsitzender der Militärkommission der Partei bis 1976), sondern auch durch informelle Mittel. Jährlich berief er «Zentrale Arbeitskonferenzen» ein, die Wochen oder Monate dauern konnten und an deren Ende er sich das Recht vorbehielt, die Ergebnisse zusammenzufassen und auf diese Weise die formalen Beschlüsse inhaltlich festzulegen.[24] In einer Direktive vom März 1953 ordnete er an, dass kein Dokument des ZK ohne seine vorherige Billigung herausgegeben werden solle. Geschickt nutzte er auch die ständigen Konflikte zwischen der zentralen Parteiführung und den bäuerlichen Provinzkadern. Da viele ländliche Kader gegenüber den städtischen Parteitechnokraten in Beijing ein grundsätzliches Misstrauen hegten, begrüßten sie Maos Maßnahmen der Dezentralisierung und Massenmobilisierung. Häufig reiste Mao selbst in die Provinzen und holte sich aus den Regionen Unterstützung für seine Entscheidungen im Machtzentrum.

Landreform und Aufbau einer sozialistischen Planwirtschaft 1953 begann unter sowjetischer Anleitung die «sozialistische Umwandlung» der Wirtschaft. Die 1949 eingeführte Strategie einer «Neuen Demokratie», die ein langfristiges Festhalten an gemischten Wirtschaftsformen vorgesehen hatte, wurde aufgegeben.[25] Maos neue Generallinie orientierte sich im Kern an Stalins Programm von 1929, das eine Neuordnung des wirtschaftlichen Systems auf der Grundlage von Staatseigentum vorsah. Die stalinistische Schrift «Kurzer Lehrgang der Geschichte der KPdSU» (Moskau 1938) wurde übersetzt und als Kursbuch zum sozialistischen Aufbau in China weit verbreitet.[26] Die Staatliche Planungskommission und die für die einzelnen Wirtschaftszweige gegründeten Ministerien waren für die Umsetzung der neuen Strategie zuständig. Kernpunkt des ersten Fünfjahresplans von 1953 war der Aufbau von 150 neuen Unternehmen. Zur Aufgabe des Staates gehörte es, die Ressourcen zur Investition in diesen neuen Schlüsselunternehmen zu mobilisieren.[27]

Dazu sollte die Kollektivierung der Landwirtschaft dienen. Da in China keine moderne Technologie zur Weiterentwicklung der Agrarproduktion zur Verfügung stand, setzte die Regierung auf die Kollektivierung als Mittel zur unmittelbaren Steigerung der landwirtschaftlichen Produktion. Seit Anfang der dreißiger Jahre hatten die Kommunisten mit der Landreform experimentiert. Kurz vor der Staatsgründung vom Oktober 1949 waren bereits ausgedehnte «befreite» Gebiete im Norden und Nordosten des Landes in diesen Prozess eingegliedert worden. Im Juni 1950 gab Liu Shaoqi (1898–1969) ein Gesetz zur nationalen Umsetzung der Landreform bekannt, das die bäuerliche Bevölkerung in verschiedene Kategorien einteilte und die Grundherren endgültig «als

Klasse» beseitigte. Während der Landreform-Kampagne von 1950 bis 1952 wurden Gruppen städtischer Jugendlicher aufs Land geschickt, um die Maßnahmen umzusetzen. Bis zu 800000 Grundbesitzer sollen dabei ihr Leben verloren haben.[28]

Das brutale Vorgehen gegen die ländliche Oberschicht veränderte das gesamte soziale Gefüge innerhalb der Dörfer. Anfangs wurde die Gruppe der reicheren Bauern von der Umverteilung des Landes verschont, da in der Wiederaufbauphase der ersten Jahre der Volksrepublik eine Belebung und Steigerung der Produktion im Vordergrund stand. Die frühe Einteilung der Bauern in Klassen erleichterte die nachfolgenden Kollektivierungsmaßnahmen.[29] Sie begannen 1953 mit der Aufstellung von «Teams gegenseitiger Hilfe», die einen Pool von landwirtschaftlichen Tätigkeiten zum gegenseitigen Austausch anboten. In einem nächsten Schritt wurden ab 1954 «Agrarische Produktionsgenossenschaften niederen Typs» gebildet, bei denen nicht nur die menschliche Arbeitskraft, sondern auch Tiere, Werkzeuge und Land in den Gemeinschaftspool eingebracht wurden. Das Einkommen des Einzelnen richtete sich nach dem, was er jeweils an Arbeitskraft und Land, Gerätschaften oder Tieren beitragen konnte. Dennoch fiel den bessergestellten Bauern der Schritt in die Kollektivierung schwer. Viele nahmen Anfang 1955 das staatliche Angebot wahr, sich aus den Kooperativen wieder zurückziehen zu können. Diese Reaktion löste eine heftige Debatte in der Parteiführung über die Frage der landwirtschaftlichen Kollektivierung aus. Sie hatte sich in der Sowjetunion als sinnvoll erwiesen, um dem Staat Ressourcen zum Einsatz für die Industrialisierung zur Verfügung zu stellen. China verfügte jedoch über eine sehr viel geringere Pro-Kopf-Produktion und brauchte gleichzeitig mehr Ressourcen für die industrielle Entwicklung in den Städten.[30] Dennoch wurde der Druck zur Kollektivierung erneut verstärkt. Im Juli 1955 forderte Mao mehr Engagement aller Beteiligten. Im darauffolgenden Frühjahr waren immerhin 92 Prozent der bäuerlichen Haushalte in Kollektiven organisiert, und die kolchosartigen Kooperativen des «höheren Typs» dominierten. Sie bezahlten den einzelnen Bauern nur noch als Arbeitskraft. Privateigentum gab es nun auch auf dem Lande nicht mehr.[31]

Volkskommunen als sozialistischer Fortschritt? Im Oktober 1954 erklärte der Nationale Volkskongress die sozialistische Übergangsphase für beendet. Die administrative Aufteilung in sechs Großregionen wurde aufgehoben und der Staatsrat als zentrales Regierungsorgan eingerichtet. Nun galt es, den langfristigen Entwicklungsweg der Volksrepublik festzulegen. Nachdem die vollständige Kollektivierung der Landwirtschaft 1956 erreicht war, begann 1957 der Aufbau von Volkskommunen (*renmin gongshe*), die China auf eine neue sozialistische Entwicklungsstufe jenseits des sowjetischen Vorbilds heben sollten. Mit bis zu 200 000 Mitgliedern entsprach eine Volkskommune dem herkömmlichen Landkreis. Kollektivfarmen und Kommunen bildeten auf dem Lande die institutionellen Grundeinheiten. Die meisten Bauern bewirtschafteten zunächst weiterhin die Felder ihres Heimatdorfes und lebten in Kleinfamilien.

In den Städten dienten «Arbeitseinheiten» (*danwei*) als Basisorgane der Verwaltung. Sie boten dem Einzelnen nicht nur einen dauerhaften Arbeitsplatz, sondern stellten gleichzeitig Wohnraum, Einkaufsmöglichkeiten und schulische Ausbildung zur Verfügung.[32] Gleichzeitig nahmen sie sein Leben ganz in Besitz und schränkten jegliche Bewegungsfreiheit ein.[33] Jeder Stadtbewohner blieb an jene Einheit gebunden, in der er nach der Verstaatlichung der Wirtschaft Arbeit gefunden hatte. Die Arbeitseinheiten bildeten somit die Grundstruktur der modernen maoistischen Stadt. Sie garantierten die Durchsetzung von staatlicher Ordnung und Kontrolle, verhinderten aber zugleich extreme Formen städtischer Armut.[34] Die traditionellen kleinstädtischen Marktorte, die als regionale Handelszentren Chinas Dörfer jahrhundertelang miteinander und mit den Städten verbunden hatten, gab es nicht mehr. Die Volkskommunen und *danwei* teilten die Menschen in voneinander unabhängige Einheiten auf, die von übergeordneten Autoritäten koordiniert wurden, aber ohne direkten Kontakt untereinander waren.[35] Nur in Massenkampagnen wurden die Menschen über ihre Kommunen und *danwei* hinaus zusammengeführt. Die Kampagnen entwickelten sich zu einem immer wiederkehrenden Element des Alltagslebens im maoistischen China. Menschen wurden in Schauprozessen gegen Regimekritiker oder zur Erfüllung von Produktionszielen in Großprojekten zusammengetrieben. Ziel war es auch, alle Spuren der traditionellen Gesellschaft in Gestalt von

Verwandtschaftsnetzwerken oder volksreligiösen Tempelgemeinschaften endgültig zu zerschlagen.[36]

Neukonfuzianer in der Defensive Auch in der frühen Volksrepublik versuchten Intellektuelle durch die Entwicklung hybrider kultureller Formen zur Bewahrung der chinesischen Identität beizutragen. Der Philosoph Feng Youlan erdachte eine «abstrakte Vererbungsmethode», mit deren Hilfe er das grundsätzlich Gute des konfuzianischen Humanismus bewahren und den Übergang zur sozialistischen Gesellschaft nicht zu abrupt verlaufen lassen wollte. Die hervorragenden Werte der chinesischen Kultur sollten in dieser tiefgreifenden sozialistischen Umbruchsituation nicht vollständig in Vergessenheit geraten.[37] Zu Beginn der Hundert-Blumen-Bewegung verbreitete Feng Youlan seine Ansicht über den Konfuzianismus als klassenlose Lehre und Beitrag zur geistigen Befreiung des Menschen. Die konfuzianische Ethik stellte er als zeitlos dar und bezeichnete zentrale Begriffe des Konfuzianismus wie «Mitmenschlichkeit» (*ren*) als universale Wertprinzipien, die auch für die Gegenwart noch relevant seien.[38] Jedoch konnten Feng Youlan und alle anderen Neukonfuzianer der Republikzeit ihre Ideen über den Konfuzianismus in der Volksrepublik nicht weiterentwickeln. Die Zeit der relativen Meinungsfreiheit war spätestens ab 1957 vorbei. Bis zum Tode Maos überdauerte ein artikulierter Konfuzianismus nur außerhalb der Volksrepublik China.

Die zweite Generation von Neukonfuzianern veröffentlichte 1958 in Hongkong und Taibei einen Text unter dem Titel «Manifest über die chinesische Kultur als Mahnung an die gesamte Menschheit» (*Wei Zhongguo wenhua jinggao shijie renshi xuanyan*). Darin argumentierten sie, dass der Konfuzianismus das Herzstück der chinesischen Kultur sei und einen einzigartigen Zugang zur Philosophie biete. Er stehe keineswegs im Widerspruch zu Wissenschaft und Demokratie. Vielmehr ließen sich die in der chinesischen Kultur verwurzelten Ursprünge von Demokratie, Wissenschaft und Technologie mit einem modernen politischen System in wissenschaftlichem Geist vereinbaren. Die Verfasser entwarfen eine Vision, in der die Koexistenz und gegenseitige Abhängigkeit der verschiedenen Kulturen die größte Herausforderung der Menschheit darstellte. Gleichzeitig betonten sie die Fähigkeit des Konfuzianismus, einen wichtigen Beitrag zur Harmonie und Einheit der Welt leisten zu können. Vom nichtkommunistischen chinesischen Ausland aus verband die zweite Generation der Neukonfuzianer ihr Plädoyer für die Modernität des Konfuzianismus mit scharfer Kritik an der Volksrepublik. So schrieb Xu Fuguan (1902–1982), dass die klassische konfuzianische Bezeichnung des Volks als «Wurzel» (*ben*) zeige, wie gut sich der Konfuzianismus mit Demokratie vereinbaren lasse. Als Beitrag des Konfuzianismus bezeichnete es Xu, das Konzept der Demokratie mit der Idee einer politischen Subjektivität der Menschen zu verbinden:

> «Die Beziehungen, die durch Gesetze aufrechterhalten werden, sind bestenfalls äußerlicher Art. Äußerliche Beziehungen sind nicht verlässlich und sie erlauben der menschlichen Natur nicht, sich frei zu entfalten, wenn sie nicht in internen Beziehungen verwurzelt sind. Durch die Tugend zu regieren bedeutet, die internen Beziehungen zwischen den Individuen mit moralischen Werten zu erfüllen, wie sie jedermann besitzt. Vom konfuzianischen Gesichtspunkt aus betrachtet, sind sie die einzigen natürlichen und rationalen Beziehungen.»[39]

Der kommunistischen Regierung warf Xu Fuguan vor, in ihrem neuen Herrschaftssystem die schlimmsten Übel aus beiden politischen Traditionen miteinander zu verbinden. Von der konfuzianischen Tradition habe sie den despotischen Herrschaftsstil übernommen, dem jegliches moralische Bewusstsein fehle, vom modernen Westen den Machtkampf in den chinesischen Kontext integriert, ohne aber die Anerkennung individueller Rechte vorzusehen.[40]

Staatliche Vereinnahmung des Christentums und der Frauenbewegung Die kommunistische Staatsgründung führte zu tiefen Eingriffen in das religiöse Leben der Chinesen. Buddhismus, Daoismus, Islam, Katholizismus und Protestantismus wurden zwar offiziell anerkannt und einem Zentralbüro für religiöse Angelegenheiten unterstellt, viele lokale Gemeinschaftsrituale und Sekten wurden aber als «feudaler Aberglauben» verfolgt. 1950 unterwarf die Regierung die chinesischen Christen dem «Drei Selbst»-Prinzip (*sanzi*). Die Kirchen wurden zwar nicht verboten, sollten sich nun aber selbst verwalten, selbst tragen und eigenständig in ihrer Verkündigung sein. Alle ausländischen Missionare wurden im Verlauf der fünfziger Jahre ausgewiesen. Die staatliche Kontrolle der kirchlichen Aktivitäten übernahm ein Nationalkomitee der Drei-Selbst-Bewegung, das bis 1958 die Auflösung der zahlreichen Denominationen verfügte und das chinesische Christentum auf Katholizismus und Protestantismus reduzierte. Viele Protestanten versuchten sich dem staatlichen Druck durch die Gründung von illegalen Untergrundkirchen zu entziehen. Staatliche Kontrollen, Verbote und Verhaftungen konnten in den nächsten Jahrzehnten nicht verhindern, dass deren Mitgliederzahlen stiegen. Gab es 1949 750 000 Protestanten, so stieg ihre Zahl bis Ende des Jahrhunderts auf 25 Millionen an.[41]

Ähnlich widersprüchlich gestaltete sich die «Befreiung» der chinesischen Frau. 1950 versprachen ihr ein Agrarreformgesetz und ein Ehegesetz erstmals ökonomische Unabhängigkeit und freie Partnerwahl. Im Zuge der Kollektivierungspolitik wurden Frauen in den unteren Beschäftigungsbereichen vollständig in die Arbeitsprozesse integriert und Geschlechterunterschiede heruntergespielt. Dies war bereits 1942 in Yan'an von der Schriftstellerin Ding Ling als «Gleichmacherei» scharf kritisiert worden,[42] setzte sich aber bei der radikalen Umgestaltung der Gesellschaft in den fünfziger Jahren durch. Die maoistische Ideologie lehnte die bisherigen Begriffe von Weiblichkeit ab und ersetzte *nüxing*, ein Wort aus dem individualistischen Denken der Vierten-Mai-Generation, und *nüren*, das sich auf das Subjekt im humanistischen Denken bezog, durch die Bezeichnung *funü*, wodurch die Funktion der Frau als Teil des Kollektivs betont wurde.[43] Im Sozialismus wurde auch die Frau nach ihrer Klassenzugehörigkeit und überhaupt nach politischen Gesichtspunkten beurteilt. Von ihr wurden das gleiche kollektive Verantwortungsgefühl und die gleiche politische Loyalität verlangt wie von ihren männlichen Genossen (*tongzhi*). Der breiten Bevölkerung wurden die neuen ideologischen Geschlechterkonstruktionen durch Propaganda-Opern vermittelt. Eines der bekanntesten Beispiele ist «Das Mädchen mit den weißen Haaren» (*Baimao nü*). Die Oper erzählt das Schicksal eines armen Bauernmädchens, das von einem reichen Grundbesitzer vergewaltigt wird, ihn dann aber als

Mitglied der Ausbeuterklasse bekämpfen kann.[44] Selbst zur Zeit der Kulturrevolution, als alle Autoritäten gestürzt wurden, gelang Frauen aber der Aufstieg in die höheren Parteiämter nur dann, wenn sie mit einem männlichen Spitzenkader wie Mao Zedong, Zhou Enlai und Lin Biao verheiratet waren.

Ideologisierung der Wissenschaft und maoistische Kulturpolitik Von der Geschichtsschreibung wurde erwartet, dass sie die Erfolgsgeschichte der chinesischen Revolution in den langfristigen Zeitverlauf einordnete. Entsprechend beschrieb der Historiker Hu Sheng (1918–2000) 1954 die Taiping-Rebellion (1850–1864), den Boxer-Aufstand (1900) und die Revolution von 1911 als «drei historische Höhepunkte» der Revolutionsgeschichte, durch welche die Voraussetzungen der modernen Entwicklung geschaffen worden seien.[45] Alle drei Ereignisse galten nun als wichtige Anfangsschritte auf dem Weg der chinesischen Revolution. Das Entstehen einer neuen revolutionären Identität wurde eng an den Führungsanspruch Mao Zedongs und der Kommunistischen Partei gebunden. Der Wissenschaft wurden «exegetische Fesseln» auferlegt, indem ihre Ergebnisse mit den ideologischen Vorgaben übereinstimmen mussten.[46]

Eines der frühen staatlichen Modernisierungsprojekte war die Normierung einer modernen chinesischen Schrift und Sprache. Vor 1949 waren solche umfangreichen Reforminitiativen von Intellektuellen und Revolutionären ausgegangen; in der Volksrepublik übernahm die Staatsmacht die Lenkung und Koordination. Im Oktober 1955 wurden zunächst auf zwei Konferenzen die Grundlagen zur Schriftreform und zur Standardisierung der modernen chinesischen Sprache fixiert.[47] Der Begriff der «Landessprache» (*guoyu*), den die Sprachreformer der dreißiger Jahre bevorzugt hatten, wurde durch die Bezeichnung «allgemeine Sprache» (*putonghua*) ersetzt.[48] 1956 erschien eine Liste mit 515 vereinfachten Zeichen und 54 Grundelementen der Schriftzeichen, die 1964 auf 2236 Zeichen erweitert wurde.

Das kulturelle Leben wurde dem Prinzip des «Sozialistischen Realismus» untergeordnet. Die kommunistische Staatsmacht forderte von der Kultur eine Bestätigung und Verbreitung ihrer ideologischen Positionen. Daher entwickelte sich der chinesische Staat zum wichtigsten Akteur in allen kulturellen Bereichen. Während der fünfziger Jahre förderte die Regierung innovative Stile und den institutionellen Aufbau. Die Zahl der Theater erhöhte sich im ersten Jahrzehnt nach der Gründung der Volksrepublik von 891 auf über 2800 Einrichtungen. 1956 nahm in Beijing das Nationale Symphonieorchester seine Arbeit auf. Im Dezember wurde Giuseppe Verdis «La Traviata» erstmals in China aufgeführt. Ein Jahr später begann die Entwicklung einer neuen Form des Tanzdramas (*wuju*), die Elemente des westlichen Balletts mit traditionellen chinesischen Tanzbewegungen verband. Die KPCh forderte Schauspieler und Musiker zur Parteimitgliedschaft auf und lud sie ein, sich für den Nationalen Volkskongress aufstellen zu lassen.[49]

Die Politisierung aller Lebensbereiche zeigte sich besonders deutlich in der Kunst, die dazu verpflichtet wurde, Maos Machtstellung zu dokumentieren. Angesichts der häufig wechselnden Fronten sahen sich die Künstler dabei vor keine leichte Aufgabe gestellt. So musste Dong Xiwen (1914–1973) sein Gemälde «Die Gründung der Nation» (1952/53), das die Gründungszeremonie der Volksrepublik darstellt, mehrfach korrigieren, da wiederholt Figuren auf dem Bild in Ungnade gefallen waren. Ein anderer Künstler, Fu Baoshi (1904–1965), hatte es sich zur Aufgabe gemacht, die Gedichte Maos bildlich umzusetzen. Sehr viel schwerer fiel die Umstellung auf den sozialistischen Realismus denjenigen, die wie Lin Fengmian bereits in der Republikzeit zu den Modernisten gezählt hatten. Nach Gründung der Volksrepublik zog er sich zunächst in die Landschaftsmalerei zurück, wurde aber Mitte der sechziger Jahre gezwungen, sein eigenes Werk zu zerstören, da ihm eine mangelnde sozialistische Gesinnung vorgeworfen wurde.[50] Zahlreiche in der Republikzeit beliebte Schriftsteller wurden in der Volksrepublik sogar ganz aus dem offiziellen Kanon gestrichen. Nur ideologisch zuverlässigen Parteikadern und wenigen Akademikern war es erlaubt, die Werke von Autoren wie Zhou Zuoren, Shen Congwen und Zhang Ailing oder Übersetzungen westlicher Literatur zu lesen.[51] Ebenso drastisch griff die kommunistische Regierung in Filmproduktionen ein und nutzte sie für ihre Propagandazwecke. Erstmals wurde der vor 1949 in den Städten etablierte chinesische Film auch im ländlichen Raum verbreitet. Die Provinzen erhielten eigene Filmstudios und Kinogebäude. Selbst auf Fahrrädern brachten Filmteams das Kino in entlegene Dörfer und Kommunen. Die Partei betrachtete den Film als pädagogisches Mittel zur sozialistischen Umgestaltung des Landes und unterstellte seine Produktion der nationalen Kontrolle. Im Kontext des sozialistischen Realismus galt der Klassenkampf als wichtigste Determinante des historischen Fortschritts und damit als bevorzugter Gegenstand des sozialistischen Films.[52]

Die Geschichte des chinesischen Fernsehens begann am 1. Mai 1958 mit dem Start des nationalen Netzwerks Beijing TV. Sein Programm umfasste Nachrichten, Dokumentarfilme und einige Unterhaltungssendungen, die viermal die Woche für täglich zwei bis drei Stunden ausgestrahlt wurden. Für Mao, der zu diesem Zeitpunkt zum Großen Sprung des ökonomischen Aufholens gegenüber dem Westen aufrief, bedeutete das Fernsehen ein weiteres Instrument der politischen Propaganda und ideologischen Säuberung. Zwar stieg die Zahl der TV-Stationen bis 1961 auf 31 an, die dramatischen Ereignisse der sechziger Jahre ließen jedoch das gesamte Übertragungssystem wieder auf ein Minimum zusammenschrumpfen. 1967 hatten nur zwei Stationen überlebt. Erst die Reform- und Öffnungsphase ermöglichte einen Neuanfang.[53]

Gerade die verschiedenen Beispiele aus dem Kulturbereich belegen den widersprüchlichen Charakter des kommunistischen Parteistaates: Einerseits trug er zur landesweiten Modernisierung Chinas bei; andererseits schränkte sein diktatorischer Dogmatismus die neuen Möglichkeiten erheblich ein und unterwarf die Menschen neuen Zwängen. Seit Ende der fünfziger Jahre erreichte diese Tendenz eine weitere Eskalationsstufe, als sich der totale Machtanspruch des kommunistischen Regimes mit Maos utopischem Idealismus verband. In der Bevölkerung schlug die optimistische Aufbaustimmung der frühen fünfziger Jahre in einen wachsenden Pessimismus um.

2. Terror der Utopien: Vom Großen Sprung zur Kulturrevolution

Die für Mao unerwarteten Folgen der Hundert-Blumen-Bewegung von 1957 ließen ihn zu der Überzeugung gelangen, dass er sich bei der weiteren sozialistischen Umgestaltung auf die Intellektuellen nicht verlassen könne. Im Winter 1957/58 reiste er nach

Moskau, um sich dort Unterstützung zu holen. Gleichzeitig ordnete die Regierung in Beijing eine Dezentralisierung der wirtschaftlichen Verwaltung an. In Bezug auf die ländlichen Gebiete rückte die Frage in den Vordergrund, wie sich die Bewässerungssysteme ohne neue finanzielle Aufwendungen weiter ausbauen und die Agrarerträge verbessern ließen. Diesem Zweck diente auch eine gewaltige Mobilisierung von Arbeitskräften.[54]

Der Große Sprung in die Hungerkatastrophe Der «Große Sprung nach vorn» (*Da yuejin*) trat im Frühjahr 1958 nicht als eine voll ausgereifte Strategie hervor, sondern entwickelte sich aus einer Vielzahl einzelner Initiativen. Die Grundidee hinter diesem neuen Projekt bestand darin, dass China die üblichen und auch im Marxismus vorgesehenen Stadien der ökonomischen Entwicklung durch außergewöhnliche Anstrengungen der gesamten Gesellschaft überspringen könne.[55] Mao schrieb den «Massen» eine große, verborgene produktive Kraft und die Fähigkeit zu, durch Anstrengung und Organisation ihre Arbeit in Kapital umsetzen zu können.[56] Daher stand zunächst eine Mobilisierung der Bauern im Vordergrund. Sie sollten die städtische Wirtschaft nicht nur mit Nahrungsmitteln und Rohstoffen versorgen, sondern selbst mit primitiven Hinterhof-Stahlöfen den Stahl für die industrielle Produktion liefern. Die ländliche Bevölkerung wurde aufgefordert, ihre Bewässerungsprojekte auszubauen, landwirtschaftliche Maschinen herzustellen, das Bildungswesen zu entwickeln, sich an militärischen Aktionen zu beteiligen und dabei sich selbst zu ernähren, ohne den nationalen Haushalt stärker zu belasten. Die Regierung war ursprünglich davon ausgegangen, dass Moskau weitere Unterstützung zusagen würde, die dann in die Beschleunigung des industriellen Wachstums der Städte fließen sollte, auf das sich bereits 80 Prozent der staatlichen Investitionen des ersten Fünfjahresplanes (1953–57) konzentriert hatten. Umweltfaktoren blieben von Anfang an unbeachtet. So konnte die stark belastende Stahl- und Chemieindustrie der westlichen und nördlichen Vororte Beijings ihre Gifte aufgrund der Gobi-Winde direkt über die Hauptstadt blasen, ohne dass dies als problematisch empfunden wurde.[57]

Wachsende sowjetisch-chinesische Spannungen beendeten den

kurzfristigen Anstieg der sowjetischen Hilfe und verdeutlichten der Beijinger Führung, dass sie sich nicht weiter auf den sowjetischen Nachbarn stützen konnte.[58] Umso mehr wurde von den eigenen Bauern erwartet, nun die Grundlagen für das notwendige industrielle Wachstum zu schaffen. Im Zuge der Massenmobilisierung nahm der Einfluss der Partei zu; der für die wirtschaftliche Entwicklung des Landes verantwortliche Staatsrat trat zunehmend in den Hintergrund. Er war schon während der Umsetzung des ersten Fünfjahresplanes von Mao als zu unflexibel und technokratisch kritisiert worden. In vielen Punkten sollte mit dem «Große Sprung» auf den Geist von Yan'an zurückgegriffen werden. Egalitarismus, Experimentierfreude, ideologische Leidenschaft, Massenmobilisierung und der Wille zur Umsetzung von praktisch unmöglichen Zielen wurden propagiert. Technische Zwänge und Experten, die davor warnten, wurden ignoriert. Es galt allein die Maßgabe «mehr und schneller».

Im August 1958 wurde mit der Organisation der ländlichen Volkskommunen begonnen. Sie waren für die Entwicklung der Infrastruktur, die agrarische und industrielle Produktion und deren Vermarktung, die Gesundheitsversorgung, die Bildung und die innere Sicherheit zuständig. Erneut griff der kommunistische Staat radikal in das Leben seiner Bürger ein. Im Alltag der Volkskommunen löste sich das Familienleben vollständig auf. Volksküchen sorgten für die Ernährung, und Kinderkrippen übernahmen die Versorgung und die Erziehung des Nachwuchses. Jedes Kommunemitglied unterlag strenger Reglementierung und Militarisierung. Gemessen am Grad der Massenmobilisierung war der Große Sprung erfolgreich.[59] So wurden in einer Aktion des Sommers 1958 Millionen von Spatzen getötet, indem überall Menschen durch Lärm verhinderten, dass die Vögel sich niederlassen konnten, und diese schließlich erschöpft vom Himmel fielen. Vor allem Schulkinder wurden für die Kampagne zur «Auslöschung der vier Übel» (*chu sihai*) aktiviert, durch die alle Spatzen, Ratten, Fliegen und Moskitos beseitigt werden sollten.[60]

Die Aufgabe der Volksbefreiungsarmee war es, die wirtschaftlichen Großprojekte personell zu unterstützen und in den Volkskommunen Milizen auszubilden. Nachdem der Koreakrieg im Militär zu einem Professionalisierungsschub geführt hatte, rückten nun wieder die Erfahrungen der Guerillakriegsführung vor 1949 in den Vordergrund.[61] Die radikale Abkehr von Spezialistentum und Fachwissen galt für alle ökonomischen und gesellschaftlichen Bereiche. Auch in der industriellen Produktion wurde das technische Wissen vernachlässigt. Maschinen wurden lange Zeit ohne Wartung eingesetzt. Die Einkommensunterschiede zwischen Arbeitern und Managern wurden nivelliert, arbeitslose Städter durch kleine Produktionsgruppen wieder in die Arbeitsprozesse integriert. In den Bildungsinstitutionen stieg die Zahl der Zulassungen; gleichzeitig reduzierte sich die reale Studienzeit um die Hälfte, da die Studenten zeitweise in der Produktion mitarbeiten mussten. Auch Regierungsbeamte nahmen an Landverschickungsprojekten (*xiafang*) teil und schlossen sich für einen bestimmten Zeitraum den ländlichen Produktionsteams an. Die agrarische Produktion wurde jedoch zunehmend vernachlässigt. Daher kam es bald zu Engpässen bei der Nahrungsmittelversorgung. Von dem Ausmaß der wachsenden Schwierigkeiten erfuhr die Parteiführung nichts, denn viele Kader der Volkskommunen wagten nicht, korrekte Produktionsergebnisse weiterzugeben. Folglich trafen Ende 1958 in Beijing nur Erfolgsmeldungen ein. Sie veranlassten die Regierung, ihre Produktionserwartungen für das Folgejahr weiter zu erhöhen. Hinzu kam, dass Mao zwar offiziell immer nach «der Wahrheit in den Fakten» suchte, jedoch diese selten tatsächlich hören wollte. So wagten immer weniger Personen in seinem persönlichen Umfeld, ihn mit der ungeschminkten Realität zu konfrontieren.[62] Auf Nachrichten, die sogar vereinzelt schon im Frühjahr 1958 über die Schwierigkeiten bei der Umsetzung der «Großen-Sprung»-Strategie zu ihm durchdrangen, reagierte Mao mit dem Vorwurf der Überzentralisierung der Volkskommunenverwaltung und ordnete eine interne Umstrukturierung der Kommunen in drei Verwaltungsebenen (Team, Brigade, Kommune) an. Diese Maßnahmen zur Dezentralisierung von Macht stießen in den Volkskommunen auf wenig Begeisterung.

Widerstand machte sich auch innerhalb der Staatsführung bemerkbar, als auf einem Treffen in Lushan im Sommer 1959 der Verteidigungsminister und Vizevorsitzende der Militärkommission Peng Dehuai (1898–1974), ein Mann mit engem persönlichem Kontakt zur Bauernschaft, Kritik an den Exzessen der

Strategie des Großen Sprungs wagte und vor einer sich verschärfenden Krisensituation warnte. Mao interpretierte seine Äußerungen als einen persönlichen Angriff und ging zum Gegenschlag über: Alle Anwesenden mussten Stellung beziehen und sich zwischen den beiden Seiten entscheiden. Das Treffen endete mit der Verurteilung und Absetzung Peng Dehuais und seiner Anhänger als «Rechtsabweichler». Die Auseinandersetzungen in Lushan zeigten deutlich, dass selbst in der Parteiführung eine offene Meinungsäußerung nicht möglich war. Mao ernannte seinen langjährigen persönlichen Vertrauten Lin Biao (1907–1971) zum Nachfolger Peng Dehuais. Der besonders ehrgeizige Lin versuchte, sich als Kronprinz Maos zu positionieren und trug zu weiteren Machtkämpfen innerhalb der Partei- und Staatsführung bei.[63] An der Basis erwiesen sich die Signale eines erneuten Kampfes gegen «Rechtsabweichler» als nutzlos, da dort der linke Radikalismus inzwischen längst die Oberhand gewonnen hatte. Statt den wachsenden Versorgungs- und Produktionsschwierigkeiten zu begegnen, ließ die Regierung die Volkskommunenstruktur auf die Städte ausweiten.

Die Drei Bitteren Jahre Eine Kombination von autokratischem Führungsstil und Massenmobilisierung sollte den sozialistischen Wandel vorantreiben. Spätestens die Hungerkatastrophe der «Drei Bitteren Jahre» (1959–61) zeigte aber auf dramatische Weise, wie Maos Machtsystem seine ursprüngliche Strategie der Massenlinie untergrub. Denn die Lokalbeamten schreckten gerade davor zurück, die Stimmung im Volk einzufangen und nach oben weiterzugeben, da sie befürchteten, durch die Übermittlung kritischer Stimmen und negativer Produktionszahlen selbst in die Kritik zu geraten. Da aber in der Volksrepublik die unabhängigen Informationsquellen einer freien Presse fehlten, verloren Informationen auf ihrem Weg an die Spitze der Staatsbürokratie immer mehr an Realitätsgehalt. Die Spirale falscher Tatsachen bezahlten in den «Drei Bitteren Jahren», die auf den Großen Sprung folgten, etwa 30 Millionen Chinesen mit ihrem Leben. Die Hungerkatastrophe traf vor allem junge und ältere Menschen. In einigen Landesteilen blieben die Grundschulen auch Jahre später geschlossen, da keine schulpflichtigen Kinder überlebt hatten.[64] Ebenso dramatisch waren die Umweltschäden. Die Massenkampagne zur Wasserregulierung des Winters 1957/58 war ohne Berücksichtigung des Grundwasserspiegels durchgepeitscht worden. Der Wasserspiegel fiel dramatisch, die Böden versalzten. Das Land senkte sich auf einer Fläche von der Größe Ungarns. Der Grundwasserspiegel im Großraum Beijing fällt seither kontinuierlich, so dass Chinas Hauptstadt langfristig akuter Wassermangel droht.[65]

Die Utopie des Großen Sprungs lag in seiner extrem radikalen, unrealistischen Strategie wirtschaftlicher Entwicklung und gesellschaftlichen Wandels. Ein industrielles Wachstum ließ sich nicht einfach durch einen Input aus dem Agrarsektor erreichen. Das utopische Experiment steigerte sich zur menschlichen Tragödie, als Mao in Lushan den Kampf gegen Rechtsabweichler in die Partei trug, anstatt eine Konsolidierung der bereits kritischen Versorgungslage einzuleiten. Dreijährige Missernten im Zuge des Großen Sprungs, Naturkatastrophen und der endgültige Bruch mit der Sowjetunion, der China technisches Wissen und finanzielle Hilfe entzog, trafen zusammen. In Maos Entscheidungen lag die Hauptursache dieser Katastrophe. Deren wahres Ausmaß nahm die Regierung erst im Juni 1961 wahr, als die Hungersnot auch die Städte erreichte. Als erste Maßnahme wurden 20 Millionen Menschen, die während des Großen Sprungs in die Städte geströmt waren, zur Rückkehr aufs Land gezwungen. Die städtische Lebensmittelverteilung wurde an Coupons gebunden, die nur an registrierte Stadtbewohner in den *danwei* ausgegeben wurden. Spätestens in dieser Zeit spaltete sich die chinesische Gesellschaft in einen privilegierten städtischen Sektor, der vielseitige staatliche Unterstützung erhielt, und in einen Agrarsektor, dessen Angehörigen der Zugang zu den Städten verwehrt wurde. Die verstärkte staatliche Kontrolle nach dem Großen Sprung verlieh Chinas Dörfern einen isolierten, nach innen gewandten Charakter. Eine kleine Gruppe von Lokalkadern regelte die Erfüllung der Getreide- und Dienstleistungsforderungen gegenüber den höheren Verwaltungsebenen. Die Bindung ihrer Einkommen an die Produktionsergebnisse der Dörfer in ihrem Amtsbereich sorgte dafür, dass sie ein starkes Eigeninteresse an der wirtschaftlichen Entwicklung der Region hatten.[66]

Konsolidierungsversuche Innerhalb der Parteiführung wurden unterschiedliche Schlussfolgerungen aus dem Desaster des Großen Sprungs gezogen: Liu Shaoqi, der Mao im Amt des Staatspräsidenten folgte, und der Wirtschaftsexperte Chen Yun (1905–1995) hielten weitere politische Kampagnen zur Erreichung nationaler Ziele für schädlich. Die Gesellschaft sei zu vielschichtig, um sie mit den primitiven Mitteln aus der Zeit des Guerillakrieges regieren zu können. Mao selbst gab zwar die Idee auf, mit Hilfe von Massenkampagnen wirtschaftliche Ziele erreichen zu wollen, betrachtete Kampagnen aber weiterhin als adäquates Mittel zur Veränderung von ideologischen Werten. Sein Glaube an die positive Wirkung des Kampfes war trotz der katastrophalen Folgen des Großen Sprungs ungebrochen. Somit ergaben sich für die Jahre 1962 bis 1965 zwei sehr unterschiedliche Entwicklungstendenzen. Während die meisten Führungskader sich um eine Entspannung der dramatischen Versorgungslage bemühten, befürchteten Mao und seine Anhänger, dass eine wirtschaftliche Wiederaufbaustrategie China vom revolutionären Weg abbringen könne. Sie forderten eine Fortsetzung der Massenmobilisierung zur Verfolgung der internen politischen Feinde. Als warnendes Beispiel für eine revisionistische Abkehr führte Mao die Sowjetunion unter Nikita Chruschtschow (1894–1971) an.[67]

Gegenüber seiner persönlichen Umgebung zeigte sich Mao immer misstrauischer und suchte sogar in den eigenen Reihen nach prosowjetischen Revisionisten. In den Städten wurde eine erneute Drei-Anti-Bewegung entfacht und das ganze Land mit einer Erziehungskampagne unter dem Slogan der «Vier Säuberungen» (*siqing*, 1963–1965) überzogen.[68] Mao weitete seinen Kampf gegen parteiinterne Gegner zum «Klassenkampf» aus, dem vor allem Lokalkader zum Opfer fielen.[69] Sein wachsendes Misstrauen gegenüber den Parteigenossen führte zu einer immer stärkeren Hinwendung zum Militär. Lin Biao stieg zum engsten Vertrauten auf. Er ließ die Leitlinien des Maoismus in einem kleinen roten Buch zusammenfassen und dieses in der Armee verteilen. 1964 verlieh Mao seinem loyalen Militär mit der Kampagne «Von der Volksbefreiungsarmee lernen!» Modellcharakter für das ganze Land. Der erste erfolgreiche Test chinesischer Nuklearwaffen im Oktober des gleichen Jahres belegte aus der Sicht Maos, dass sich politische Überzeugung und technische Expertise durchaus verbinden ließen. Zunehmend übernahmen Armeemitglieder auch politische und administrative Aufgaben im zivilen Bereich.[70] Selbst Regierungsämter ließ Mao mit Offizieren besetzen. Nicht zuletzt hatte die Volksbefreiungsarmee auf der untersten Verwaltungsebene der Volkskommunen zum effektiven Aufbau von lokalen Milizen beigetragen, die Anfang der sechziger Jahre etwa 60 Millionen Mitglieder zählten. Dieses Prinzip wurde später auch auf Fabriken, Bildungseinrichtungen und Behörden übertragen. Dank ihrer neuen Funktionen konnte die Armee die Zahl ihrer Mitglieder auf 6 Millionen Mann erhöhen, von denen viele gleichzeitig der KPCh beitraten. Allein 1961 hatten sich 229 000 Armeeangehörige zu diesem Schritt entschlossen.

«Befreiung» Tibets Eine wichtige Rolle spielte das Militär nicht nur bei der Konsolidierung der kommunistischen Macht. Es wurde auch bei der Rückeroberung der zentralasiatischen Peripherie eingesetzt, ein Prozess, der sich vor allem in Tibet bis Ende der fünfziger Jahre hinzog. Da es der tibetischen Regierung vor 1949 nicht gelungen war, ihre staatliche Eigenständigkeit gegenüber China durchzusetzen und international anerkannt zu werden, hatte die neue Regierung in Beijing freie Hand, ihren Herrschaftsanspruch gewaltsam durchzusetzen. In der offiziellen chinesischen Propaganda sollte Tibet durch den Einmarsch der Volksbefreiungsarmee endgültig «befreit» werden.[71] Tatsächlich konnte vor dem Hintergrund des Kalten Krieges ein weiträumiges, strategisch wichtiges Gebiet an der chinesischen Peripherie nicht sich selbst oder gar dem antikommunistischen Kreuzzug der Vereinigten Staaten überlassen werden. Mao versprach der Regierung des jungen 14. Dalai Lama zunächst eine schrittweise «sozialistische Umgestaltung» und die Anerkennung ihrer autonomen Regierungsgewalt. Eine vom Dalai Lama nach Beijing gesandte Delegation unterzeichnete im Mai 1951 ein 17-Punkte-Abkommen, das den Einmarsch chinesischer Truppen vorbereiten sollte. Die Vereinigten Staaten forderten den Dalai Lama zur Wiederrufung des Abkommens auf und boten ihm politisches Asyl an. Er entschloss sich aber zu einer Zusammenarbeit mit der chinesischen Regierung. Zahlreiche Mitglieder der tibetischen Oberschicht hatten zu diesem Zeitpunkt bereits ein Exil vorgezogen. Der Dalai Lama blieb anfangs noch optimistisch und reiste 1954 nach Beijing. Dort traf er sich mehrfach mit Mao, von dessen Unterstützung er sich einen Modernisierungsschub für sein Land versprach.[72] Dennoch verschlechterte sich das Verhältnis zwischen Lhasa und Beijing ab 1955 dramatisch, nachdem die chinesische Regierung in den von Tibetern bewohnten Gebieten der Provinzen Sichuan und Qinghai mit der sozialistischen Landreform begonnen und heftigen Widerstand ausgelöst hatte, der blutig niedergeschlagen worden war. Viele Rebellen flüchteten nach Lhasa und schürten dort die antichinesische Stimmung. Im März 1959 weiteten sich die Aufstände auf die tibetische Hauptstadt aus. Der Dalai Lama floh nach Indien, und die Truppen der Volksbefreiungsarmee besetzten das gesamte Land. Eine systematische Zerstörung der traditionellen tibetischen Kultur, der Klöster und der Besitztümer des Adels, leitete den Übergang von militärischer Besetzung zu kultureller Inbesitznahme Tibets ein. Das extrem niedrige Bildungsniveau der tibetischen Bevölkerung erleichterte im Erziehungsbereich die Umsetzung dieser Strategie. Da es 1951 nur 20 staatliche Schulen und 96 kleinere private Einrichtungen gab, in denen etwa 3200 Tibeter eine Elementarbildung erhielten, ordnete die chinesische Regierung noch im gleichen Jahr den Aufbau eines chinesischen Grundschulsystems an. Bis Ende 1959 erhöhte sich die Zahl der Schulen auf 462 Einrichtungen, in denen 16 300 Schüler unterrichtet wurden.[73] Auf die Absolventen dieser neuen Institutionen konnte Beijing nach 1959 bei der rücksichtslosen Durchsetzung seiner Herrschaft in Tibet hoffen.

Sinisierung und Umweltzerstörung in der Inneren Mongolei Den Kommunisten gelang, was Chiang Kaishek versagt geblieben war: die Wiedergewinnung der Herrschaftsgewalt über die zentralasiatischen Reichsteile des Qing-Imperiums. Die landesweite Identifizierung von 55 Minderheiten (*shaoshu minzu*) sicherte diesen Völkern offiziell die Bewahrung ihres sprachlichen und kulturellen Erbes zu. Ihre Lebensräume wurden durch die Bezeichnung «autonom» von den chinesischen Verwaltungseinheiten abgegrenzt. Auf Regierungsebene unterstanden die Minderheiten einer Staatlichen Kommission für Nationalitätenangelegenheiten.[74] Auch die chinesischen Muslime (*hui*) wurden auf diese Weise zu einer formal definierten Minderheit.[75] Der gesetzliche Schutz der ethnischen Identität der Minderheiten wurde zur Zeit der Kulturrevolution gebrochen, als

Rotgardisten fast alle Kulturgüter zerstörten und die Völker zur vollständigen Assimilierung an die dominante Han-Kultur gezwungen wurden. Vor allem in der Inneren Mongolei kam zum menschlichen Leid durch politische Gewalt die Zerstörung der Umwelt hinzu. Die Umwandlung der Weidegebiete der mongolischen Nomaden in Ackerland für chinesische Siedler aus dem Kernland führte zu Bodenerosion und Wüstungen und verringerte das nutzbare Land in der Region. Hinzu kam der Zustrom chinesischer Arbeitskräfte im ersten Jahrzehnt der Volksrepublik, als die Innere Mongolei zu den Schwerpunktregionen der sowjetischen Entwicklungshilfe gehörte und Arbeitskräfte für den Aufbau schwerindustrieller Zentren benötigt wurden. Zwischen 1950 und 1957 zogen über 1,5 Millionen Chinesen in die Region, gefolgt von 1,9 Millionen Hungerflüchtlingen der Jahre 1958 bis 1960. Lokale Opposition wurde als «ethnisches Rechtsabweichlertum» (*minzu youpai*) unterdrückt. Die wachsenden Spannungen mit der Sowjetunion lieferten weitere Argumente gegen «mongolische Nationalisten», denen eine Gefährdung der Einheit Chinas vorgeworfen wurde. Während der Kulturrevolution verschärften sich erneut die chinesischen Repressalien. Mit über 20 000 Toten und 300 000 Verletzten während der ersten Phase der Kulturrevolution (1967–1969) zählten die Mongolen die meisten Opfer unter allen Minderheiten. Die Eskalation des sino-sowjetischen Konflikts im Jahre 1969 führte zudem zu territorialen Verlusten, die erst ein Jahrzehnt später von der chinesischen Regierung wieder rückgängig gemacht wurden.[76]

Xinjiang: Heterogenität und Konflikte Eine ganz andere Konstellation ergab sich im multiethnischen Xinjiang, das im Oktober 1955 als Autonome Region in die Volksrepublik eingegliedert wurde, nachdem die chinesische Armee in den Jahren davor mit der Unterdrückung der lokalen Widerstände beschäftigt gewesen war. Die politische Integration Xinjiangs erwies sich als besonders schwierig, da die Siedlungsgebiete der einzelnen Völker über die gesamte großflächige Region verteilt waren. Die chinesische Regierung wurde ständig mit einer starken anti-chinesischen Stimmung konfrontiert, konnte aber die ethnischen Spannungen zwischen den Völkern ausnutzen, um sie gegeneinander auszuspielen. Die Ernennung von Aziz Saifudin (1915–2003), einem ehemaligen Mitglied der Ili-Republik, zum Gouverneur der Autonomen Region Xinjiang konnte über den repressiven Charakter des neuen Regimes nicht hinwegtäuschen. Während der fünfziger Jahre gab es sich tolerant und war entsprechend der Strategie der Einheitsfront (*tongyi zhanxian*) um die Gewinnung «progressiver Mitglieder» der sozialen und religiösen Elite der Region bemüht. Die religiösen Institutionen wurden der Chinesischen Islamischen Vereinigung unterstellt und die religiösen Gerichte durch Volksgerichte ersetzt.[77] Die Kampagne gegen Rechtsabweichler von 1957 richtete sich in Xinjiang gegen den lokalen Nationalismus. Die allmähliche Radikalisierung der Politik im chinesischen Kernland führte im fernen Nordwesten zu einer starke Zunahme der hanchinesischen Migration. Allein 1959–60 trafen jährlich etwa 800 000 Chinesen ein, die zwar teilweise von chinesischen Armeefarmen aufgefangen wurden, jedoch die antichinesische Grundstimmung unter den Turkvölkern erhöhten. 1962 flohen über 60 000 Uighuren und Kasachen über die Grenze in die Sowjetunion. Die chinesische Regierung siedelte daraufhin Tausende Familien aus den Grenzregionen in andere Teile Xinjiangs um.[78]

Die Konsolidierungsphase der frühen sechziger Jahre Im chinesischen Kernland setzte sich in den frühen sechziger Jahren eine erfolgreiche wirtschaftliche Konsolidierung durch, die bis 1965 immerhin den Produktionsstand des Jahres 1957 wiederherstellte. Die Rezentralisierung des Planungssystems gehörte zu den Maßnahmen, die zur Wiederbelebung der industriellen und landwirtschaftlichen Produktion beitrugen. Die Modellprojekte der Ölfelder von Daqing und der Eisen- und Stahlwerke von Anshan in der Südmandschurei sollten zeigen, dass auch revolutionäres Unternehmensmanagement wirtschaftliche Erfolge erzielen konnte.[79] Selbst im wissenschaftlichen Bereich begann eine vorsichtige Liberalisierung, die bereits 1960 mit der Wiederbelebung der Konfuzius-Debatte begann und sich als politische Kritik am maoistischen Großen Sprung interpretieren lässt.[80] Als die Debatte um 1961/62 ihren Höhepunkt erreichte, ging es vor allem um eine generelle Bewertung des kulturellen Erbes von Konfuzius. Dazu erschienen zahlreiche Veröffentlichungen über Konfuzius. In seinem Geburtsort Qufu in der Provinz Shandong wurde die Gedenkstätte renoviert.

Ab 1962 fanden auch die traditionellen Feierlichkeiten an seinem Grab wieder statt. Die Diskussion um den Klassenstandpunkt des historischen Konfuzius diente der Überprüfung einer «richtigen Anwendung» der Methode des dialektischen Materialismus. Jedoch erwies sich eine Tagung im November 1962 in Jinan, an der über 150 Wissenschaftler teilnahmen, bereits als letzte Gelegenheit zu einem offeneren Meinungsaustausch. Mit dem Beginn der «Sozialistischen Erziehungskampagne» gewannen 1963 die Parolen zur Fortsetzung des Klassenkampfes und des Kampfes zweier Linien wieder die Oberhand. Konfuzius wurde erneut zum Symbol der Ausbeuterklasse erklärt.[81]

Zweite Katastrophe: Große Proletarische Kulturrevolution Die Kulturrevolution begann als eine ritualisierte Massenkampagne. Vier Jahre nachdem Mao durch Utopismus, Dilettantismus und Unbelehrbarkeit den Hungertod von 30 Millionen Menschen verursacht hatte, stürzte er sein Volk in einen Bürgerkrieg und die Partei in ihre größte Legitimationskrise.[82] Mit der Kulturrevolution verfolgte er vier Ziele: *Erstens* wollte Mao seine Nachfolge neu festlegen und Liu Shaoqi durch Lin Biao (1907–1971) ersetzen, dessen Aktivitäten sich bis dahin auf das Militär konzentriert hatten. Zu Beginn der Kulturrevolution erschien Lin Biao erstmals auf der nationalen Bühne. Für den personellen Wechsel musste Mao gute Argumente finden, denn Liu Shaoqi war seit 1945 für die Rolle des Nachfolgers vorgesehen. Nach 1961 hatte er China aus dem Chaos des Großen Sprungs herausgeführt. *Zweitens* wollte Mao den gewaltigen bürokratischen Staatsapparat wieder stärker unter seine Kontrolle bringen und dazu die Beamten dem Test der Kritik durch die Massen und möglicherweise der öffentlichen Erniedrigung unterziehen. Bei Massenkritikveranstaltungen des Spätjahres 1966 sorgten Vertreter aus Armee und Polizei dafür, dass keiner diesem Test ausweichen konnte. *Drittens* wollte Mao Chinas Jugend, die den heroischen Aufstiegskampf der Partei nicht mehr miterlebt hatte, einer revolutionären Erfahrung aussetzen. *Viertens* suchte er nach neuen Wegen, um grundlegende Veränderungen durchzusetzen und die Gesellschaft wieder auf einen revolutionären Kurs zu lenken. So sollten die wachsenden Einkommensdifferenzen und die Unterschiede zwischen geistiger und körperlicher Arbeit vermindert sowie die materiellen Anreize der Konsolidierungsphase, als «Gulaschkommunismus» sowjetischer Art verspottet, zurückgenommen werden. Ebenso ließ Mao Lohnerhöhungen und Bonussysteme für städtische Angestellte wieder abschaffen. Als Beitrag zur Minderung des Stadt-Land-Gefälles wurden «Barfußärzte» aufs Land geschickt, um eine bessere medizinische Versorgung der bäuerlichen Bevölkerung zu ermöglichen. Maos Maßnahmenkatalog zur Aufhebung von Standesunterschieden und zur Egalisierung der Gesellschaft sparte selbst die Armee nicht aus, deren militärische Ränge beseitigt wurden.[83]

Als unmittelbaren Anlass zur Mobilisierung der kulturrevolutionären Kräfte wählte Mao kritische Anspielungen auf ihn selbst in dem Theaterstück «Die Entlassung des Hai Rui» von Wu Han (1909–1969).[84] Der gesamte Verlauf der Kulturrevolution war von revolutionären Schritten im Bereich der Kultur begleitet. In ihrer ersten Phase (1966–1968), die mit der Demontage aller Autoritäten verbunden war, wurden Modellopern (*yangban xiju*) eingeführt; während einer mittleren Phase (1968–1971) wurden sie ausgearbeitet und in lokale künstlerische Formen übertragen. Gleichzeitig wurden neuartige Filmproduktionen zugelassen. Am Beispiel des Tanztheaters und der Malerei zeigt sich, dass ihre Inhalte während der Kulturrevolution zwar politisiert und militarisiert wurden, sich aber gleichzeitig neue hybride Formen entwickelten, die bei der Suche nach neuen chinesischen Stilen teilweise sogar auf westliche Modelle zurückgriffen.[85]

Freilich bestimmten nicht die kulturellen Veränderungen das Bild der «Kultur»-Revolution, sondern die mit ihr verbundenen extremen Formen von Gewalt und Terror. Mao forderte von den jugendlichen Rotgardisten den Generationenkrieg, indem er zuließ, dass sie in ihren rebellischen Gruppen ältere Autoritätspersonen wie Lehrer und Eltern schlugen und sogar töteten. Selbst ehemalige Weggefährten ließ Mao in Schauprozessen demütigen und foltern und nahm ihren Tod hin. Auf solche Weise kam auch Liu Shaoqi im November 1969 ums Leben. Dieses Ausmaß an Gewalt war nicht zuletzt möglich, da die zahlreichen Kampagnen der letzten zwei Jahrzehnte bei vielen Beteiligten persönliche Rachegefühle hinterlassen hatten, die sie in den kulturrevolutionären Exzessen ausleben konnten.[86] Der Terror der Rotgardisten beschränkte sich in der ersten Phase noch auf ihre eigenen Lehrer in den Schulen und Universitäten. In Massenveranstaltungen vor dem Tor des Himmlischen Friedens trieb Mao sie ab August 1966 zu weiteren Gewalttaten an, die sich von Beijing auf andere Städte im Land ausbreiteten. Die Opfer der rotgardistischen Zerstörungszüge waren unter den Repräsentanten der «vier Alten» (Religion, Ideen, Gewohnheiten, Gebräuche), aber auch unter Regierungs- und Parteikadern zu finden. Dieser Prozess der Zerstörung des Staatsapparats dauerte bis zum Eingreifen der Armee im Frühjahr 1967.[87]

Im Oktober 1966 war erstmals in den Reihen der Parteiführung die Forderung nach einer Lagebesprechung erhoben worden. Auf einem Treffen hörte sich Mao die bitteren Klagen über das Wüten der Roten Garden zwar an, entschloss sich aber noch nicht einzugreifen. Im Januar 1967 wurde in Shanghai eine neue Stufe der Radikalisierung erreicht, als sich Arbeiter den Roten Garden anschlossen und gewaltsam die Macht im lokalen Partei- und Regierungsapparat übernahmen. Andere Landesteile folgten diesem Beispiel. An die Stelle der regulären Verwaltungen rückten Revolutionskomitees.[88] Selbst als sich im Februar eine Gruppe alter, verdienter Generäle zu Wort meldete, reagierte Mao nicht. Im Frühjahr 1968 erreichte die Gewalt bürgerkriegsähnliche Ausmaße. Rotgardistische Fraktionen bekämpften sich inzwischen auch gegenseitig. Der Aufbau eines neuen China schien nun auch aus der Sicht Maos in immer weitere Ferne zu rücken. Erst in diesem Moment ordnete er das Einschreiten der Armee an und schickte die Roten Garden zur Umerziehung aufs Land. Etwa 18 Millionen Rotgardisten waren von diesem tiefen Einschnitt in ihre Biographien betroffen. Sie stellen heute die «verlorene Generation» Chinas dar.[89] Das Militär übernahm die Kontrolle über alle Bereiche der Verwaltung des zerrütteten Landes. Auf dem IX. Parteitag im April 1969 wurde die Kulturrevolution offiziell für beendet erklärt, das Mao-Zedong-Denken wieder in die Parteiverfassung aufgenommen und Lin Biao als engster Vertrauter Maos und dessen Nachfolger bestätigt.[90] Die Sonderorgane der Kulturrevolution wurden aufgelöst.

Nachfolgekämpfe der kulturrevolutionären Spätphase Die Machtstellung des inneren kulturrevolutionären Zirkels um Mao blieb unangefochten. In dieser Situation waren persönliche Netzwerke von entscheidender Bedeutung, denn die ideologischen Machtkämpfe beeinflussten auch die Seilschaften der Spitzenkader. Zum offenen Konflikt eskalierten die parteiinternen Spannungen im September 1971 in der Lin-Biao-Affäre.[91] Als Lin Biaos Gegner ihm Attentatspläne gegenüber Mao vorwarfen und Mao selbst von einem Schlag gegen Lin und seine engsten Vertrauten unter den Generälen sprach, entschied sich Lin mit seiner Familie zur Flucht, die mit dem Absturz seines Flugzeuges über der Mongolei für alle tödlich endete.[92] In dieser kritischen Situation nutzte Zhou Enlai die Säuberung der Lin-Biao-Clique, um die Machtstellung des Militärs in der Zivilverwaltung zurückzudrängen.[93] Seine taktische Allianz mit den radikalen Kulturrevolutionären um Maos Ehefrau Jiang Qing (1913–1991) gab er auf. Mao selbst war in dieser Phase bereits körperlich geschwächt. Seit 1972 litt er unter zunehmenden Gesundheitsproblemen. Die letzten drei Jahre seines Lebens dominierte ein heftiger Nachfolgekampf zwischen den gemäßigten Kräften um Zhou Enlai, die eine Entwicklung moderner Technologie und den Wiederaufbau der Wirtschaft in den Vordergrund rückten, und der von Jiang Qing beherrschten Gruppe Radikaler («Viererbande»), die an einer außenpolitischen Isolation Chinas festhielten und die ideologische Bindung der Bevölkerung im militanten Einheitsstaat betonten. Mao griff wiederholt in die Auseinandersetzungen ein, ohne sich endgültig für eine Seite zu entscheiden. Zwischen 1973 und 1976 kontrollierte die moderate Fraktion die Exekutivorgane des politischen Apparates, während die Radikalen die Oberhand in der Propaganda- und Kulturpolitik behielten.[94] Das Militär bezog keine klare Position. Nachdem Zhou Enlai im Januar 1976 einem Krebsleiden erlag, zeigten Demonstrationen im April, dass die städtische Bevölkerung eine erneute Radikalisierung der Politik ablehnte.[95]

Kulturrevolution als (letzte) Phase der chinesischen Revolution? Das Chaos und die Gewalt der Kulturrevolution signalisierten eine neue Phase der chinesischen Revolution und zugleich ihren Niedergang. Bereits die Erfahrungen der Sowjetunion hatten gezeigt, dass eine kommunistische Partei an der Macht nicht unbedingt die Erfolge des Sozialismus garantieren konnte. Vielmehr entstanden neue

Machtstrukturen, die als bürokratischer Kapitalismus beschrieben werden können. Der neue sozialistische Parteistaat wurde sich selbst zum Hindernis für die Weiterführung des Sozialismus. In der Kulturrevolution sollte diese «Entradikalisierung» der Revolution durch einen erneuten Klassenkampf beseitigt werden. Daher hatte der Angriff der Rotgardisten vor allem den von der Partei geschaffenen Machtstrukturen gegolten. Mit Hilfe der jungen Generation wollte Mao eine Revolution innerhalb der Revolution entfachen. Der Kultur wurde dabei die Rolle der dynamischen Kraft in einer neuen Phase des sozialistischen Aufbaus zugedacht. Daher waren in einem ersten Schritt die letzten Relikte der alten chinesischen Kultur beseitigt worden. Der kulturrevolutionäre Feldzug Jiang Qings galt sowohl westlichen wie auch traditionellen chinesischen Formen in Kunst und Musik. Nur noch eine kleine Anzahl revolutionärer «Modelldramen» (*yangban xi*) wurde zugelassen, deren Handlungen meist im Kriegsjahrzehnt vor der kommunistischen Staatsgründung spielten und revolutionären Heroismus und Klassenkampf in den Mittelpunkt stellten. Eine auf besondere Weise revolutionäre Botschaft vertrat das Kriegsballett «Das rote Frauenbataillon» (*Hongse niangzi jun*), das sich gegen die Unterdrückung von Frauen wandte und ihre Gleichstellung forderte.[96] Im Bereich der Kunst wurden Porträts Mao Zedongs und Lin Biaos kleines rotes Buch («Mao-Bibel») massenhaft verbreitet und ähnelten religiösen Ikonen. Mao-Bilder prägten nicht nur den öffentlichen Raum, sondern nahmen in vielen Haushalten den Platz des traditionellen Familienschreins ein.[97]

Konfuzius wurde selten direkt angegriffen. Die Kampagne gegen die «Vier Alten» galt dem Konfuzianismus nur indirekt. Erst 1972 wurde in akademischen Kreisen eine Anti-Konfuzius-Kampagne entfacht und die Lehre des Konfuzius danach auf Massenveranstaltungen gebrandmarkt. Im September 1973 folgte ein Aufruf zum Kampf gegen die Überreste konfuzianischen Denkens an den Universitäten. Zur Massenbewegung wurde die Konfuzius-Kritik, als sie Lin Biao einbezog und damit die Beurteilung der aktuellen politischen Lage betraf.[98] Selbst Zhou Enlai geriet in dieser letzten Phase der Kulturrevolution in die Mühlen der Anti-Konfuzius-Kampagne, da ihm seine radikalen Gegner eine Abkehr vom kulturrevolutionären Elan vorwarfen.[99]

Die wirtschaftlichen Schäden blieben geringer als nach dem Großen Sprung. Zwar wurde die Strategie einer ländlichen Industrialisierung erneut aufgegriffen, jedoch nicht mehr utopischen Produktionszielen unterworfen. Bis 1979 entstanden über 800 000 industrielle Unternehmen im ländlichen Raum, die von 90 000 kleinen Wasserkraftwerken unterstützt wurden. Diese Betriebe beschäftigten knapp 25 Millionen Arbeiter und produzierten etwa 15 Prozent der nationalen Industrieleistung.[100] Die Bevölkerung wuchs kontinuierlich mit einer jährlichen Durchschnittsrate von 2,4 Prozent; die Steigerungsrate der Produktion lag bei 6,5 Prozent. Noch in der kulturrevolutionären Spätphase entstanden günstige Voraussetzungen für den wirtschaftlichen Aufschwung der achtziger Jahre.

Bilanz der Mao-Ära Die Kulturrevolution endete 1976 mit dem Tod Maos und der Verhaftung der Viererbande. Mao hatte in den ersten Jahren der Volksrepublik einen gewaltigen institutionellen Rahmen von Partei, Regierung und Armee geschaffen, dessen Integrität und Legitimität er in den Massenkampagnen des Großen Sprungs und der Kulturrevolution selbst wieder schwächte. Der kommunistische Machtapparat war zwar zu gewaltig, um ganz im revolutionären Chaos der Kampagnen unterzugehen, dennoch war es nach Maos Tod nicht mehr möglich, ihn wieder in seiner früheren Form zu rekonstruieren. Mao hinterließ 1976 ein Land, das von seinen politischen Konflikten erschöpft war, und ein bürokratisches System, in dem Misstrauen und Zwietracht dominierten. Zwar hatte Mao zur Zeit der Staatsgründung eine Gruppe von erfahrenen Revolutionären in Machtpositionen gebracht, sie aber dann im Verlauf des sozialistischen Aufbauprozesses gegeneinander ausgespielt. Bei seinem Tod waren nur noch wenige potentielle Führungskräfte übrig. Zudem waren Chinas Intellektuelle, die immer während der Krisen der politischen Autorität versucht hatten, zur Rettung des Landes das politische Vakuum zu füllen, von Mao in eine besondere gesellschaftliche Isolation gedrängt worden. Die Kampagne gegen Rechtsabweichler von 1957 und die Kulturrevolution hatten dazu beigetragen, dass die Intellektuellen offiziell zu einer verachteten Gruppe von Außenseitern ohne soziale Anerkennung geworden waren. Selbst Chinas Bauern, durch deren Mobilisierung er die Macht errungen hatte, litten Jahrzehnte lang unter Maos Radikalismus. Zwar wurde ihr Leben in den fünfziger Jahren total verwandelt, sie blieben aber am Ende der maoistischen Ära ebenso arm wie zur Gründungszeit der Volksrepublik. Maos ideologische Machtkämpfe hatten die gesellschaftlichen Entwicklungs- und Entscheidungsprozesse politisiert und dabei eine rationale Einschätzung der nationalen und lokalen Lage verhindert, so dass von der revolutionären Begeisterung und dem Aufbauschwung der Gründungsjahre am Ende nur Verbitterung und Chaos übrig blieben.[101]

3. Zwischen Isolation und Integration

Einseitige Anlehnung: Die erste Phase kommunistischer Außenpolitik Nationale Unabhängigkeit (*zili gengsheng*) bildete ein zentrales Ziel der Außenpolitik in der frühen Volksrepublik. Das Bündnis mit der Sowjetunion war vor dem Hintergrund des beginnenden Kalten Krieges eine notwendige Etappe auf dem Weg zur internationalen Großmacht. Die kommunistische Regierung teilte mit ihren Vorgängern die Überzeugung, dass China eine zentrale Rolle in der Welt zustehe. Zwar war China, damals von der Guomindang-Regierung repräsentiert, bei der Gründung der Vereinten Nationen in den Fünferkreis der Kriegssieger und Großmächte aufgenommen worden, jedoch wurde durch den Kalten Krieg und die Weiterexistenz der Republik China auf Taiwan verhindert, dass die Volksrepublik diese Rolle 1949 einfach übernehmen konnte. So fiel es der taiwanesischen Regierung leicht, zunächst auf ihrem Alleinvertretungsanspruch zu beharren, China in den fünfziger und sechziger Jahren in den internationalen Institutionen zu vertreten sowie diplomatische Beziehungen mit den meisten Staaten der Welt aufzunehmen.[102] Die kommunistische Regierung in Beijing konzentrierte sich zunächst auf die Beseitigung aller «Ungleichen Verträge» und auf die einseitige Anlehnung an die Sowjetunion. Diplomatische Beziehungen nahm die Volksrepublik hauptsächlich mit den sozialistischen «Bruderländern» auf. Zwei Monate nach der Gründung der Volksrepublik begab sich Mao auf seine erste Auslandsreise nach Moskau. Dort blieb er drei Monate, um die Grundlagen der sowjetisch-chinesischen Partnerschaft auszuhandeln.

Symbolik des Koreakrieges Eine erste Bewährungsprobe folgte mit dem Ausbruch des Koreakrieges im Juni 1950. In einer überraschenden Blitzoffensive gegen Südkorea hatte Kim Il Song nach Absprachen mit Stalin und Mao den Krieg begonnen.[103] Als amerikanische Streitkräfte unter UN-Mandat im September mit einem Gegenschlag antworteten, entschloss sich die chinesische Regierung zur Entsendung einer «Freiwilligenarmee». Damit eskalierte der regionale Konflikt zur ersten heißen Phase im Kalten Krieg und zum ersten sino-amerikanischen Krieg der Geschichte, der aus China und den Vereinigten Staaten unversöhnliche Feinde zu machen schien. Unterschiedliche kulturelle Interpretationen von Modernität und Identität spielten in dem Wandel von Partnern im Zweiten Weltkrieg zu erbitterten Gegnern im Kalten Krieg eine zentrale Rolle.[104] Der amerikanische Oberbefehlshaber Douglas MacArthur (1880–1964) vertiefte die chinesischen Ängste mit seinem Vorschlag, die UN-Truppen in die VR China weitermarschieren zu lassen, um die Ergebnisse der Revolution zu revidieren. Drei Jahre lang lieferten sich chinesische und amerikanische Truppen blutige Gefechte. Nachdem im Juli 1951 die Waffenstillstandsverhandlungen begonnen hatten, konnte erst am 26. Juli 1953 ein Abkommen unterzeichnet werden, das im Grunde den territorialen *status quo ante* wiederherstellte. Der von beiden Kriegsparteien unternommene Versuch der Wiedervereinigung Koreas war gescheitert.

Die junge Volksrepublik hatte mit ihrem militärischen Eingreifen ihren Anspruch auf eine Großmachtstellung erfolgreich unter Beweis stellen können. Die amerikanische Regierung setzte alles daran, das Land weiterhin vom Handel mit dem Westen zu isolieren, und zwang Beijing damit zu einer noch stärkeren Anlehnung an den Sowjetblock. Die amerikanische Anerkennung Taiwans als einzig legitimen chinesischen Staat verhinderte den Zugang der Volksrepublik zur UNO und zur Weltbank.[105] Innenpolitisch gewann die kommunistische Regierung an Prestige, da ihre Freiwilligentruppen den von der amerikanischen Supermacht angeführten UN-Streitkräften erfolgreich Widerstand geleistet hatten und damit erstmals nach über hundert Jahren eine militärische Konfrontation mit dem Westen für die chinesische Seite nicht mit einem Gesichtsverlust endete. Entsprechend selbstbewusst trat Beijing 1954 auf der Genfer Indochina-Konferenz auf und bot sich als Vermittler im Konflikt zwischen Vietnam und Frankreich an. Ein Jahr später gehörte die Regierung der VR China auf einer Konferenz afro-asiatischer Länder im indonesischen Bandung zu den Wortführern jener Staaten der entstehenden «Dritten Welt», die sich den «Prinzipien friedlicher Koexistenz» als gemeinsamem außenpolitischem Handlungsprinzip verpflichteten. Die chinesische Regierung brachte ihren neuen Anspruch als eine der Führungsmächte der Dritten Welt deutlich zum Ausdruck. Ihr Auftreten in Bandung signalisierte zudem, dass Beijing keineswegs bereit war, sich der Sowjetunion völlig zu unterwerfen.[106]

Neue außenpolitische Strategien Im Grenzkrieg mit Indien wurde 1962 Chinas wachsende Konfrontation mit beiden Supermächten offensichtlich. Dies führte dazu, dass sich Beijing in den darauffolgenden Jahren verstärkt um die Länder Westeuropas und Afrikas bemühte. Großbritannien und Frankreich hatten die Volksrepublik bereits 1950 und 1954 diplomatisch anerkannt. Bis 1965 nahmen fünfzehn afrikanische Länder Beziehungen zur Volksrepublik auf. Den ideologischen Rahmen dieser neuen Strategie bildete der Rückgriff auf eine 1946 von Mao entwickelte Theorie der Zwischenzonen (*Zhongjian didai lilun*), die durch die bipolare Vereinfachung der Weltlage im Kalten Krieg gegenstandslos geworden war, aber inzwischen angesichts Chinas doppelter Frontstellung zu den Supermächten erneut Aktualität gewonnen hatte.

Da Mao seit Beginn der sechziger Jahre mit einem Angriff durch eine der beiden Supermächte rechnete, schloss seine außenpolitische Strategie die Verpflichtung der verschiedenen Regionen Chinas zur Eigenständigkeit ein. Ungeachtet ihrer unterschiedlichen klimatischen und topographischen Bedingungen sollten sie sich wirtschaftlich selbst tragen und im Kriegsfall Flüchtlinge aus anderen Landesteilen aufnehmen können. Diese Vorgaben ließen sich seit dem Bruch mit der Sowjetunion um 1960 noch schwerer durchsetzen, da durch den Abzug aller sowjetischen Berater und Fachkräfte aus China und die Einstellung der russischen Hilfsprogramme eine wichtige Stütze fehlte. Vor allem die chinesische Schwerindustrie litt unter den Folgen des Bruchs.[107]

Vor diesem Hintergrund befahl Mao 1964 ein umfangreiches Programm zur ökonomischen Erschließung der südwestlichen

Peripherie als «dritter Front». Damit sollte China auch auf einen möglichen Krieg mit den Vereinigten Staaten vorbereitet werden, der im Kontext des Vietnamkriegs aus Maos Sicht immer wahrscheinlicher wurde.[108] Neues außenpolitisches Selbstbewusstsein rief im Oktober 1964 der erfolgreiche Test der ersten chinesischen Atomwaffen hervor.[109] Die Ereignisse der Kulturrevolution trieben das Land dann jedoch wieder für einige Jahre in die Isolation. Dem außenpolitischen Neuanfang zu Beginn der siebziger Jahre ging eine weitere Verschlechterung der Beziehungen zur Sowjetunion voraus. Den Hintergrund bildeten die sowjetische Niederschlagung des «Prager Frühlings» 1968, Moskaus neues Prinzip einer begrenzten Souveränität sozialistischer Staaten (Breschnew-Doktrin) und Gefechte an der chinesisch-sowjetischen Grenze im Jahre 1969. Da die Sowjetunion durch diese Konfrontation zum Hauptfeind Chinas aufrückte, lag es nahe, sich gegenüber dem bisherigen Gegner Nr. 1, den USA, versöhnlicher zu zeigen und damit einen Zweifrontenkrieg zu vermeiden. Eine Pingpong-Diplomatie leitete die dazu notwendigen Schritte ein. Sie erfolgte vor dem Hintergrund einer zwischen 1970 und 1972 eingeleiteten Entspannungspolitik gegenüber dem Westen, bei der mit 38 Staaten diplomatische Beziehungen aufgenommen wurden. Ein erster Höhepunkt der außenpolitischen Öffnung wurde 1971 mit Chinas Aufnahme in die Vereinten Nationen und 1972 mit dem Besuch des amerikanischen Präsidenten Richard Nixon erreicht.[110] Die ersten konkreten Schritte dazu waren auf dem Feld des Sports erfolgt, als Mao 1971 zunächst einer Einladung des Vorsitzenden der Japanischen Tischtennisvereinigung zustimmte und eine chinesische Mannschaft zur Weltmeisterschaft nach Japan entsandte. Dort ergaben sich gute Kontakte zum Team der USA, das nach den Wettkämpfen direkt einen Besuch in der chinesischen Hauptstadt anschloss. Auf diese Weise ebnete die «Pingpong-Diplomatie» den Weg zur Zulassung Chinas in die UNO. Die ideologische Rechtfertigung dieser Zäsur in der Außenpolitik der Volksrepublik lieferte Deng Xiaoping 1974 mit der offiziellen Bekanntgabe einer «Drei-Welten-Theorie» (*sange shijie lilun*). Die globale Strategie Beijings sah dennoch weiterhin eine Einheitsfront der zweiten (entwickelte Länder) und dritten Welt gegen die erste Welt der beiden Supermächte vor.

4. Chinesische Alternativen: Taiwan, Hongkong und die Diaspora

Taiwan: von der Diktatur zur Demokratie Die Insel Taiwan hatte unter japanischer Kolonialherrschaft (1895–1945) eine systematische ökonomische Erschließung erlebt. Am Ende des Zweiten Weltkriegs verfügte Taiwan über moderne Häfen, direkte Schiffsverbindungen nach Japan, Eisenbahnverkehr und ein Straßennetz von 3700 km Länge. Da Japan die Insel als industriellen Vorposten und Nahrungskammer in seine Pläne einer «Großasiatischen Wohlstandssphäre» integriert hatte, war auch die Industrialisierung der Insel fortgeschritten. Die Investitionen der japanischen Kolonialmacht schufen günstige Voraussetzungen für den wirtschaftlichen Aufstieg Taiwans in der Nachkriegszeit. Die Alliierten hatten 1945 der nationalchinesischen Regierung die Insel zugesichert. Als ersten Schritt ordnete Chiang Kaishek eine Verstaatlichung der taiwanesischen Schlüsselindustrien und Monopole an, um das wirtschaftliche Potential für die Finanzierung der eigenen Truppen nutzen zu können. Misstrauen gegenüber der einheimischen Bevölkerung und Misswirtschaft des Guomindang-Gouverneurs Chen Yi (1901–1972) lösten 1947 Aufstände gegen das nationalchinesische Regime aus, die blutig niedergeschlagen wurden. Aus diesem ersten Konflikt mit der chinesischen Staatsmacht folgte die Gründung einer taiwanesischen Unabhängigkeitsbewegung im Ausland. Auch die Spaltung der Inselgesellschaft in einheimische Taiwanesen und zugewanderte Festländer geht auf diese Ereignisse zurück. Die Spannungen verschärften sich, nachdem 1949 etwa zwei Millionen Guomindang-Anhänger vom Festland nach Taiwan geflohen waren und Chiang Kaishek sich entschloss, das Rückzugsgebiet zu einer Modellprovinz und Basis für seine spätere Rückeroberung des Festlandes zu entwickeln. Die Errichtung eines autoritären Regimes auf der Insel begründete er mit der militärischen Bedrohung durch die VRCh.

Auf wirtschaftlichem Gebiet erwies sich die neue Regierung als äußerst erfolgreich. Eine dreistufige Bodenreform (1949–1953) schuf die Grundlagen für eine rasche Steigerung der landwirtschaftlichen Produktivität. Einen wichtigen Beitrag leistete die amerikanische Militär- und Wirtschaftshilfe. Zu Beginn der sechziger Jahre löste eine staatliche Exportindustrialisierung die bisherige Importsubstitution ab und ermöglichte zwischen 1962 und 1985 ein jährliches Wachstum von durchschnittlich 9,3 Prozent. Taiwan hatte sich damit erfolgreich in die Weltwirtschaft integriert. Politisch herrschte bis in die achtziger Jahre das Kriegsrecht, das die Entwicklung einer einheimischen Oppositionsbewegung erschwerte. Ihren als «Parteiexterne» (*dangwai*) bezeichneten Aktivisten wurde es erst ab 1969 ermöglicht, Abgeordnete für die Nationalversammlung zu stellen. Die ersten Liberalisierungsschritte der Guomindang, die sich auch in einer vermehrten Aufnahme einheimischer Taiwanesen in den eigenen Parteiapparat äußerten, erfolgten zu Beginn der siebziger Jahre vor dem Hintergrund einer wachsenden außenpolitischen Isolation Taiwans als Konsequenz der Internationalisierung der Volksrepublik. Innenpolitisch schritt die Demokratisierung des Inselstaates weiter voran. Den parteiexternen Kräften gelang es, die aus dem Wirtschaftswunder hervorgegangenen neuen Mittelschichten in diesen Prozess einzubinden. Erste Erfolge zeichneten sich 1986 mit der Gründung der Demokratischen Fortschrittspartei ab. Im darauffolgenden Jahr hob der Staatspräsident und Guomindang-Vorsitzende Chiang Chingkuo (Jiang Jingguo, 1910–1988), der Sohn Chiang Kaisheks, das Kriegsrecht auf und leitete einen vorsichtigen Demokratisierungsprozess auf der Insel ein. Mit seinem Nachfolger Lee Tenghui (geb. 1923) stand ab 1988 erstmals ein Taiwanese an der Staatsspitze. Taiwans Demokratisierung gelang unter Führung der regierenden, ihren Kurs selbst verändernden Guomindang-Partei, kontrolliert durch eine selbstbewusste Opposition und im Einklang mit einer sich entfaltenden Zivilgesellschaft.[III]

Die chinesische Alternative: Hongkong Am 1. Juli 1997 erlebte Hongkong den Übergang von 156 Jahren britischer Kolonialherrschaft in den Status eines «Sonderverwaltungsgebietes» der Volksrepublik China, dessen weitgehende Autonomie zuvor vertraglich festgelegt worden war. Beijing hatte die Fortsetzung des kapitalistischen Systems der Stadt gemäß der Formel «Ein Land, zwei Systeme» für weitere 50 Jahre zugesagt. Ebenso behielt Hongkong seinen Status als Freihafen und eigenständiges Zollgebiet. Drei Jahrzehnte lang hatte die kommunistische Regierung die britische Kronkolonie niemals offiziell anerkannt. Die Initiative zum

Einigungsprozess war zu Beginn der achtziger Jahre von Großbritannien ausgegangen, da gemäß der Konvention von 1898 die New Territories 1997 an China zurückfallen würden, die Insel Hongkong und die Südspitze Kowloon aber allein nicht lebensfähig waren.[112] Im Juni 1985 einigte man sich in einer gemeinsamen sino-britischen Erklärung auf die Modalitäten des Übergangs.

Das Ziel Beijings war es, die bedeutende internationale Stellung Hongkongs in seiner neuen Form als Sonderverwaltungsgebiet der Volksrepublik zu bewahren. Hongkong hatte sich seit der Mitte des 19. Jahrhunderts nicht nur zu einem wichtigen internationalen Handelsplatz, sondern auch zu einem Finanz- und Versicherungszentrum des gesamten ostasiatischen Raumes entwickelt. Seit Ende des 19. Jahrhunderts war es der wichtigste Import- und Exporthafen für China. Diese Bedeutung ging während der ersten Hälfte des 20. Jahrhunderts zunächst verloren. Erst nach dem Zweiten Weltkrieg fand Hongkong wieder zu seiner herausragenden Stellung zurück. Nicht zuletzt der Sieg des Kommunismus auf dem Festland ermöglichte eine erneute Blütezeit der Metropole. Die Flucht zahlreicher chinesischer Unternehmer aus Shanghai, die neben ihrem Know-how auch Kapital, Produktionsmittel und Arbeitskräfte mitbrachten, trug zum wirtschaftlichen Wiederaufstieg Hongkongs bei.[113] So machte die neu entstehende arbeitsintensive Textil- und Bekleidungsindustrie 1956 fast 70 Prozent des Exports der Kronkolonie aus. Ihre Modernisierung war in den sechziger Jahren Teil eines industriellen Take-off. In den siebziger Jahren durchlief Hongkongs Wirtschaft einen Diversifizierungsprozess. Die Verlagerung von Produktionskapazitäten in die Volksrepublik leitete ab 1979 langfristig eine Entindustrialisierung Hongkongs ein. Nur Management, Entwicklung und Design, Marketing und Qualitätskontrolle blieben weiterhin in der Stadt.

Diese neue Arbeitsteilung zwischen Hongkong und dem Festland gilt auch heute noch für andere Wirtschaftsbereiche wie die Immobiliengesellschaften, die zunehmend in China investieren. Umgekehrt fließt viel Geld aus der Volksrepublik in Hongkongs Kapital- und Immobilienmarkt. Seit zwei Jahrzehnten entwickelt sich Hongkong zu einer Dienstleistungsgesellschaft. 1999 waren bereits 86 Prozent aller privaten Beschäftigten im Servicesektor tätig. Zwar hat die Wettbewerbsfähigkeit Hongkongs aufgrund seiner Entindustrialisierung abgenommen, dennoch wird es weiterhin seiner Rolle als Weltstadt gerecht.

Greater China und die Neukonfuzianer der dritten Generation Der Begriff «Greater China» kam zu Beginn der neunziger Jahre auf. In seiner weitesten Definition schließt er die Volksrepublik China, Hongkong, Macao, Taiwan, Singapur und alle Überseechinesen ein. Wirtschaftlich knüpft «Greater China» an den Vorstellungen eines «Economic Commonwealth» an. Kulturell lässt dieser Begriff sich auf den konfuzianischen Kulturraum beziehen, wie ihn vor allem die Anhänger des Neukonfuzianismus anstreben. Einer der führenden Vertreter der dritten Generation von Neukonfuzianern ist Tu Wei-ming (geb. 1940), der von 1996 bis 2008 das Harvard-Yenching-Institut in Cambridge (Mass.) leitete. Von dort aus warb er mit seinen (wissenschaftlichen) Publikationen um die Verbreitung des Konfuzianismus unter den Auslandschinesen und im Westen. Zudem holte Tu Wei-ming junge Wissenschaftler aus der Volksrepublik China an die Harvard-Universität, um sie an Debatten über den Neukonfuzianismus zu beteiligen. Seine internationalen Verbindungen, an denen auch Wissenschaftler aus Taiwan und Hongkong beteiligt wurden, spielten nach 1949 eine wichtige Rolle für die Verbreitung des Neukonfuzianismus. Tu Wei-ming betrachtet die konfuzianische Lehre als eine Art von «umfassenden Humanismus», der in Anlehnung an sein kulturelles Ideal der Einheit zwischen Himmel und Erde das Säkulare als heilig betrachtet und durch Selbstkultivierung und gute Regierungsweise versucht, die Welt von innen heraus zu ändern. Den Intellektuellen in Europa und in Amerika bietet er den konfuzianischen Humanismus als Beitrag zur Kultivierung einer globalen Ethik an.[114] Die traditionelle Rolle des Konfuzianismus als kaiserliche Staatsorthodoxie und Stütze der autokratischen Herrschaft rückt in diesem Denken in den Hintergrund. Umso mehr betont Tu Wei-ming, dass der Konfuzianismus trotz mehrerer Versuche, ihn zu zerstören, weiterhin zum geistig-kulturellen Bewusstsein des modernen chinesischen Intellektuellen wie des chinesischen Bauern gehöre.[115]

IV. Die achtziger Jahre: Staatliche Reformen, Öffnung nach außen und Demokratiebewegung

Mao hinterließ politische Verhältnisse, die nicht einfach fortgesetzt werden konnten. Es gab keine unabhängigen Quellen der Meinungsbildung. Die ständigen Kampagnen hatten die Menschen gelehrt, sich mit ihren eigenen Ansichten zurückzuhalten. Die Residenzpflicht (*hukou*) und die Bindung an die Arbeitseinheit (*danwei*) verhinderten jeglichen horizontalen Informationsfluss und schränkten die Mobilität der gesamten Bevölkerung ein. Im wirtschaftlichen Bereich verfügte der Staat über eine vollständige Kontrolle. Marktkräfte und persönliche Anreize spielten kaum eine Rolle. Nicht zuletzt aus verteidigungspolitischen Gründen und aus Prestigeerwägungen erhielt die Entwicklung der Schwerindustrie weiterhin Priorität. Eine Privatwirtschaft gab es seit Mitte der fünfziger Jahre nicht mehr. Da Mao auf Chinas Autarkie drängte, hatte sich der Außenhandel auf ein Minimum reduziert. Anleihen und Direktinvestitionen aus dem Ausland waren verboten. Der Kontrast zum China am Beginn des 21. Jahrhunderts könnte nicht größer sein. Marktwirtschaftliches Handeln und Integration in die globale Wirtschaft besitzen inzwischen einen hohen Stellenwert. China fällt im weltwirtschaftlichen Vergleich durch beeindruckende Wachstumsraten auf. Der wirtschaftliche Erfolg spiegelt sich in der Entstehung einer neuen Mittelklasse und in einer Stadtarchitektur, die Wohlstand, Dynamik und Fortschritt spektakulär zur Schau stellt. China ist nicht länger eine Insel des Sozialismus, sondern eine treibende Kraft der Weltentwicklung.

Zwischen diesen beiden Zuständen liegen drei Jahrzehnte Reformpolitik. Als die Reformen gegen Ende der siebziger Jahre begannen, war ein solcher, auf seine Art revolutionärer Wandel noch unvorstellbar. In den ersten Jahren (1979–1983) standen Agrarreformen, die Dezentralisierung des Finanzsektors und die außenwirtschaftliche Öffnung im Vordergrund. Zwischen 1984 und 1988 erreichte der Reformkurs mit der Umwandlung der Staatsbetriebe und der Ausweitung der Privatwirtschaft einen ersten Höhepunkt. Inflation und Korruption waren bereits 1988 zu deutlichen Anzeichen auch negativer Folgen der schnellen Veränderungsprozesse geworden. Nach der blutigen Niederschlagung von Demonstrationen auf dem Tian'anmen-Platz in Beijing im Juni 1989 schien sogar eine Abkehr vom Reformkurs denkbar zu sein. Die Regierung ordnete für die nächsten Jahre ein Programm der «Enthaltsamkeit» (*jiejue*) an, das besonders ländliche Unternehmen traf und zu Entlassungen führte.[1] Die wachsende Dynamik des nichtstaatlichen Sektors trieb die Reformen Anfang der neunziger Jahre in eine neue Phase, in der die staatliche Industrie ihre Dominanz innerhalb der chinesischen Wirtschaft verlor. Spätestens seit diesem Zeitpunkt tauchte in der westlichen Literatur öfter der Begriff des «Kapitalismus» auf, um die Veränderungen in China verständlich zu machen.

Der eigenständige Charakter der frühen Reformphase unter Deng Xiaoping ergibt sich aus der außergewöhnlichen Offenheit und Meinungsvielfalt der achtziger Jahre, die an die Vierte-Mai-Ära um 1920 erinnert. Denn nicht nur der Staat mit seinen umfangreichen Reformmaßnahmen prägte diesen historischen Abschnitt. Gleichzeitig traten zivilgesellschaftliche Initiativen und Demokratisierungstendenzen in den Vordergrund, die mit den Namen berühmter Dissidenten verbunden waren. Ähnlich wie Wang Shiwei im Yan'an des Jahres 1942 traten sie für das Recht des Individuums auf öffentliche Meinungsäußerung ein. Die westliche Demokratie galt für viele Intellektuelle der achtziger Jahre als erstrebenswertes Ideal. Ihre Übertragbarkeit in den chinesischen Kontext wurde viel diskutiert.

1. Neue staatliche Strategien in der Ära Deng Xiaopings

Schwieriger Führungswechsel und die Übergangsfigur Hua Guofeng Maos Tod hinterließ ein Machtvakuum in einem degenerierten Herrschaftssystem, in dem diejenigen, die an einem Tag noch zum politischen Olymp gehört hatten, am nächsten Tag gestürzt werden konnten – oft mit dramatischen Folgen für ihre Familien und Anhänger. Diese Willkür hatte Deng Xiaoping noch im April 1976 persönlich zu spüren bekommen, als er zum «Rechtsabweichler» erklärt und seiner Ämter enthoben wurde. Nach Zhou Enlais Tod und der Absetzung Deng Xiaopings waren die moderaten Kräfte innerhalb der Parteiführung empfindlich geschwächt. Aber auch der gegnerischen Fraktion der Viererbande unter Führung Jiang Qings gelang es nicht, sich durchzusetzen. Vielmehr nutzte der noch von Mao selbst als Kompromissfigur zwischen den beiden Lagern zum Nachfolger bestimmte Hua Guofeng (1921–2008) die gespannte Lage aus und verfügte am 6. Oktober 1976, gerade einmal vier Wochen nach Maos Tod, die Verhaftung der Viererbande. Hua Guofeng, der sich erst in den vierziger Jahren den Kommunisten angeschlossen hatte, war während der fünfziger Jahre in Maos Heimatprovinz Hunan in der Parteihierarchie aufgestiegen und 1971 von Mao nach Beijing geholt worden. Seinen Schlag gegen die Viererbande rechtfertigte er mit dem Argument, dass die radikalen Kräfte die gesamte Verantwortung für alle Probleme des letzten Jahrzehnts zu übernehmen hätten. Gleichzeitig bemühte er sich um eine Konsolidierung der Regierung, wie sie vor der Kulturrevolution bestanden hatte.[2] Unterstützt wurde Hua Guofeng von Mitgliedern des Politbüros, die ebenso wie er Mao selbst nicht angriffen und seine grundsätzlich positive Beurteilung der Kulturrevolution teilten. Auf einer Arbeitskonferenz im März 1977 ging Hua Guofeng sogar so weit, alle Entscheidungen Maos für unumstößlich zu erklären. Der XI. Parteitag im August desselben Jahres bestätigte zunächst seine Position. Die Rehabilitation Deng Xiaopings konnte Hua Guofeng nicht lange hinauszögern. Im Juli 1977 erhielt Deng das Amt des Generalsekretärs der KPCh zurück, alle seine anderen Partei- und Militärposten folgten bald darauf.

Deng Xiaoping und andere Größen Noch verfügte Hua Guofeng als Parteivorsitzender, Ministerpräsident und Vorsitzender der Militärkommission über die Spitzenpositionen im Parteistaat. Da er diese Machtfülle allein der Patronage Maos verdankte, band er weiterhin das Schicksal Chinas und seine persönliche Karriere an die Loyalität gegenüber dem verstorbenen Großen Vorsitzenden.

Einen ganz anderen Kurs schlug Deng Xiaoping ein. Er verpflichtete sich dem Ziel, sein Land durch einen wirtschaftlichen Aufschwung und eine Öffnung gegenüber der Außenwelt zu Wohlstand und internationaler Anerkennung zu führen und auf diese Weise die in der Kulturrevolution erschütterte Machtstellung der Kommunistischen Partei erneut zu festigen:

> «Wenn wir unser Land nicht modernisieren, unser wissenschaftliches und technologisches Niveau heben, unsere Produktivkräfte entwickeln und auf diese Weise unser Land stärken sowie das materielle und kulturelle Leben unseres Volkes verbessern, wenn wir das alles nicht tun, dann kann sich unser sozialistisches politisches und wirtschaftliches System nicht vollständig konsolidieren. Zudem kann es auch keine Garantie für die Sicherheit unseres Landes geben.»[3]

Mit seinen Reformimpulsen griff Deng nicht weniger in die Strukturen von Staat und Gesellschaft ein als vor ihm Mao. Daher charakterisiert der amerikanische Historiker Peter Zarrow die Reformära der frühen achtziger Jahre nach 1911, 1927 und 1949 zu Recht als eine «vierte Revolution».[4]

Freilich zeigt die Schlüsselstellung, die Deng Xiaoping in dieser neuen Wendephase der chinesischen Geschichte einnahm, dass die Zeit der Parteiheroen und überhaupt der «großen Männer» noch nicht vorbei war.[5] Die Macht lag weiterhin in den Händen von Leuten wie Deng Xiaoping und Chen Yun, die noch aus der Gründergeneration der Kommunistischen Partei stammten und im Überlebens- und Aufstiegskampf vor 1949 führende Rollen gespielt hatten. Im Gegensatz zu Mao Zedong, dessen Charisma und Prestige kein Nachfolger erreichte, konnten sie ihre Karriere in der Parteiführung nicht mehr vorrangig auf Erfolge in der revolutionären Vergangenheit aufbauen, sondern mussten ihre persönliche Machtstellung immer wieder durch Koalitionen mit anderen Parteifunktionären absichern. Daher bauten sich sowohl Deng Xiaoping als auch Chen Yun eigene Netzwerke von Revolutionsveteranen und jüngeren Führungskadern auf. Deng Xiaoping verzichtete zwar auf den Parteivorsitz, den er 1982 ganz abschaffen ließ, beanspruchte aber für sich das Recht, darüber zu bestimmen, wer zum engsten Führungskreis der Partei gehören sollte. Aufgrund seines Renommees und seiner Verbindungen im System behielt Deng bis zu seinem Tod die letzte Autorität in seinen Händen.

Engste Vertraute für die Umsetzung des Reformkurses wurden Dengs Weggefährte Hu Yaobang (1915–1989), der mit ihm schon von 1949 bis 1952 in Sichuan zusammengearbeitet hatte, und Zhao Ziyang (1919–2005), den Deng erst 1980 nach dessen Erfolgen bei der wirtschaftlichen Konsolidierung der Provinz Sichuan nach Beijing holte. Deng Xiaoping baute seine beiden Favoriten schon früh auf, um ihnen die Möglichkeit zu geben, sich eine eigene Machtbasis zu schaffen. Er überließ ihnen Spitzenpositionen in Partei und Staat und sicherte sich seinen Einfluss durch informelle Kanäle. Nur die Kontrolle über die Armee gab er nicht aus der Hand und hielt am Vorsitz der Militärkommission fest. Im Umfeld seines Kontrahenten Chen Yun nahmen Li Peng (geb. 1928) und Deng Liqun (geb. 1915) vergleichbare Positionen als Kronprinzen ein. Alle Protegés erhielten im Verlauf der achtziger Jahre wichtige Posten im politischen System der Volksrepublik. Obwohl die Spannungen zwischen den beiden Patronen und ihren Fraktionen mit der Zeit zunahmen, griff keiner der Kontrahenten zu gewaltsamen Mitteln des Machtkampfes, wie es zur Zeit Maos üblich gewesen war.

Vier Grundprinzipien des chinesischen Reformkurses Deng Xiaoping verfügte zu Beginn der Reformen über keinen Generalplan. Vier Hauptschlussfolgerungen lagen seiner umwälzenden Politik zugrunde:

Erstens sah Deng das Ziel eines raschen Wirtschaftswachstums auf globaler Ebene durch den Wandel von einer extensiven zu einer intensiven Entwicklung bestimmt. Nicht eine Erhöhung der Produktionskapazität sollte China ein Wirtschaftswachstum ermöglichen, sondern die Einführung neuer Produktionstechnologien. Das dazu notwendige Kapital, das Managementwissen und die Technologie ließen sich nur durch eine Integration in den Weltmarkt erlangen. Dies hatten die Erfahrungen der erfolgreichen Nachbarn Südkorea, Taiwan, Hongkong und Singapur gezeigt. Um China überhaupt in die Lage zu versetzen, sich in globale Strukturen zu integrieren, waren innenpolitische Veränderungen notwendig. Ein Übermaß an bürokratischer Kontrolle erschwerte den Wandel und verminderte die Effizienz. Die Macht des Staates musste dezentralisiert, und zumindest Teilen der Wirtschaft musste die Möglichkeit gegeben werden, sich außerhalb des konkurrenzunfähigen Staatssektors auf eigene Beine zu stellen. Deng Xiaoping war davon überzeugt, dass Wettbewerb auch den Staatssektor zu mehr Rationalität und Dynamik zwingen würde. Er erkannte zudem die zentrale Bedeutung einer Rehabilitation der Intellektuellen, deren professionelle Erfahrung notwendig war, um China technologisch voranzubringen.

Zweitens zog Deng Xiaoping aus der ideologischen und physischen Erschöpfung der späten Mao-Jahre den Schluss, dass versucht werden musste, durch eine Verbesserung des Lebensstandards das Vertrauen der Bevölkerung in die Partei wiederherzustellen. *Drittens* hielt Deng Xiaoping entschlossen am Machtmonopol der Kommunistischen Partei fest und warnte vor einem Rückfall in revolutionäres Chaos. *Viertens* strebte er ein friedliches internationales Umfeld an, um den ständigen Druck zur militärischen Einsatzfähigkeit abzubauen und in die friedliche industrielle Entwicklung des Landes investieren zu können. Um dieses Ziel zu erreichen, musste die chinesische Diplomatie im Dreiecksverhältnis mit der Sowjetunion und den USA geschickt die eigenen Interessen vertreten. Eine strategische Partnerschaft mit Washington zeichnete sich im Zuge der im Mai 1978 aufgenommenen Normalisierungsgespräche ab. In einem gemeinsamen Kommuniqué erkannte die Regierung Präsident Jimmy Carters am 15. Dezember 1978 Beijing als einzige legitime Regierung Chinas an. Einen Monat später reiste Deng Xiaoping in die USA und rief dort zu einer gemeinsamen Abwehr der sowjetischen Expansionsbestrebungen auf.[6]

Der Aufstieg Deng Xiaopings Deng Xiaopings erster Schritt bestand darin, Hua Guofeng von seiner Spitzenposition zu verdrängen. Im Gegensatz zu Hua Guofeng verfügte Deng über ein weitreichendes Beziehungsnetz, das bis auf seine jugendliche Erfahrung in Frankreich Anfang der zwanziger Jahre zurückging, als er dort als Teil einer größeren Gruppe an einem Studien- und Arbeits-Programm teilgenommen hatte. Nach seiner Rückkehr hatte Deng die kommunistische Bewegung im ländlichen Hinterland unterstützt, am Langen Marsch teilgenommen und bis in die späten vierziger Jahre in der Armee als politischer Kommissar gedient.[7] Da er seit Anfang der fünfziger Jahre die meiste Zeit als Generalsekretär der KPCh in Beijing gewesen war, verfügte er über enge Kontakte zu zahlreichen Parteikadern im ganzen Land.[8] Seine lange Karriere verhalf ihm sowohl im militärischen als auch im zivilen Bereich zu einem unschätzbaren Erfahrungsreichtum. Zweimal war Deng Opfer von Säuberungen geworden (1966, 1976), ging aber selbst nie direkt gegen seine Kollegen vor und genoss in der Bevölkerung sowie bei vielen Parteikadern einen guten Ruf. Folglich wusste Deng zu Beginn seines Reformwerkes beachtliche politische Vorteile hinter sich. Er nutzte das verbreitete Bedürfnis in der Gesellschaft nach einer entschlossenen Abkehr von der kulturrevolutionären Politik, um seinem Kurswechsel in den Spitzengremien Nachdruck zu verleihen. Keine leichte Aufgabe war es, die beiden mächtigsten Fraktionen in der Partei unter seiner Führung zusammenzubringen: auf der einen Seite diejenigen, die sich nach den Zeiten einer ungetrübten Kaderherrschaft sowjetischen Stils *vor* der radikalen Massenpolitik der späten fünfziger Jahre zurücksehnten, auf der anderen Seite jene, die zu grundlegenden Veränderungen entschlossen waren und Chinas Zukunft im Aufbau eines humaneren politischen Systems und einer marktgesteuerten Wirtschaft sahen. Für den Erfolg des Reformkurses war es von entscheidender Bedeutung, dass es Deng Xiaoping zwischen 1978 und 1984 gelang, beide Seiten für seine Politik zu gewinnen. Trotz aller Unterschiede bestand nach dem Schaden, den die Kulturrevolution dem politischen System zugefügt hatte, zwischen den konkurrierenden Parteiflügeln in einem wesentlichen Punkt Einigkeit: Die während der Kulturrevolution grundlos verfolgten Kader mussten rehabilitiert und die Autorität der KPCh musste gestärkt werden.[9]

Pragmatismus als neues Leitprinzip Zunächst stand die Wiederbelebung der Wirtschaft im Vordergrund. Dazu mussten die Volkskommunen abgeschafft, die wirtschaftlichen Institutionen reorganisiert und die Handelsbeziehungen zum Ausland intensiviert werden. Dass dies in allen Punkten bis 1984 gelang, ermöglichten Veränderungen des politischen Klimas in der Volksrepublik. Denn die Kulturrevolution hatte die Ideologie als Steuerungsmittel der Zentralregierung in Verruf gebracht. Funktionäre aller Ebenen hatten ihr Vertrauen an die Gültigkeit der in Beijing entworfenen Politik verloren, nachdem sie in der Kulturrevolution das gigantische Ausmaß von Zerstörung und Vergeudung erlebt hatten. Die Regierung Deng Xiaopings musste ihre Entscheidungsautorität auf neue Grundlagen stellen.[10] Im Gegensatz zu seinem Vorgänger Hua Guofeng, der gerade in diesem Punkt völlig versagt und stur am Mao-Zedong-Denken festgehalten hatte, vertrat Deng eine flexiblere Interpretation der Mao-Texte. Er erhob Maos Mahnung, «die Wahrheit in den Tatsachen zu suchen», zur Leitlinie seines Reformkurses und ließ diese Parole in der Bevölkerung verbreiten. Dieses Prinzip rechtfertigte in der aktuellen Umbruchsituation des Landes innovative Lösungen. An die Stelle der revolutionären Ideologie trat ein sachlicher Pragmatismus.[11]

«Öffnung» und Ökonomisierung als neue Strategien der Außenpolitik Der Wechsel von Ideologie zur Realpolitik schlug sich auch außenpolitisch nieder, indem China sich zunehmend um Investitionen und Kapital aus dem Westen bemühte.[12] Seit der stillschweigenden Abkehr vom Drei-Welten-Konzept zu Beginn der achtziger Jahre hat die chinesische Regierung keine derartigen Theorien mehr hervorgebracht. Sie interpretierte die außenpolitische Lage der achtziger Jahre als eine «multipolare» (*duojihua*) Welt, in der auch China seinen Platz neu finden musste. Das Schlagwort der «Internationalisierung» (*guojihua*) Chinas trat in den Vordergrund.[13] In der außenpolitischen Praxis schlug sich dieses Umdenken in einer Ökonomisierung der chinesischen Außenpolitik nieder.

Der von Deng Xiaoping vorangetriebene außenpolitische Kurswechsel wurde von der Partei trotz der Kritik Hua Guofengs als «korrekt und erfolgreich» bestätigt. Unterstützung erhielt Deng Xiaoping vor allem von den Vereinigten Staaten und Japan. Im Mai 1978 reiste Zbigniew Brzezinski (geb. 1928), der Sicherheitsberater des amerikanischen Präsidenten Carter, nach Beijing. Er bot der chinesischen Regierung im Dezember 1978 die Normalisierung der diplomatischen Beziehungen und eine amerikanische Förderung von Auslandsinvestitionen in China an. Kurz darauf unterschrieb die chinesische Regierung ein langfristiges Handelsabkommen mit Japan, das der Volksrepublik umfangreiche Entwicklungshilfe im Austausch für Energieexporte nach Japan zusicherte. Die chinesische Bereitschaft zur Verbesserung der diplomatischen und wirtschaftlichen Beziehungen mit diesen beiden Ländern signalisierte eine Abkehr von der maoistischen Orthodoxie.

Nach der Verabschiedung eines *Joint-venture*-Gesetzes im Jahre 1979 überhäuften ausländische Firmen und Bankinstitutionen Beijing mit Finanzangeboten und konkreten Projektvorschlägen. Ihre räumliche Beschränkung auf neu eingerichtete «Sonderwirtschaftszonen» entlang der Küste Chinas wurde im Verlauf der achtziger Jahre allmählich aufgehoben. Den chinesischen Betrieben wurden schrittweise Entscheidungsbefugnisse bei der Gestaltung ihrer Außenwirtschaftsbeziehungen zugestanden. Der staatliche Außenwirtschaftsapparat wurde umorganisiert. Fachspezifische Außenhandelsgesellschaften sollten den Außenhandel selbstständig gestalten. Die Ebenen der Provinzen, Städte und Kreise erhielten eigene Außenwirtschaftsorgane und mehr Gestaltungsfreiräume. Seit 1979 wuchs Chinas Außenhandelsvolumen um jährlich 15 Prozent.[14]

Deng Xiaopings an der Grenze zu Vietnam angeordnete Demonstration militärischer Stärke von 1979 passte nicht mehr in dieses neue Bild. Nachdem Hanoi das von China unterstützte kambodschanische Pol-Pot-Regime gestürzt und eine loyale Marionettenregierung eingesetzt hatte, wollte Deng der vietnamesischen Führung eine Lektion erteilen und sandte im Februar chinesische Truppen über die vietnamesische Grenze. In Vietnam kollidierten nicht zuletzt die sowjetischen und chinesischen Großmachtinteressen. Moskau wollte Gewinne aus seinem Import der Revolution in die Region ziehen. Beijing beanspruchte eine Wiederbelebung seiner traditionellen Rolle als «älterer Bruder». Vor diesem Hintergrund war im Frühjahr 1979 die Strafexpedition erfolgt, die siebzehn Tage nach der militärischen Eroberung des Zugangs zur vietnamesischen Hauptstadt beendet wurde. Das Ziel der chinesischen Kriegsführung lag nicht in der territorialen Besetzung des Landes, sondern lediglich in einer «Bestrafung», die damit als erfolgreich abgeschlossen galt.[15] Es blieb bislang die letzte militärische Aktion gegen einen Nachbarstaat.

Vier Modernisierungen, Generationenwechsel und neue Anreize Die Reformen wurden von dem Konzept der «Vier Modernisierungen» (*sige xiandai hua*) getragen, die sich auf die Bereiche Landwirtschaft, Industrie, Wissenschaft und Technologie sowie nationale Verteidigung bezogen. Zhou Enlai hatte den Begriff schon 1964 benutzt und ihn im Januar 1975 bei einer Rede im Nationalen Volkskongress wieder aufgegriffen. Erst als 1978 ein politischer Kurswechsel deutlich wurde, konnten die «Vier Modernisierungen» zur neuen nationalen Strategie erklärt werden. Unterschiedliche Meinungen gab es noch darüber, wie sie sich umsetzen ließen. Hua Guofeng schlug dazu im Frühjahr 1978 einen Zehnjahresplan vor, der 120 Großprojekte vorsah, mit deren Hilfe ein möglichst rasches Wirtschaftswachstum erreicht werden sollte. Erste Erfolgsmeldungen im Juli des Jahres ließen ihn sogar von einem «neuen Sprung nach vorn» schwärmen. Das plötzlich hohe Wirtschaftswachstum war jedoch nur durch die Rationalisierung von Produktionsabläufen entstanden. Ohne strukturelle Veränderungen ließ sich Hua Guofengs überstürztes Entwicklungsprogramm längerfristig nicht durchhalten.

Deng Xiaoping setzte auf eine ganze andere Strategie: Er schickte zunächst zahlreiche Kader der Zentral- und Provinzebene ins Ausland, um sich ein Bild davon machen zu können, wie weit China in seiner Entwicklung gegenüber den Industrienationen des Westens und des übrigen Asiens zurücklag. Viele Funktionäre kehrten schockiert zurück und wandelten sich zu enthusiastischen Unterstützern des Modernisierungskurses. Unterstützung kam auch aus der Bevölkerung, die Deng Xiaoping durch seine frühen Maßnahmen für sich gewinnen konnte. So hatte er bereits im Dezember 1977 Hu Yaobang die Leitung der für Personalfragen zuständigen Organisationsabteilung der Partei übertragen.[16] Hu nutzte diesen Posten, um die Rehabilitierung von Millionen von Opfern der Kulturrevolution einzuleiten, die wieder an ihre alten Arbeitsplätze zurückkehren konnten. Auf diese Weise ließen sich zudem viele radikale Kader aus der Zeit der Kulturrevolution ersetzen. In einem zweiten Schritt wurde Anfang der achtziger Jahre dann die ältere Generation unter den Rehabilitierten in den Ruhestand versetzt. Dies betraf fast 2,5 Millionen Revolutionäre aus der Zeit vor 1949 sowie 2,3 Millionen Parteikader, die zwischen 1950 und 1952 rekrutiert worden waren. Ihre Rehabilitierung galt als Anerkennung der moralischen und politischen Verpflichtung der neuen Führung, die Ungerechtigkeiten der Kulturrevolution wieder gutzumachen. Die massenhafte Pensionierung wiederum signalisierte, dass man diesen Personen nicht zutraute, den Wandel zur marktorientierten Wirtschaft zu vollziehen. Auch hatten die Überlebenden der Mao-Ära sowohl zu den Opfern als auch zu den Kollaborateuren und Tätern gehört. Manche potentiellen Konflikte wurden durch Überleitung der Betroffenen in den Ruhestand entschärft. Auch einige Parteiveteranen an der Spitze waren inzwischen bereit, den Weg für eine neue Kadergeneration frei zu machen.[17] Studien belegen, dass der Personalwechsel im Verlauf der achtziger Jahre alle Ebenen des Verwaltungssystems erfasste. Vor allem in den Präfekturen, Kreisen und Stadtverwaltungen rückte zwischen 1979 und 1984 eine neue Generation von jüngeren und besser ausgebildeten Leitungskadern nach vorn. Als ehemaliger Leiter der Kommunistischen Jugendliga legte Hu Yaobang auf einen Generationenwechsel besonderes Gewicht und berief viele jüngere Leute auf Posten sowohl auf der Provinz- als auch der Zentralebene.

Die Bevölkerung konnte Hu Yaobang für die Reformpolitik gewinnen, indem er das städtische Bonussystem für Arbeiter und Angestellte wieder einführte und für die Bauern durch höhere Abnahmepreise für ihre Produkte Leistungsanreize schuf. Von ihm stammte das Schlagwort der «10.000-Yuan-Haushalte» (*wanyuan hu*), das die Landbevölkerung dazu anspornen sollte, einen Mindestjahresverdienst von 10 000 Yuan zu erwirtschaften.[18] Bis Mitte der achtziger Jahre wurde die Verantwortung für die ländliche Produktion den einzelnen bäuerlichen Haushalten zurückgegeben (*baogan zhi*) und das bisherige System der Kollektivwirtschaft aufgelöst.[19] Als Anreiz zur Entwicklung des ländlichen Raumes und als Maßnahme gegen Korruption und «Despotismus» innerhalb der Lokalbehörden verabschiedete der Nationale

Volkskongress im Jahr 1987 ein Gesetz, das die Dorfleitung einem gewählten Dorfkomitee übertrug.[20]

Gleichzeitig richtete Hu Yaobang eine Kommission zur Überwachung der Disziplin ein, deren Aufgabe es war, die Umsetzung von Anordnungen der Zentralregierung in den Provinzen und die Abwehr von Korruption in der Bürokratie zu kontrollieren. Da der Parteiapparat im Chaos der Kulturrevolution zeitweise völlig zerstört worden war, befand sich die KPCh in einem desolaten, entmoralisierten Zustand. Umso mehr lehnten die pragmatischen Reformer um Hu Yaobang das traditionelle Mittel der Partei ab, Korruption durch Säuberungen und ideologischen Druck zu bekämpfen. Sie begannen, mit gesetzlichen Mitteln dagegen vorzugehen. So wurde 1982 eine «Resolution zur Niederschlagung von wirtschaftlichen Verbrechen» erlassen und die regelmäßige Durchführung von Antikorruptionskampagnen beschlossen.[21]

Räumliche Strukturmaßnahmen und Stadtentwicklung Durch die staatliche Förderung von Privatunternehmen im ländlichen Raum gewann die administrative Zwischenstufe der Bezirksstädte, die zur Zeit des Großen Sprungs in den Volkskommunen aufgegangen war und erst zu Beginn der Reformen wiederbelebt wurde, erneut an Bedeutung.[22] Als Hauptstandorte alternativer Einnahmequellen der bäuerlichen Bevölkerung fingen die Bezirksstädte 50 Prozent der ländlichen Migranten auf. Im Vergleich zu den höheren Verwaltungsebenen von Städten und Provinzen funktionierten Bezirksstädte, die durch eine Parallelstruktur von Regierungs- und Parteiapparat gekennzeichnet waren, nach einfacheren Prinzipien.

Auf der untersten Organisationsstufe der *danwei* ermöglichten die Reformen der achtziger Jahre dem Einzelnen mehr Mobilität. Durch die Zulassung von Privatunternehmen und *joint ventures* entwickelten sich neue Organisationsformen, die sich nicht mehr in die *danwei*-Struktur pressen ließen. Der Einzelne erhielt mehr Bewegungsfreiheit, war aber auch ständig der Gefahr von Arbeitslosigkeit ausgesetzt.[23] Erstmals wurde das städtische Leben nicht mehr um die industrielle Produktion herum organisiert. Die Verbreitung von Marktstrukturen zog einheimische und ausländische Geschäfte an, löste einen sozialen Differenzierungsprozess aus und führte zu einer funktionalen Aufteilung des städtischen Raumes in Bankenzentren, Geschäftsbezirke und Wohndistrikte.[24]

Widersprüchliche Signale: Geburtenkontrolle, Mauer der Demokratie und Parteikurs Im Widerspruch zur Liberalisierung des Alltagslebens stand die Einführung einer strengen Geburtenkontrolle. Die 1979 einsetzende Kampagne zur Propagierung der Ein-Kind-Familie zielte im Grunde auf eine staatliche Kollektivierung von Entscheidungen über Geburten und Familienplanung. Die Regierung übertrug sich selbst die Entscheidungs- und Kontrollgewalt über den intimsten aller Lebensbereiche. In einem Land mit über einer Milliarde Einwohnern, von denen 800 Millionen im ländlichen Raum leben, war dies eine äußerst ambitionierte Strategie. Die Nachfolger Maos waren davon überzeugt, dass die strikte Geburtenregelung eine notwendige Maßnahme zur Flankierung ihres Reformkurses darstellte. Die Ursprünge einer Geburtenplanung (*jihua shengyu*) gehen auf die fünfziger Jahre zurück, waren aber damals von Mao scharf angegriffen worden.[25] Deng Xiaopings Reaktivierung der früheren Pläne in einer politischen Kampagne zeigte auch, dass Kampagnen weiterhin als Instrumente zur Durchsetzung von politischen Entscheidungen eingesetzt wurden. Der Geist der revolutionären Orthodoxie schien noch nicht gebrochen zu sein.[26]

Zu Reaktionen in der Bevölkerung kam es erstmals im Herbst 1978 in Beijing, als auf Wandpostern ein schnellerer Reformkurs gefordert wurde. Eine «Mauer der Demokratie» entstand entlang der Stadtmauern. Sie entwickelte sich zum Treffpunkt von Dissidenten, die auch offene Kritik an der Mao-Ära wagten.[27] Die Aktionen auf der Straße stärkten die Stellung Deng Xiaopings in den Debatten des XI. Zentralkomitees im Dezember des Jahres 1978. Sein Kurswechsel wurde nun auch von der Partei mitgetragen. In der Parteihistoriographie gelten die Beschlüsse dieses Treffens als Signal einer endgültigen Abkehr von der mit dem Großen Sprung 1958 begonnenen Phase «linker Abweichungen».[28] Auf dem ZK-Plenum wurde den vier Modernisierungen fortan höchste Priorität erteilt. Dezentralisierungsprozesse und Produktionsanreize charakterisierten die ersten Reformmaßnahmen. So wurden den Bauern höhere Abgabepreise und Privatparzellen zugesichert. Ebenso wurden für die maroden Staatsbetriebe in den Städten neue Produktionsanreize geschaffen. Eine Verwaltungsreform sollte die Effektivität des Staatsapparats verbessern.

Erste Krisen des Reformkurses, die «Vier Kardinaltugenden» und wichtige Personalentscheidungen Innenpolitisch geriet Deng Xiaoping unter Druck, als sich die Wirtschaft Mitte der achtziger Jahre zu überhitzen drohte und eine Inflation zu befürchten war. In dieser kritischen Situation meldete sich Chen Yun zu Wort und mahnte zu einer zurückhaltenderen Strategie der Anpassung. Deng Xiaoping stimmte einer Senkung des hohen Investitionsniveaus, einer stärkeren zentralstaatlichen Kontrolle über das Wirtschaftsgeschehen und der Beschränkung des Imports von ausländischem Kapital zu. Um im Reformverlauf der Parteiführung weiterhin die Kontrolle zu sichern, wurde die Bindung aller zukünftigen Politik an die «vier Kardinaltugenden» verkündet: Marxismus-Leninismus und Maoismus, den sozialistischen Weg, die demokratische Diktatur des Volkes und die absolute politische Dominanz der KPCh. Mit diesem Programm konnte Deng Xiaoping eine breite Führungskoalition aufstellen, die von erfahrenen Planwirtschaftlern wie Chen Yun bis zu den jüngeren und liberaleren Reformern reichte.

Die wichtigsten Stützen Deng Xiaopings blieben Hu Yaobang, der im Februar 1980 das Amt des Generalsekretärs der Partei und im Juli des darauffolgenden Jahres den Parteivorsitz von Hua Guofeng übernommen hatte, und Zhao Ziyang, der im September 1980 zum Staatspräsidenten ernannt worden war.[29] Während Hu Yaobang sich auf die traditionellen Themenschwerpunkte der Parteipolitik (Propaganda, Personalfragen, ländliche Entwicklung) und auf den Umgang mit den Intellektuellen konzentrierte, übernahm Zhao Ziyang die Umsetzung der landesweiten Wirtschaftsreformen und der Reformen im Finanzsektor. Zur Ausarbeitung und Überprüfung der konkreten Maßnahmen richtete er Expertengruppen beim Staatsrat ein, die sich außerhalb des regulären bürokratischen Systems bewegten und durch ihren direkten Zugang zu Zhao Ziyang an Einfluss gewannen. Zhao bemühte sich um eine weitergehende Integration der jüngeren Generation von Parteikadern in den Herrschaftsapparat und warb um ihre Unterstützung des Reformkurses. Unterstützung versprach er sich auch von den Küstenprovinzen und deren Sonderwirtschaftszonen, denen er durch eine Dezentralisierung der Finanzhoheit mehr Eigenverantwortung und Gestaltungsfreiheit ermöglichte. Zahlreiche Schlüsselfiguren auf Provinz- und Lokalebene wurden ins Zentralkomitee berufen.[30] Der Gruppe um Chen Yun gingen diese Schritte zu weit. Deng Liqun, der Leiter der Propaganda-Abteilung der KPCh, startete 1983 eine im Ton gewissermaßen neomaoistische Kampagne gegen «geistige Verschmutzung» (*jingshen wuran*). Ziele dieser Kampagne an der Parteispitze waren vor allem Hu Yaobang und Zhao Ziyang, die Deng Xiaoping von der Notwendigkeit einer raschen Ausbreitung von wissenschaftlichen Kenntnissen und technologischem Fortschritt überzeugten und auf diese Weise die ideologisch aufgeladene Kampagne entschärften. Im Frühjahr 1984 wurde Deng Liqun durch einen engen Vertrauten Hu Yaobangs ersetzt.[31]

Konkurrierende Strategien, Fraktionskämpfe und Generationenwechsel
Hinter den parteiinternen Flügelkämpfen stand nicht nur ein Machtkonflikt, sondern die Frage, inwieweit die Wirtschaftsreformen auch eine Veränderung des politischen Systems mit sich bringen müssten. Gerade diese Vorstellung ging Chen Yun und seinen Anhängern zu weit. Die von Deng Xiaoping geschaffene Reformkoalition drohte zu zerbrechen. Die Meinungsverschiedenheiten über die -Ausmaße des Reformkurses verschärften die Abgrenzung zwischen den beiden politischen Lagern in der Partei, die unterschiedliche Strategien entwickelten: Während Deng Xiaoping für eine freie Entwicklung von Marktkräften, die Entpolitisierung der Gesellschaft, eine außenpolitische Öffnung und eine hohe Wachstumsrate plädierte, beharrte sein Rivale Chen Yun auf einem geplanten, kontrollierten Wachstumskurs, größerer ideologischer Wachsamkeit und einer deutlich begrenzten Öffnung zur Außenwelt. Da es keinerlei bindende Institutionen oder Regeln gab, die die jeweiligen Programme integrieren bzw. zu einem Machtausgleich führen konnten, verlief die chinesische Politik der achtziger Jahre in Zyklen, in denen Phasen der «Lockerung» (*fang*) und der «Anspannung» (*shou*) einander ablösten. Anders als

in der Mao-Ära versuchte keiner der beiden starken Männer, den anderen auszuschalten. Ihr Konflikt trug jedoch in die frühe Reformperiode eine Atmosphäre der Instabilität hinein. Ein wachsendes Haushaltsdefizit, Korruption und Inflation verstärkten diese Tendenz zur Krise.[32] Chen Yun, dessen Fraktion am Ende der achtziger Jahre immer lauter ihren konservativeren Standpunkt vertrat, forderte wiederholt eine Phase der Konsolidierung, Einschränkung und Anpassung. Jede neue Reforminitiative führte zu einem Schlagabtausch zwischen den beiden konkurrierenden Richtungen. Die alten Strukturen des parteiinternen Machtkampfes, oft als Auseinandersetzung zwischen «zwei Linien» modelliert, waren zwar gemildert, aber keineswegs beseitigt worden.[33]

Dazu wäre auch ein schnellerer Generationenwechsel notwendig gewesen. Deng Xiaoping versuchte zwar den Einfluss der Parteiveteranen zurückzudrängen, indem er ihnen einen «freiwilligen» Ruhestand vorschlug. Um diesen Schritt zu erleichtern, rief Deng 1982 eine Zentrale Beraterkommission ins Leben, die Spitzenkadern einen allmählichen Rückzug aus der aktiven Politik ermöglichen sollte. Die Kommission verfügte zwar über keine Exekutivmacht, ermöglichte es aber, «Untersuchungen» zu veranlassen und Berichte an die Parteiführung zu liefern. Deng selbst trat 1987 als Mitglied des Politbüros und als Vorsitzender der Beraterkommission zurück und handelte mit Chen Yun aus, dass dieser seinen Posten im Politbüro aufgab, wenn er dafür den Kommissionsvorsitz erhielt. Da die Beraterkommission als Übergangsorgan für die Generation der Revolutionäre geschaffen worden war, verfügte der XIV. Parteitag 1992 nach deren Verschwinden von der politischen Bühne ihre Auflösung.

Institutionalisierungsprozesse in Partei und Staat Zu den Verdiensten der Parteiführung Deng Xiaopings gehört es, die institutionelle Routine im Partei- und Staatsapparat gestärkt zu haben. Im Gegensatz zu Mao, der willkürlich in das politische System eingegriffen hatte, entwickelten sich unter Deng Xiaoping regelmäßige Besprechungen und Verwaltungsabläufe zur Norm. So tritt seit 1977 der Parteitag turnusmäßig alle fünf Jahre zusammen. Seine Treffen gehören zu den wichtigsten politischen Ereignissen im Land, da die politischen Debatten innerhalb der Parteiführung davon beeinflusst werden, ob eine Übereinkunft rechtzeitig erreicht und dann dem Parteitag vorgestellt werden kann. Letztlich erfüllt der Parteitag mit seinen etwa 1500 Teilnehmern vor allem die Funktion eines Sprachrohrs und Legitimationsorgans von Entscheidungen, die zuvor an der Parteispitze gefällt wurden:

- Im Juni 1981 zog noch das 6. Plenum des XI. Parteitags eine Bilanz hinsichtlich des Beitrags Mao Zedongs zum chinesischen Marxismus und verurteilte seine Theorie der permanenten Revolution unter der Diktatur des Proletariats als schweren Fehler;[34]
- 1982 verkündete der XII. Kongress die Durchsetzung des Reformkurses;
- 1987 legitimierte der XIII. Kongress die Privatunternehmen;
- 1993 stimmte der XIV. Kongress verstärkten marktwirtschaftlichen Maßnahmen zu;
- 1997 rief der XV. Kongress zur Reorganisation der Staatsunternehmen auf;
- im Jahre 2002 öffnete der XVI. Kongress die Partei für Privatunternehmer.

Zudem boten die Parteitage die Gelegenheit zur Umsetzung von personellen Veränderungen an der Parteispitze und im Zentralkomitee. Im Zentralkomitee finden seit 1980 jährliche Plenumssitzungen statt. Mit der Abschaffung der Ämter des Parteivorsitzenden und seiner Vertreter wurde 1982 die Gefahr beseitigt, dass sich eine Einzelperson über die Entscheidungen der Parteigremien stellen könnte. Seitdem nimmt der Generalsekretär der Partei die Spitzenposition innerhalb der Parteihierarchie ein. Er hat gleichzeitig den Vorsitz im Parteisekretariat inne, das für die Dienstleistungen im Politbüro und im Zentralkomitee zuständig ist.

Der alle vier Jahre neu gewählte Nationale Volkskongress tritt seit Beginn der Reformära jährlich zusammen. In der Verfassung von 1982 wird er als «oberstes Organ der Staatsmacht» bezeichnet. Da seine knapp 3000 Delegierten nur zwei Wochen lang tagen, wurde seine wichtigste Aufgabe, die Gesetzesinitiative, in einen Ständigen Ausschuss verlagert, dessen Mitglieder alle zwei Monate zusammentreten und keine anderen Positionen im Staats- oder

Justizapparat bekleiden dürfen. Der Aufbau eines gesetzlichen Rahmens war ein notwendiger Schritt zur Gewinnung von Investoren aus dem Ausland und verlieh der chinesischen Innenpolitik mehr Stabilität und Voraussagbarkeit. Dennoch ist der Nationale Volkskongress heute noch weit davon entfernt, ein unabhängiges Legislativorgan zu sein. Deng Xiaoping selbst untergrub sein eigenes Projekt der institutionellen Stärkung chinesischer Politik, indem er seit Mitte der achtziger Jahre seine Macht ohne ein Amt ausübte und Hu Yaobang und Zhao Ziyang Führungsposten überließ, die nicht mit der ihnen zustehenden Autorität verbunden waren.

Die Agrarreform und ihre Folgen Rasche Erfolge zeigten sich zunächst in der Landwirtschaft. Nachdem in einem ersten Schritt zwischen 1979 und 1984 das System der Volkskommunen vollständig aufgelöst und die Agrarproduktion wieder Familienbetrieben übertragen wurde, stieg die Agrarproduktion zwischen 1980 und 1984 von 320 Millionen Tonnen Getreide auf 407 Millionen Tonnen. Die Bauern erhielten wieder das Recht, ihre Anbaupflanzen selbst auszuwählen, Land vom dörflichen Kollektiv zu pachten und ihre Ernte frei auf den Märkten zu verkaufen.[35] Die beeindruckenden Erfolge auf dem Lande bestärkten die Reformer in ihrem Kurs. Die Kommerzialisierung wurde vorangetrieben: Die bäuerlichen Pachtverträge durften nun weiterverkauft werden. Diejenigen mit viel Land konnten wieder Arbeitskräfte einstellen.

Ein kritischer Punkt wurde erreicht, als die Regierung nach 1984 ihren Reform- und Investitionseifer mehr auf die Städte konzentrierte und es den Bauern allein überließ, in die weitere Produktionssteigerung der Landwirtschaft zu investieren – oder auch nicht. Viele Bauern finanzierten mit ihren Erntegewinnen lieber einen besseren Lebensstil: Sie bauten sich Häuser und erwarben Konsumgüter. Da die städtischen Reformer nun auch erlaubten, den ländlichen Raum zu verlassen, suchten Millionen Bauern neue Verdienstmöglichkeiten in den Städten und wurden zu Wanderarbeitern. Über 100 Millionen meist junge Männer wählten in den achtziger Jahren diesen Weg und strömten in die Wachstumsmetropolen im Osten des Landes. Hinzu kam, dass der Preisanstieg der ländlichen Investitions- und Betriebsmittel (Dünger, Maschinen) die Gewinnsteigerung aus den Ernten übertraf und viele Bauern nach alternativen Einnahmequellen suchten. Die von lokalen Kreis- und Bezirksstadtbeamten geförderte Ausweitung der industriellen Produktion in den ländlichen Raum bot der Bevölkerung im städtischen Umkreis eine neue Chance. Die Expansion des Außenhandels trug darüber hinaus zu einem wachsenden Gefälle innerhalb der ländlichen Bevölkerung bei. Diejenigen, die in den Küstenregionen Früchte, Gemüse, Blumen und andere lukrative Waren für den Export produzierten, hoben sich mehr und mehr von der Masse der ärmeren Bauern im Kernland und im Nordosten ab. Da das Interesse der Regierung sich während der zweiten Hälfte der achtziger Jahre einseitig auf die Städte konzentrierte, blieben Gegenmaßnahmen aus.

Fraktionskämpfe Im Oktober 1984 beschloss ein Plenum des XII. Zentralkomitees ein Programm zur Ausweitung der Wirtschaftsreformen auf die Städte. Nach den ländlichen Erfolgen der ersten Jahre, die durch stetige Produktionssteigerungen auf dem Agrarsektor bestätigt wurden, wurde nunmehr die Umgestaltung der Städte eingeleitet. Aber auch in diesem Bereich schwächte der Widerstand der konservativen Fraktion den Reformeifer und erreichte im Januar 1987 sogar die Entmachtung Hu Yaobangs. Sein Patron Deng Xiaoping schritt nicht ein. Dass sich Hu Yaobang im Vorjahr vergeblich um den Vorsitz in der Militärkommission bemüht hatte, ließ fehlende Unterstützung an der Spitze der Volksbefreiungsarmee erkennen. Die Tatsache, dass Hu Yaobangs Absetzung außerhalb des Politbüros beschlossen wurde, dem einzigen Organ, das dazu befugt gewesen wäre, zeigt wie stark die chinesische Politik der achtziger Jahre noch von der Willkür einzelner Persönlichkeiten und weniger von einem institutionalisierten Ablauf geprägt war. Mit der Absetzung Hu Yaobangs stand die chinesische Führung wieder einmal vor einem Nachfolgeproblem.

Beide von Deng Xiaoping für diese Rolle geförderte Kandidaten wurden in den späten achtziger Jahren von seinen innerparteilichen Rivalen ausgeschaltet. Nach Hu Yaobang – um dem Geschehen vorzugreifen – fiel zwei Jahre später Zhao Ziyang den Intrigen der Chen-Yun-Fraktion zum Opfer. Der dramatische Ausgang der Studentenproteste vom Mai und Juni 1989 führte zum abrupten Ende seiner politischen Karriere.[36] Er musste die restlichen Jahre seines Lebens bis zu seinem Tod 2005 unter Hausarrest verbringen. Mit ihm gingen auch die meisten Forschergruppen unter, die zur Liberalisierung und Versachlichung des politischen Klimas in den achtziger Jahren beigetragen hatten.[37]

Wie die Schicksale Hu Yaobangs und Zhao Ziyangs zeigen, war die Reformpolitik ständig von Rückschlägen bedroht und musste durch außergewöhnliche Akte symbolischer Politik auf Kurs gehalten werden. Ein Beispiel dafür war ein letztes Eingreifen Deng Xiaopings in den Reformzyklus im Februar 1992, als der 88jährige in die Sonderwirtschaftszone Shenzhen und die angrenzende Provinz Guangdong reiste, um die Bereitschaft der chinesischen Regierung zur Fortführung des marktwirtschaftlichen Wandels und der Öffnung nach außen zu demonstrieren.[38] Außerdem wollte er mit seiner Reise in den Süden die Nachfolgediskussion zum Schweigen bringen. Solange die oberste Autorität an der Spitze der Partei noch von historisch legitimierten Veteranen des Langen Marsches ausgeübt und durch ihr Charisma beglaubigt wurde, war eine prozedural geregelte Lösung von Nachfolgefragen sehr schwierig. Erst mit dem Abgang der «alten starken Männer» von der politischen Bühne wurden solche Lösungen möglich. Dies sollte sich zeigen, als zu Beginn der neunziger Jahre Jiang Zemin erstmals die Stellung eines *primus inter pares* einnahm und nicht mehr wie Mao Zedong und Deng Xiaoping *über* den Organen der Partei- und Staatsführung stand. Erst mit ihm begann der Aufstieg der Führungsgeneration der «Technokraten».[39]

Gesellschaftliche Liberalisierung Nach Beginn der Reformperiode zog sich der Staat zunehmend aus der Gesellschaft zurück. Solange sich seine Bürger nicht gegen die offiziellen Autoritäten organisierten, wurde es ihnen freigestellt, was sie dachten, welchen Karriereweg sie wählten, wie sie ihre Freizeit gestalteten oder wen sie heirateten. Im Vergleich zur Mao-Ära bedeutete dieser staatliche Rückzug aus dem Alltagsleben einen fundamentalen Wandel. Er zählt zu den größten Erfolgen der Reformperiode. Nach Jahrzehnten der Massenkampagnen und der Versuche, einen kollektivistischen «neuen Menschen» zu schaffen, wurde in China wieder ein Privatleben ermöglicht.

Mit dem persönlichen Freiraum wuchs auch der Druck zu

individuellen Leistungen. Die Ausbildung wurde zu einem entscheidenden Kriterium des persönlichen Lebenswegs. An den Universitäten ersetzten Aufnahmeprüfungen das bisherige Empfehlungssystem und führten zu einem grundlegenden Wandel in der sozialen Zusammensetzung der neuen Studentengeneration. Nicht mehr die politischen Beziehungen in der *danwei* entschieden über den Zugang zur Hochschulbildung, sondern vor allem persönliche Fähigkeiten. Kinder der von Mao diskriminierten Intellektuellen erhielten erneut Karrierechancen. Seit 1978 wurden den nach einem Leistungssystem ausgewählten Schlüsselschulen die besten Studenten, Lehrkräfte und Ressourcen zugewiesen. Studenten und Wissenschaftlern wurden Auslandsaufenthalte ermöglicht.[40]

Die Intellektuellen, die nach 1949 ständig zur Anpassung an das kommunistische Regime gezwungen wurden, erlebten die achtziger Jahre als eine Phase der Liberalisierung. Ein typisches Beispiel ist Feng Youlan, der sein Werk nach 1949 den ideologischen Vorgaben angepasst hatte, aber nach Maos Tod seine konfuzianische Reformlehre erneut verbreiten konnte. Sein Gesamtwerk wurde in den achtziger Jahren neu herausgegeben. Noch kurz vor seinem Tod 1990 gelang ihm eine Überarbeitung seines zweiten Hauptwerks, einer erstmals 1931/34 publizierten zweibändigen «Geschichte der chinesischen Philosophie».[41] Für neue hybride Formen in der Kunst steht das «Himmelsbuch» (*Tianshu*, 1988) von Xu Bing (geb. 1955), eine Installation tausender wohlgeformter, aber bedeutungsloser Schriftzeichen auf traditionellem Holzblockdruck, die sich auf dadaistische Weise mit der chinesischen Tradition auseinandersetzen. Xu Bing emigrierte in die USA, als sich das Klima für eine experimentelle Kunst nach 1989 wieder verschlechterte, und schuf im Exil eine «New English Calligraphy», die Wörter in westlichen Sprachen mit Pinselstrichen aus der chinesischen Schreibtradition darstellt.

In den Prozess der gesellschaftlichen Liberalisierung wurden auch Chinas Religionen einbezogen. Bereits 1978 nahmen die ersten Tempel, Kirchen und Moscheen ihre religiösen Aktivitäten auf. 1982 erließ die kommunistische Führung das «Dokument 19», das den Schutz des religiösen Glaubens zur offiziellen Politik erklärte. Da der staatliche Kontrollapparat bestehen blieb, hing die

Liberalisierung im religiösen Bereich von den lokalen Regierungsvertretern ab, von denen einige an der bisherigen Unterdrückungspolitik festhielten, andere aber die Wiederbelebung von Tempeln und religiösen Festen unterstützten. Seit den frühen achtziger Jahren schrieben chinesische Wissenschaftler erstmals wieder über lokale religiöse Formen, die nun nicht mehr als «feudaler Aberglaube», sondern als «Volksglaube» bezeichnet wurden.[42] Eine eigenständige Forschungsrichtung der sino-christlichen Studien entwickelte sich aus dem wachsenden Interesse der Intellektuellen an den Religionen. Sie sucht nach der Rolle christlicher Werte im Modernisierungsprozess.

Den chinesischen Katholiken gelang es weiterhin nicht, ihre strukturelle Spaltung in Vatikantreue im Untergrund und offizieller Kirche zu überwinden. Diese Zweiteilung geht bis auf das Gründungsjahr der Volksrepublik zurück, als der Vatikan seinen drei Millionen chinesischen Gläubigen die Kooperation mit der kommunistischen Regierung verbot und viele Katholiken in die Illegalität getrieben wurden. Die von der kommunistischen Regierung 1957 gegründete Katholische Patriotische Vereinigung ernennt seitdem ohne Erlaubnis des Heiligen Stuhls eigene Priester und Bischöfe. Von einer seit Anfang der achtziger Jahre kontinuierlich steigenden Zahl der Katholiken (2001: ca. 12 Millionen) gehören mindestens die Hälfte der Untergrundkirche an.

Die Wiederbelebung religiösen Lebens betraf auch traditionell chinesische Religionen wie den Daoismus. Die 1957 gegründete Nationale Daoistische Vereinigung nahm 1980 ihre Arbeit wieder auf. 1989 legte der klösterliche *Quanzhen*-Daoismus in seinem traditionellen Zentrum, dem Baiyunguan-Tempel in Beijing, mit Ordinierungsritualen die Grundlage für eine neue Generation daoistischer Kleriker. Bis 1996 stieg ihre Zahl auf 4000 Mönche und 2300 Nonnen. Auf der Lokalebene übernahmen vermehrt verheiratete daoistische Priester des *Zhengyi*-Daoismus die Durchführung der jährlich stattfindenden Tempelfeste.[43]

Problematischer gestaltete sich aus Sicht der Regierung der Aufschwung des Islam. Alle muslimischen Glaubensrichtungen unterstanden formal der 1953 gegründeten «Chinesischen Islamischen Vereinigung» (*Zhongguo yisilanjiao xiehui*). Im Umgang mit den einzelnen Ausrichtungen machte die Regierung jedoch große Unterschiede. In Bezug auf die chinesischen Muslime im Kernland, die Hui, förderte Beijing eine Demokratisierung der lokalen Moschee-Gemeinschaften. 1987 wurde in Shandong ein «Statut für ein demokratisches Verwaltungskomitee der Moscheen» erlassen, demzufolge die Mitglieder des Leitungskomitees der Moscheen durch Wahlen ermittelt werden sollen.[44] Den muslimischen Turkvölkern im nordwestlichen Grenzgebiet Chinas wurde hingegen eine solche Eigenständigkeit verwehrt. Zudem gaben Zusammenstöße zwischen rivalisierenden Sufi-Bruderschaften (*menhuan*), die vor allem aus dem Autonomen Gebiet Ningxia gemeldet wurden, Beijing Anlass zum staatlichen Einschreiten. Sowohl von den Bruderschaften als auch von den Glaubensgemeinschaften der Moscheen wurde erwartet, dass sie sich am wirtschaftlichen Reformprozess beteiligten und Kontakte zu Institutionen und Staaten des Nahen Ostens vermittelten. Propaganda vor allem aus Pakistan und Saudi-Arabien führte allerdings im muslimischen Nordwesten dazu, dass der chinesische Islam unter den Einfluss fundamentalistischer Orthodoxien geriet und die gewaltsamen Konflikte mit der chinesischen Staatsmacht zunahmen.

Reform und Nationalitätenpolitik In den Minderheitengebieten kamen die staatlichen Reformen erst mit Verzögerung an. Für die Völker der peripheren Regionen brachten sie zunächst eine verstärkte Migration von Hanchinesen. Selbst in den als «autonom» gekennzeichneten Gebieten, in denen in der frühen Volksrepublik die Nationalitäten eine Bevölkerungsmehrheit gestellt hatten, wendete sich das demographische Verhältnis zugunsten der Han. Die Liberalisierung der achtziger Jahre ermöglichte zwar auch den Minderheiten eine Wiederbelebung kultureller Traditionen, da sie jedoch in einem immer stärker von Hanchinesen geprägten Umfeld lebten, wurde der Sinisierungsdruck zur vorherrschenden Erfahrung. Manche Neuerungen der Reformzeit gingen an den Peripherien großenteils vorbei. Staatliche Entwicklungsprogramme, internationale Hilfsprojekte und ausländische Investitionen konzentrierten sich auf Chinas Küstengebiete.[45]

Die Kontrolle über die Autonomen Gebiete sicherte sich Beijing durch das Prinzip, dem Parteisekretär der Region zugleich den Vorsitz im obersten Staatsorgan, dem regionalen Volkskongress, zu übertragen. Besonders deutlich zeigen sich die internethnischen Machtverhältnisse in der Inneren Mongolei. Dort stellen die Mongolen nicht einmal die Mehrheit der Kongressdelegierten. Da die Hanchinesen auch im Parteikomitee, in der Regierung und im Politischen Konsultativkongress dominieren, ist inzwischen die Definition der Inneren Mongolei als «Autonome Region» faktisch bedeutungslos geworden.[46]

Im Juli 1980 bescheinigte Hu Yaobang der «Autonomen Region Xinjiang» noch eine geringere separatistische Bedrohung als Tibet, da es weder eine Exilregierung noch eine vergleichbare weltweite Unterstützung gab. Für beide Minderheitenregionen schlug er eine Autonomie mit einer an die lokalen Bedingungen angepassten Wirtschaftspolitik vor. Neben der Förderung kultureller, schulischer und wissenschaftlicher Projekte sollte eine Rückführung von hanchinesischen Beamten ins chinesische Kernland die ethnischen Spannungen entschärfen.[47] Nach Hu Yaobangs Tod setzten sich jedoch in der chinesischen Lokalverwaltung diejenigen durch, die einen härteren Kurs befürworteten, um eine Unruheregion wie Xinjiang «stabil» zu halten. Konservative Lokalregierungen blockierten überall eine Umsetzung der Reformpolitik.[48]

In Tibet wurden 1978 tibetische Gefangene entlassen, Reisefreiheit für Verwandtenbesuche war zugesagt worden. 1979 lud Deng Xiaoping Gyalo Thondup (geb. 1928), einen älteren Bruder des Dalai Lama und Mitglied der Exilregierung in Dharamsala, zu Gesprächen nach Beijing ein, um über eine Rückkehr des tibetischen Oberhauptes nach Lhasa zu verhandeln. Bei einem Besuch in Lhasa sicherte Hu Yaobang den Tibetern eine Verbesserung ihres Lebensstandards und mehr kulturelle Freiheiten zu. Ein Liberalisierungsprozess begann, der dazu führte, dass 1982 eine dreiköpfige Delegation der tibetischen Exilregierung von der chinesischen Regierung in Beijing empfangen wurde. Jedoch lag die Wahrnehmung beider Seiten zu weit auseinander, um eine Einigung zu erreichen: Die Tibeter forderten eine weitreichendere Selbständigkeit, als die chinesische Seite ihnen zugestehen wollte. Ihnen schwebte eine «Ein Land, zwei Systeme»-Lösung vor, wie sie für Taiwan diskutiert wurde. Die chinesische Regierung betrachtete Tibet aber längst als «befreit», so dass ein solcher Kompromiss nicht mehr notwendig sei.[49] Nach dem Scheitern dieser ersten Dialogversuche zu Beginn der Reformära suchte der Dalai Lama in der internationalen Gemeinschaft nach Unterstützung. Im September 1987 sprach er erstmals vor dem Menschenrechtsausschuss des US-Kongresses. In seiner Rede warf er den Chinesen eine illegale Besetzung Tibets und schwere Menschenrechtsverletzungen vor.[50] Beijing reagierte entrüstet, während in Lhasa tibetische Mönche gegen die chinesische Unterdrückung protestierten. Trotz zahlreicher Verhaftungen hielten die Demonstrationen auch im Verlauf des Jahres 1988 an.

Als im Januar 1989 der Panchen Lama, das zweite religiöse Oberhaupt der Tibeter, starb, kristallisierte sich die Frage seiner Nachfolge zu einem weiteren Streitpunkt im tibetisch-chinesischen Konflikt. Sowohl die Regierung in Beijing als auch die Vertreter des Dalai Lama begannen mit der Suche nach einer Reinkarnation. Erneute Ausschreitungen in Lhasa im März führten zur Verhängung des Kriegsrechts über die Stadt. Mit der Verleihung des Friedensnobelpreises an den Dalai Lama am Jahresende erhielten die Tibeter symbolische Unterstützung durch die internationale Gemeinschaft. Umso aggressiver reagierte Beijing. Dreißig Jahre nach dem sino-tibetischen 17-Punkte-Abkommen war eine Lösung der Tibet-Problematik in weite Ferne gerückt. Durch die Unruhen in Tibet und die internationalen Initiativen des Dalai Lama sah sich China in seiner nationalen Identität und seinen strategischen Interessen verletzt und kehrte zu einer Strategie der harten Linie zurück.

Die Medienrevolution Für die chinesische Medienlandschaft brachte die Ära Deng Xiaoping eine revolutionäre Wende. Sie wurde im Mai 1978 mit der Umbenennung des zwei Jahrzehnte zuvor gegründeten Beijing TV in China Central TV (CCTV) eingeleitet. 1980 startete CCTV seine Übertragungen über das internationale Satellitensystem auf zwei Kanälen. Bis zum Jahresende hatte sich die Zahl der Fernsehgeräte von drei Millionen 1978 auf sechs Millionen Geräte verdoppelt. Ein wachsendes Informationsbedürfnis der Bevölkerung begleitete den ökonomischen Aufschwung.[51] 1983 erfolgte die Neustrukturierung des gesamten chinesischen TV-Systems. Sendestationen wurden auf allen vier Verwaltungsebenen (Nation, Provinz, Präfektur und Kreis) zugelassen. Ihre Zahl stieg innerhalb von fünf Jahren von 52 auf 422.

1978 besaßen nur etwa 2 Prozent aller chinesischen Haushalte ein Fernsehgerät, 1988 war ihre Zahl auf über 95 Prozent gestiegen. Das Ausmaß der Medialisierung der chinesischen Gesellschaft belegen Untersuchungen aus dem Jahr 2004. Danach verbrachten die Chinesen durchschnittlich drei Stunden pro Tag vor ihrem Fernsehgerät und besuchten insgesamt 20 Kanäle. Die Existenz von über 2200 Kanälen kann allerdings nicht darüber hinwegtäuschen, dass der Staat an seiner Leitungs- und Kontrollmacht festhält. Dazu wurde 1985 ein Ministerium für Radio, Film und Fernsehen (seit 2000: «Staatliche Verwaltung für Radio, Film und Fernsehen», SARFT) geschaffen. Dennoch: innerhalb weniger Jahre wandelte sich der Medienbereich vom politischen Propagandawerkzeug zum profitablen Geschäftssektor.

2. Intellektuelle Opposition und Demokratisierung als fünfte Modernisierung

Der Beginn der Reformära war aus der Perspektive der Intellektuellen durch eine Rehabilitierung der politischen Opfer der Mao-Herrschaft gekennzeichnet. Schriftsteller der vorkulturrevolutionären Zeit konnten wieder publizieren und öffentlich auftreten. Wissenschaftlern wurden Kontakte zu westlichen Kollegen gestattet. Die in den fünfziger Jahren nach sowjetischem Vorbild entstandenen Literaturorgane nahmen ihre Arbeit wieder auf. Auf die Zweigstelle des Chinesischen Schriftstellerverbandes in Guangdong, die bereits im Dezember 1977 aktiv geworden war, folgte bald das Shanghaier Büro. Kurz darauf fand das erste landesweite Verbandstreffen statt. Neue Literaturzeitschriften wurden gegründet. Die Erzählungen «Der Klassenlehrer» (*Banzhuren*) von Lin Xinwu (geb. 1942) von 1977 und «Wunden» (*Shanghen*) von Lu Xinhua (geb. 1954) gehören zu den ersten Zeugnissen einer «Wunden-» oder «Narbenliteratur» (*shanghen wenxue*), die sich kritisch mit den Folgen der Kulturrevolution auseinandersetzten und landesweit große Beachtung fand. In den nächsten Jahren folgten immer mehr Autoren diesem Beispiel.[52] Ähnlich wie zur Zeit der Vierte-Mai-Bewegung stürzten sie sich auf die neuesten intellektuellen Trends aus dem Westen: das Konzept der Postmoderne wurde ebenso übernommen wie Alvin Tofflers «dritte Welle» des postindustriellen Zeitalters. Auch die immer offenere Kritik an der Parteiorthodoxie erinnert an die radikalen Stimmen der zwanziger Jahre.

Die Regierung schien diese Entwicklung zunächst zu unterstützen, indem sie im November 1978 den Tian'anmen-Zwischenfall vom April 1976 zu einer korrekten «revolutionären Aktion» deklarierte und damit die Intellektuellen auch von ihrer ständigen Verurteilung als «Rechtsabweichler» befreite, die seit der Antirechtskampagne von 1957 immer wieder als Rechtfertigung für Verfolgungen gedient hatte. Die Gesten der Versöhnung erfolgten nicht zuletzt vor dem Hintergrund von Deng Xiaopings Verkündung der «Vier Modernisierungen» im Dezember 1978, für deren Umsetzung er die Unterstützung der Intellektuellen brauchte.

Erste Anzeichen eines Rückfalls in alte Frontstellungen wurden im April 1979 bei der Verhaftung Wei Jingshengs (geb. 1950) sichtbar.[53] Von Wei Jingsheng, einem ehemaligen Rotgardisten, stammte die Idee der Demokratisierung als fünfter Modernisierung Chinas. Er hatte sie erstmals im März auf einer Wandzeitung an der Mauer der Demokratie in Beijing vorgestellt.[54] Für Deng Xiaoping war dies eine Provokation. Dengs Konzept der Modernisierungen beschränkte sich eindeutig auf die Bereiche Wirtschaft, Militär, Wissenschaft und Bildung. Die heikle Frage eines politischen Systemwandels wurde zwar in verborgenen Zirkeln der Parteiführung konträr diskutiert, aber offiziell unmissverständlich ausgeschlossen. Entsprechend hart ging Deng Xiaoping gegen Wei Jingsheng und andere Aktivisten der Demokratiebewegung vor. Die Mauer der Demokratie wurde verboten und physisch zerstört. Wei Jingsheng verschwand unter dem Vorwand, gegenüber Vietnam Staatsgeheimnisse preisgegeben zu haben, für fünfzehn Jahre im Gefängnis. Im ganzen Land kam es unter den Intellektuellen zur Verhaftung von «Konterrevolutionären».[55]

Die Grundtendenz einer Liberalisierung blieb trotz dieses Rückschritts allerdings erhalten. Selbst unter den Parteireformern hatte sich im Herbst 1979 Widerstand gegen einen erneuten Kurswechsel formiert. Vor diesem Hintergrund wagte Liu Binyan (1925–2005) eine Wiederbelebung der kritischen Reportageliteratur, die jahrzehntelang unterdrückt worden war. In seinem Text «Menschen oder Monster?» (*Ren yao zhijian*) griff er die massive Korruption in der Kreisverwaltung in der mandschurischen Provinz Heilongjiang an.[56] Zusammen mit anderen Schriftstellern, die seit der Antirechtskampagne von 1957 unterdrückt worden waren, wurde er auf einem Treffen des Chinesischen Schriftstellerverbandes in November 1979 erneut gefeiert. Der Verband beschloss eine Neubewertung des maoistischen Prinzips, das die Literatur ganz in den Dienst von Volk und Sozialismus gestellt hatte. Seitens der Regierung wurde Chinas Schriftstellern mit der Formel der «Drei Nein» (keine Prügel, keine Demütigungen, kein «Schnappen nach kleinen Fehlern») ein neuer Gestaltungsfreiraum zugestanden. Fraglich blieb, wie sich diese geistige Liberalisierung mit dem Anfang 1980 propagierten Kampf gegen den «bourgeoisen Liberalismus» und einem Festhalten an den «Vier Grundprinzipien» (Sozialismus, Diktatur des Proletariats, Führung der Kommunistischen Partei und Marxismus-Leninismus-Mao-Zedong-Ideen) als Leitlinien vereinbaren ließ. Die offiziell sanktionierte Kritik in der Presse an satirischen Stücken, Filmen und Novellen zeigte, dass sich die Intellektuellen weiterhin auf gefährlichem Eis bewegten. So appellierten Parteifunktionäre in Zeitungen, Literaturzeitschriften und bei offiziellen Zusammenkünften an die Verantwortung von Autoren, die gesellschaftliche Wirkung ihrer Werke zu bedenken.[57]

Die neue Öffentlichkeit Angesichts des staatlichen Rückzugs aus vielen Gebieten des Gesellschaftslebens konnte sich in den achtziger Jahren ein öffentlicher Raum entfalten, in dem intellektuelle Netzwerke, literarische Salons und Studiengruppen aktiv wurden. Der Politikwissenschaftler Tang Tsou nennt diese neue Öffentlichkeit «Zonen der Gleichgültigkeit», in denen die Intellektuellen eine relative Freiheit genossen.[58] Die Liberalisierung dieser Periode bot den Intellektuellen auch die Möglichkeit, sich als Gruppe zu institutionalisieren. Philip C. C. Huang spricht von einem dritten Raum zwischen Staat und Gesellschaft.[59] Nur wenigen Gruppen gelang es, gleichzeitig auch politischen Einfluss auszuüben. Mitglieder einer neuen «demokratischen Elite»[60] konnten sich nur individuell als hochrangige Beamte in den Instituten der 1977 ins Leben gerufenen

Chinesischen Akademie für Sozialwissenschaften, als Chefredakteure von Zeitungen und Zeitschriften oder als Politikberater in den Forschungseinrichtungen des Staatsrates etablieren.[61] Gruppenaktivitäten beschränkten sich auf informelle Netzwerke. Der Wandel zur politischen Organisation gelang keinem dieser Intellektuellenzirkel. Forschergruppen, Herausgeberkomitees von Buchreihen und inoffizielle Akademien waren ständig damit beschäftigt, sich gegenüber der Staatsmacht zu behaupten. Dies erklärt auch, warum sie während der Studentenproteste des Jahres 1989 zu keiner einheitlichen Aktion zusammenfanden und den studentischen Radikalismus eher ablehnten.[62] So war zwar im Verlauf der Reformära ein neuer Typus des politisch engagierten Intellektuellen in einer neuartigen Medienwelt entstanden, dem jedoch von der kommunistischen Regierung nicht der notwendige Gestaltungsfreiraum zuerkannt wurde, um einen politischen Wandel «von unten» anzustoßen.

Die Literatur der achtziger Jahre: Chinas moderne Avantgarde? Die Literatur der späten achtziger Jahre war von besonderer Experimentierfreude geprägt. Autoren wie Ma Yuan (geb. 1953), Can Xue (geb. 1953), Su Tong (geb. 1963) oder Yu Hua (geb. 1960) wurden als «avantgardistisch» (*xianfang pai*) empfunden, obwohl sie sich keineswegs gegen das literarische Establishment wandten, sondern nur mit radikalen Erzählmethoden experimentierten. Andere Schriftsteller suchten nach alternativen Ursprüngen zur konfuzianischen Tradition und nannten sich selbst «Gruppe der nach den Wurzeln Suchenden» (*xungen pai*). Sie stammten meist aus der «verlorenen» Generation der kulturrevolutionären Jugend und waren während der langen Jahre ihrer ländlichen Verbannung in den entlegenen Gebieten Chinas mit der Kultur der Minderheitenvölker und der armen Bauern in Berührung gekommen. In manchen Romanen der 1990er Jahre fanden die beiden Stile der Experimentierenden und Wurzelsuchenden zusammen.[63]

Gao Xingjian Ein typisches Beispiel der «Wurzelsucher» ist der Roman «Seelenberge» (*Lingshan*, 1990) von Gao Xingjian (geb. 1940), dessen Hauptfigur durch entlegene Regionen reist, um exotische Sprachen und Gebräuche aufzuzeichnen. Dabei wird er auch mit seiner eigenen Identität und seiner Rolle als Schriftsteller unter einem Regime konfrontiert, das ihm die korrekten Beziehungen zwischen dem geschriebenen Wort, der Wahrheit und der Realität vorschreibt.[64] Gao Xingjian trat in den achtziger Jahren auch als innovativer Verfasser von Dramen hervor, die stark vom modernen westlichen Theater geprägt waren.[65] Sein Stück «Die Bushaltestelle» (*Chezhan*) von 1983 ist eines der ersten chinesischen Beispiele des absurden Theaters.[66] In Anlehnung an Samuel Becketts «Warten auf Godot» erzählt es die Geschichte von Menschen, die zehn Jahre lang auf einen Bus warten, der nie kommt. Aus der Sicht der chinesischen Regierung war Gao Xingjian eine kontroverse Figur. Die experimentelle Art seiner Werke war den kommunistischen Autoritäten suspekt, inhaltlich erschienen sie ihnen zu gesellschaftskritisch. Daher verließ Gao Xingjian 1987 seine Heimat; er lebt seither in Paris. Internationale Anerkennung für sein Werk erhielt er im Jahre 2000 durch die Verleihung des Nobelpreises für Literatur, mit dem erstmals ein chinesischer Schriftsteller ausgezeichnet wurde.[67]

Kritische Stimmen und Innovation: Rock, Pop und Film Eine in den achtziger Jahren aufkommende chinesische Rock- und Popszene spiegelt sowohl die Öffnung Chinas gegenüber der westlichen Kultur als auch die Suche nach neuen Ausdrucksformen für gesellschaftskritische Botschaften. So forderte die Rockmusik mit ihren Liedtexten den Parteistaat heraus und warb um eine alternative Vision von Kultur und Gesellschaft. Mehrfach erhielt der Pionier und erste große Star des chinesischen Rock, Cui Jian (geb. 1961), Auftrittsverbot. Sein Song «Ich habe nichts» (*Yiwu suoyou*), den er 1986 erstmals auf einem staatlich organisierten Konzert im Arbeiterstadion in Beijing sang, wurde 1989 zu einer Leithymne der Studentenproteste. Auch danach hielt Cui Jian an seinem Anliegen fest, mit seiner Musik Individualismus und Gesellschaftskritik fördern zu wollen.[68] Kritiker der jungen chinesischen Rockszene verunglimpften sie als «Rowdytum» (*liumang*).[69] Da die Musiker auf dem Festland ständigen Repressalien ausgesetzt waren, kamen viele der frühen Stars aus Hong Kong und Taiwan. Cui Jian und andere Musiker waren zudem gezwungen, im Ausland zu produzieren. Als Pop- und Rockmusik in China immer mehr Anhänger unter der Jugend gewann, meldeten sich selbst aus den Reihen der etablierten Kultur kritische Stimmen zu Wort. Auf einem Seminar über zeitgenössische Kultur brachte 1990 ein Mitglied des Shanghai Philharmonic Orchestra diese skeptische Haltung deutlich zum Ausdruck:

> «Die Bourgeoisie des Westens bedient sich der Popmusik, um ihre Lebenseinstellung und ihr Wertesystem zum Ausdruck zu bringen. Wir sollten niemals diese [Gefahr] unterschätzen. Unsere ausländischen Feinde haben auch nicht für einen Augenblick vergessen, dass Musik das Denken der Menschen beeinflussen kann.»[70]

Zur neuen Generation des chinesischen Films in den achtziger Jahre gehört «Gelbe Erde» (*Huang tudi*) des Regisseurs Chen Kaige (geb. 1952), ein Streifen, der 1985 auf dem internationalen Filmfestival in Hong Kong gezeigt wurde. Er erzählt von der Konfrontation eines jungen, idealistischen Soldaten der Roten Armee Anfang der vierziger Jahre mit der Armut und tief verwurzelten Traditionen des dörflichen Lebens. Mit dem internationalen Erfolg dieses Films begann der Durchbruch des *chinesischen* Films zu einem eigenständigen Genre. Er zeigt auch die enge Verbindung dieser fünften Generation von Filmemachern mit Chinas Öffnung zur Außenwelt.[71] Die Jahre zwischen 1985 und 1989 stellten künstlerisch eine der innovativsten Phasen der chinesischen Filmgeschichte dar. Die Erfahrungen der jungen Filmemacher als Rotgardisten während der Kulturrevolution, in der sie zunächst gegen Eltern und Lehrer rebelliert, dann aber durch ihre Verbannung aufs Land eine völlige Desillusionierung erlebt hatten, schlugen sich auch in ihren späteren Filmen nieder. Typisch für diese Generation des chinesischen Films war allerdings die geringe Resonanz im eigenen Land.[72] Mit «Rotes Kornfeld» (*Hong gaoliang*), dem Debütfilm von Zhang Yimou (geb. 1951), der bei der Berlinale 1988 den Goldenen Bären gewann, begann zugleich das Ende der Filme der fünften Generation. Die staatliche Zensur zwang ihre Regisseure zur Anpassung, in den Untergrund oder ins Exil.

Geschichtsinterpretation und konfuzianische Renaissance Zu den kulturellen Bereichen, die weiterhin der staatlichen Kontrolle unterstanden, gehörte die Interpretation der Geschichte. Der Spielraum der professionellen Geschichtsschreibung schien begrenzt zu bleiben. Ein Generationenwechsel fand sehr zögerlich statt. Dennoch machte sich auch ein Gefühl des Neuanfangs breit.[73] Jahrzehntelang verfolgte Historiker wurden rehabilitiert und renommierte Fachzeitschriften wie die «Historischen Forschungen» (*Lishi yanjiu*) wieder herausgegeben oder neu gegründet. Mit Hilfe eines entdogmatisierten Marxismus versuchten sich Historiker in die öffentliche Diskussion der achtziger Jahre um Politik und Moral einzubringen. Enzyklopädische Großprojekte – wie die von Bai Shouyi (1909–2000) herausgegebene zwölfbändige «Geschichte Chinas» (*Zhongguo tongzhi*) – übertrugen den neuen theoretischen Standpunkt des «Sozialismus chinesischer Prägung» auf das Geschichtsbild.[74] Eine jüngere Generation suchte hingegen im Westen nach neuen theoretischen Impulsen. Der Soziologe Max Weber und die französische «Annales»-Schule stießen bei ihnen auf großes Interesse. Eine besondere Rolle spielte Li Shu (1912–1988), der seit den späten fünfziger Jahren wiederholt kritisiert worden war, nun aber zu einer Neubewertung der Geschichte aufrief. Revolution und Gewalt lehnte er entschieden ab und forderte eine «Rettung des Staates» (*jiu guo*) auf einem erzieherischen, wissenschaftlich fundierten und pragmatischen Weg von Reformen. Er gehörte nicht nur wie viele Schriftsteller und Filmemacher zu den «Wurzelsuchern», sondern trat als Begründer der die achtziger Jahre prägenden «neuen Aufklärung» (*Xin qimeng zhuyi*) hervor.[75] Seine Arbeiten beeinflussten auch Geschichtsinterpreten aus dem nicht-akademischen Bereich wie die Autoren der einflussreichen sechsteiligen Fernsehserie «Elegie des Flusses» (*Heshang*), die erstmals im Juni 1988 ausgestrahlt wurde. In Gestalt einer historischen Erzählung lieferte *Heshang* ein Gegenbild zur offiziellen revolutionären Nationalgeschichte und beschrieb mit der Symbolik des Gelben Flusses und der Großen Mauer die chinesische Kultur und Geschichte als brutal und tyrannisch. Der stagnierenden chinesischen Kultur stellten Su Xiaokang (geb. 1949) und Wang Luxiang (geb. 1956), die beiden Autoren der Serie, eine dynamische westliche Zivilisation gegenüber, die sich durch Wissenschaft und Demokratie weltweit verbreitet hat. Den historischen Ursprung dieses Gegensatzes legten sie ins 15. Jahrhundert zurück:

> «Für die gesamte Menschheit war das 15. Jahrhundert ein extrem kritisches Zeitalter. Sie begann, ihren Blick von den Kontinenten bis zu den Meeren auszuweiten. Die Geschichte gab dem Orient und dem Okzident eine faire Wahlchance.»[76]

Damit wurde erstmals mit den Mitteln der chinesischen Massenmedien das offizielle Geschichtsbild öffentlich kritisiert und als Gegenentwurf eine erfolgreiche Modernisierung Chinas an Globalisierung und Demokratisierung gebunden.[77]

Weniger problematisch aus der Sicht des Staates war die Renaissance des Konfuzianismus nach 1978. Die Forschung widmete sich einer intensiven Aufarbeitung verschiedener Themenbereiche von der klassischen Philologie bis zur modernen Deutung des Konfuzianismus als Philosophie. Die Werke von Feng Youlan und anderen Neukonfuzianern des frühen 20. Jahrhunderts wurden wieder entdeckt, neu publiziert und diskutiert.[78] Die 1984 ins Leben gerufene offizielle Konfuzius-Stiftung bemühte sich um Kontakte zu Chinesen auf Taiwan und in Übersee. Das wachsende Interesse am Konfuzianismus war Teil des Versuchs, mit Hilfe der traditionellen Kultur der Volksrepublik eine eigenständige, spezifische und souveräne Identität zu verleihen und Chinas Anspruch auf eine Großmachtstellung auch kulturell zu unterstreichen. Wie keine andere Figur der chinesischen Geschichte symbolisiert Konfuzius auch aus westlicher Sicht die traditionelle Kultur Chinas.[79] Bei ihrer Werbung um ausländische Investoren griff die Regierung daher auf diese positiv besetzte Ikone aus dem Altertum zurück, die den Europäern seit der Vermittlung durch die Jesuitenmissionare der frühen Neuzeit geläufig war. Der Konfuzianismus erlebte in der Reformära eine Neubewertung, die ihn nicht mehr als verstaubtes Relikt vergangener Jahrhunderte und Negativfigur kommunistischer Rechtgläubigkeit verurteilte, sondern ihm erstmals einen Rang als identitätstiftendes Kulturerbe zugestand.[80]

3. Das Jahr 1989: Eine bittere Zäsur

Von der Trauer zum Protest Mit dem plötzlichen Tod Hu Yaobangs auf einer Politbürositzung am 15. April 1989 verlor das Land einen der wichtigsten Förderer politischer und intellektueller Liberalisierung innerhalb des autoritären Regimes. In Demonstrationen entluden Studenten und Intellektuelle in der Hauptstadt ihren Schmerz über dieses betrübliche Ereignis. Ihre Trauerbekundungen schlugen in Kritik an der Regierung um.[81] Eine weitere Eskalation erfolgte, da die Parteiführung die Ereignisse auf der Straße als staatsfeindliche Aktion interpretierte. Die Kritik der Demonstranten richtete sich gegen die wachsende Korruption und Inflation. Sie forderten eine freiere Presse und mehr Demokratie. In der Weltpresse wurden die Proteste daher als «Demokratiebewegung» bezeichnet. Die Forderungen zeigten, wie sehr sich die chinesische Gesellschaft in den achtziger Jahren verändert hatte. Die wirtschaftlichen Freiräume und Konsumangebote hatten die Menschen unabhängiger und selbstbewusster gemacht. Chinas Städter waren nicht mehr bereit, vom Staat nur als Teil der «Massen» behandelt zu werden; sie forderten als Staatsbürger neben Pflichten auch Rechte. Daher schloss sich im Frühjahr 1989 auch ein Teil der Stadtbevölkerung den Studentenprotesten an.

Machtkampf an der Parteispitze Die Studentendemonstrationen hatten unmittelbaren Einfluss auf die Machtverhältnisse innerhalb der Parteiführung. Nach dem Tode Hu Yaobangs war sich Zhao Ziyang der Gefahr seiner Marginalisierung durch eine konservative Mehrheit um Chen Yun deutlich bewusst. Zunächst waren seinen Kontrahenten durch den gleichzeitig stattfindenden Staatsbesuch des sowjetischen Präsidenten Michail Gorbatschow (geb. 1931) – eine sensationelle Wende in den Beziehungen zwischen den lange verfeindeten früheren «Bruderländern» – die Hände gebunden. Ein Führungswechsel war daher ebenso ausgeschlossen wie ein hartes Durchgreifen gegen die Demonstranten auf dem Tian'anmen-Platz. Die Verkündung des Kriegsrechts am 19. Mai konnte Zhao nicht verhindern. Dennoch bemühte er sich gegenüber den Hardlinern in den eigenen Reihen und den

Demonstranten um Beschwichtigung. Ein Bündnis alter Kräfte gewann jedoch die Oberhand. Angesichts des beispiellosen Ausmaßes der Demonstrationen, die vor den Augen der internationalen Medien vonstatten gingen, fürchteten sie um ihre privilegierte Stellung. Aus diesen Reihen entlud sich die Kritik am Beschwichtigungskurs Zhao Ziyangs. Da sich gleichzeitig die Unterstützung der Demonstranten von der städtischen Bevölkerung auch auf Mitglieder von Partei und Armee ausweitete, befürchteten sie ihren totalen Machtverlust und warnten vor dem Ausbruch eines Bürgerkrieges. Als «konterrevolutionäre Rebellion» wurde die Bewegung schließlich in der Nacht zum 4. Juni von Soldaten der Volksbefreiungsarmee blutig niedergeschlagen. Wie viele Menschen dabei getötet wurden, bleibt unklar. Offizielle Angaben sprechen von etwa 200 Opfern, inoffiziell wird von mehreren Tausend Toten ausgegangen.[82]

Reaktionen auf das Massaker In der Weltöffentlichkeit änderte sich durch den Militäreinsatz das Bild der Deng-Xiaoping-Ära schlagartig: Deng Xiaoping wurde nicht mehr als Reformer und Modernisierer bewundert, sondern zum rückschrittlichen Autokraten und brutalen Mörder erklärt. Internationale Sanktionen folgten. In China selbst hatte die Parteiführung die Unterstützung und das Vertrauen der städtischen Bevölkerung verloren. Selbst innerhalb des Staatsapparates herrschten Frustration und Bitterkeit, da die Kritik der Studenten an der Korruption auch dort weithin auf Zustimmung gestoßen war. Die Reaktionen auf dem Lande sind schwer einzuschätzen. Die Tian'anmen-Demonstrationen von 1989 waren ein städtisches Phänomen gewesen. Chinas Bauern blieben unbeteiligt und konnten sich aus den offiziellen Medien nur ein einseitiges Bild von den Ereignissen machen, das ihnen die Gefährdung des öffentlichen Lebens und die Gewalt der Demonstranten gegenüber den Sicherheitskräften und Soldaten zeigte, von denen viele Bauernsöhne waren.

Deng Xiaoping kündigte kurz nach der gewaltsamen Niederschlagung der Demonstrationen eine mehrjährige Periode der «Stabilisierung» an und rief die Partei zur Verbesserung ihrer Beziehungen zum Volk auf.[83] Chen Yuns Protegé Li Peng, seit 1988 Premierminister und im Frühsommer 1989 ein Hauptvertreter der harten Linie, wurde im Amt bestätigt. Neuer Generalsekretär der Partei wurde Jiang Zemin, der ehemalige Bürgermeister von Shanghai. Gemeinsam sollten diese beiden die chinesische Politik von 1989 bis 1994 bestimmen. Der Einfluss der Parteiveteranen im politischen System blieb weiterhin bestehen. So suchte Jiang Zemin bei Deng Xiaoping Unterstützung für seinen politischen Kurs. Letztlich waren zwischen April und Juni 1989 alle wichtigen Entscheidungen von den Veteranen und weniger von den formalen Amtsinhabern in Partei und Regierung gefällt worden. Ihre Stütze war das Militär, auf das sie durch ihr eigenes Organ, die Militärkommission, zurückgreifen konnten.[84] Noch reichten die Institutionalisierungs- und Regulierungsprozesse, denen auch die Armee im Zuge der Vier Modernisierungen unterzogen wurde, nicht aus, um Machtmissbrauch zu verhindern. Die Umbesetzung der regionalen Oberkommandoposten von 1990 sollte der politischen Führung auch für die nächsten Jahre die Loyalität und Empfänglichkeit der Armeeführung für Befehle aus Beijing sichern.[85]

Sieg des Neoliberalismus? Wang Hui, einer der scharfsinnigsten gesellschaftskritischen Intellektuellen und seit 1996 Mitherausgeber der einflussreichen Zeitschrift *Dushu* («Lesen»),[86] bezeichnete 1997 die Ereignisse von 1989 im Rückblick als Kennzeichen einer entscheidenden Übergangsphase. Der Reformkurs der achtziger Jahre habe zwar zu einer Differenzierung der chinesischen Gesellschaft geführt, ihm fehle aber eine theoretische Grundlage. Dies habe zur Eskalation im Frühjahr 1989 beigetragen, bei der ein neoliberales Bündnis von Parteikadern und Kapitalisten sich zur gewaltsamen Unterdrückung der sozialen Protestbewegung zusammengeschlossen habe.[87] Den liberalen Intellektuellen warf Wang Hui vor, keine eigenen, China angemessenen Konzepte der Modernisierung entwickelt zu haben. Diese kritisierten im Gegenzug Wang Hui als «neuen Linken».

Solche Debatten gehören aber erst in die Periode der späten neunziger Jahre. Für Chinas Intellektuelle bedeutete der «4. Juni» (*liu si*) einen tiefen Schock. Die erste Reformdekade war abrupt durch diese Ereignisse beendet worden. Der von dem Astrophysiker und Verfechter chinesischer Demokratisierung, Fang Lizhi,

1986 geforderte «Geist der Unabhängigkeit» wurde wieder aus vielen kulturellen und akademischen Bereichen verdrängt.[88] Aufrechterhaltung von Stabilität um jeden Preis war für die nächsten Jahre die offizielle Devise, der auch das intellektuelle Leben unterworfen wurde.[89]

AURORA

V. China im Übergang zum «Kapitalismus»

Deng Xiaopings Reise nach Südchina leitete 1992 eine zweite Reformdekade ein. Ihr Übergangscharakter wird in den unterschiedlichen Begriffen deutlich, mit denen diese Periode in der Literatur charakterisiert wird: «unvollendeter Staatssozialismus», «Kapitalismus chinesischen Charakters», «konfuzianischer Leninismus», «kapitalistischer Sozialismus» oder «Nomenklaturkapitalismus».[1] Ökonomen und Soziologen hatten einen besonderen chinesischen Weg des Kapitalismus zunächst in Hongkong, Taiwan und in der chinesischen Diaspora in Südostasien festgestellt. Nun wurde dieses Modell auf die Volksrepublik übertragen.[2] Allerdings blieb diese Interpretation nicht unumstritten, zumal sie die Eigenarten des chinesischen politischen Systems nur am Rande berücksichtigte. Der Politikwissenschaftler Pei Minxin spricht lieber von einer «Entwicklungsautokratie».[3] Ähnlich argumentiert Yan Jiaqi, der die autoritäre Herrschaft als zentrales Strukturmerkmal der chinesischen Politik darstellt, die das gesamte 20. Jahrhundert bestimmt habe.[4] In China wurde seit 1991 in den Medien eine Debatte über die Charakterisierung des Reformkurses als Sozialismus oder Kapitalismus geführt. Deng Xiaoping lehnte solche ideologischen Debatten als «Formalismus» (*xinshi zhuyi*) ab. Er sah die Rede vom «Kapitalismus» als einen propagandistischen Trick von «linken» Kräften, die er als Hauptgefahr innerhalb der Partei betrachtete.[5]

Neuere Studien zeigen, dass besonders in den südchinesischen Küstenregionen die kapitalistischen Entwicklungstendenzen von überseechinesischen Netzwerken beeinflusst wurden.[6] Daraus ergaben sich erhebliche regionale Entwicklungsunterschiede. Ein wichtiges Kriterium war die Verbreitung der Privatwirtschaft in einer Region. Sie war zum Beispiel in der Stadt Wenzhou (Provinz Zhejiang) in den neunziger Jahren bereits weit fortgeschritten; in vielen nordchinesischen Städten dominierten gleichzeitig kollektive und staatliche Organisationen weiterhin das Leben der Menschen. Der regional unterschiedliche Aufstieg einer neuen Generation von «Kapitalisten» spiegelt den dezentralen Charakter dieser Phase wider. Standen die achtziger Jahre noch deutlich unter dem Leitprinzip der «Vier Modernisierungen», so verliert sich mit der Zunahme der Akteure das einheitliche Bild. Es ging nicht mehr nur um Strategien der Parteiführung, die überall an der Basis durchgesetzt werden. Die wirtschaftliche Entwicklung in Richtung Markt- und Konsumgesellschaft brachte auch eine regionale Eigendynamik hervor,[7] die zusammen mit einer «Umarmung» des globalen Kapitalismus die chinesische Führung zu Reformen des politischen Systems veranlasst haben.[8] Eine wichtige Voraussetzung dafür war das Ausscheiden der letzten revolutionären Parteiveteranen Mitte der neunziger Jahre.

Bereits seit Mitte der achtziger Jahre veränderte sich die personelle Zusammensetzung des Partei- und Staatsapparats in drei wesentlichen Punkten: Erstens stammten die Führungskader in Beijing nicht mehr vorwiegend aus Guangdong oder dem Landesinneren (Sichuan, Hunan, Shanxi), sondern aus den Provinzen an der Ostküste, wo die Reformpolitik begonnen hatte. Ihre persönliche Karriere basierte folglich auf dem Erfolg der Modernisierungs- und Öffnungsstrategien. Zweitens drangen in die Provinzleitungen immer häufiger Personen vor, die aus der Provinz selbst stammten und sich besonders gut mit den lokalen Verhältnissen auskannten. Drittens verfügte die neue politische Führungsgeneration über einen breiteren Bildungshorizont. Sowohl Sozialwissenschaftler als auch Juristen, Finanzexperten und Ökonomen nutzten die Chancen einer politischen Karriere. Allerdings zeigt sich, dass zum Aufstieg in die staatlichen Machtkreise weiterhin familiäre Beziehungen von großem Nutzen waren. Informelle Strukturen prägten nach wie vor die chinesische Politik und führten zur Bildung von politischen Gruppierungen. Da durch die Veränderung der personellen Strukturen die Politik pragmatischer und offener wurde und die Ideologie stärker in den Hintergrund trat, konnten die informellen Gruppen ihre jeweiligen Strategien (Wachstum oder Stabilität, radikale Privatisierung oder vorsichtige Marktwirtschaft) als Wahrung des öffentlichen Interesses propagieren.[9]

In den neunziger Jahren erlebte China die freie Entfaltung der Konsumgesellschaft. Die Folge war ein dramatischer Anstieg sozialer Gegensätze. Bis 1978 gehörte China noch zu den egalitärsten Gesellschaften der Welt. Im Zuge des Reformprozesses verkehrte sich dies ins Gegenteil. Zwar fiel die Armut in den ländlichen Regionen zwischen 1978 und 1998 von 30 Prozent auf 5 Prozent, jedoch nahm der Abstand zwischen der armen Landbevölkerung und den reichen Städtern in den Metropolen der Küste zu.[10]

Neben den regionalen und sozialen Gegensätzen kam es im Verlauf der neunziger Jahre auch zunehmend zu Konflikten zwischen der Zentralregierung und ihren lokalen Repräsentanten. Der von Beijing im Reformprozess zugestandene Freiraum für lokale Eigeninitiative wurde oft zur Umgehung von Gesetzen missbraucht. Mit seinen hohen Wachstumsraten gewann China in den letzten beiden Jahrzehnten internationale Anerkennung, doch dürfen bei einer Analyse dieser Periode die negativen Folgen für die Gesellschaft und die Umwelt nicht übersehen werden.

1. Machteliten zwischen Herrschaftstradition und Neuanfang

Jiang Zemin, der politische Manager des Übergangs Der neue Mann an der Staatsspitze nach der Tiananmen-Tragödie war Jiang Zemin. Als Generalsekretär der KPCh brachte er eine neue Generation von Führungskadern in die Politik, die nicht mehr auf die revolutionären Erfahrungen ihrer Vorgänger zurückblickte, besser ausgebildet war und sich auf der internationalen Bühne zu bewegen wusste. Jiang Zemin repräsentierte den Typus des Technokraten, dessen Auftreten bei der Bevölkerung nicht mehr emotionale Begeisterung auslöste, wie dies noch Hu Yaobang oder Zhao Ziyang gelungen war.[11] Der Soziologe Zang Xiaowei sieht im Aufstieg von Technokraten eine Erklärung für die Reduzierung von Konflikten innerhalb der politischen Elite. Die Manipulation durch persönliche Beziehungen sei fortschreitenden Prozessen der Institutionalisierung gewichen. Gleichzeitig ließen sich durch die wachsende Dominanz von Technokraten auch gesellschaftliche Forderungen nach Demokratie unterminieren.[12]

Jiang Zemin gehörte allerdings in diesem Veränderungsprozess der Personalstruktur noch zu einer Übergangsgeneration. Der Aufbau informeller Beziehungen innerhalb des Parteiapparats war für ihn notwendig, um nach dem Ausscheiden seines Mentors Deng Xiaoping politisch zu überleben. In den ersten Jahren vermied es Jiang, die beiden Patrone Deng Xiaoping und Chen Yun zu provozieren. Er hielt sich mit seinen politischen Äußerungen zurück, um die Konservativen in der Parteiführung nicht zu reizen. Erst als Deng Xiaoping 1992 eine neue Reforminitiative startete, befürwortete Jiang Zemin deutlich eine Beschleunigung des Reformprozesses. Von dem starken Einfluss Deng Xiaopings konnte er sich nach wie vor nicht lösen. So war es Deng, der kurz vor seinem Tod die Nachfolge Jiang Zemins bestimmte. Mit seiner Entscheidung für Hu Jintao (geb. 1942) ebnete er einer vierten Generation von Partei- und Staatsführern den Weg.[13]

Deng Xiaopings letzte Wegweisungen und die Wiederbelebung der Reformpolitik Deng Xiaoping nutzte den XIV. Parteitag im Herbst 1992 und den Nationalen Volkskongress des nachfolgenden Frühjahrs zur Wiederbelebung des Reformprozesses und stellte die Marktwirtschaft in den Mittelpunkt dieses Neuanfangs. Dengs Reise in den Süden des Landes im Frühjahr des Jahres hatte zu einer Explosion wirtschaftlicher Aktivitäten geführt.[14] Die südchinesischen Lokalbehörden nutzten die Wirkung seiner Auftritte in der Region und erhöhten ihre Investitionen und Kooperationen. Einzelpersonen suchten nach Möglichkeiten, durch die Gründung eigener Unternehmen Geld zu verdienen. Man sprach damals vom «Sprung ins Meer» (*xia hai*), wenn Angehörige anderer Berufsfelder sich wirtschaftlich zu engagieren begannen. Die Regierung gestattete ausländischen Firmen, in neue Bereiche (Versicherungen, Rechtswesen, Einzelhandel) des chinesischen Marktes zu investieren. Chinas Wirtschaftswachstum erreichte jährliche Steigerungsraten von durchschnittlich 13 Prozent. Gleichzeitig nahm Zhu Rongji (geb. 1928) den Kampf gegen die negativen Folgen der Reformpolitik auf. Er war 1992 vom Bürgermeister der Metropole Shanghai (1987–1991) zum stellvertretenden Ministerpräsidenten aufgestiegen. Ihm gelang der schwierige Drahtseilakt der Bekämpfung der Inflation ohne Beeinträchtigung des Wirtschaftswachstums. Im Jahre 1997 erlebte China ein starkes Wachstum bei niedriger Inflation und konnte verhindern, in die Finanzkrise hineingezogen zu werden, die viele andere Länder Asiens traf.

Chinas erster friedlicher Machtwechsel Jiang Zemin nutzte die letzten Jahre Deng Xiaopings, als dieser bereits körperlich geschwächt war, um seine Rivalen innerhalb der Parteiführung auszuschalten. Günstig war für ihn, dass Chen Yun im April 1995 starb. Mit dem Tod Deng Xiaopings im Februar 1997 endete die Ära der großen Männer in der chinesischen Politik. Seitdem dominiert ein kollektiver Führungsstil. Im weiteren Verlauf der neunziger Jahre bildeten Jiang Zemin, Li Peng, Zhu Rongji und Qiao Shi eine relativ harmonische Spitzenmannschaft. Als zu Beginn des Jahres 1998 der älteste unter ihnen, Qiao Shi, als Vorsitzender des Volkskongresses in den Ruhestand versetzt wurde, übernahm Li Peng dieses Amt. Zhu Rongji stieg zum Ministerpräsidenten auf. Erstmals in der Geschichte der Volksrepublik China fand an der Führungsspitze ein personeller Wechsel auf verfassungsmäßigen Grundlagen statt. Die drei Mitglieder der Kerngruppe verfügten nicht mehr über einen unumschränkten persönlichen Einfluss, wie ihn nach Mao auch noch Deng Xiaoping ausgeübt hatte. Zwar waren der Dynamik auf der politischen Entscheidungsebene noch nicht die institutionellen Grenzen gesetzt, um Seilschaften und informelle Absprachen auszuschließen, doch fehlte dem neuen Führungsteam die Kohärenz der alten Revolutionäre, die auf einer jahrzehntelangen Zusammenarbeit beruht hatte. Die Parteiführung hatte die politische Polarisierung in zwei konkurrierende Fraktionen aus der Deng-Xiaoping-Ära überwunden. Im November 2002 erlebte die Volksrepublik China ihren ersten friedlichen und rechtzeitigen Machtwechsel, als Hu Jintao das Amt des Generalsekretärs übernahm und im März 2003 zum Präsidenten der Volksrepublik gewählt wurde. Es folgte eine neue Reforminitiative, bei der die Bewältigung der im bisherigen Entwicklungsprozess entstandenen Probleme in den Vordergrund rückte. Das Maßnahmenpaket beinhaltete eine Reform der Staatsunternehmen, die Säuberung des Bankensystems, eine Stabilisierung der ländlichen Einkommen und die Förderung eines raschen Wachstums des Privatsektors sowie Bemühungen um die Aufnahme in die Welthandelsorganisation (WTO).

Zu diesem Zeitpunkt gehörte Hu Jintao ein Jahrzehnt der Parteiführung an. Nach seiner Aufnahme in den Ständigen Ausschuss des Politbüros im Jahre 1992 hatte er sich vor allem wirtschaftlichen und außenpolitischen Fragen gewidmet. Er galt als fähiger, hart arbeitender, auf Konsens bedachter Mann, der es geschickt vermied, Ressentiments zu erzeugen oder sich Feinde zu schaffen. Seinem weitreichenden Beziehungsnetz gehörten zahlreiche – inzwischen einflussreiche – Kommilitonen aus seiner Studienzeit an der Qinghua-Universität an. Als Mann des Apparats sah er seine Rolle in der Konsolidierung der Parteiideologie und in einer Stabilisierung des Herrschaftsanspruchs der KPCh.[15] Entsprechend setzte Hu Jintao bei seinen ersten politischen Maßnahmen auf eine Stärkung der Disziplin in Partei, Staat und Gesellschaft. Er initiierte mehrere Kampagnen, die sich gegen neoliberales ökonomisches Denken und regierungskritische Intellektuelle richteten und betonte die «fortschrittliche Natur» der eigenen Partei.[16]

Seinem Vorgänger Jiang Zemin fiel der (von ihm selbst versprochene) Rückzug schwer. Er setzte eine Erweiterung der Mitgliederzahl im Ständigen Ausschuss des Politbüros von sieben auf neun durch, um dort über eine Mehrheit aus eigenen Vertrauensleuten zu verfügen. Gleichzeitig ließ Jiang sich noch einmal als Vorsitzender der mächtigen Militärkommission bestätigen. Wie unterschiedlich der Regierungsstil von Jiang Zemin und Hu Jintao bereits war, verdeutlichte ihr Verhalten gegenüber der SARS-Krise im Frühjahr 2003, als die weltweite Verbreitung der «Vogelgrippe» von China ausging. Während Jiang Zemin den traditionellen Weg der Verschleierung von Problemen und von Fakten wählte, verpflichteten sich Hu Jintao und Wen Jiabao (geb. 1942) zum offenen Umgang mit der Epidemie und unternahmen ernsthafte Maßnahmen, um sie unter Kontrolle zu bringen. Auf diese Weise gewannen sie großes Ansehen bei der Bevölkerung. Zudem zogen sie für das unmittelbare Krisenmanagement Vertraute des früheren Ministerpräsidenten Zhu Rongji, der 2003 sein Amt aus Altersgründen aufgegeben hatte, heran und nicht Leute aus dem Umkreis von Jiang Zemin. Dennoch blieb die Rolle Jiang Zemins im politischen System weiterhin unklar und trug zur Gefahr einer erneuten offenen Spaltung innerhalb der Parteiführung bei. Dies zu verhindern war der Zweck der jährlichen informellen Arbeitskonferenzen, die seit den achtziger Jahren im nordchinesischen Badeort Beidaihe stattfinden. An ihnen nehmen neben den Mitgliedern des Politbüros auch die Leiter der wichtigsten Abteilungen des ZK und der Ministerien sowie die führenden Köpfe der Regierungen in der Zentrale und den Provinzen teil. Diese sommerlichen Treffen dienen der Diskussion und Ausarbeitung von Strategien und Entscheidungen, die später auf formellem Wege in den jeweiligen Gremien beschlossen werden.

Da die neue Regierungsmannschaft um Hu Jintao und Wen Jiabao im Gegensatz zur Politikergeneration der revolutionären Phase den Status der KPCh als Regierungspartei nicht mehr als unanfechtbar betrachtete, brachte sie in den politischen Diskurs populistische Konzepte und Strategien ein und verkündete die Devise, «die Partei zum öffentlichen Wohl aufbauen und das Volk an die erste Stelle setzen». Um dies zu unterstreichen, initiierte die Regierung 2004 eine Kampagne zum «Aufbau einer harmonischen sozialistischen Gesellschaft», deren Ziel die Entschärfung von Konflikten zwischen den Bevölkerungsgruppen war. Als Kriterien einer harmonischen Gesellschaft nannte Hu Jintao «sozialistische Demokratie, Herrschaft durch Gesetze, Gleichheit, Gerechtigkeit, Ernsthaftigkeit, Engagement und Lebhaftigkeit».[17] Chinesische Wissenschaftler sahen darin eine Schwerpunktverlagerung des Reformkurses von der Ökonomie in den ersten beiden Jahrzehnten auf den Bereich der Gesellschaft. Dazu gehörte die Schaffung eines formalen gesetzlichen Rahmens zur Regelung der Beziehungen zwischen Staat und Gesellschaft.[18] Die Rechte des Einzelnen sollten besser geschützt und Eingriffe der Regierung begrenzt werden. So konnten Chinas Bürger erstmals den Machtmissbrauch von Staatsvertretern anzeigen. Die Erfolgsrate solcher Schritte liegt inzwischen bei 40 Prozent.[19] Bis China allerdings nicht nur «mit dem Gesetz», sondern tatsächlich «durch das Gesetz» regiert wird, ist es noch ein langer Weg.

Führte das neue Harmoniebedürfnis der Parteiführung einerseits zu Demokratisierungstendenzen, so machte sich andererseits eine Rückbesinnung auf neokonfuzianische Werte bemerkbar, bei der gerade die autoritären Strukturen wiederum stärker betont wurden.[20] Ausländische Beobachter warnten zudem vor einer «Lateinamerikanisierung» der chinesischen Politik, die sie mit der Allianz zwischen Parteifunktionären und Neureichen in Verbindung brachten.[21] Allein im Jahre 2005 waren landesweit 4878 Funktionäre mit illegalen Investitionen in Höhe von 737 Millionen Yuan an Unternehmen und Kohleminen beteiligt. Kaderkorruption blieb ein zentrales Problem, das die Parteiführung zwar offiziell bekämpfte, aber nicht verhindern konnte.[22]

2. Ökonomischer Wandel und Konsumgesellschaft

Kapitalistische Weichenstellungen Bereits während der ersten Reformphase in den achtziger Jahren wurden wichtige Grundlagen für eine «kapitalistische» Entwicklung gelegt: Durch die Veränderungen der gesellschaftlichen und kulturellen Infrastruktur war ein Prozess der Kapitalakkumulation in Gang gesetzt worden. Er hatte bei den bäuerlichen Haushalten durch die Einführung von Marktkräften begonnen und zwischen 1978 und 1982 zu einem Anstieg des Anteils der bäuerlichen Einkommen am nationalen Gesamtvolumen von 4 auf 11 Prozent geführt.[23] Gleichzeitig nutzten die Lokalbehörden den neuen finanziellen Spielraum zu Investitionen in industrielle Entwicklungsprojekte im ländlichen Raum. Eine politische und ökonomische Dezentralisierung trug zur wachsenden Bedeutung der Privatwirtschaft bei. Sie erhielt 1994 mit Chinas erstem Unternehmensgesetz einen gewissen schützenden Rahmen. Die Liberalisierung der Preisbildung seit den späten achtziger Jahren förderte die Kapitalentwicklung im Land und Chinas Öffnung für ausländische Investitionen.[24] So erwirtschafteten 1999 chinesische und ausländische Privatfirmen 50 Prozent des Bruttoinlandsprodukts.[25] Nur zögerlich konnte die Privatwirtschaft allerdings in den Finanzbereich und in die Produktionsgüterindustrie vordringen. Landesweit gab es große Unterschiede bei der Ausweitung des Privatsektors. Vor allem im agrarischen Hinterland und in den unterentwickelten Westregionen behinderten korrupte Lokalbeamte den Erfolg von Privatunternehmen.[26] Im Gegensatz dazu erwiesen sich die Behörden im Osten des Landes und im Umfeld der städtischen Metropolen als enthusiastische Förderer privater Initiative.[27]

Der Aufbau marktwirtschaftlicher Strukturen gehörte zu den wichtigsten Aspekten eines umfassenden Wandels, der sich auch auf die Politik auswirkte. Der starke Rückgang staatlicher Preiskontrollen ist dafür ein Beispiel. So reduzierte sich die Produktpalette der Preiskontrollen von 141 Produkten des Jahres 1992 auf 13 Produkte des Jahres 2001. 90 Prozent aller Waren und Dienstleistungen wurden damals frei gehandelt.[28] Nur noch bei einer Reihe von Industrieprodukten (Holz, Gold, Tabak, Salz und Gas) wurden Leitlinien herausgegeben. Lokalbehörden wurden in den neunziger Jahren aufgefordert, Eigeninitiative bei der Entwicklung wirtschaftlichen Wachstums in ihrer Region zu entfalten.[29]

Der Markt entwickelte sich zunehmend zum Regulator des gesellschaftlichen Lebens. Eine neue soziale Schicht von Kapitalbesitzern gewann an sozialem und politischem Einfluss. Dennoch strebte diese Gruppe nicht nach vollkommener Autonomie, sondern suchte eine Verankerung im Staat, so dass in der Literatur oftmals von einer «symbiotischen Beziehung» zwischen Behörden und Privatunternehmern gesprochen wird.[30] Seit den späten neunziger Jahren hat die KPCh den Nutzen der Förderung von Privatkapital erkannt. Auf dem XV. Parteitag 1997 bezeichnete sie die Privatunternehmer als «wichtiges Element» der chinesischen Wirtschaft. Mit dem Erlass eines Eigentumsgesetzes erhielt die Privatwirtschaft 2007 endlich auch den notwendigen gesetzlichen Schutz.[31] Welchen Beitrag die Privatwirtschaft zur Demokratisierung des Landes leisten könnte, blieb freilich am Beginn des 20. Jahrhunderts unklar. Die Zulassung von Privateigentum auch an «Produktionsmitteln», von Markt und unternehmerischen Handlungsspielräumen hatte bis dahin nicht zur Einführung von Pluralismus, Wettbewerb und Oppositionsrechten im politischen System geführt. Die Volksrepublik war dem Vorbild Taiwans nicht gefolgt.

Endgültige Abkehr von Planwirtschaft und Staatsbetrieben Bereits im Verlauf der achtziger Jahre war das nationale Planungssystem schrittweise aufgegeben worden.[32] In vielen Bereichen lösten allgemein gehaltene Zielsetzungen die obligatorischen Pläne ab. Die lokalen Behörden legten konkrete Ziele fest, die Zentralregierung in Beijing gab nur noch grobe Richtungsweisungen. Mit der Verringerung der direkten administrativen Kontrolle von Wirtschaftsplanern wuchs die Bedeutung der Lokalbehörden, die ihre Strategien den Bedürfnissen vor Ort anpassten. Allerdings barg ihre neugewonnene Selbständigkeit die Gefahr von Missbräuchen in sich – zumal viele Lokalbehörden unter ständiger Finanznot litten.[33] Die Abkehr vom Plan wurde 1998 mit der Umbenennung der Staatlichen Planungskommission in «Staatliche Kommission zur Entwicklungsplanung» (ab 2003 «Staatliche Kommission zur Entwicklungsreform») verdeutlicht. Ihre neue Hauptaufgabe bestand in der Durchführung von Studien zur Entwicklung wirtschaftlicher Strategien. Nur noch infrastrukturelle Großprojekte unterlagen weiterhin zentralstaatlicher Planung und Kontrolle.

Ungeachtet der beeindruckenden Erfolge eines jährlichen Wirtschaftswachstums von durchschnittlich 9 Prozent zwischen 1978 und 2002 bewegte sich China auf manchen Sektoren nach wie vor im Rahmen einer «verhandelten Wirtschaft». Dies galt vor allem für Banken und Staatsunternehmen. Hauptaufgabe der Staatsbanken blieb die Finanzierung der wirtschaftsschwachen Staatsbetriebe, die nicht der disziplinierenden Kraft des Finanzmarktes unterlagen und nicht in der Lage waren, die hohen Staatsinvestitionen gewinnbringend umzusetzen. 2008 gehörten immer noch die hundert größten Firmen Chinas dem staatlichen Sektor an. Sie sind gigantisch, bürokratisch und kapitalintensiv. Ihr weiterer Abstieg ist daher wahrscheinlich.[34]

Urbanisierung, Neureiche und die Partei In den letzten beiden Jahrzehnten des 20. Jahrhunderts ist China durch seine demographische Entwicklung sehr viel urbaner geworden. Im Zensus von 1982 betrug der Anteil der Stadtbevölkerung knapp 21 Prozent. 1990 war er bereits auf über 26 Prozent gestiegen und betrug im Jahre 2000 36 Prozent.[35] Im Vergleich zu vielen Ländern der Dritten Welt schritt der Prozess der Urbanisierung in China jedoch langsam voran.[36] 2001 wurden mehr als 660 Städte auf dem Rang eines Landkreises oder höher eingestuft. Da jede Stadtverwaltung parallel zur Zentralregierung aufgebaut ist, spielten Chinas Städte bei der Umsetzung der Wirtschaftsreformen eine zentrale Rolle.[37] Ihre Aufgabe war es, die von der Zentralregierung beschlossenen Maßnahmen in die Praxis zu übertragen und an die lokalen Verhältnisse anzupassen. Um die Bedeutung der Städte als Wirtschaftsknotenpunkte zu stärken, unterstellte die Regierung ihnen das ländliche Umfeld. So sollte die Entwicklung im Agrarsektor stärker an die städtische Wirtschaft angebunden werden.

In den neunziger Jahren entstand in den größeren Städten eine Mittelschicht (*zhongchan jieji*). Sie zeichnet sich durch einen Lebensstil aus, der durch moderne Wohnraumgestaltung, Autobesitz, Besuche kostspieliger Restaurants, Reisen, Modekonsum und die Benutzung fortgeschrittener Kommunikationsmittel geprägt ist.[38] Der australische Chinaexperte David S. G. Goodman zieht für diese stark konsumorientierte Gruppe die Bezeichnung «Neureiche» (*xingui*) vor. Er betrachtet die neue Generation von Privatunternehmern und Managern nicht als Äquivalent einer sozial und kulturell profilierten Geschäftsbourgeoisie, wie sie in Ansätzen in den Treaty Ports der Republikzeit entstanden war. Goodman sieht in der Selbstbezeichnung der Neureichen als «Mittelklasse» eine Strategie, um soziale Konflikte angesichts der wachsenden ökonomischen Unterschiede in der Gesellschaft zu verhindern.[39]

Das maoistische Verständnis von «Klasse» ist heute verschwunden. Keine Bevölkerungsgruppe und kein Individuum wird aufgrund von «Klassenzugehörigkeit» politisch beurteilt. Dies gehört zu den grundlegenden Veränderungen der Reformära. Unangetastet blieb bislang die privilegierte Stellung der politischen Elite. Kinder von hohen Parteifunktionären nutzten in den neunziger Jahren ihre politischen Verbindungen zum Aufbau eigener Wirtschaftsimperien und zum Schutz gegen die Risiken ökonomischen Scheiterns. So gelang es Liu Xiaolin, der Tochter des früheren Premierministers und Staatspräsidenten Li Peng, sich als erfolgreiche Geschäftsfrau im Elektrizitätssektor einen Namen zu machen. Durch Verbindungen zur Wirtschaft konnte die politische Elite ihre einflussreiche Stellung bewahren, ohne sich auf die riskante Welt der Parteipolitik beschränken zu müssen.

Diese Umorientierung von Familienmitgliedern der Spitzenkader ist Teil eines Veränderungsprozesses innerhalb der Personalstruktur der KPCh. Fachwissen rückte seit Beginn des Reformprozesses auch unter den Parteikadern in den Vordergrund. Besaßen 1981 nur 16 Prozent der Parteimitglieder einen College- oder Universitätsabschluss, so waren es 2001 88 Prozent. Diese neuen Repräsentanten der Partei suchten zunehmend den Kontakt zur erfolgreichen Schicht der Geschäftsleute und Industriellen, denen Jiang Zemin im Juli 2001 sogar pauschal die Parteimitgliedschaft anbot.[40] Aus dem Bedürfnis, ihre eigene politische

Machtstellung und Legitimität zu bewahren, demonstrierte die Partei mit diesem Schritt ihre Anpassungsfähigkeit an die sich verändernden politischen und gesellschaftlichen Verhältnisse. Mit einer Strategie der Kooptierung der Wirtschaftselite wehrte die kommunistische Führung auch den Druck in Richtung breiterer politischer Partizipation und innerparteilicher Demokratisierung ab.[41]

Zivilgesellschaftliches Engagement und Internet als neuer öffentlicher Raum

Im Zuge der Entfaltung einer Konsumgesellschaft während der neunziger Jahre verringerten sich die staatlichen Zugriffsmöglichkeiten auf die Bevölkerung. Vor dem Hintergrund einer entideologisierten Politik verlor die kommunistische Regierung ihre Funktion als moralisch-ideologische Instanz. Die traditionellen Volksreligionen (Buddhismus, Daoismus), Geheimgesellschaften und Sekten erlebten eine Renaissance. Christliche Kirchen erhielten einen neuen Zustrom an Gläubigen. Berufsverbände, Sportvereine und Wohltätigkeitsorganisationen boten zahlreiche Möglichkeiten des gesellschaftlichen Engagements. Alle diese Vereinigungen wurden allerdings vom Staat nur geduldet, solange sie sich offiziell registrieren ließen. Selbst auf die Zusammensetzung ihrer Leitungsgremien versuchten lokale Behörden Einfluss zu nehmen.[42] Trotz offizieller Kontrolle und Einmischung konnte die Regierung eine Ausweitung des vielfältigen zivilgesellschaftlichen Engagements nicht verhindern. Bis 1998 hatten sich bereits über eine Million nicht-staatlicher Organisationen etabliert, denen zwar politisches Engagement versagt blieb, deren landesweite Verbreitung dennoch in begrenztem Maße die Entstehung einer politischen Öffentlichkeit ermöglichte.[43]

Als sehr viel schwieriger erwies sich für den Staat die Kontrolle des Internets, das ungeachtet von Zensur und Störmanövern seit den späten neunziger Jahren eine Informationsrevolution mit sich brachte.[44] Die Zahl der Internetnutzer stieg von etwa 100 000 im Jahre 1996 auf über 120 000 000 zehn Jahre später.[45] Mit 9,4 Prozent liegt die Internet-Durchdringung Chinas zwar noch deutlich hinter den 69 Prozent der Vereinigten Staaten zurück, dennoch ist dieser Sprung ins Medienzeitalter beachtlich. Wie viele Neuerungen des 20. Jahrhunderts war das Internet zunächst ein Phänomen der städtischen Jugend. Über 70 Prozent der chinesischen Nutzer sind unter 30 Jahre alt. Die Generation der in den achtziger Jahren geborenen Chinesen ist mit dem Internet groß geworden. Neben der Informationsvermittlung dient es der Kommunikation, hilft bei der Suche nach Jobs, Dienstleistungen und Konsumgütern und bietet Gesundheitswissen an. Für Teens und Twens in China ist das Internet zu einer wichtigen Schnittstelle zwischen ihrer eigenen Identität als urbane Jugendliche, der Konsumkultur, den globalen Moden und den neuesten kulturellen Trends geworden. Im Gegensatz zur jungen Generation der achtziger Jahre orientiert sich die Internet-Jugend an Vergnügungsformen und Lebensstilen, die sie als «neueste Form von Menschsein» (*xinxin renlei*) umschreibt. Da die Kommunistische Partei befürchtet, dass sich dieser neue öffentliche Raum eines Tages gegen ihr Herrschaftsmonopol richten könnte, versucht sie, den freien Informationsfluss des Internets einzuschränken. Immer wieder werden Internetcafés geschlossen, Internetseiten gesperrt und Internetbetreiber verhaftet.[46] Dennoch zeigt gerade das Beispiel Internet, dass die politische Führung mit der Ökonomisierung und Internationalisierung der chinesischen Gesellschaft einen Wandel angestoßen hat, der sich langfristig auch auf ihr Verhältnis zur eigenen Bevölkerung auswirkt. David Shambaugh hat dies zugespitzt formuliert: Chinas kommunistische Partei bewegt sich zwischen Untergang und Anpassung.

3. Weltmachtstreben

Nach 1989 zog sich China angesichts seiner Verurteilung durch die westlichen Öffentlichkeiten und Regierungen zunächst auf sein traditionelles ost- und südostasiatisches Umfeld zurück. Zu Beginn der neunziger Jahre schloss Beijing Abkommen mit der birmanischen Militärjunta, mit Laos und Vietnam und normalisierte seine Beziehungen zu Indonesien und Singapur. Auch in Korea und im zentralasiatischen Raum wurde die chinesische Außenpolitik aktiv.[47] Chinas Betonung einer multilateralen Diplomatie sollte seinen Status als regionale Großmacht in Asien für die Nachbarstaaten berechenbarer machen. Auch wollte die chinesische Regierung durch ihr Engagement im asiatischen Raum gegenüber den USA zu einer Position der Stärke zurückfinden. In der Strategie ihrer internationalen Einbindung spielte die Verbesserung der Beziehungen zur einzig verbliebenen Weltmacht eine zentrale Rolle.[48] Um ihre ehrgeizigen Entwicklungsziele verwirklichen zu können, brauchte die Volksrepublik ein über die asiatische Region hinausreichendes stabiles Umfeld.[49] Daher hoben ihre Repräsentanten den «friedlichen Charakter des chinesischen Aufstiegs» (*heping jueqi*) besonders hervor. Chinesische Politiker und Wissenschaftler ergänzten dieses neue außenpolitische Prinzip durch die Theorie von «soft power» (*ruan quanli*, wörtlich: «sanfte Macht») als idealem Weg Chinas, um auf friedliche Weise zu einem mit den USA vergleichbaren Weltmachtstatus zu gelangen. Das hervorragende chinesische Abschneiden bei den Olympischen Spielen von 2004 in Athen, als nur drei Goldmedaillen China von dem Spitzenreiter USA trennten, wurde als Beweis dafür interpretiert, dass dem Land der Aufstieg zur sportlichen Supermacht bereits gelungen war.[50]

Schwierige Grenzstrategien: Xinjiang, Tibet Der Kalte Krieg war in Asien bereits in den späten siebziger Jahren beendet worden. Eine neue «Kalte-Kriegs-Mentalität» trat danach in China immer dann hervor, wenn die Regierung wegen ihres Umgangs mit den sensiblen multiethnischen Grenzregionen oder angesichts außenpolitischer Drohgebärden gegenüber Taiwan kritisiert wurde. Dann sah sich China in seiner nationalen Souveränität verletzt und beharrte auf dem Prinzip fremder Nichteinmischung in die eigenen innenpolitischen Angelegenheiten. Die kommunistische Führung legitimierte ihre Monopolstellung im politischen System der Volksrepublik gerade auch als Garantin der 1949 von ihr geschaffenen territorialen Einheit und als Wahrerin der staatlichen Souveränität.[51]

Die drei Krisenherde der chinesischen Grenzpolitik blieben auch in den neunziger Jahren Xinjiang, Tibet und Taiwan. Der Zusammenbruch der Sowjetunion hatte den zentralasiatischen Raum für religiöse Fundamentalisten und Widerstandsgruppen aus dem Nahen Osten geöffnet. Als Gegenmaßnahme organisierte Beijing 1998 ein regionales Bündnis mit seinen muslimischen Nachbarstaaten, die «Shanghaier Fünf» (später bekannt als «Shanghaier Organisation für Zusammenarbeit»), das sich einem gemeinsamen Kampf gegen den Terrorismus verschrieb. Zwar ergab sich aus chinesischer Sicht seit dem 11. September 2001 auch in diesem Punkt eine Zusammenarbeit mit den Vereinigten Staaten; deren verstärkte Militärpräsenz in der zentralasiatischen Region betrachtet die chinesische Regierung jedoch mit Misstrauen.

Der Konflikt um Tibet nahm in den neunziger Jahren noch an Schärfe zu. Den Hintergrund dafür bildete ein Generationenwechsel innerhalb der tibetischen Exilregierung, deren neue, in der Emigration aufgewachsene Führung eine kompromisslosere Haltung einnahm als ihre Vorgänger. Zudem gelang es dem Dalai Lama, seine Popularität im Westen weiter zu steigern.[52] Beijings neue Tibet-Strategie bestand in einer Verstärkung seines Sicherheitsapparates in der Region, der dafür sorgte, dass die Lage auch nach der Aufhebung des Kriegsrechts von 1990 ruhig blieb. Die intensivierte Migration von Han-Chinesen wurde mit ihrer Funktion im ökonomischen Modernisierungsprozess der Region begründet, zu dem auch ein Ausbau der Infrastruktur gehörte, der 2006 Lhasa an das nationale Schienennetz anschloss. Die «Autonome Region Tibet» verlor durch diese Maßnahmen ihre kulturelle und politische Sonderstellung. Vor allem in Tibets Städten schritt die Sinisierung schnell voran. Dabei gelang es den chinesischen Migranten, sich höhere gesellschaftliche Positionen zu erobern und als Restaurantbesitzer, Ladeninhaber oder Handwerker in einem sehr viel stärkeren Maße von den Wirtschaftsreformen zu profitieren als die Lokalbevölkerung.[53] Nur die Dörfer, in denen 85 Prozent der Tibeter leben, konnten ihren tibetischen Charakter bewahren. Tibets fortschreitende Sinisierung erschwert den Dialog der chinesischen Führung, die starr an ihrer Unterdrückungspolitik festhält, mit den Exiltibetern.

Taiwan, Nordkorea und Japan Die Demokratisierung des politischen Systems Taiwans in den neunziger Jahren wirkte sich hemmend auf die Fortschritte in seinen Beziehungen zur Volksrepublik aus. Als im Jahre 2000 die Demokratische Fortschrittspartei die Wahlen gewann und damit erstmals eine Oppositionspartei die frühere Monopolpartei Guomindang von der Regierungsmacht verdrängte, begann gleichzeitig ein Prozess der «Taiwanisierung» der Insel. Die neue Regierung setzte auf staatliche Eigenständigkeit und nicht mehr auf die jahrzehntelang propagierte Wiedervereinigung mit dem chinesischen Festland.[54] Beijing reagierte zunächst mit militärischen Drohgebärden, musste sich aber aufgrund des umfangreichen Engagements der taiwanesischen Wirtschaft auf dem Festland auf symbolische Akte beschränken. Nicht zuletzt ließ sich aus Sicht der Volksrepublik die Haltung der Vereinigten Staaten im Falle einer gewaltsamen Eskalation des Taiwan-Konflikts schwer einschätzen. Zwar hatte Washington bereits 1979 seine diplomatische Anerkennung von Taiwan auf die Volksrepublik China übertragen, gab sich aber weiterhin als Sicherheitsgarant der Insel. Der Aufrechterhaltung des Friedens in der Region räumte die amerikanische Regierung oberste Priorität ein. Daher warnte sie auch die taiwanesische Regierung vor einer unbedachten Unabhängigkeitserklärung, die von amerikanischer Seite keine Unterstützung erhalten würde. Inoffizielle Treffen in den Vereinigten Staaten zwischen Politikberatern, Wissenschaftlern und Regierungsbeamten aus den USA, Taiwan und der Volksrepublik zeigten, dass alle drei Seiten grundsätzlich an einem Entspannungsprozess interessiert waren, wenngleich sich Washington weigerte, die formale Rolle eines Vermittlers zu übernehmen und sich darauf beschränkte, immer wieder scharf gegen Beijings Militärmanöver in der Straße von Taiwan zu protestieren.

Noch kritischer fiel die chinesische Beurteilung der Lage auf der koreanischen Halbinsel aus. Chinas Misstrauen und Furcht vor einem amerikanischen Überraschungsschlag war in dieser Region stets sehr viel größer als in Bezug auf Taiwan, da Taiwan in der US-Außenpolitik einen geringeren Stellenwert einnahm als die koreanische Halbinsel.[55] Der Konflikt zwischen Washington und Pjongjang über das nordkoreanische Atomwaffenprogramm begann 1994 und blieb seitdem ungelöst.[56] Das Verhältnis zum Nachbarstaat Japan ist einerseits von einer wachsenden gegenseitigen wirtschaftlichen Abhängigkeit gekennzeichnet, andererseits sind sich beide Gesellschaften seit dem japanischen Imperialismus auf dem chinesischen Festland nur oberflächlich nähergekommen. Der wiederholt ausgebrochene, emotional geführte Streit um das Geschichtsbild japanischer Schulbuchtexte, in denen die japanischen Kriegsgräuel der Jahre 1937–45 verschwiegen oder beschönigt werden, zeigt deutlich, dass sich auf beiden Seiten kein Einfühlungsvermögen für den anderen entwickelt hat. Das sino-japanische Verhältnis blieb nach dem Zweiten Weltkrieg gespannt. Dies belastete wiederum die Vereinigten Staaten in ihrer Rolle als Sicherheitsgarant in der nordostasiatischen Region.[57]

Zwischen Weltmachtstatus und defensivem Nationalismus Seinen Anspruch auf Weltmachtstatus belegt China mit einem ehrgeizigen Weltraumprogramm, dessen Anfänge bis in die fünfziger Jahre zurückreichen. Mit der Entsendung einer ersten bemannten Mission ins Weltall im Oktober 2003 trat die Volksrepublik in die Arena der internationalen Weltraumpolitik ein.[58] Auch die Ausrichtung der Olympischen Sommerspiele von 2008 in Beijing wurde in China als ein Ereignis von globaler Bedeutung dargestellt. He Zhenliang (geb. 1929), Chinas Repräsentant im Internationalen Olympischen Komitee, hatte bereits 1999 darin die Chance gesehen, seinem Land einen gleichberechtigten Platz auf der Weltbühne zu verschaffen. Als er aus Anlass der damaligen chinesischen Bewerbung eine Ausstellung unter dem Titel «5000 Jahre Sport in China: Kunst und Tradition» organisierte, musste He Zhenliang zunächst den Widerstand seiner IOC-Kollegen überwinden, die Chinas traditionellen Kampfsport nicht mit den olympischen Disziplinen gleichsetzen wollten. He Zhenliang argumentierte jedoch für eine Abkehr von dieser eurozentrischen Sichtweise und für eine Öffnung der Sportkultur gegenüber unterschiedlichen kulturellen Wurzeln.[59] Entsprechend wurden bei den Olympischen Spielen im Sommer 2008 sowohl der multikulturelle, globale Charakter des Ereignisses wie auch die Stärke der kulturellen Tradition Chinas betont.

Immer selbstbewusster präsentiert die chinesische Regierung – im Einklang mit vielen Intellektuellen – den internationalen Aufstieg ihres Landes seit den neunziger Jahren als Ausdruck eines eigenen Weges der Moderne, der mehr sei als eine bloße Nachahmung westlichen Fortschritts. Diese Umorientierung begann Anfang der neunziger Jahre vor dem Hintergrund des unerwarteten Zusammenbruchs der kommunistischen Regime in Osteuropa, der in Beijing zunächst Besorgnis ausgelöst hatte. Die Parteiführung propagierte den Kampf gegen einen «bourgeoisen Liberalismus» von außen. Besonders gegenüber den USA entluden sich nationalistische Emotionen in der Bevölkerung, die von der staatlichen Propaganda geschürt wurden und von einigen Intellektuellen durch populärwissenschaftliche Veröffentlichungen verstärkt wurden. So schrieb Xiong Lei 1996 in seinem leidenschaftlichen anti-amerikanischen Bestseller «Die Verschwörung, die China dämonisiert» (*Yaomohua Zhongguo de beihou*), dass es nicht darum gehe, einen Hass auf die Amerikaner im chinesischen Volk zu erzeugen, sondern darum, «Unrecht» wiedergutzumachen.[60] Ähnlich argumentierten chinesische Demonstranten, als sie 1999 nach der amerikanischen Bombardierung der chinesischen Botschaft in Belgrad die US-Botschaft in Beijing mit Ziegelsteinen bewarfen. Sie forderten eine Wiedergutmachung für das empfundene Unrecht und beklagten die internationale Demütigung Chinas.[61]

Hu Jintaos wiederholte Kritik an vermeintlichen Versuchen, China zu verwestlichen und zu teilen (*xihua fenhua*), spiegelt die Unsicherheit wider, die in dieser Periode auch die Regierung gegenüber den politischen und kulturellen Einflüssen aus dem Westen empfand.[62] Ihre offiziellen Warnungen harmonierten mit Publikationen nationalistisch gesinnter Intellektueller wie «China kann dennoch nein sagen» (*Zhongguo haishi neng shuo bu*, Hong Kong 1996) und «China findet es nicht amüsant» (*Zhongguo bu gaoxing*, Beijing 2009). Gleichzeitig stießen kritische Gegenbilder, die nach einer Synthese mit der westlichen Kultur suchten, auf scharfe Verurteilung seitens der Regierung ebenso wie aus intellektuellen Kreisen. Ein Beispiel ist der Roman von Wei Hui (geb. 1973) «Shanghai Baby» (*Shanghai bao'er*, 1993), der die Geschichte einer jungen Chinesin erzählt, die sich einem Ausländer hingibt und dadurch ihren chinesischen Freund in den Selbstmord treibt. Das Buch wurde in China sogar verboten. Wei Hui ließ sich von der Verurteilung ihres Werkes als «Müll» nicht abbringen und hielt an ihrer Überzeugung fest, damit die Ästhetik einer neuen chinesischen Generation zu vertreten.[63] Beide Orientierungen spiegeln die Unsicherheit in China zwischen einem Beharren auf einem besonderen chinesischen Weg und der Bereitschaft, die vielseitigen Einflüsse aus dem Westen zu einer eigenen Synthese zu verbinden.

Internationalisierungserfolge: Umweltbewusstsein, Wirtschaftsstandort China

Die internationale Vernetzung chinesischer Unternehmen weckte allmählich ein Bewusstsein vom Ernst der Umweltproblematik im eigenen Land. Ausländische Experten bemühten sich, ihre chinesischen Partner für die negativen Folgen des Wirtschaftsbooms zu sensibilisieren und ihnen auch das notwendige Wissen zur Verfügung zu stellen, um auf die wachsende Umweltkrise reagieren zu können. Die Weltbank ließ Studien über die chinesische Umweltsituation erstellen und forderte für jedes ihrer Projekte im Land eine entsprechende Analyse der damit verbundenen Umweltfolgen. Der chinesische Wirtschaftsentwicklungsplan für die Jahre 2001 bis 2005 ging davon aus, dass 5 Prozent der Investitionen im Umweltsektor aus dem Ausland kamen. Gleichzeitig wurde China aufgefordert, sich selbst aktiver an den internationalen Diskussionsforen zu Umweltfragen zu beteiligen.[64]

Im Dezember 2001 trat die Volksrepublik der Welthandelsorganisation (WTO) bei und erhielt verstärkt Zugang zu internationalen Netzwerken. Umgekehrt ließ die chinesische Regierung den eigenen Markt vollständig für Produkte aus *joint ventures* öffnen und hob damit die bisherige Beschränkung von *Joint-venture-*Waren auf den Exportsektor auf. In immer mehr Wirtschaftsbereichen waren ausländische Unternehmer nicht mehr an Partnerschaftskooperationen gebunden, sondern konnten vollständig eigene Betriebe in China aufbauen. Die Aktienmärkte in Shenzhen und Shanghai ermöglichten es ausländischen Firmen zudem, sich an Investitionen auf dem chinesischen Markt zu beteiligen. Dass sich China innerhalb eines Jahrzehnts zum Hauptempfänger von Auslandsinvestitionen entwickelte, ist in diesem Kontext zu sehen. Einen wichtigen Beitrag zur Ausweitung des chinesischen Außenhandels leistete die aus dem WTO-Beitritt resultierende Reduzierung von Zöllen und anderen Handelsbarrieren.[65] Innerhalb der WTO wurde China zum konstruktiven Akteur, wenngleich der Entscheidungsspielraum seiner Vertreter in Genf weiterhin durch innenpolitische Restriktionen und fehlende Entscheidungsbefugnisse eingeschränkt war.[66]

Partnerschaft mit Afrika Eine neue Dimension der chinesischen Außenpolitik wurde in den letzten Jahren im Verhältnis zum afrikanischen Kontinent deutlich. Vor dem Hintergrund einer globalen Konkurrenz um Rohstoffe gewannen gute Beziehungen zu afrikanischen Staaten zunehmend an Gewicht. Noch in den sechziger und siebziger Jahren dominierten auf chinesischer Seite in der Afrikapolitik strategische Überlegungen. Die Regierung betrachtete die afrikanischen Staaten vor allem als Partner für die Blockfreienbewegung und den gegen die beiden Supermächte gerichteten «Antihegemonismus». Vor dem Hintergrund der Modernisierungs- und Reformpolitik erhielten vor allem die energie- und rohstoffreichen Länder Afrikas einen ganz neuen Stellenwert.[67] Für die afrikanischen Regierungen erwies sich die Volksrepublik China im Vergleich zum Westen als ein bequemerer Partner, da sie Handelsbeziehungen nicht an politische Bedingungen wie Demokratisierung, Menschenrechte oder mehr Transparenz knüpfte. Schon sehr früh unterstützten die Afrikaner China auf der internationalen Bühne. Bereits seine Aufnahme in die UNO von 1971 verdankte Beijing vor allem den Stimmen der afrikanischen Länder. Selbst Fehlentscheidungen wie das chinesische Engagement im angolanischen Bürgerkrieg stellten diese Grundtendenz langfristig nicht in Frage.[68]

4. Ungleichheiten, Gegensätze und Widersprüche

Regionale Ungleichheit Ein wichtiger Aspekt von Ungleichheit liegt in der Topographie Chinas begründet. Innerhalb der 31 Gebietskörperschaften (22 Provinzen, 4 unabhängige Städte und 5 Autonome Regionen) konzentriert sich die große Mehrheit der Bevölkerung auf die Provinzen der fruchtbaren Küstenregionen. Insgesamt leben 95 Prozent der Chinesen im Osten des Landes. Allein die Bevölkerung der südostchinesischen Provinz Guangdong beträgt 86 Millionen Menschen, gefolgt von Jiangsu mit 75 Millionen und Zhejiang mit 47 Millionen Einwohnern. Ganz anders gestaltet sich die demographische Situation im Landesinneren und im Westen. Die riesige Autonome Region Xinjiang wird nur von 1,9 Millionen Menschen bewohnt.

Entsprechend groß sind auch die Unterschiede bei der Entwicklung der Wirtschaftsstrukturen. Die beiden Regionen des

Yangzi- und des Perlfluss-Deltas sind Chinas wichtigste Wachstumszonen. Die Metropole Shanghai dominiert deutlich die Yangzi-Region. Am Perlflussdelta ergeben Guangzhou, Shenzhen und Hongkong ein polyzentrisches, aber dennoch kompaktes Bild. Gelang es in Shanghai bislang noch zahlreichen staatseigenen Betrieben, ihr Überleben zu sichern, so setzten die Städte Guangdongs von Anfang an sehr viel stärker auf den Privatsektor.[69] Beide Regionen profitierten bei ihrem wirtschaftlichen Aufstieg von hohen Auslandsinvestitionen. Generell erwies sich die Verteilung von Auslandsinvestitionen als wichtiger Faktor für die unterschiedliche wirtschaftliche Entwicklung der Regionen. So erhielt Guangdong 1999 Investitionen in Höhe von 12 Milliarden US-Dollar, seine Nachbarprovinz Guangxi dagegen nur 635 Millionen und Qinghai im Nordwesten nur 5 Millionen. Daneben spielen auch kulturelle Unterschiede zwischen den Regionen eine Rolle. Traditionell galt in China die Bevölkerung im Südosten als geschäftstüchtiger. Sie stellte seit den Anfängen der chinesischen Überseemigration im 15. Jahrhundert den Hauptanteil der Auswanderer. Ihre historisch gewachsene internationale Vernetzung gehört zu den Gründen, warum der Südosten heute so stark von Auslandsinvestitionen profitiert.

Der wirtschaftliche Erfolg der Küstenprovinzen verursachte allerdings ein Phänomen, das sich seit den neunziger Jahren zu einem unübersehbaren Merkmal und wunden Punkt der chinesischen Gesellschaft entwickelte: die Problematik der Wanderarbeiterschaft. Die Bevölkerung aus den ärmeren Provinzen des Landesinneren zog es in die Wachstumsmetropolen des Südostens.[70] Knapp die Hälfte dieser Migranten wählten 1999 Guangdong als Ziel. Der Rest verteilte sich auf die Küstenprovinzen Zhejiang, Jiangsu und Fujian sowie die beiden Metropolen Shanghai und Beijing. Der chinesische Staat gestand ihnen keine eigenen, gesetzlich garantierten Lebensgrundlagen zu. Ohne Kündigungsschutz, Krankenversicherung und festen Wohnraum sind sie der brutalen Ausbeutung durch Unternehmer und lokale Kader ausgeliefert. Die Wanderarbeiter machen die Ungleichheit und Widersprüchlichkeit des ökonomischen Erfolgs Chinas besonders deutlich.

Die divergente Entwicklung der Regionen wurde durch administrative Maßnahmen der Regierung erleichtert. So erhielten die Provinzen bereits 1984 das Recht, ihre höchsten Ämter selbst zu besetzen. Gleichzeitig schloss Beijing mit den Provinzregierungen bilaterale Steuerabkommen, um das Volumen der Abgaben der einzelnen Regionen an die Zentrale flexibler zu gestalten und Anreize zu schaffen. Damit reduzierte sich auch der Anteil der Zentralregierung an den Gesamtsteuereinnahmen.[71] Da alle staatlichen Großprojekte eine Kooperation mit den Provinzen voraussetzen, gewannen die Regionen in den letzten Jahren immer stärker an Einfluss. Sie nutzten ihn, um eine weitere Minderung ihrer Abgabepflichten einzufordern. Die Frage der Verteilung der staatlichen Steuereinnahmen entwickelte sich zu einem zentralen Streitpunkt im Verhältnis zwischen Zentrum und Provinzen.[72] 1994 entschied Beijing, erstmals in der Geschichte Chinas die Steuererhebung für den lokalen und den zentralen Sektor strukturell zu trennen und damit den fiskalischen Spielraum der Provinzen weiter zu erhöhen. Auf diese Weise verlagerten sich Teile der Macht der Zentralbürokratie nach unten auf territoriale Einheiten.[73]

Die Auflösung städtischer Basisstrukturen Die allmähliche Zersetzung des *danwei*-Systems, die bereits in den achtziger Jahren begonnen hatte, führte dazu, dass über 100 Millionen Städter nicht mehr in offizielle Strukturen integriert waren. Bis 2003 gehörten nur noch ein Drittel der Städter einer Arbeitseinheit an. Die für die *danwei* nach 1949 charakteristische räumliche Einheit von Arbeits- und Wohnbereich war im Zuge riesiger Neubauprogramme in Chinas Städten längst aufgegeben worden.[74] Mit der Beseitigung der *danwei* wurde eine jahrzehntelang strukturbildende Verbindung zwischen Staat und Gesellschaft aufgelöst. Der Staat verlor auf diese Weise seine Kontrolle über die politische Gesinnung des Einzelnen und über die städtische Arbeitswelt. Umgekehrt fehlte den Bürgern damit ein Zugang zu den sozialen Dienstleistungen des Staates. Die gesellschaftlichen Aufgaben des Staates wie soziale Sicherheit, Versicherungswesen, öffentliche Gesundheitsversorgung, Wohlfahrt, Verteilung von Wohnraum oder Arbeitslosenhilfe erforderten daher die Einführung neuer Organisationsstrukturen. Das Ministerium für zivile Angelegenheiten versuchte sich diesem Wandel durch den Aufbau von stärker auf den Wohnort bezogenen Organisationen anzupassen. So wurden in einigen größeren Städten «Stadtbezirkskomitees» (*shequ juweihui*) eingeführt.[75] Die Mobilisierungsfunktion der alten *danwei* und der staatliche Zwang zu sozialer Konformität waren endgültig verschwunden.

Die Reformverlierer: Chinas Unterschichten Die Reform- und Öffnungspolitik zeigte freilich nicht nur Millionen Chinesen einen Ausweg aus der Armut, sondern schuf neben den Gewinnern neue Kategorien von Verlierern. Vor dem Hintergrund der wachsenden Ungleichheit in der chinesischen Gesellschaft während der letzten beiden Jahrzehnte profitierten neben Unternehmern und Managern am meisten Fachkräfte und höhere Staatsbedienstete. Zu Reformverlierern wurden die unbeschäftigten oder unterbeschäftigten Arbeiter und Bauern. Obwohl es vielen Bauern seit 1976 generell besser ging, stagnierten ihre Nominaleinkommen seit 1985 erneut, so dass sie die steigenden Lebenshaltungskosten nicht mehr auffangen konnten. Für die Arbeiterschaft wirkte sich der Ausbau des industriellen Sektors zwar positiv aus, jedoch verhinderte die staatliche Unterdrückung von unabhängigen Gewerkschaften nennenswerte reale Lohnzuwächse. Die Arbeitsbedingungen verschlechterten sich sogar merklich. Da die Unternehmer aus Profitgier kein Risiko scheuten und Ausgaben für Arbeiterschutz unterließen, wurde die Arbeit in vielen Bereichen zunehmend gefährlich. Vor allem im Bergbau und in den Fabriken nahmen Arbeitsunfälle zu, manchmal von massenhaft katastrophalem Ausmaß.

Politische Zwänge verhinderten eine marktorientierte Verteilung von Arbeitskräften. Ende 2002 waren zwar noch die Hälfte der Arbeitskräfte in der Landwirtschaft tätig, jedoch erwirtschaftete der Agrarsektor weniger als 11 Prozent des gesamten Bruttosozialprodukts. Trotz der Landflucht blieb das Missverhältnis zwischen der Arbeitskraft und ihren Ergebnissen bestehen. In den Städten erschwerte das Registrierungssystem den ländlichen Zustrom, verhinderte aber zugleich eine bessere Verteilung der Wanderarbeiter im städtischen Raum, da ihre Beschäftigungsmöglichkeiten ohne offizielle Registrierung auf wenige Niedrigstlohntätigkeiten beschränkt waren.[76]

Chinas Frauen: Wenige profitieren, viele verlieren Ähnlich wie das große Heer der Wanderarbeiter gehört die im ländlichen Raum verbliebene Bevölkerung, sofern sie weiterhin ihr Einkommen allein aus dem Agrarsektor bezieht, zu den Reformverlierern.[77] Eine Verbesserung des Lebensstandards auf dem Lande konnte im typischen Einzelfall nur erreicht werden, wenn eine Erschließung anderer Verdienstmöglichkeiten gelang. So bezogen 1995 die obersten 20 Prozent der ländlichen Bevölkerung 78 Prozent ihres Einkommens aus nicht-agrarischen Quellen. Ihre Einkommen übertrafen diejenigen der ärmsten Bauern um das Zehnfache.[78] Diese Ungleichheit traf besonders die Frauen, da sie zwar über die Hälfte der ländlichen Arbeitskräfte stellen, aber nur selten in höhere Positionen bei der Lokalverwaltung oder in ländlichen Unternehmen aufsteigen. Für die Städte belegt eine Studie von 1995, dass auch dort Frauen generell für die gleiche Arbeit weniger Lohn erhielten als ihre männlichen Kollegen und dass sie in höheren Managementpositionen weiterhin unterrepräsentiert waren – eine auch für westliche Industriegesellschaften charakteristische Relation, die aber den erklärten Prinzipien des maoistischen Sozialismus widerspricht.[79] Unter Chinas Neureichen finden sich einige Beispiele von Frauen, denen eine Karriere als Unternehmerin gelang.[80]

Die Wiederbelebung der traditionellen Praxis des Frauenhandels, der von zahlreichen kriminellen Netzwerken landesweit organisiert wird, ist ein Indiz dafür, dass Chinas Frauen nicht nur vom Reformkurs profitierten, sondern in vielen Bereichen eher zu den Opfern des wirtschaftlichen Wandels gehörten. Dies zeigt sich ebenso im Zusammenhang der Wanderarbeit, die im Verlauf der neunziger Jahre aufgrund der staatlichen Gleichgültigkeit gegenüber der Verarmung im ländlichen Raum weiter zunahm.[81] Frauen mittleren Alters blieben mit der Großelterngeneration und den Kindern in den Dörfern zurück und übernahmen zusätzlich zu ihren häuslichen Pflichten die landwirtschaftliche Arbeit des abwesenden Familienvaters. Ihre körperliche Belastung erhöhte sich dadurch erheblich. Die Lebenssituation von Wanderarbeiterinnen erwies sich als kaum günstiger, da die meist jungen Mädchen als billigste Arbeitskräfte in Fabriken und Haushalten ausgebeutet werden.[82] Entsprechend erreichte in den letzten Jahren gerade unter den jungen Frauen vom Lande die Selbstmordrate einen weltweiten

Höchststand.[83] Waren die Kommunisten 1949 als Verfechter von Emanzipation und Gleichstellung der Frau angetreten, die sie mit der Verfassung der Volksrepublik und dem Ehegesetz zu Beginn der fünfziger Jahre entscheidend vorangebracht hatten, so wurden im Zuge der Reformen der letzten beiden Jahrzehnte viele dieser Errungenschaften wieder in Frage gestellt.[84]

Minderheitenpolitik und Minderheitenarmut Die 55 offiziell anerkannten Minderheiten (*shaoshu minzu*) stellten mit 105 Millionen Menschen im Jahre 2000 etwas über 8 Prozent der Gesamtbevölkerung. Drei Viertel von ihnen leben in den 5 Autonomen Regionen, 30 Autonomen Präfekturen, 120 Autonomen Kreisen und 1256 Autonomen Bezirksstädten.[85] Vor dem Hintergrund des Reformkurses lässt sich seit den achtziger Jahren in Bezug auf die Minderheitengebiete von einer «positiven Diskriminierung» sprechen. Die Verfassung von 1982 gestand Chinas Minderheiten das Recht zu, ihre Sprachen, Religionen und Bräuche zu bewahren. Bei der Besetzung von Führungspositionen in den autonomen Verwaltungsorganen wurde vermehrt auf Angehörige der lokalen Minderheiten zurückgegriffen, um das Verhältnis zwischen diesen und der hanchinesischen Bevölkerungsmehrheit zu verbessern. Dennoch kritisierte der berühmte chinesische Anthropologe Fei Xiaotong (1910–2005), dass eine Gleichstellung der Minderheiten keineswegs erreicht sei, da die Minderheitengebiete weiterhin unter einem enormen wirtschaftlichen Entwicklungsrückstand litten.[86] 257 der insgesamt 592 für ganz China identifizierten «Armutskreise» lagen in Minderheitengebieten. Ihre Isolation in Gebirgsregionen, die schlechte Qualität des Bodens, die zusätzliche Belastung ihres Lebensraumes durch eine starke Entwaldung, die weiterhin fehlenden Bildungschancen und das Bevölkerungswachstum waren die wesentlichen Faktoren für eine anhaltende Armut unter den Minderheitenvölkern. Fortschritte gab es seit den achtziger Jahren vor allem im Bildungsbereich. So ermöglichten in Tibet drei Universitäten der Lokalbevölkerung eine Hochschulausbildung in ihrer Heimat. Auch die Grund- und Sekundarbildung wurde erheblich ausgebaut. Die zunehmende Verbreitung der chinesischen Sprache und Schrift ermöglichte den Minderheiten eine höhere Schulbildung und damit auch bessere Chancen für berufliche Karrieren.[87]

Weniger spürbar war die Verbesserung von sanitären Verhältnissen und Gesundheitsversorgung. Nur 17 Prozent aller Minderheitenhaushalte hatten 1995 überhaupt Zugang zu sauberem Trinkwasser. Noch dramatischer gestaltete sich der Rückstand in Bezug auf die medizinische Versorgung. Nur für die Hälfte der Minderheitenbevölkerung lag eine Dorfklinik in erreichbarer Nähe – im Gegensatz zu 85 Prozent im Falle der hanchinesischen Bevölkerung.

Außenpolitischer Druck führte dazu, dass sich seit Mitte der neunziger Jahre allmählich ein Wandel abzeichnete. Nach dem Zusammenbruch der Sowjetunion waren an Chinas Nordwestgrenze fünf unabhängige Staaten entstanden, deren muslimische Bevölkerungsmehrheit auch in Chinas Autonomem Gebiet Xinjiang als Minderheiten vertreten ist. An Chinas Nordgrenze gewann zudem der mongolische Staat einen größeren Handlungsspielraum. Die Regierung in Beijing befürchtete daher externe Einflüsse auf diese Grenzregionen, die den lokalen ethnischen Nationalismus weiter schüren oder die Formierung von Panbewegungen der Turkvölker und Mongolen begünstigen würden.[88] Um dies zu verhindern, bot sich China seinen zentralasiatischen Nachbarstaaten verstärkt als Handelspartner an und schloss die bereits erwähnten Regionalbündnisse. Von den Mitgliedern der «Shanghaier Fünf» (Kasachstan, Kirgisien, Russland, Tadschikistan und Türkei) forderte die chinesische Regierung im Gegenzug eine aktive Unterstützung ihres Kampfes gegen einen uighurischen «Separatismus».[89]

Intern ging Beijing seit Ende der neunziger Jahre zu einer Intensivierung der hanchinesischen Binnenmigration über. Im Jahre 2000 folgte ein staatlicher Aufruf zur «großen Erschließung der Westgebiete» (*Xibu da kaifa*), der an die Kolonisierungsprojekte der 1930er Jahre erinnert und dem Zustrom einen organisatorischen Rahmen verleihen sollte.[90] Vor allem in der Inneren Mongolei profitierten die Lokalregierungen von der Verpachtung von Weideland an chinesische Bauern und benannten diese Gebiete vielfach in «Entwicklungs- bzw. Experimentierzonen» um. Um gesetzliche Verpflichtungen gegenüber den Mongolen zu umgehen, wurden die ehemaligen Bannerverwaltungen in reguläre chinesische Kommunalverwaltungen umgewandelt. Sie verloren damit faktisch ihren «autonomen» Charakter. Selbst kulturell verstärkte sich der Integrationsdruck. So wurde Ghenghis Khan, der Gründungsheld des mongolischen Volkes, von der Staatspropaganda zum chinesischen Nationalhelden stilisiert. Selbst chinesische Autoren beschreiben ihn in ihren historischen Romanen als den einzigen «Chinesen» der älteren Geschichte, dem es gelang, die Europäer militärisch zu schlagen. 1999 ließ die Regierung der Volksrepublik in New York den 50. Jahrestag ihrer Gründung mit einer Ghenghis-Khan-Verfilmung feiern. Ein Jahr später behaupteten chinesische Archäologen, sein Grab in Xinjiang gefunden zu haben und ignorierten damit die mongolische Suche auf dem Territorium der Mongolischen Republik.[91]

An der nordwestlichen Peripherie versprach Beijing 1992 zunächst eine größere Autonomie, beschränkte diese aber hauptsächlich auf den wirtschaftlichen Bereich. Politisch erfolgte in dem sensiblen Grenzraum angesichts der Islamisierung in den Nachbarstaaten sogar eine Verstärkung der zentralstaatlichen Kontrollmechanismen, unter der auch das kulturelle und religiöse Leben der Turkvölker litt. Den Erfolg eines regionalen Separatismus verhinderte bislang weniger die Schwächung der anti-chinesischen Stimmung in der Lokalbevölkerung als die Tatsache, dass die unterschiedlichen ethnischen Gruppen nicht zur Bildung eines einheitlichen Widerstands in der Lage waren.[92] Zu den Dauerkonflikten in der Region gehört auch das Verhältnis der lokalen Turkvölker zu den chinesischen Muslimen, den Hui, denen in den fünfziger Jahren in der Volksrepublik ein eigenständiger Minderheitenstatus zuerkannt wurde. Aufgrund ihrer Zweisprachigkeit traten die Hui in Xinjiang auch als Vermittler gegenüber der chinesischen Staatsmacht auf.[93] Aus der Perspektive der oppositionellen Turkvölker gelten sie daher als Kollaborateure der chinesischen Unterdrückungspolitik. Zu ähnlichen interethnischen Spannungen kam es in der Inneren Mongolei. Sie tragen dazu bei, dass Teile der Minderheitengebiete weiterhin zu den Krisenherden des chinesischen Staates gehören.

Neue Formen der Opposition, Korruptionskritik und Konfliktfeld Zivilgesellschaft Nach der gewaltsamen Unterdrückung der Studentenbewegung von 1989 wurde es in den folgenden Jahren schwierig, sich kritisch zu äußern. Oppositionelles Denken musste neue Wege finden. Ein Beispiel aus dem Bereich der Dichtkunst ist Yu Jian (geb. 1954). Seine langen umgangssprachlichen Gedichte bestehen oftmals aus absurden Dialogen und sollen die Zerstörung der Sprache zum Ausdruck bringen. Seine Kritik gilt den politisch korrekten Äußerungen der Parteisprache. Yu Jian vertritt eine Gruppe von Dichtern, die sich als «Volksdichter» (*minjian shiren*) bezeichnen und in öffentlichen Debatten anderen Intellektuellen ihr snobistisches Festhalten an elitären, überkommenen Literaturformen vorwerfen. Viele Volksdichter veröffentlichten und diskutierten ihre Werke auch im Internet. Die Verbreitung von Internet-Literatur seit den neunziger Jahren stellte die staatlich regulierte literarische Produktion in China vor neue Herausforderungen, ermöglichte aber den Autoren und ihren Lesern neuartige Formen der Interaktion.

Selbst im staatlich kontrollierten Rahmen von Fernsehübertragungen tauchten allmählich wieder kritischere Stimmen auf. So stellte eine 1994 gestartete populäre Show des öffentlichen Senders CCTV namens «Fokus» (*Jiaodan fangtan*) kritische Untersuchungen von Entwicklungsprojekten in ihren Mittelpunkt. 1998 fanden Mitarbeiter des «Fokus» heraus, dass Ministerpräsident Zhu Rongji bei seinem Besuch einer staatlichen Getreidefarm getäuscht worden war und ein großer Teil des zur Schau gestellten Getreides von anderen Produktionsstätten stammte.[94] Die bereits von Hu Yaobang geschaffene Kommission zur Überwachung der Disziplin erwies sich hingegen nur als halbherziges Projekt. Zwar wurden Beamte verhaftet und einige zur Abschreckung exekutiert, dennoch trafen die Kontrollmaßnahmen kaum die Parteikader in den höheren Rängen. Viele Beamte der niedrigeren Ebenen beklagten, dass gerade die Spitzenkader dem gesamten System den größten Schaden zufügten. Im frühen 21. Jahrhundert sollen bis zu 15 Prozent des chinesischen Bruttosozialprodukts der Korruption zum Opfer gefallen sein. Nicht zuletzt die in den neunziger Jahren fortschreitende Dezentralisierung des politischen Apparats, die den Lokalbehörden größere Gestaltungsräume zugestand, hat zu Auswüchsen obrigkeitlicher Willkür auf der untersten Verwaltungsebene geführt.

Prekäre Ernährungsgrundlagen und Umweltzerstörung Während China in seinen Grenzen 22 Prozent der Weltbevölkerung beherbergt, verfügt es nur über 7 Prozent des kultivierbaren Landes. Hinzu kommt das Bevölkerungswachstum, das eine ohnehin kritische Versorgungslage zusätzlich belastet.[95] 2001 fiel die Getreideernte sogar hinter den Stand von 1984 zurück.[96] Gleichzeitig sind die natürlichen Ressourcen in China sehr ungleich verteilt. Energie und Wasser sind dafür symptomatisch. Befinden sich die industriellen Zentren und die überwiegende Mehrheit der Bevölkerung im Osten des Landes, so liegen die größten Gasreserven beispielsweise in der südwestchinesischen Provinz Sichuan. Ähnliches gilt für die Wasserkraft, die darüber hinaus in Sichuan durch die Abholzung der Wälder und die Verschlammung der Flüsse beeinträchtigt wird.

Der 1978 eingeleitete Reform- und Modernisierungskurs verschlechterte die prekäre Umweltsituation des Landes. Allein zwischen 1982 und 1989 verlor China ein Drittel seines Waldes. Die Anbaufläche vermindert sich heute jährlich um 0,5 Prozent. Ein Drittel des Landes ist durch sauren Regen belastet.[97] Die Zerstörung der chinesischen Umwelt hat folglich ein sehr viel ernsteres Ausmaß angenommen, als es bei vielen heute industrialisierten Ländern in einem vergleichbaren Entwicklungsstadium der Fall gewesen war.[98] China ist inzwischen der zweitgrößte Produzent von Treibhausgasen. Die Feinstaubwerte liegen in seinen Städten weit über den von der Weltgesundheitsorganisation (WHO) festgesetzten Grenzwerten. Nach Angaben der Weltbank starben im Jahre 1995 etwa 178 000 Chinesen aufgrund der städtischen Luftverschmutzung. Hinzu kamen 111 000 Opfer von vergifteter Luft in Innenräumen. Neun der zehn weltweit am schlimmsten verschmutzten Städte befinden sich in China. Nur sechs der 27 größten Städte können ihre Bevölkerung mit sauberem Trinkwasser versorgen. Bereits 1997 kostete die Umweltverschmutzung knapp 18 Prozent des Bruttoinlandprodukts.[99]

Die regionalen ökologischen Krisenherde sind zahlreich: In den Lössregionen der nordchinesischen Provinz Shanxi zerstörte die intensive Bodennutzung die Bodendecke und beschleunigte den Erosionsprozess. Inzwischen sind bis zu 50 Prozent der Böden davon betroffen. In der südchinesischen Provinz Guangxi führte die Abholzung und Kultivierung der Bergregionen zur Verschlammung der Bewässerungssysteme, die 30 Prozent ihrer Kapazität verloren. In Sichuan bewirkte die Abholzung eine Verschlammung des Yangzi-Flusses und erhöhte die Überschwemmungsgefahr am Mittellauf des Flusses, einem der am dichtesten besiedelten Gebiete Chinas. Auf Chinas größten Binnenseen, dem Taihu in Ostchina und dem Dongting in Zentralchina, halbierte sich die Wasserfläche infolge der Ausweitung des kultivierten Landes. Entlang Chinas Küste verschwanden wertvolle Nassgebiete durch Trockenlegungen. Damit ging auch ihre Funktion als Verschmutzungskontrolleure, Fischlaichplätze und Refugien der Artenvielfalt verloren. Umstritten sind die Folgen des Drei-Schluchten-Staudamms, der zwischen 1992 und 2003 gebaut wurde und auf einer Länge von 650 Kilometern das Wasser des Yangzi-Flusses staut. 160 Städte und Dörfer, 1500 Fabriken und Hunderte von Kulturstätten wurden überflutet.[100] Ein weiteres Großprojekt wurde 2002 begonnen: Um den akuten Wassermangel in Nordchina zu mindern, entschloss sich die Regierung zum Bau von zwei Kanälen, die Wasser vom Yangzi und vom Gelben Fluss in die Beijinger Region liefern sollen. Ihre Gesamtkosten werden auf 24 Milliarden Dollar geschätzt. Um dem zunehmenden Wassermangel in der Hauptstadt zu begegnen, ist es allerdings notwendig, auch die Wasserpreise zu erhöhen sowie mehr in die Wasserkonservierung zu investieren.[101]

1984 wurde der Umweltschutz zur nationalen Politik erhoben. Mit Gesetzesinitiativen versuchte die Regierung seither, Umweltstandards und Kontrollmaßnahmen durchzusetzen.[102] Als 1998 im Zusammenhang mit einer radikalen Reduzierung des Regierungsapparats von 40 Behörden 29 abgeschafft wurden, erfuhr die Umweltbehörde sogar den Aufstieg zum Ministerium. Gleichzeitig engagierten sich vermehrt unabhängige Umweltorganisationen.[103] Die Umsetzung der nationalen Strategien scheiterte jedoch vielerorts an der Ignoranz von Lokalbehörden, die nur am wirtschaftlichen Profit in ihrer Region interessiert waren und die staatlichen Verschmutzungsgebühren nicht von den Unternehmen erhoben. Durch Förderprogramme wie die 1997 eingeführte «Nationale Umwelt-Modellstadt» versuchte Beijing auf der Lokalebene neue Anreize zur Umsetzung von Umweltpolitik zu schaffen. Allerdings hatte diese Strategie in den letzten Jahren zur Folge, dass die die Umwelt belastenden Industrien noch stärker in den ländlichen Raum bzw. ins Landesinnere verlegt wurden.[104] Auf Unternehmensebene wurde 2003 ein Programm zur Verbesserung der Umweltfreundlichkeit entwickelt, dem sich viele Betriebe aber durch Beziehungen zu Lokalbehörden zu entziehen versuchten. Umso mehr konzentrierte die Zentralregierung in den letzten Jahren ihre Bemühungen darauf, bei den Lokalbehörden selbst ein Umdenken zu erreichen und die wachsende Zahl der nichtstaatlichen Umweltorganisationen und Umweltaktivisten in ihre Maßnahmen einzubeziehen.[105]

Streitbegriff Demokratisierung Die Durchsetzung marktwirtschaftlicher Strukturen hat keineswegs zu einer Demokratisierung Chinas geführt. Der zynische Umgang chinesischer Politiker mit dem Demokratiebegriff setzte sich auch in den neunziger Jahren fort.[106] Zwar sahen chinesische Autoren in der Zulassung von Wahlen auf der untersten Ebene der Dorfverwaltungen eine Chance für die Demokratisierung ihres Landes, jedoch blieben Chinas Bürger von vielen Reformfeldern ausgeschlossen. Die Gerichte unterlagen weiterhin dem Einfluss der Lokalbürokratie. Der Aufbau eines modernen Rechtswesens erwies sich als äußerst langsamer Prozess, da die Kommunistische Partei mit jedem Schritt in Richtung Rechtsstaatlichkeit und erst recht in Richtung Partizipation ein Stück eigenen Machtverlusts befürchtete.[107] Die Parteiführung zog sich dabei auf ihren alten, auf maoistische Zeiten zurückgehenden Anspruch zurück, selbst die Interessen der Bevölkerungsmehrheit am besten zu verkörpern.[108]

Unterstützung erhielt die Regierung seit Ende der neunziger Jahre von «neokonservativen» Intellektuellen, die sich von politischen Reformen eine Stärkung der Einparteienherrschaft versprachen und im Gegensatz zu den demokratischen Dissidenten eine Öffnung zum Mehrparteiensystem ablehnen. Zu den Wortführern dieser Denkrichtung gehört der in Berkeley ausgebildete Politikwissenschaftler Pan Wei, der 1999 für China die «konsultative Herrschaft eines Rechtsregimes» vorschlug und damit heftige Debatten auslöste.[109] Dies entsprach dem bisherigen Entwicklungsweg. Letztlich hatten alle Reformpolitiker von Deng Xiaoping bis

Hu Jintao für China Verrechtlichung und Liberalisierung propagiert, aber die Demokratisierung des politischen Systems abgelehnt. Pan Weis Ansatz bestätigte diese Linie, die einem westlichen Rechtsstaatsverständnis, das Demokratisierung immer mit einbezieht, widerspricht.[110] Kritische Beobachter der politischen Entwicklung in China sind sich einig, dass der Einparteienstaat ebenso eine Demokratisierung des Landes behindert wie die volle Verwirklichung des Rechtsstaats, in dem Bürger vor Behördenwillkür so weit wie möglich geschützt sind und das Handeln der Exekutive von Gerichten überwacht wird. Die schwierige Stellung von chinesischen Anwälten ist nur ein Beispiel dafür, wie stark der autokratische Machtanspruch der kommunistischen Führung die Schutzfunktion einer funktionierenden Rechtspraxis weiterhin behindert. Nach dem Aufstieg einer vierten Führungsgeneration unter Hu Jintao und Wen Jiabao schien sich China in den letzten Jahren in Richtung des von Pan Wei vorgeschlagenen autoritären Rechtsstaatsmodells zu bewegen. Dies bestätigen die Maßnahmen zur Institutionalisierung des politischen Führungssystems, die Bemühungen der Regierung, gegenüber einer zunehmend pluralistischen Gesellschaft verlässlicher und berechenbarer zu erscheinen und die Verbesserungen in Bezug auf die gesetzlichen und konstitutionellen Rechte der chinesischen Bürger. Einige amerikanische Politikwissenschaftler sehen daher durchaus Chancen für eine zukünftige Demokratie in China.[111]

5. Die Wiederentdeckung der Tradition

Rückkehr des Neukonfuzianismus und Frage nach dem kulturellen Zentrum

In jeder der Entwicklungsphasen des 20. Jahrhunderts tauchte der Konfuzianismus auf. Die Ursprünge für seine Renaissance in den neunziger Jahren gehen auf einen Besuch des Harvardprofessors Tu Wei-ming 1985 in Beijing zurück. Die Wiederbelebung konfuzianischer Traditionen war Teil eines «Kulturfiebers» (*wenhua re*), das die chinesische Gesellschaft erfasste.[112] In ihren Debatten über das Verhältnis zwischen Modernisierung, Verwestlichung und kultureller Tradition suchten die Intellektuellen in der Volksrepublik Unterstützung bei konfuzianischen Gelehrten in Übersee. Ähnlich wie bei Zhang Binglin und anderen zu Beginn des 20. Jahrhunderts kreiste ihr Denken um Chinas «nationale Essenz». So wurde auch ein «Fieber nationaler Studien» (*guoxue re*) entfacht, das auf ideengeschichtliche Vorläufer aus der Zeit der jungen chinesischen Republik zurückgriff. Von der Rekonstruktion konfuzianischer Werte versprachen sich die Neukonfuzianer der neunziger Jahre eine Lösung der politischen und kulturellen Fragen der Gegenwart.[113] Zhang Dainian (1909–2004) fand bei seinem Kampf gegen allen «feudalen Unrat» demokratische Eigenschaften des Konfuzianismus. Dagegen suchte Hu Shaohua im konfuzianischen Denken vergeblich nach Prinzipien der Volkssouveränität und der individuellen Freiheit und wies den Konfuzianismus aufgrund seines «a-demokratischen Charakters» zurück. Als autoritäre Staatsideologie würde der Konfuzianismus eine Demokratisierung Chinas erschweren.[114] Wie kontrovers, aber auch offen in China seit den neunziger Jahren wieder diskutiert wurde, zeigt ein anderer Ansatz innerhalb der neukonfuzianischen Debatte, bei dem der selbsternannte «Hedonist» Yu Dan (geb. 1965) die «Gespräche des Konfuzius» (*Lunyu*) zum wichtigsten Klassikertext erhob und darin die Anleitung zu einem guten Leben in der modernen Welt sah. Damit sprach er breitere Bevölkerungskreise an, die nach geistiger Orientierung und einer neuen Identität als Chinesen in einer modernen, globalen Welt verlangten.[115]

Die wachsende Popularität neukonfuzianischer Ideen führte unweigerlich zu der Frage, wo sich das aktuelle Zentrum der chinesischen Kultur befinde. Auslandschinesen wie Tu Wei-ming bezogen Anfang der neunziger Jahre «wahre chinesische Kultur» auf ihr Wirken in Übersee.[116] Ähnlich argumentiert der heute in Hongkong lehrende Kam Louie, der den Begriff einer «postchinese Chinese culture» verwendet, um die transnationalen Identitätsdiskurse prägnant zu charakterisieren.[117] Dazu zählt er auch die literarischen Werke chinesischer Autoren im Ausland. Im Kontext der Globalisierung erscheint die chinesische Kultur zunehmend als eine Synthese von Prozessen, als die sie bereits Tan Sitong 1896 im Zuge seiner Integration von Konfuzianismus, Buddhismus und Christentum beschrieb. Schon dieser Aktivist und Märtyrer der «Hundert-Tage-Reform» von 1898 versuchte die drei chinesischen Religionen auf einen gemeinsamen Kern zu reduzieren: «Wenn ich einen [der drei Religionsstifter] verehre, dann verehre ich sie alle».[118]

Religiöse Impulse und Sektentum Vor allem die ländliche Bevölkerung findet in ihrer heimatlichen Lokalkultur Halt. Religiöse Gebräuche wurden in den neunziger Jahren wiederbelebt. Vor diesem Hintergrund erklärt sich die starke Verbreitung der Falungong-Sekte. Sie wurde 1992 von Li Hongzhi (geb. 1951 oder 1952) gegründet und erregte angesichts ihrer gewaltsamen Verfolgung durch den chinesischen Staat weltweit Aufsehen. Durch traditionelle Praktiken des Qigong stilisierte sich der Sektengründer zum Morallehrer mit übernatürlichen Kräften. Im ganzen Land entstanden Falungong-Gruppen, die seine Schriften lasen und gemeinsam auf öffentlichen Plätzen und in Parks Qigong-Übungen praktizierten. Als 1996 über eine Million Bücher Li Hongzhis verkauft worden und seine Anhängerschaft auf mehrere Millionen Menschen angestiegen war, schritt die chinesische Regierung ein. Sie verbot seine Schriften und verurteilte Falungong als häretischen Kult. Der Sektengründer setzte sich daraufhin in die USA ab, um von dort aus die weltweite Ausbreitung der Bewegung zu organisieren und durch Internet und Zeitschriften die chinesische Regierung anzugreifen. Demonstrationen von über 10 000 Falungong-Mitgliedern vor dem Hauptquartier der KPCh führten im April 1999 zum Verbot der Sekte. Tausende Anhänger wurden seitdem verhaftet, gefoltert und getötet und die Schriften der Sekte öffentlich verbrannt.[119] Chinas Versuch, sich des Falungong-Problems auf gewaltsame Weise zu entledigen, führte jedoch dazu, dass die Kritik am Umgang mit der Sekte Teil der internationalen Kritik an den Menschenrechtsverletzungen in der Volksrepublik China wurde.

Im Gegensatz zu den demokratischen Dissidenten im Land verfügte die Sekte über belastbare Organisationsstrukturen und ließ sich daher nicht so leicht unterdrücken. Ähnlich wie bei der Studentenbewegung der späten achtziger Jahre gab die staatliche Reformpolitik den Anlass zum Protest. So war eine Rückbesinnung auf die traditionelle Atemtechnik des Qigong zunächst offiziell gefördert worden und hatte sich erst im liberaleren städtischen Umfeld zu einer religiösen Massenbewegung ausweiten können. Parteiführer und Staatsbeamte interpretierten Qigong als Weg zur nationalen Stärkung und versprachen sich von seiner Förderung die Schaffung eines gesunden, starken Volkes. Von den geistesgeschichtlichen Quellen des Qigong erhofften sie sich, eine neue Überlegenheit gegenüber dem Westen und seiner kapitalistischen Konsumgesellschaft aufbauen zu können. Gleichzeitig propagierten die Qigong-Lehrmeister ihre Atemtechnik als Mittel zur Erneuerung und Wiederbelebung des Marxismus auf der Grundlage einer damit verbundenen Körper-Geist-Dialektik. Das wachsende Interesse der Bevölkerung an den Qigong-Techniken hatte nicht zuletzt der Sektengründer Li Hongzhi genutzt, um Anhänger für seine Falungong-Bewegung zu finden.[120]

6. Neue Impulse

Geschichtsbilder, Nationalismen und Identitäten Die Wissenschaft nach 1989 griff Impulse aus der Gesellschaft auf und entwickelte neue methodische Ansätze. So entwarf Zhao Shiyu in Anlehnung an westliche Klassiker der Historiographie wie Eric Hobsbawms *Primitive Rebels* oder E. P. Thompsons *The Making of the English Working Class* in Bezug auf Chinas Volksreligionen eine «Geschichte von unten».[121] Die Museen größerer Städte des Landes wandten sich vom orthodoxen und offiziellen Geschichtsbild ab und erschlossen sich neue Themenfelder wie die Geschichte des Alkohols, der Volkskultur oder des Bergbaus.[122] Vor allem Provinzmuseen gingen von der Nationalgeschichte zur Darstellung regionaler Besonderheiten über. Prasenjit Duara spricht daher von einem «popular nationalism», bei dem regionale Identitäten in den Vordergrund rücken.[123] Der Rückzug der Ideologie auf der Ebene des Staates wurde in den verschiedensten Bereichen der Kultur aufgegriffen und weiter vorangetrieben. So interpretiert der Historiker Feng Xiaocai die Massenproteste der Vierten-Mai-Bewegung von 1919 nicht als Ausdruck eines patriotischen Geistes, sondern hebt die mobilisierende Macht von Gerüchten hervor, die vor einer Vergiftung japanischer Waren gewarnt und damit die

Massenproteste in der Tradition der Boykottbewegungen seit der Jahrhundertwende ausgelöst hätten.[124]

Zu den neuen Ausdrucksformen des chinesischen Nationalismus dieser Epoche zählt ebenso eine Variante, welche die ethnische Einheit aller Chinesen betont und damit die Auslandschinesen in den Nationsbegriff integriert. Sie steht in Konkurrenz zu der aus der Republikzeit stammenden territorialen Definition einer Staatsnation in den Grenzen des ehemaligen Qing-Imperiums. Zuspruch erhielt die Idee eines transnationalen Chinesentums von chinesischen Wissenschaftlern aus dem Ausland wie Tu Wei-ming, der ein konzentrisches Bild entwickelte, in dem die kulturelle Identität aller Chinesen über nationale Grenzen hinweg betont wird.[125] Einen ganz anderen Weg beschritten seit den neunziger Jahren einige Wissenschaftler an verschiedenen Universitäten des Landes, indem sie im Christentum neue geistige Impulse für die chinesische Gesellschaft der Gegenwart zu suchen begannen. Die an diesen Projekten beteiligten Akademiker sind meist selbst keine Christen, sehen aber im Christentum ein wichtiges Modernisierungs- und Wertepotential, das die chinesische Gesellschaft wieder festigen könne.[126]

Privatisierung von Bildung und mobile Vernetzung Nicht nur die chinesische Wirtschaft erlebte in den letzten beiden Jahrzehnten einen Privatisierungs- und Dezentralisierungsschub. Auch im Bereich von Erziehung und Bildung nahm die Bedeutung privater Einrichtungen zu.[127] Nach drei Jahrzehnten des Staatssozialismus stand die Privaterziehung, die in der traditionellen Elitenkultur Chinas immer eine wichtige Rolle gespielt hatte, vor einem Neuanfang.[128] Die Bildungschancen erweiterten sich durch die Möglichkeit der Selbstfinanzierung und hoben das Ausbildungsniveau. Staatliche Initiativen der ersten Reformperiode waren der Auslöser gewesen. 1985 förderte eine Reform des Erziehungswesens die lokale Selbstverantwortung und eröffnete eine größere Vielfalt von Bildungsmöglichkeiten. Dieser Trend wurde 1993 durch ein weiteres Reformprogramm zur Entwicklung des chinesischen Erziehungswesens fortgesetzt. Auf der tertiären Bildungsebene beansprucht der Staat jedoch nach wie vor eine starke Einfluss- und Kontrollposition. Die ersten Privatschulen dienten vor allem einer zusätzlichen Ausbildung von Schülern neben dem staatlichen Bildungsweg. Unter den nunmehr großzügig in ihre Kinder investierenden Eltern aus der erfolgreichen Mittelschicht entwickelte sich schnell ein Bewusstsein für ihre Rechte als Konsumenten. Entsprechend erwarteten sie für das Schulgeld mehr Leistung von den Lehrkräften. Die Pluralisierung von Bildungsangeboten hatte allerdings eine verstärkte soziale und regionale Ungleichheit zur Folge und führte zur Ausbildung einer modernen Bildungsaristokratie.[129]

Der Einfluss der Informationsrevolution auf die chinesische Gesellschaft, zumal in den großen Städten, kann kaum überschätzt werden. Ähnlich dem Internet eröffnete die Nutzung von Mobiltelefonen zur mündlichen wie schriftlichen Kommunikation neue Möglichkeiten gesellschaftlicher Vernetzung. Inzwischen zirkulieren in China täglich etwa 14 Billionen Textnachrichten. Da SMS sehr viel schwieriger zu zensieren sind als Internetseiten oder Fernsehsendungen, stellt diese Entwicklung die chinesische Regierung vor Herausforderungen ganz neuer Art, deren Konsequenzen heute noch nicht abzuschätzen sind.[130]

Allen genannten Beispielen neuer Entwicklungstendenzen innerhalb der chinesischen Gesellschaft ist die Verselbstständigung der Gesellschaft gemeinsam, die durch sie langfristig bewirkt wird. Die chinesische Regierung profitiert bislang davon, dass sich die Innovationen auf den ökonomischen und kulturellen Bereich konzentriert haben. Solange daraus keine politischen Forderungen entstehen, kann sich die kommunistische Führung ihrer Herrschaft noch sicher sein.

Epilog

Das 20. Jahrhundert war in China ein Zeitalter von Gewalt, Krieg und Katastrophen. Chinas Bevölkerung erlebte Umstürze, Bürgerkriege, einen acht Jahre währenden Weltkrieg und politische Repressalien unvorstellbaren Ausmaßes. In den frühen zwanziger Jahren hatten viele chinesische Intellektuelle die bolschewistische Revolution als Befreiung von den Fesseln der eigenen Tradition und des Imperialismus begrüßt. Nach 1949 wurde diese doppelte Vision Wirklichkeit. Einerseits gewann China seine nationale Souveränität innerhalb weiträumiger Grenzen zurück, andererseits wurde die chinesische Gesellschaft dem brachialen Prozess des «Aufbaus des Sozialismus» unterworfen. Auf eine Periode radikaler Umstrukturierung in den ersten Jahren der Volksrepublik folgte eine utopische Experimentierphase im Zeichen eines weltweit beispiellos radikalen «Maoismus», die im Chaos der frühen siebziger Jahre endete. Ein Jahrzehnt später setzte eine pragmatische Partei- und Staatsführung einen Reform- und Öffnungsprozess in Gang, der China als ungebundene Großmacht in Staatengemeinschaft und Weltwirtschaft zurückgeführt und die chinesische Gesellschaft mindestens so stark verändert hat wie die lange Serie früherer Revolutionen, die mit dem Sturz der Kaiserherrschaft 1911 einsetzte. Die Reformphase begann vor drei Jahrzehnten und hat damit bereits mehr als die Hälfte der Geschichte der Volksrepublik eingenommen; der Postmaoismus dauert schon länger als die Zeit zwischen der Staatsgründung und dem Tod Mao Zedongs.

Am Ende des ersten Jahrzehnts eines neuen Jahrhunderts wird das chinesische Festland weiterhin von einer monopolistischen KP regiert, die den Zusammenbruch des Sozialismus im übrigen Eurasien – mit der Ausnahme Nordkoreas – überstanden hat. Trotz dieser Kontinuität hat sich die Lebenssituation der meisten Chinesen jedoch grundlegend gewandelt. Eine im internationalen Maßstab ungewöhnlich erfolgreiche wirtschaftliche Entwicklung hat den allgemeinen Wohlstand, so ungleich er heute verteilt ist, merklich gesteigert und in den Städten eine Konsumgesellschaft entstehen lassen, wie sie noch Ende der siebziger Jahre unvorstellbar gewesen wäre. Der Staat unterdrückt weiterhin politische Dissidenten, aber er mischt sich nicht länger durch totalitäre «Massenmobilisierung» und Gedankenkontrolle in das Alltagsleben der Menschen ein. China hat erstmals seit dem Beginn seiner neuzeitlichen Revolutionsserie im Inneren Ruhe und im äußeren Umfeld Sicherheit gefunden. Die Sphären des Politischen und des Privaten sind auseinandergetreten. Das Land hat sich von der Gewalt befreit, die seine Geschichte im 20. Jahrhundert prägte. Insofern ist 1978, das Jahr der Wende unter Deng Xiaoping, ein ebenso wichtiges Datum wie 1911 oder 1949.

Konfuzianismus, Nationalismus, Kommunismus, Demokratisierung/Liberalisierung und Kapitalismus durchzogen Chinas 20. Jahrhundert in unterschiedlicher Gewichtung. Immer war es eines dieser fünf Phänomene, das einen Zeitabschnitt des 20. Jahrhunderts besonders prägte. Aber auch die anderen tauchten in den einzelnen Phasen stets wieder auf. Will man China verstehen, muss auf sie alle geachtet werden. Dies gilt auch für die drei letzten Jahrzehnte. Weder der oftmals vorausgesagte Zusammenbruch der Einparteienherrschaft noch eine Durchsetzung föderativer und demokratischer Strukturen sind bislang eingetreten. Gestützt auf einen riesigen bürokratischen Apparat hält die kommunistische Staatsführung an ihrem autoritären Herrschaftssystem fest. Eine kleine Machtelite kontrolliert die Besetzung der Führungsämter sowie die zivilen und militärischen Sicherheitskräfte. Obwohl der starke Einfluss einzelner Spitzenkader seit Mitte der neunziger Jahre kontinuierlich abnahm und sich der Führungswechsel an der Staatsspitze seitdem formalisierte, garantiert die Parallelstruktur von Partei-, Staats- und Armeeorganen der KPCh weiterhin ihre Einfluss- und Kontrollmacht. Ungeachtet der Dezentralisierungsprozesse in Verwaltung und Ökonomie der letzten Jahre stellt die Zentralregierung in Beijing nach wie vor das notwendige Fachwissen zu wirtschaftlichen Entwicklungsfragen bereit, auf das die regionalen Akteure angewiesen sind, und greift auf der Lokalebene ein, sobald es dort zu Problemen kommt. Vor allem die Medien unterliegen einer strengen staatlichen Zensur. Auf der anderen Seite haben sich die vertikalen Kommandostrukturen gegenüber den Zeiten eines leninistischen oder maoistischen «demokratischen Zentralismus» erheblich aufgelockert. Zwischen der Staatsführung und den unteren Verwaltungsebenen ist ein Interessenausgleich zustande gekommen, durch den die Lokalbehörden mehr politische und ökonomische Entscheidungsfreiheit erhalten und im Gegenzug zur Sicherung politischer Stabilität beitragen. Dies hob Jiang Zemin im November 2002 auf dem XVI. Parteitag hervor: «Zwar ist es für die Partei wichtig, dem Wachstum höchste Priorität einzuräumen, jedoch ist Stabilität Voraussetzung für Reform und Wachstum.»[1] Die Zentralregierung erlaubt auf allen Ebenen des politischen Systems Flexibilität nur, solange diese sowohl Wachstum als auch Stabilität garantiert.

Die Gefahr gesellschaftlicher Instabilität ergibt sich in erster Linie aus dem Umstand, dass keine zentralistische Ideologie Staat und Gesellschaft noch länger zusammenhält. Aus der Sicht von kommunistischen und nicht-kommunistischen Konservativen wird dies als ideologisches Vakuum oder als kulturelle Sinnkrise thematisiert. Liberale sehen eher Chancen von Pluralisierung. Verschiedene Formen von Nationalismus bieten sich als Abhilfe an. Weitere desintegrierende Prozesse, deren Verlauf noch unabsehbar ist, ergeben sich daraus, dass der chinesische Staat zu Beginn der neunziger Jahre seine Gesellschaft in eine Konsumrevolution entließ. Die Parteikader nehmen seitdem selbst an den Bemühungen teil, das ökonomische Wachstum zu maximieren – oft zu ihrem privaten Nutzen, so dass Mischlagen zwischen privatem und öffentlichem Interesse entstanden und «Korruption» als massenhafte Erscheinung wahrgenommen wurde. Man kann dies auch anders sehen: Parteikader und Staatsfunktionäre sind viel stärker lokal orientiert, als sie es zur Zeit Maos waren. Die Zentralregierung stützte sich seit den frühen neunziger Jahren zunehmend auf lokale Initiative und Flexibilität, um so das gesamte System zu stärken. Vor allem die Beamten auf Kreis- und Bezirksstadtebene wurden in den letzten Jahren zu wichtigen politischen *und* wirtschaftlichen Akteuren.[2]

China bleibt von einem Staatsbürgerverständnis geprägt, das den Einzelnen der Autorität des Zentralstaates unterstellt. Der im späten 19. Jahrhundert aufgekommene chinesische Begriff des

«Staatsbürgers» (*guomin*) bezog sich damals auf die Ausübung politischer Rechte. Im Gegensatz zum westlichen Verständnis betrachteten die Regierungen Chinas vom späten Kaiserreich über die Republik bis zur Volksrepublik jedoch die Rechte des Einzelnen nicht als angeboren und naturrechtlich verbürgt, sondern als Zugeständnis der Inhaber staatlicher Gewalt. Politische Rechte ermöglichen es dem individuellen Bürger, seinen Beitrag zum Wohlergehen eines hierarchisch verfassten Gemeinwesens – ob nun dynastisches Reich oder Nationalstaat – zu leisten, aber nicht, sich individuell gegen den Staat zu schützen und zu wehren.[3] Selbst Liang Qichao, einer der maßgebenden intellektuellen Modernisierer Chinas im frühen 20. Jahrhundert, erklärte, der Zweck politischer Rechte sei es, Harmonie zwischen Staat und Individuum zu erzeugen.[4]

In den Jahrzehnten bis zur Gründung der Volksrepublik 1949 dominierte die Sorge um die «Rettung des Landes», um Wiederherstellung, Verteidigung und Konsolidierung des chinesischen Nationalstaates das politische Denken aller Richtungen. Die kommunistische Regierung der folgenden drei Jahrzehnte entzog ihren Bürgern jeglichen individuellen Gestaltungsfreiraum. Erst der Reform- und Öffnungskurs ermöglichte wieder individuelle Initiativen, solange diese sich mit dem Wohl des Staates im Einklang befanden. Nach wie vor beharrt die kommunistische Führung darauf, dass sie es ist, die dieses Staatswohl definiert, das gleichzeitig eines der gesamten Nation sein soll. Wirtschaftliche Erfolge, außenpolitischer Respekt und die international sichtbare Anhäufung symbolischen Kapitals, etwa im olympischen Sport, haben in den letzten beiden Jahrzehnten ein patriotisches Selbstbewusstsein genährt, das diesen Anspruch der Parteiführung für eine Mehrheit in der Bevölkerung akzeptabel macht. Trotz manch unterschwelliger Spannungen und Rivalitäten hat sich der chinesische Patriotismus oder Nationalismus aber nicht aggressiv nach außen gewendet. Abgesehen von relativ begrenzten Auseinandersetzungen mit Indien, der Sowjetunion und Vietnam war die Volksrepublik seit dem Ende des Koreakrieges in keinen größeren Krieg verwickelt. China hat seine Souveränität, die nach 1842 schrittweise angefochten und reduziert worden war, wiederhergestellt und gewahrt, ohne bisher zu einem böswilligen Hegemon im asiatischen Raum geworden zu sein – auch wenn seine Nachbarn den stetigen Machtgewinn mit Sorge betrachten.

Der «Aufstieg Chinas» ist zu einem großen Thema der westlichen Medien geworden. Die Volksrepublik war bereits um die Mitte der fünfziger Jahre eine Großmacht, mit der man international rechnen musste. Neu am Beginn des 21. Jahrhunderts ist ihre Rolle als wirtschaftlicher *global player*, der die Märkte der Welt mit Industrieprodukten überschwemmt, in riesigen Mengen Fremdwährungen und ausländische Staatspapiere hortet, in aller Welt Rohstoffe aufkauft, maßgeblich zu globalen Klimaproblemen beiträgt und seine Studenten und Forscher in die wissenschaftlichen Zentren des Westens entsendet. All dies sind neue Rollen, die China nie zuvor gespielt hat. Auch vieles andere von dem, was heute in China geschieht, ist historisch beispiellos. Daher leben viele Chinesen in einer Atmosphäre intensiver Gegenwärtigkeit. Die Vergangenheit interessiert nur, insofern frühere Blütezeiten chinesischer Kultur und Machtentfaltung auf den heutigen Zustand vorauszuweisen schienen. Dies erklärt die große Popularität des glanzvollen 18. Jahrhunderts in Chinas Medien. Die erste Hälfte des 20. Jahrhunderts rückt demgegenüber eher an den Rand des allgemeinen Bewusstseins. Kriegserinnerungen werden allenfalls im Dauerstreit mit Japan gelegentlich aktiviert. Auch die persönlichen und medialen Erinnerungen an die Kulturrevolution beginnen zu verblassen. Das heutige China hat wenig Grund, sich an seine leidvolle Vergangenheit zu erinnern.

Dennoch machen gerade jüngere Entwicklungen in historischer Betrachtung Kontinuitäten deutlich, die zum Anfang des Jahrhunderts zurückführen. Der Nationalismus in seinen mannigfachen Ausprägungen ist ein solches Kontinuitätsmotiv. Dass der Konfuzianismus, den bereits die Aktivisten der Bewegung für Neue Kultur um 1920 auf den Müllhaufen der Geschichte werfen wollten, im Vorzeichen einer besonderen chinesischen Moderne eine Renaissance erleben würde, hat noch vor wenigen Jahrzehnten kaum jemand vorausgesehen. Auch die Probleme kultureller Verwestlichung und Selbstbehauptung stellen sich nicht erst im Zeitalter von Internet und Satellitentelefon; viele Argumente wurden bereits um die vorletzte Jahrhundertwende formuliert und diskutiert. Am deutlichsten sichtbar sind vielleicht die epochenübergreifenden Grundmuster staatlicher Organisation. Die Grenzen der chinesischen Provinzen sind über die Jahrhunderte hinweg stabiler geblieben als die der meisten europäischen Nationalstaaten, mit denen sich chinesische Provinzen hinsichtlich ihrer Größe vergleichen lassen. Das uralte Problem des Verhältnisses von zentraler, provinzialer und lokaler Ebene wurde vom Kaiserreich mit seiner landesweiten Bürokratie über die Periode der Kriegsherren bis hin zur Gegenwart immer wieder erwogen. In langfristiger Betrachtung erscheint die Zeit vom Tod Yuan Shikais 1916 bis zum Ende des Bürgerkrieges 1949 als ein kurzes Intermezzo der Zersplitterung in einer jahrhundertelangen Geschichte gesamtstaatlichen Zusammenhalts. Weniger offensichtlich sind wirtschaftliche Kontinuitäten. Sie liegen auf zwei unterschiedlichen Ebenen. Zum einen hat China im späten 20. Jahrhundert seine Stellung als produktives Zentrum Ostasiens wiedererlangt, die es noch um 1800 besessen hatte. Zum anderen ist der neue Privatkapitalismus der Reformperiode in mancher Hinsicht ein Echo des «goldenen Zeitalters der chinesischen Bourgeoisie» im zweiten und dritten Jahrzehnt des 20. Jahrhunderts. Nicht viele Industriellen- und Bankiersfamilien der damaligen Zeit sind noch oder wieder aktiv, doch haben ältere Formen der Unternehmensorganisation überdauert und werden heute mit Importen aus dem Westen verschmolzen. Wenn es richtig ist, dass unter Chinesen außerhalb der Volksrepublik und mittlerweile auch auf dem «Festland» selbst ein besonderer Typus eines chinesischen Kapitalismus entstanden ist oder gerade entsteht, dann muss man seine Wurzeln im frühen 20. Jahrhundert suchen. Er ist nur ein wenig älter als die Kommunistische Partei, die sich schon in ihrer frühesten Rhetorik über die chinesische «Kapitalistenklasse» ereiferte. Das Wechselspiel auch dieser beiden Kräfte durchzog das Jahrhundert. Das «neue» China Deng Xiaopings und seiner Erben hat manche Elemente eines «alten» China in sich aufgenommen. Dazwischen lag das, was man das «mittlere» China der turbulenten Republikzeit nennen könnte. Auch China erlebte eine «klassische Moderne», deren geistige Impulse – man denke an Forderungen aus den zwanziger Jahren nach Demokratie, Menschenrechten und rationaler Problemlösung – noch immer nicht erschöpft sind.

Anmerkungen

Einleitung

1 Vgl. dazu den Beitrag von Lin Beidian/Dong Zhenghua, Xiandaihua yanjiu zai Zhongguo de xingqi yu fazhan [Aufstieg und Entwicklung der Modernisierungsforschung in China], in: *Lishi yanjiu* 1998.5, 150–71.

2 Rana Mitter hat darauf seinen Überblick über das Jahrhundert aufgebaut. Vgl. ders., *Modern China: A Very Short Introduction*, Oxford 2008.

3 Christopher R. Hughes, *Chinese Nationalism in the Global Era*, London 2006.

4 Kam Louie, Defining Modern Chinese Culture, in: ders. (Hg.), *The Cambridge Companion to Modern Chinese Culture*, Cambridge 2008, 1–19, hier: 5.

5 A. James Gregor, *A Place in the Sun: Marxism and Fascism in China's Long Revolution*, Boulder, CO 2000, 203.

6 Beispiele aus der westlichen Literatur finden sich bei Sabine Dabringhaus, *Geschichte Chinas 1279–1949*, München ^{2}2009 (= Oldenbourg Grundriss der Geschichte, Bd. 35), 207–11. Als chinesisches Beispiel vgl. Xu Jiansheng/Xu Weiguo, *Qingmo minzhu jingji zhengce yanjiu* [Wirtschaftspolitik in der späten Qing-Zeit und in der frühen Republik], Guilin 2001. Die chinesischen Autoren begründen diesen Schritt mit der besseren Erfassung des Wandlungs- und Fortschrittsprozesses, der diese Phase prägte.

7 Freilich darf man dabei auch nicht unterschätzen, dass aus chinesischer Sicht das Jahr 1949 zunächst einmal nach Jahrzehnten des Krieges und Bürgerkrieges Frieden brachte. Vgl. dazu Zhang Renshan, *1949 Zhongguo shehui* [Die Chinesische Gesellschaft im Jahre 1949], Beijing 2005, bes. 8–55.

8 Paul A. Cohen, Reflections on a Watershed Date: The 1949 Divide in Chinese History, in: Jeffrey N. Wasserstrom (Hg.), *Twentieth-Century China: New Approaches*, London 2003, 27–36, hier: 34 f.

9 Diese neue Phase hat Duncan Hewitt eindrücklich eingefangen in *Getting Rich First: Life in a Changing China*, London 2007.

10 Paul A. Cohen, *Discovering History in China: American Historical Writing on the Recent Chinese Past*, New York 1984, 9–56; John K. Fairbank, *Geschichte des modernen China 1800–1985*, München 1989.

11 Ssu-Yu Teng/John K. Fairbank (Hg.), *China's Response to the West: A Documentary Survey, 1839–1923*, Cambridge, MA 1954 (viele Neuauflagen).

12 Wolfgang Franke, *Das Jahrhundert der chinesischen Revolution, 1851–1949*, München ^{2}1980, 38.

13 Zum Beispiel Deborah S. Davis (Hg.), *The Consumer Revolution in Urban China*, Berkeley, CA 2000.

14 Rana Mitter, *A Bitter Revolution: China's Struggle with the Modern World*, Oxford 2004.

15 Prasenjit Duara, *Rescuing History from the Nation: Questioning Narratives of Modern China*, Chicago 1995.

16 William C. Kirby, The Internationalization of China: Foreign Relations at Home and Abroad in the Republican Era, in: *China Quarterly* 150 (1997), 433–58.

17 R. Bin Wong, *China Transformed: Historical Change and the Limits of European Experience*, Ithaca, NY 1997; Kenneth Pomeranz, *The Great Divergence. Europe, China, and the Making of the Modern World Economy*, Princeton, NJ 2000; Jack A. Goldstone, *Why Europe? The Rise of the West in World History, 1500–1850*, Boston 2008.

18 Bruce A. Elleman, *Modern Chinese Warfare, 1795–1989*, London 2001.

I. Konfuzianismus am *fin de siècle*: Zwischen Reform und Untergang

1 Thomas A. Wilson, Ritualizing Confucius/Kongzi: The Family and State Cults of the Sage of Culture in Imperial China, in: ders. (Hg.), *On Sacred Grounds: Culture, Society, Politics, and the Formation of the Cult of Confucius*, Cambridge, MA 2002, 43–94.

2 Kenneth Lieberthal, *Governing China: From Revolution through Reform*, New York [2]2004, 10–12.

3 Philip A. Kuhn, *Soulstealers: The Chinese Sorcery Scare of 1768*, Cambridge, MA 1990, 187–222.

4 Zum Clansystem vgl. ausführlich Hui-Chen Wang Liu, *The Traditional Chinese Clan Rules*, New York 1959, bes. 48–97. Vgl. auch Laurence G. Thompson, *Chinese Religion: An Introduction*, Belmont, CA [4]1989, 36–59.

5 Klassisch: Morton Fried, *The Fabric of Chinese Society*, New York 1953.

6 L. Eve Armentrout Ma, Fellow-Regional Associations in the Ch'ing Dynasty: Organizations in Flux for Mobile People. A Preliminary Survey, in: *Modern Asian Studies* 18 (1984), 307–30.

7 Zu den Methoden des Imperialismus in den Opiumkriegen vgl. J. Y. Wong, *Deadly Dreams: Opium, Imperialism, and the Arrow War (1856–1860) in China*, Cambridge 1998, 261–330.

8 Walter Henry Medhurst, *China: Its State and Prospects*, London 1838, 106.

9 David Johnson, Communication, Class, and Consciousness in Late Imperial China, in: ders./Andrew J. Nathan/Evelyn S. Rawski (Hg.), *Popular Culture in Late Imperial China*, Berkeley, CA 1985, 34–72, hier: 65.

10 Wie etwa die 1872 in Shanghai gegründete *Shenbao*. Vgl. Andrea Janku, *Nur leere Reden. Politischer Diskurs und die Shanghaier Presse im China des späten 19. Jahrhunderts*, Wiesbaden 2003. Zur Entwicklung des modernen Journalismus vgl. vor allem Natascha Vittinghoff, *Die Anfänge des Journalismus in China (1860–1911)*, Wiesbaden 2002.

11 Cynthia J. Brokaw, *Commerce in Culture: The Sibao Book Trade in the Qing and Republican Periods*, Cambridge, MA 2007, 554–70.

12 Jerôme Ch'en, *China and the West: Society and Culture, 1815–1937*, London 1979, 65 f., 68.

13 Martina Eglauer, *Wahrnehmung des Fremden. Die Rolle des Westens beim Modernisierungsprozess in China*, Stuttgart 2005, 19–27.

14 Xia Dongyuan, *Yangwu yundong shi* [Geschichte der Yangwu-Bewegung], Shanghai 1992, bes. 67–145.

15 Zhang Zhidong, Quanxue pian [Exhortation to learn], übers. in William

Theodore de Bary (Hg.), *Sources of Chinese Tradition*, New York 1960, Bd. 2, 82–87.

16 Wellington K. K. Chan, *Merchants, Mandarins, and Modern Enterprise in Late Ch'ing China*, Cambridge, MA 1977, 67–84.

17 Louie, Defining Modern Chinese Culture, 5.

18 Vgl. die von Kang Youwei 1898 verfasste Schrift *Kongzi gaizhi kao* [Konfuzius als Reformer, 1898], Beijing ²1988.

19 Hsiao Kung-chuan, *A Modern China and a New World: K'ang Yu-wei, Reformer and Utopian, 1858–1927*, Seattle/London 1975, bes. 84–88; Lin Keguang, *Kang Youwei gexinpai juren* [Kang Youwei, der Held der Neuerungsfraktion], Beijing 1990, 340–43.

20 Peter Zarrow, The Reform Movement, the Monarchy, and Political Modernity, in: Rebecca E. Karl/Peter Zarrow (Hg.), *Rethinking the 1898 Reform Period: Political and Cultural Change in Late Qing China*, Cambridge, MA 2002, 17–47, hier: 19 f.

21 Zit. nach Hao Chang, *Liang Ch'i-ch'ao and Intellectual Transition in China, 1890–1907*, Cambridge, MA 1971, 229.

22 Sung-chiao Shen, Turning Slaves into Citizens: Discourses of *Guomin* and the Construction of Chinese National Identity in the Late Qing Period, in: Sechin S. Y. Chien/John Fitzgerald (Hg.), *The Dignity of Nations: Equality, Competition, and Honor in East Asian Nationalism*, Hongkong 2008, 49–69, hier: 51 ff. Zum Prozess der Übernahme von Begriffen aus dem Japanischen vgl. Lydia H. Liu, *Translingual Practice: Literature, National Culture and Translated Modernity: China, 1900–1937*, Stanford, CA 1995.

23 Vgl. David Strand, Citizens in the Audience and at the Podium, in: Merle Goldman/Elizabeth Perry (Hg.), *Changing Meanings of Citizenship in Modern China*, Cambridge, MA 2002, 44–69, bes. 52, 55.

24 Roger R. Thompson, *China's Local Councils in the Age of Constitutional Reform, 1898–1911*, Cambridge, MA 1995, bes. Kap. 4.

25 Vgl. die Quellen in Alan Baumler (Hg.), *Modern China and Opium: A Reader*, Ann Arbor 2002, 63–86.

26 Thompson, *China's Local Councils*, 110–36.

27 R. Keith Schoppa, *Chinese Elites and Political Change: Zhejiang Province in the Early Twentieth Century*, Cambridge, MA 1982, 82.

28 Huaiyin Li, *Village Governance in North China, 1875–1936*, Stanford, CA 2005, bes. 23–91, 135–62, 262–66.

29 Peter Zarrow, Constitutionalism and the Imagination of the State: Official Views of Political Reform in the Late Qing, in: ders. (Hg.), *Creating Chinese Modernity: Knowledge and Everyday Life, 1900–1940*, New York 2006, 51–82, hier 78.

30 Vgl. Kristin Stapleton *Civilizing Chengdu: Chinese Urban Reform, 1895–1937*, Cambridge, MA 2000, bes. 111–49. Zur Entwicklung in Guangzhou vgl. Michael Tsin, *Nation, Governance, and Modernity in China: Canton, 1900–1927*, Stanford, CA 1999, bes. 29–43.

31 Peter J. Carroll, *Between Heaven and Modernity: Reconstructing Suzhou, 1895–1937*, Stanford, CA 2006, bes. 205–40.

32 Thompson, *China's Local Councils*, 144.

33 Delber L. McKee, The Chinese Boycott of 1905-1906 Reconsidered: The Role of Chinese Americans, in: *Pacific Historical Review* 55 (1986), 165–91;

Sin-kiong Wong, Die for the Boycott and the Nation: Martyrdom and the 1905 Anti-American Movement in China, in: *Modern Asian Studies* 35 (2001), 565–88.

34 Xu Jilin, *Zhongguo zhishi fenzi shi lun* [Zehn Abhandlungen über Chinas Intellektuelle], Shanghai 2003, 2–13.

35 Michel Hockx, The Involutionary Tradition in Modern Chinese Literature, in: Louie, *Modern Chinese Culture*, 235–52, hier: 235.

36 Liang Qichao, «Popular Literature in Relation to the Masses», übers. in Faye Chunfang Fei (Hg.), *Chinese Theories of Theater and Performance from Confucius to the Present*, Ann Arbor 1999, 109.

37 Ein frühes Beispiel aus dem Bereich der Gesangskunst ist Wang Xiaonong (1858–1918), der aufgrund seiner Liebe zum Gesang sein Amt als Kreisbeamter verloren hatte. In seinen Stücken rief er das chinesische Volk zum Patriotismus auf. Denn er war davon überzeugt, dass Theaterstücke das breite Volk zum Nachdenken und zum Patriotismus veranlassen und daher als «Modell der Erweckung von 400 Millionen» dienen könnten. Vgl. dazu Rebecca Karl, *Staging the World: Chinese Nationalism at the Turn of the Twentieth Century*, Durham, NC 2002, 27.

38 Zur Entwicklung des Theaters vgl. Jonathan P.J. Stock, Place and Music: Institutions and Cosmopolitanism in ‹Shenqu›, Shanghai Traditional Opera, 1912–1949, in: *Music & Letters* 83 (2002), 542–89. Zur Veränderung des kulturellen Lebens in Shanghai vgl. Catherine Vance Yeh, The Life-Style of Four *Wenren* in Late Qing Shanghai, in: *Harvard Journal of Asiatic Studies* 57 (1997), 419–70.

39 Zu Liu E vgl. Hans Kühner (Hg.,Übers.), *Die Reisen des Lao Can*, Frankfurt a.M. 1989; zu Wu Woyao vgl. Kai Nieper, *Neun Tode, ein Leben. Wu Woyao (1866–1910): Ein Erzähler der späten Qing-Zeit*, Frankfurt a.M. 1995.

40 Edward M. Gunn, Introduction, in: ders. (Hg.), *Twentieth-century Chinese Drama: An Anthology*, Bloomington 1983, vii.

41 David Wright, *Translating Science: The Transmission of Western Chemistry into Late Imperial China, 1840–1900*, Leiden 2000, 296–311.

42 Xiaoping Cong, *Teacher's Schools and the Making of the Modern Chinese Nation-State, 1897–1937*, Vancouver 2007, 39 f.

43 Zur Integration des Sports in das moderne Bildungswesen vgl. Andrew D. Morris, *Marrow of the Nation: A History of Sport and Physical Culture in Republican China*, Berkeley, CA 2004, 17–46.

44 Immerhin wurde 1922 der erste Chinese ins Internationale Olympische Komitee aufgenommen. 1932 nahm in Los Angeles erstmals ein chinesisches Team an Olympischen Spielen teil. Vgl. Susan Brownell, Physical Culture, Sports and the Olympics, in: Louie, *Modern Chinese Culture*, 339–60, hier: 361 f.

45 Morris, *Marrow of the Nation*, 185–229.

46 Mao Zedong, «Tiyu zhi yanjiu» [Studien über die physische Erziehung], in: *Xin Qingnian*, [Neue Jugend], Bd. 3 (2. April 1917), 7.

47 Eileen P. Scully, *Bargaining with the State from Afar: American Citizenship in Treaty Port China*, 1844–1942, New York 2001, bes. 1–20.

48 Donna Brunero, *Britain's Imperial Cornerstone in China: The Chinese Maritime Customs Service, 1854–1949*, London 2006.

49 W.G. Beasley, *Japanese Imperialism, 1894–1945*, Oxford 1987, 69–71; Peter

Lowe, *Great Britain and Japan, 1911–1915*, London 1969, 147 f. Zum Eisenbahnbau vgl. Ralph William Huenemann, *The Dragon and the Iron Horse: The Economics of Railroads in China, 1876–1937*, Cambridge, MA 1984, 47–59.

50 Mechthild Leutner/Klaus Mühlhahn (Hg.), *Kolonialkrieg in China: Die Niederschlagung der Boxerbewegung 1900–1901*, Berlin 2007, bes. 118–52. Zur internationalen Vorgeschichte vgl. Xiang Lanxin, *The Origins of the Boxer War: A Multinational Study*, London 2003.

51 Neueste Forschungen bezeichnen den Krieg sogar als einen Weltkrieg. Vgl. dazu John W. Steinberg u. a. (Hg.), *The Russo-Japanese War in Global Perspective: World War Zero*, Leiden 2005. Zum kulturellen Kontext des Krieges vgl. David Wells/Sandra Wilson (Hg.), *The Russo-Japanese War in Cultural Perspective, 1904–1905*, Basingstoke 1999. Eine Einordnung in die außenpolitische Entwicklung Japans bietet Frederick R. Dickinson, *War and National Reinvention: Japan in the Great War, 1914–1919*, Cambridge, MA 1999, 84–88.

52 Yoshihisa Tak Matsusaka, *The Making of Japanese Manchuria, 1904–1932*, Cambridge, MA 2001, 1–59.

53 André Schmid, *Korea Between Empires, 1895–1919*, New York 2002, 23–54.

54 Bruce Cumings, *Korea's Place in the Sun: A Modern History*, New York 1997, 154–59. Vgl. auch Michael Robinson, *Cultural Nationalism in Colonial Korea, 1920–1925*, Seattle, WA 1988.

55 R. Keith Schoppa, *Revolution and Its Past: Identities and Change in Modern Chinese History*, Upper Saddle River [2]2006, 95–99.

56 Melvyn C. Goldstein, Tibet and China in the Twentieth Century», in: Morris Rossabi (Hg.), *Governing China's Multiethnic Frontiers*, Seattle, WA 2004, 186–229, hier: 188–90.

57 Melvyn C. Goldstein, *The Snow Lion and the Dragon: China, Tibet, and the Dalai Lama*, Berkeley, CA 1997, 30–32.

58 Dazu ausführlich Urgunge Onon/Derrick Pritchatt, *Asia's First Modern Revolution: Mongolia Proclaims Its Independence in 1911*, Leiden 1989.

59 Christopher P. Atwood, Worshipping Grace: The Language of Loyalty in Qing Mongolia, in: *Late Imperial China* 21 (2000), 86–139.

60 Uradyn E. Bulag, Inner Mongolia: The Dialectics of Colonization and Ethnicity Building, in: Rossabi, *Governing China's Multiethnic Frontiers*, 84–116, hier: 84–87.

61 Erika Lee, Defying Exclusion: Chinese Immigrants and Their Strategies during the Exclusion Era, in: Sucheng Chan (Hg.), *Chinese American Transnationalism: The Flow of People, Resources, and Ideas between China and America during the Exclusion Era*, Philadelphia 2006, 1–21, hier: 1.

62 Sucheng Chan, *Asian Americans: An Interpretive History*, Boston 1991, 3–7.

63 Yong Chen, *Chinese San Francisco, 1850–1943: A Trans-Pacific Community*, Stanford, CA 2000, 12, 16–23.

64 Madeline Hsu, *Dreaming of Gold, Dreaming of Home: Transnationalism and Migration between the United States and South China, 1882–1943*, Stanford, CA 2000, 33.

65 Lee, Defying Exclusion, 12–21; vgl. auch Estelle T. Lau, *Paper Families: Identity, Immigration Administration, and Chinese Exclusion*, Durham, NC 2006, bes. 33–66.

66 Haiming Liu, Chinese Herbalists in the United States, in: Chan, *Chinese American Transnationalism*, 136–55.

67 *Chinese World*, 22. September 1916.

68 Joseph W. Esherick, Founding a Republic, Electing a President: How Sun Yat-sen Became Guofu, in: Eto Shinkichi/Harold Z. Schiffrin (Hg.), *China's Republican Revolution*, Tokyo 1994, 129–52. Zum biographischen Aspekt seiner frühen Entwicklung in Übersee und späteren Legitimität als politische Führungsfigur der Republik vgl. Philip Yuen-sang Leung, Margin as Mainstrain: The Legitimitation of Sun Yat-senism in Early Republican China, in: ders. (Hg.), *The Legitimation of New Orders: Case Studies in World History*, Hong Kong 2007, 159–77.

69 Ma Pingan, Beiyang jituan de xingqi yu Qingmo zhongyang he difangquanli zhi zheng, in: Zhongguo shixuehui [Chinesischer Historikerverband] (Hg.), *Xinhai geming yu 20 shiji de Zhongguo* [Die Revolution von 1911 und das China des 20. Jahrhunderts], Beijing, 3 Bde., Bd. 1, 387–423.

70 Marie-Claire Bergère, *Sun Yat-sen*, Paris 1994, 25–41, 79–144.

71 Sidney H. Chang/Leonard H. D. Gordon, *All Under Heaven ...: Sun Yat-sen and His Revolutionary Thought*, Stanford 1991, 30 f.

72 Lin Jiayou, *Sun Zhongshan yu jindai zhongguo de juexin* [Sun Yatsen und Chinas neuzeitliches Erwachen], Guangzhou 2000, 128–145.

73 Edward J. M. Rhoads, *Manchus and Han: Ethnic Relations and Political Power in Late Qing and Early Republican China, 1861–1928*, Seattle 2000, 187–205.

74 Diana Lary, *China's Republic*, Cambridge 2007, 42 f.

75 Stephen R. MacKinnon, *Power and Politics in Late Imperial China: Yuan Shikai in Beijing and Tianjin, 1901–1908*, Berkeley, CA 1980, 205–10.

76 Zur Eisenbahnkrise vgl. Huenemann, *The Dragon and the Iron Horse*, 78–80.

77 Rhoads, *Manchus and Han*, 167 f.

78 Wang Xianming, *Qing wangchao de benggui: 1911 nian zhongguo shilu* [Der Zusammenbruch der Qing-Dynastie: Die wahren Ereignisse des Jahres 1911], Tianjin 2006, 250 f.

79 Ernest P. Young, *The Presidency of Yuan Shih-k'ai: Liberalism and Dictatorship in Early Republican China*, Ann Arbor 1977, 114.

80 Brunero, *Britain's Imperial Cornerstone*, 19 f.

81 Jürgen Osterhammel, *China und die Weltgesellschaft. Vom 18. Jahrhundert bis in unsere Zeit*, München 1989, 221–26.

82 Li Dazhao, Cai dudu hengyi [Eine Diskussion über die Beseitigung der Militärgouverneure], in: *Yan zhi* [Staatsmann] 3 (1. Juli 1913), 1–12, hier: 10–12.

83 Young, *Presidency of Yuan Shih-k'ai*, 105–23.

84 Ebd., 142.

85 Hou Yijie, *Yuan Shikai zhuan* [Eine Biographie Yuan Shikais], Tianjin 2003, 360–82, 440–82.

86 Dickinson, *War and National Reinvention*, 88–116.

87 Xu Guoqi, *China and the Great War: China's Pursuit of a New National Identity and Internationalization*, Cambridge 2005, 258–68.

88 China blieb zwar bis August 1917 neutral, entschloss sich aber zur Entsendung von über 140 000 Chinesen nach Frankreich und Großbritannien als zivile Arbeitskräfte.

89 Vgl. Henrietta Harrison, *The Making of the Republican Citizen: Political Ceremonies and Symbols in China, 1911–1929*, Oxford 2000.

90 Ebd., 60–71, 196–206.

91 Vgl. Erez Manela, *The Wilsonian Moment: Self-Determination and the International Origins of Anticolonial Nationalism*, Oxford 2007, 177 ff.

92 Liang Qichao, Causes of China's Defeat at the Peace Conference, in: *Millard's Review* 9.7 (July 1919), 267 f.

93 Liu Shuya, «Junguo zhuyi» [Staatsmilitarismus], in: *Xin Qingnian* [Neue Jugend] 2, Heft 3 (1916), 1–8.

94 Arthur Waldron, The Warlord: Twentieth-Century Chinese Understandings of Violence, Militarism, and Imperialism, in: *American Historical Review* 96 (1991), 1073–1100, hier: 1080.

95 Chen Duxiu, Dui De waijiao [Außenpolitik gegenüber Deutschland], in: *Xin Qingnian* [Neue Jugend], Bd. 3, Heft 1 (1917), 1–4; Liang Qichao, Lun shang wu [Über die Wertschätzung von militärischen Übungen], in: *Xinmin congbao* [Zeitschrift der Neuen Bürger] 1 (1903), 7–14.

96 Edward A. McCord, Warlords against Warlordism: The Politics of Anti-Militarism in Early Twentieth-Century China, in: *Modern Asian Studies* 30 (1996), 795–827, hier: 797–99.

97 Ders., *The Power of the Gun: The Emergence of Modern Chinese Warlordism*, Berkeley, CA 1993, 310.

98 Vgl. Hao Chang, *Liang Ch'i-ch'ao*, 149–219.

99 Liang Qichao, Lun gongde [Über die öffentliche Moral], in: Xia Xiaohong (Hg.), *Liang Qichao wenxuan* [Ausgewählte Texte von Liang Qichao], 2 Bde., Beijing 1992, Bd. 1, 109.

100 Zhong Zhenwei/Wan Fayun, *Liang Qichao sixiang yanjiu* [Forschungen zum Denken Liang Qichaos], Xinyi 1986, 47–59.

101 Young-tsu Wong, *Search for Modern Nationalism: Zhang Binglin and Revolutionary China, 1869–1936*, Hongkong 1989, 35–37, 61–66.

102 Zhang Binglin, Zhonghua minguo jie [Die Chinesische Republik erklären], in: *Zhang Taiyan quanji* [Gesammelte Werke von Zhang Binglin], Shanghai 1985, Bd. 4, 252–62. Vgl. auch Shen/Chien, *Turning Slaves into Citizen*, 57.

103 Zheng Shiliang, *Wang Qing guocui pai – wenhua sixiang yanjiu* [Die Faktion der nationalen Essenz in der späten Qing-Zeit – Forschungen kultureller Ideen], Beijing 1997, 7.

104 Zitiert nach Jerome B. Grieder, *Intellectuals and the State in Modern China*, New York 1981, 225 f.

105 Jerome B. Grieder, *Hu Shih and the Chinese Renaissance: Liberalism in the Chinese Revolution, 1917–1937*, Cambridge, MA 1970, 75–128.

106 Arif Dirlik, *The Origins of Chinese Communism*, New York 1989, 20, 69, 138 f.

107 Edward S. Krebs, *Shifu, Soul of Chinese Anarchism*, Lanham, MD 1998, 28–30. Zur Pariser Gruppe vgl. Peter Zarrow, *Anarchism and Chinese Political Culture*, New York 1990, 59–81.

108 Zur Gruppe in Tokyo vgl. ebd., 31–58.

109 Arif Dirlik, Vision and Revolution: Anarchism in Revolutionary Chinese Thought on the Eve of the 1911 Revolution, in: *Modern China* 12 (1986), 123–65, hier: 127 f.

110 Zur Rolle der Zeitschrift vgl. Martin Bernal, *Chinese Socialism to 1907*, Ithaca, NY 1976, 107–28.

111 Fang Guanghua, *Liu Shipei pingzhuan* [Biographie Liu Shipeis], Nanchang 1996, 61–96.

112 Dirlik, *Origins of Chinese Communism*, 65.

113 Vgl. dazu Ming K. Chan, *Schools into Fields and Factories: Anarchists, the Guomindang and the National Labor University in Shanghai, 1927–1932*, Durham, NC 1991.
114 Zhang Guohui, *Yangwu yundong yu Zhongguo jindai qiye* [Die Verwestlichungsbewegung und Chinas neuzeitliche Unternehmen], Beijing 1979, 181, 217; Chan, *Merchants, Mandarins*, 127–53.
115 Diese Zahl nennt Robert Y. Eng in seiner Untersuchung über die Seidenindustrie: *Economic Imperialism in China: Silk Production and Exports, 1861–1932*, Berkeley, CA 1986, 12.
116 Chan, *Merchants, Mandarins*, 169.
117 Zhang Guohui, The Emergence and Development of China's Modern Capitalist Enterprises, in: Frederic Wakeman, Jr./Wang Xi (Hg.), *China's Quest for Modernization: A Historical Perspective*, Berkeley, CA 1997, 234–49.
118 Marie-Claire Bergère, *L'âge d'or de la bourgeoisie chinoise 1911–1937*, Paris 1986.
119 Elizabeth J. Perry, *Shanghai on Strike: The Politics of Chinese Labor*, Stanford, CA 1994.
120 Emily Honig, *Sisters and Strangers: Women in the Shanghai Cotton Mills, 1919–1949*, Stanford, CA 1986.
121 Louise Edwards, *Gender, Politics, and Democracy: Women's Suffrage in China*, Stanford, CA 2008, 32–38.
122 Joan Judge, Reforming the Feminine: Female Literarcy and the Legacy of 1898, in: Karl/Zarrow, *Rethinking the 1898 Reform Period*, 158–79. Zur Tradition des Füßebindens vgl. Wang Ping, *Aching for Beauty: Footbinding in China*, New York 2002.
123 Edwards, *Gender, Politics*, 38–40.
124 Yan Haiping, *Chinese Women Writers and the Feminist Imagination, 1905–1948*, London 2006, 33–68.
125 Zit. nach Jonathan Spence, *The Gate of Heavenly Peace*, London 1982, 57.
126 Edwards, *Gender, Politics*, 61–64.
127 Peter Zarrow, He Zhen and Anarcho-Feminism in China, in: *Journal of Asian Studies* 47 (1988), 796–813, bes. 800–8.
128 Edwards, *Gender, Politics*, 70–74.
129 Joan Judge, Citizens or Mothers of Citzens? Gender and the Meaning of Modern Chinese Citizenship, in: Goldman/Perry, *Changing Meanings*, 23–43.
130 Susan L. Glosser, *Chinese Visions of Family and State, 1915–1953*, Berkeley, CA 2003, bes. 78–133.
131 Pan Laikwan, Walking into and out of the Spectacle: China's Earliest Film Scene, in: *Screen* 47 (2006), 66–80; Zhang Zhen, Teahouse, Shadowplay, Bricolage: Laborer's Love and the Question of Early Chinese Cinema, in: Zhang Yingjin (Hg.), *Cinema and Urban Culture in Shanghai, 1922–1943*, Stanford, CA 1999, 27–50.
132 Jubin Hu, *Projecting a Nation: Chinese National Cinema before 1949*, Hong Kong 2003, 30–38.
133 Vgl. dazu ausführlich Zhang Zhen, *An Amorous History of the Silver Screen: Shanghai Cinema, 1896–1937*, Chicago 2005.
134 Daniel L. Overmyer, Chinese Religious Traditions from 1900–2005: An Overview, in: Louie, *Modern Chinese Culture*, 191.
135 Daniel H. Bays, The Growth of Independent Christianity in China, 1900–

1937, in: ders. (Hg.), *Christianity in China: From the Eighteenth Century to the Present*, Stanford 1996, 307–16, hier: 310 f.

136 Peter Chen-Main Wang, Contextualizing Protestant Publishing in China: The Wenshe, 1924–1928, in: ebd., 292–306.

137 Diese sehr dogmatische, exklusive Bewegung konnte sich bis in die 1950er Jahre halten, wurde dann aber von der kommunistischen Regierung als konterrevolutionär verboten. Ihre Anhänger flohen nach Taiwan, wo sich heute noch ihr Hauptquartier befindet. Die Bewegung ist weltweit unter den Auslandschinesen aktiv.

138 Kenneth K. S. Ch'en, *Buddhism in China: A Historical Survey*, Princeton 1964, 455–60. Die Erneuerungsprozesse im Daoismus schildert am Beispiel Beijings Vincent Goossaert, *The Taoists of Peking, 1800–1949: A Social History of Urban Clerics*, Cambridge, MA 2007.

139 Zur Verbreitung moderner Drucktechniken Christopher A. Reed, *Gutenberg in Shanghai: Chinese Print Capitalism, 1876–1937*, Honolulu 2004, bes. 25–87.

140 Xue Yu, *Buddhism, War, and Nationalism: Chinese Monks in the Struggle against Japanese Aggressions, 1931–1945*, New York 2005, bes. 77–176.

141 Overmyer, Chinese Religious Traditions, 185.

II. Nationalismen in einer schwachen Republik

1 A. James Gregor, *A Place in the Sun: Marxism and Fascism in China's Long Revolution*, Boulder, CO 2000, 203.

2 Zhitian Luo, National Humiliation and National Assertion: The Chinese Response to the Twenty-one Demands, in: *Modern Asian Studies* 27 (1993), 297–319.

3 Vgl. immer noch Jean Chesneaux, *The Chinese Labor Movement, 1919–1927*, Stanford, CA 1968.

4 Michael G. Murdock, *Disarming the Allies of Imperialism: Agitation, Manipulation, and the State during China's Nationalist Revolution, 1922–1929*, Ithaca, NY 2006, 111.

5 Ausführlich dargestellt wird diese frühe Entwicklung bei Yoshihisa Tak Matsusaka, *The Making of Japanese Manchuria*, 1904–1932, Cambridge, MA 2001.

6 Louise Young, *Japan's Total Empire: Manchuria and the Culture of Wartime Imperialism*, Berkeley, CA 1998, 283 f.

7 Sabine Dabringhaus, *Territorialer Nationalismus in China. Historisch-geographisches Denken, 1900–1949*, Köln 2006, 108–11.

8 Jonathan Fenby, *The Penguin History of Modern China: The Fall and Rise of a Great Power, 1850–2008*, London 2008, 234 f.

9 Christian Henriot, *Shanghai, 1927–1937*, Berkeley, CA 1993, 92–95.

10 Gao Lecai, *Riben «Manzhou yimin» yanjiu* [Japanische Einwanderer in der Mandschurei], Beijing 2000, 355–57.

11 Norman Smith, *Resisting Manchukuo: Chinese Women Writers and the Japanese Occupation*, Vancouver 2007, bes. 85–143.

12 Fan Hong, *Footbinding, Feminism and Freedom: The Liberation of Women's Bodies in Modern China*, London 1997, 137 f., 155–61.

13 Andrew D. Morris, *Marrow of the Nation: A History of Sport and Physical Culture in Republican China*, Berkeley, CA 2004, 77–99.

14 Jilin Hwang, Authority over the Body and the Modern Formation of the Body, in: Peter Zarrow (Hg.), *Creating Chinese Modernity: Knowledge and Everyday Life, 1900–1940*, New York 2006, 183–212, hier: 210.

15 *Quanguo yundong dahui zongbaogao* [Hauptbericht über die Nationalen Spiele], Hangzhou 1930, Yanshuoci [Eröffnungsrede], 3.

16 Stephen R. MacKinnon, The Sino-Japanese Conflict, 1931–1945, in: David A. Graff/Robin Higham (Hg.), *A Military History of China*, Boulder, CO 2002, 211–28.

17 Peter Zarrow, *China in War and Revolution, 1895–1949*, Abingdon 2005, 302 f.

18 Kollaboration gab es in allen gesellschaftlichen Gruppen. Vgl. Timothy Brook, *Collaboration: Japanese Agents and Local Elites in Wartime China*, Cambridge, MA 2005. Innerhalb der Guomindang-Führung war es Wang Jingwei, der sich zu diesem Schritt entschloss. Vgl. Margherita Zanasi, *Saving The Nation: Economic Modernity in Republican China*, Chicago 2006, 203–27. Zur Kollaboration chinesischer Unternehmer vgl. Parks M. Coble, *Chinese Capitalists in Japan's New Order: The Occupied Lower Yangzi, 1937–1945*, Berkeley, CA 2003, 101–204.

19 Iris Chang, *Die Vergewaltigung von Nanking. Das Massaker in der chinesischen Hauptstadt am Vorabend des Zweiten Weltkriegs*, Zürich 1999.

20 Bruce A. Elleman, *Modern Chinese Warfare, 1795–1989*, London 2001, 204.

21 Brook, *Collaboration*, 241–48.

22 Jeffrey N. Wasserstrom, Chinese Students and Anti-Japanese Protests: Past and Present, in: *World Policy Journal* 22 (2005), 59–65.

23 Stephen G. Craft, *V. K. Wellington Koo and the Emergence of Modern China*, Lexington, KY 2004, 59.

24 Dazu am Beispiel Beijings David Strand, *Rickshaw Beijing: City, People and Politics in the 1920s*, Berkeley, CA 1989.

25 Vgl. Bruce Elleman, *Moscow and the Emergence of Communist Power in China, 1925–30*, London 2009.

26 Mao gelang es, den nationalen Befreiungskampf in seine revolutionäre Strategie zu integrieren. Vgl. dazu Germaine A. Hoston, *The State, Identity, and the National Question in China and Japan*, Princeton, NJ 1994, 369–74.

27 Hans van de Ven, The Emergence of the Text-Centered Party, in: Tony Saich/Hans van de Ven (Hg.), *New Perspectives on the Chinese Communist Revolution*, Armonk, NY 1995, 5–32, hier: 25.

28 Stephen A. Smith, *A Road is Made: Communism in Shanghai, 1920–1927*, Richmond 2000, 209–26.

29 Zum Sun-Joffe-Abkommen vom 26. Januar 1923 vgl. Conrad Brandt/John K. Fairbank/Benjamin Schwartz (Hg.), *Der Kommunismus in China. Eine Dokumentar-Geschichte*, München 1955, 48 f.

30 Immer noch lesenswert: James P. Harrison, *Der Lange Marsch zur Macht. Die Geschichte der Kommunistischen Partei Chinas von ihrer Gründung bis zum Tode von Mao Tse-tung*, Stuttgart 1978, hier: 76–124.

31 Jürgen Osterhammel, *Shanghai, 30. Mai 1925: Die Chinesische Revolution*, München 1997, bes. 12–22.

32 Über Whampoa aus der Perspektive eines späteren Generals vgl. Peter

Worthing, The Road Through Whampoa: The Early Career of He Yingqin, in: *Journal of Military History* 69 (2005), 953–85, hier: 972–77.

33 R. Keith Schoppa, *Revolution and Its Past: Identities and Change in Modern Chinese History*, Upper Saddle River, NJ 2002, 190–96.

34 Lloyd E. Eastman bezeichnet diesen Zustand als «Regionalismus» im Nanjing-Staat. Vgl. ders., *The Abortive Revolution: China under Nationalist Rule, 1927–1937*, Cambridge, MA 1974, 85 f., 112–20, 138 f. Zum allgemeinen Zustand der Guomindang in dieser Phase vgl. Zhao Suisheng, *A Nation-State by Construction: Dynamics of Modern Chinese Nationalism*, Stanford, CA 2004, 80–87.

35 Lloyd E. Eastman, *The Nationalist Era in China, 1927–1949*, Cambridge 1991, 5–37, hier: 27.

36 Elleman, *Modern Chinese Warfare*, 145, 166–77.

37 Patricia Stranahan, *Underground: The Shanghai Communist Party and the Politics of Survival, 1927–1937*, Lanham, MD 1998, bes. 17–60.

38 Zwia Lipkin, *Useless to the State: «Social Problems» and Social Engineering in Nationalist Nanjing, 1927–1937*, Cambridge, MA 2006, 21–60.

39 Eastman, *Abortive Revolution.*

40 Zitiert nach ebd., 1.

41 Julia C. Strauss, *Strong Institutions in Weak Polities: State Building in Republican China, 1927–1940*, Oxford 1998, 24.

42 Murdock, *Disarming the Allies of Imperialism*, 280.

43 Schreiben des Justizministers der Nationalregierung an den britischen Konsul 1927, zitiert nach ebd., 281.

44 Strauss, *Strong Institutions*, 184–92.

45 Zanasi, *Saving the Nation* 133–202; dies., Far From the Treaty Ports: Fang Xianting and the Idea of Rural Modernity in the 1930s China, in: *Modern China* 30 (Januar 2004), 113–46. Vgl. Diana Lary, *China's Republic*, Cambridge 2007, 106 f.; Zarrow, *China in War and Revolution*, 271 f. Zur Entwicklung der Wirtschaftswissenschaften vgl. Paul B. Trescott, *Jingji Xue: The History of the Introduction of Western Economic Ideas into China, 1850–1950*, Hong Kong 2007, 185–290. Über die ländlichen Aufbauprojekte am Beispiel des Landkreises Huailu in der Provinz Hebei vgl. Huaiyin Li, *Village Governance in North China, 1875–1936*, Stanford, CA 2005, 209–33.

46 Lipkin, *Useless to the State*, 7–15, 61–161.

47 Maria Hsia Chang, *The Chinese Blue Shirt Society: Fascism and Developmental Nationalism*, Berkeley, CA 1985, 3–5.

48 Edmund Fung, Recent Scholarship on the Minor Parties and Groups in Republican China, in: *Modern China* 20 (1994), 478–508, hier: 484 f.

49 Stephen C. Averill, *Revolution in the Highlands: China's Jinggangshan Base Area*, Lanham, MD 2006, bes. 145–330.

50 Gordon A. Bennett, *Yundong: Mass Campaigns in Chinese Communist Leadership*, Berkeley, CA 1976. Zur Sinisierung des Marxismus vgl. Nick Knight, *Rethinking Mao: Explorations in Mao Zedong's Thought*, Lanham, MD 2007, 196–216.

51 William H. Mott IV/Jae Chang Kim, *The Philosophy of Chinese Military Culture*, New York 2006, 81–84.

52 Sun Shuyun hat ihn daher auch als eine Legion des Todes bezeichnet: *The Long March*, London 2006, bes. 206–80.

53 Mark Selden, *The Yenan Way in Revolutionary China*, Cambridge, MA 1971, 121–76.
54 Fan Hong, *Footbinding Feminism and Freedom,* London 1997, 191–224.
55 Dies zeigt auch die Regionalstudie von Gatu Dagfinn über die drei nordchinesischen Basisgebiete der Kommunisten während des Chinesisch-japanischen Krieges: *Village China at War: The Impact of Resistance to Japan 1937–1945*, Kopenhagen 2007, hier: 221.
56 Keith R. Schoppa, *Blood Road: The Mystery of Sheng Dingyi in Revolutionary China*, Berkeley, CA 1995, bes. 211–32.
57 Dazu ausführlich Charles W. Hayford, *To the People: James Yen and Village China*, New York 1990.
58 Stig Thøgersen, Reconstructing Society: Liang Shuming and the Rural Reconstruction Movement in Shandong, in: Kjeld Erik Brødsgaard/David Strand (Hg.), *Reconstructing Twentieth-Century China: State Control, Civil Society, and National Identity*, Oxford 1998, 139–62. Vgl. auch Klaus Birk, *Ländliche Aufbaubewegung in China, 1926–48: Eine entwicklungspolitische Alternative zur städtischen Industrialisierung*, Bochum 1998.
59 Schoppa, *Revolution and Its Past*, 213 f.
60 Marie-Claire Bergère, *The Golden Age of the Chinese Bourgeoisie, 1911–1937*, Cambridge 1989, 141.
61 Guo Daoyang, *Zhongguo kuaiji shigao* [Kurze Geschichte des chinesischen Buchhaltungswesens], 2 Bde., Beijing 1988, Bd. 2, 15–19.
62 Kai Yiu Chan, *Business Expansion and Structural Change in Pre-War China: Liu Hongsheng and His Enterprises, 1920–1937*, Hong Kong 2006, 2–8.
63 Schätzungen: Thomas G. Rawski, *Economic Growth in Prewar China*, Berkeley, CA 1989, 354. Chinesische Historiker sprechen sogar für 1936 von einem Wachstum von 16 Prozent. Vgl. Xu Dixin/Wu Chengming (Hg.), *Zhongguo zibenzhuyi fazhanshi* [Geschichte der Entwicklung des chinesischen Kapitalismus], Bd. 3, Beijing 1993, 733.
64 Parks M. Coble, Jr., *Chinese Capitalists in Japan's New Order: The Occupied Lower Yangzi, 1937–1945*, Berkeley, CA 2003.
65 Die gesellschaftlichen Veränderungen in der Bürgerkriegsphase fasst anschaulich zusammen: Joseph W. Esherick, Collapse of the Old Order, Germination of the New: Chinese Society during the Civil War, 1945–1949, in: Werner Draguhn/David S. G. Goodman: *China's Communist Revolutions: Fifty Years of the People's Republic of China*, London 2002, 23–49.
66 Peter Worthing, *A Military History of Modern China: From the Manchu Conquest to Tian'anmen Square*, Westport, CT 2007, 131–44.
67 Ping Chen, Languages in a Modernizing China, in: Louie, *Modern Chinese Culture*, 198–217, hier: 206. Vgl. auch Ping Chen, Modern Written Chinese in Development, in: *Language in Society* 22 (1993), 505–37.
68 Vgl. Jerome B. Grieder, *Hu Shih and the Chinese Renaissance: Liberalism in the Chinese Revolution, 1917–1937*, Cambridge, MA 1970, 80–85.
69 Einen guten Überblick bietet John Makeham, The Retrospective Creation of New Confucianism, in: ders. (Hg.), *New Confucianism: A Critical Examination*, New York 2003, 25–54.
70 Vgl., Roger B. Jeans, *Democracy and Socialism in Republican China: The Politics of Zhang Junmai, 1906–1941*, Lanham, MD 1997, 65 ff., 233 ff., 278 f.

71 Zitiert nach William Theodore de Bary u.a. (Hg.), *Sources of Chinese Tradition*, 2 Bde., New York 1960, Bd. 2, 175.

72 Werner Meißner, *China zwischen nationalem ‹Sonderweg› und universaler Modernisierung: Zur Rezeption westlichen Denkens in China*, München 1994, 202–12.

73 Liang Shuming, Dongxi wenhua jiqi zhexue [Kulturen des Ostens und des Westens und ihre Philosophien], in: Zhang Chengshui/Duan Ronggui (Hg.), *Liang Shuming xueshu lunzhu zixuan ji* [Eine Auswahl von Liang Shumings wissenschaftlichen Texten], Beijing 1992, 1–70.

74 Yanming An, Liang Shuming: Eastern and Western Cultures and Confucianism, in: Chung-ying Cheng/Nicholas Bunnin (Hg.), *Contemporary Chinese Philosophy*, Malden, MA 2002, 147–64.

75 Guy S. Alitto, *The Last Confucian: Liang Shu-ming and the Chinese Dilemma of Modernity*, Berkeley, CA 1979, 70–134.

76 Young-tsu Wong, Zhang Binglin's Critique of Western Modernity: A Chinese View of Cultural Pluralism, in: Zarrow (Hg.), *Creating Chinese Modernity*, 23–50.

77 Charlotte Furth, *Ting Wen-chiang: Science and China's New Culture*, Cambridge, MA 1970, hier: 94–137.

78 Bettina Gransow, Konzeptionen chinesischer Modernisierung. Auf der Suche nach «Wohlstand und Glück», in: Thomas Schwinn (Hg.), *Die Vielfalt und Einheit der Moderne. Kultur- und strukturvergleichende Analysen*, Wiesbaden 2006, 151–64, hier: 154.

79 Howard L. Boorman/Richard C. Howard (Hg.), *Biographical Dictionary of Republican China*, New York 1970, 4 Bde., hier: Bd. 3, 279 f.

80 Hans-Georg Möller, *Die philosophischste Philosophie. Feng Youlans neue Metaphysik*, Wiesbaden 2000, bes. 97–145.

81 Shu-Hsien Liu, *Essentials of Contemporary Neo-Confucian Philosophy*, Westport, CT 2003, 41–56.

82 Boorman/Howard (Hg.), *Biographical Dictionary*, Bd. 2, 32–36, hier: 35; Yuan Weishi, *Zhongguo xiandai sixiang sanlun* [Über das moderne chinesische Denken], Guangzhou 1998, 373–379, hier: 376.

83 Zhongguo benwei di wenhua jianshe xuanyan [Erklärung zum Aufbau der Kultur auf eigenen chinesischen Grundlagen], in: *Wenhua jianshe* [Kultureller Aufbau], Bd. 1, Nr. 4 (Januar 1935), 3–5.

84 Michel Hockx, The Chinese Literary Association (Wenxue yanjiu hui), in: Kirk A. Denton/ders. (Hg.), *Literary Societies of Republican China*, Lanham, MD 2008, 79–102.

85 Charles Laughlin, The Revolutionary Tradition in Modern Chinese Literature, in: Louie, *Modern Chinese Culture*, 218–34, hier: 221 f.

86 Xu Xueqing, The Mandarin Duck and Butterfly School, in: Denton/Hockx, *Literary Societies of Republican China*, 47–78.

87 Thomas Bärthlein, ‹Mirrors of Transition›: Conflicting Images of Society in Change from Popular Chinese Social Novels, 1908–1930, in: *Modern China* 25 (1999), 204–28. Vgl. auch Perry Link, *Mandarin Ducks and Butterflies: Popular Fiction in Early Twentieth-Century Chinese Cities*, Berkeley, CA 1981.

88 Übersetzt von Wolfgang Kubin, in: ders., *Nachrichten von der Hauptstadt der Sonne: Moderne chinesische Lyrik, 1919–1984*, Frankfurt a. M. 1985, 65.

89 Vgl. Frank Stahl, *Die Erzählungen des Shen Congwen: Analysen und Interpretationen*, Frankfurt a. M. 1997, bes. 44–182; David Der-Wei Wang, *Fictional Re-*

alism in Twentieth-Century China: Mao Dun, Lao She, Shen Congwen, New York 1992, 247–289; Jeffrey C. Kinkley, *The Odyssey of Shen Congwen*, Stanford, CA 1987, 8–36; 111–184.

90 Wang-Chi Wong, *Politics and Literature in Shanghai: The Chinese League of Left-Wing Writers, 1930–1936*, Manchester 1991, bes. 59–176; ders., A Literary Organization with a Clear Political Agenda: The Chinese League of Left-Wing Writers, 1930–1936, in: Denton/Hockx, *Literary Societies*, 313–38; Tsi-An Hsia, *The Gate of Darkness: Studies on the Leftist Literary Movement in China*, Seattle, WA 1968.

91 Siegfried Klaschka, *Die chinesische Reportageliteratur: Das Genre baogao wenxue und seine politisch-gesellschaftlichen Bezüge*, Wiesbaden 1998.

92 Chris Berry, Cinema: From Foreign Import to Global Brand, in: Louie, *Modern Chinese Culture*, 297–317, hier: 301.

93 Sowohl der chinesische Kampfkunstfilm als auch Kantonesisch als lokale Filmsprache überlebten nach 1949 allein im kolonialen Hongkong.

94 Hu Jubin, *Projecting a Nation: Chinese National Cinema before 1949*, Hongkong 2003, 75–114. Vgl. auch Poshek Fu, *Between Shanghai and Hong Kong: The Politics of Chinese Cinemas*, Stanford, CA 2003.

95 Vgl. Bonnie McDougall, *Mao Zedong's ‹Talks at the Yan'an Conference on Literature and Art›: A Translation of the 1943 Text with Commentary*, Ann Arbor 1980.

96 Mao Zedong, Reden bei der Aussprache in Yenan über Literatur und Kunst, in: ders., *Ausgewählte Werke*, Beijing 1969, Bd. 3, 76.

97 Vgl. dazu ausführlich David E. Apter (Hg.), *Dai Qing: Wang Shiwei and the ‹Wild Lilies›: Rectification and Purges in the Chinese Communist Party, 1942–1944*, Armonk, NY 1994.

98 Edward M. Gunn, *Unwelcome Muse: Chinese Literature in Shanghai and Peking, 1937–1945*, New York 1980, 194–231.

99 Einen Überblick über das Werk der Autorin bietet Weiping Huang, *Melancholie als Geste und Offenbarung: Zum Erzählwerk Zhang Ailings*, Bern 2001.

100 Zur Hybridität vgl. Gregory B. Lee, *Chinas Unlimited: Making the Imaginaries of China and Chineseness*, London 2003, viif.

101 David Clarke, Revolutions in Vision: Chinese Art and the Experience of Modernity, in: Louie, *Modern Chinese Culture*, 272–96, hier: 276 f.

102 Über sein vielseitiges Wirken in der Republik vgl. Cai Jianguo, *Cai Yuanpei. Gelehrter und Mittler zwischen Ost und West*, Münster 1998, 133–338.

103 Zhang Wentai, Shilun Cai Yuanpei de yi meiyu dai zongjiao sixiang[Über Cai Yuanpeis Idee, dass Kunsterziehung die Religion ersetzen könne], in: Cai Yuanpei yanjiuhui (Hg.), *Lun Cai Yuanpei* [Über Cai Yuanpei], Beijing 1989, 99–114. Vgl. auch William J. Duiker, *Ts'ai Yuan-p'ei: Educator of Modern China*, London 1977.

104 Thomas D. Curran, *Educational Reform in Republican China: The Failure of Educators to Create a Modern Nation*, Lewiston, NY 2005, 423–26.

105 Paul Bailey, *Reform the People: Changing Attitudes towards Popular Education in Early Twentieth-century China*, Edinburgh 1990.

106 Curran, *Educational Reform*, 427–68.

107 Ruth Hayhoe, *China's Universities, 1895–1995: A Century of Cultural Conflict*, New York 1996, 56–60.

108 Xiaoping Cong, *Teacher's School and the Making of the Modern Chinese Nation-State, 1897–1937*, Seattle, WA 2007, 202–204.
109 David Strand, ‹A High Place is No Better than a Low Place›: The City in the Making of Modern China, in: Yeh Wen-hsin (Hg.), *Becoming Chinese: Passages to Modernity and Beyond*, Berkeley, CA 2000, 98–136, hier: 109.
110 Prasenjit Duara, *Rescuing History from the Nation: Questioning Narratives of Modern China*, Chicago 1995, 51–56.
111 Über Li Da als marxistischen Philosophen vgl. ausführlich Nick Knight, *Li Da and Marxist Philosophy in China*, Boulder, CO. 1996.
112 Harriet Evans, The Language of Liberation: Gender and *jiefang* in Early Chinese Communist Party Discourse, in: Jeffrey N. Wasserstrom (Hg.), *Twentieth-century China: New Approaches*, London 2003, 193–220.
113 Diesen Begriff hat Yan Haiping geprägt. Vgl. Yan Haiping, *Chinese Women Writers and the Feminist Imagination, 1905–1948*, London 2006, 7.
114 Liu Yin, in: Qian Hong (Hg.), *Lu Yin xuanji* [Ausgewählte Werke von Lu Yin], Fuzhou 1985, Bd. 1, 10 f.
115 Louise Edwards, *Gender, Politics and Democracy: Women's Suffrage in China*, Stanford, CA 2008, 103–105.
116 Christina Gilmartin, The Politics of Gender in the Making of the Party, in: Tony Saich/Hans van de Ven (Hg.), *New Perspectives on the Chinese Communist Revolution*, Armonk, NY 1995, 33–55, hier: 41.
117 Edwards, *Gender, Politics*, 110–167.
118 James Leibold spricht von «Realpolitik» an Chinas Peripherien. Vgl. ders., *Reconfiguring Chinese Nationalism: How the Qing Frontier and Its Indigenes Became Chinese*, Basingstoke 2007, bes. 51–109.
119 Chang Bo, Cong Shiyunhui dedao de jiaoxun [Die Lehren aus den Olympischen Spielen], in: *Kang-Zang qianfeng* [Xikang-Tibet-Vanguard] 3.12 (August 1936), 12–15, hier: 14.
120 Sabine Dabringhaus, *Das Qing-Imperium als Vision und Wirklichkeit: Tibet in Laufbahn und Schriften des Song Yun (1752–1835)*, Stuttgart 1994, 34–42.
121 Justin Tighe, *Constructing Suiyuan: The Politics of Northwestern Territory and Development in Early Twentieth-Century China*, Leiden 2005, 200 f., 227–32.
122 Vgl. die Biographie von Jagchid Sechin, *The Last Mongol Prince: The Life and Times of Demchugdongrob, 1902–1966*, Bellingham, WA 1999.
123 Leibold, *Reconfiguring Chinese Nationalism*, 102–106.
124 Uradyn E. Bulag, Inner Mongolia: The Dialectics of Colonization and Ethnicity Building, in: Morris Rossabi (Hg.), *Governing China's Multiethnic Frontiers*, Seattle, WA 2004, 84–116, hier: 88–91.
125 Ein differenziertes Bild aus der chinesischen Perspektive bietet Hsiao-ting Lin, *Tibet and Nationalist China's Frontier: Intrigues and Ethnopolitics, 1928–1949*, Vancouver 2006.
126 Melvyn C. Goldstein, An Overview of Sino-Tibetan Relations in the Twentieth Century, in: Rossabi, *Governing China's Multiethnic Frontiers*, 186–229, hier: 190 f.
127 Tokan Tada, *The Thirteenth Dalai Lama*, Tokyo [2]1982, 33 f. Tokan Tada (1890–1967) lebte von 1913 bis 1923 in Tibet. Er studierte den tibetischen Buddhismus und war informeller ausländischer Berater des 13. Dalai Lama. Seine Biographie basiert auf einer tibetischen Biographie des Dalai Lama und den eigenen Aufzeichnungen.

128 Baymirza Hayit, *Turkestan zwischen Rußland und China*, Amsterdam 1971, 304–307.
129 Vgl. auch Linda Benson, *The Ili-Rebellion: The Moslem Challenge to Chinese Authority in Xinjiang, 1944–1949*, Armonk, NY 1989.
130 Linda Benson, Osman Batur: The Kazak's Golden Legend, in: dies./Ingvar Svanberg (Hg.), *The Kazaks of China: Essays on an Ethnic Minority*, Uppsala 1988, 141–88, hier: 170 f.; James A. Millward, *Eurasian Crossroads: A History of Xinjiang*, New York 2007, 215 f., 221 f., 227, 232.
131 Matsusaka, *Making of Japanese Manchuria*, Cambridge, MA 2001, 390.
132 En-han Lee, *China's Quest for Railway Autonomy, 1904–1911*, Singapore 1977, 33–35.
133 Gu Jiegang, *Zhongguo jiangyu yange shi* [Geschichte der Veränderungen in Chinas Grenzregionen], Changsha 1938, 4.
134 Dabringhaus, *Territorialer Nationalismus*, 205–36.
135 Zitiert nach Prasenjit Duara, Historical Consciousness and National Identity, in: Louie, *Modern Chinese Culture*, 46–67, hier: 52.
136 Vgl. Michael H. Hunt, *The Genesis of Chinese Communist Foreign Policy*, New York 1996, 116–20; Sabine Dabringhaus, Ethnische Identitäten im modernen China, in: Wolfgang Reinhard (Hg.), *Die fundamentalistische Revolution. Partikularistische Bewegungen der Gegenwart und ihr Umgang mit der Geschichte*, Freiburg i. Br. 1995, 70–111.

III. Diktatur im kommunistischen Parteistaat

1 Richard Curt Kraus, *Class Conflict in Chinese Socialism*, New York 1981, 5.
2 Zur Formierung einer politischen Elite im Parteistaat vgl. Hong Yung Lee, *From Revolutionary Cadres to Party Technocrats in Socialist China*, Berkeley, CA 1991, bes. 47–73; Bruce J. Dickson, *Democratization in China and Taiwan: The Adaptability of Leninist Parties*, Oxford 1997, 70–107. Zum Aufbau eines bürokratischen Apparats vgl. Harry Harding, *Organizing China: The Problem of Bureaucracy, 1949–1976*, Stanford, CA 1981, 32–86.
3 Frederick C. Teiwes, *Politics and Purges in China: Rectification and the Decline of Party Norms, 1950–1965*, New York 1979.
4 Zur Mobilisierung der Jugend vgl. Hong Yung Lee, *The Politics of the Chinese Cultural Revolution: A Case Study*, Berkeley, CA 1978, bes. 64–203. Roderick MacFarquhar und Michael Schoenhals sprechen von Mao's letzter Revolution. Vgl. dies., *Mao's Last Revolution*, Cambridge, MA 2006.
5 Andrew Scobell, *China's Use of Military Force: Beyond the Great Wall and the Long March*, Cambridge 2003, 94–118.
6 Harding, *Organizing China*, 32–64. Die frühe Integrations- und Aufbauphase im Südwesten wird beschrieben bei Dorothy J. Solinger, *Regional Government and Political Integration in Southwest China, 1949–1954: A Case Study*, Berkeley, CA 1977.
7 Dennis J. Blasko, Always Faithful: The PLA form 1949 to 1989, in: David A. Graff/Robin Higham (Hg.), *A Military History of China*, Boulder, CO 2002, 249–66, hier: 249 f.
8 Lillian M. Li/Alison J. Dray-Novey/Haili Kong, *Beijing: From Imperial Capital to Olympic City*, New York 2007, 171–208.

9 Diesen Ansatz vertreten Kenneth Lieberthal/Michel Oksenberg, *Policy Making in China: Leaders, Structures, and Processes*, Princeton, NJ 1988.

10 Frederick C. Teiwes spricht daher von einer «Hofpolitik» Mao's. Vgl. ders., *Politics at Mao's Court: Gao Gang and Party Factionalism in the Early 1950s*, Armonk, NY 1990.

11 Kenneth Lieberthal, *Governing China: From Revolution through Reform*, New York ²2004, 212–20.

12 Li Zhisui/Anne Thurston, *The Private Life of Chairman Mao*, New York 1994.

13 Ein Beispiel aus Tianjin bietet Kenneth G. Lieberthal, *Revolution and Tradition in Tientsin, 1949–1952*, Stanford, CA 1980, bes. 28–96.

14 Shirley Wood, *A Street in China*, London 1958, 39, 109.

15 Vgl. Lynn Pan, *Tracing It Home: A Chinese Journey*, New York 1993.

16 Jeffrey N. Wasserstrom, *Global Shanghai, 1850–2010: A History in Fragments*, London 2009, 128 f.

17 Vgl. James R. Townsend, *Political Participation in Communist China*, Berkeley, CA 1969.

18 Eines von vielen biographischen Beispielen ist Wu Ningkun, *A Single Tear: A Family's Persecution, Love, and Endurance in Communist China*, New York 1993.

19 Auch das Schul- und Universitätswesen war nach sowjetischem Vorbild entwickelt worden. Vgl. Suzanne Pepper, *Radicalism and Education Reform in 20th Century China: The Search for an Ideal Development Model*, Cambridge 1996, 157–258.

20 Maurice Meisner, *Mao's China and After: A History of the People's Republic*, New York ³1999, 155–90.

21 Hong Yung Lee, *From Revolutionary Cadres*, 57–64.

22 Harry Hongda Wu, *Laogai: The Chinese Gulag*, Boulder, CO 1992.

23 Zur Problematik der Umsetzung des sowjetischen Modells vgl. Tony Saich, *Governance and Politics of China*, Basingstoke ²2004, 25–42.

24 Detaillierte Beschreibungen solcher Arbeitskonferenzen finden sich bei Parris Chang, Research Notes on the Changing Loci of Decision in the CCP, in: *China Quarterly* 44 (October-December 1970), 169–94 und Kenneth Lieberthal/Bruce J. Dickson (Hg.), *A Research Guide to Central Party and Government Meetings in China, 1949–1986*, Armonk, NY 1989, bes. xviii–xxv.

25 Lynn T. White III, *Policies of Chaos: The Organizational Causes of Violence in China's Cultural Revolution*, Princeton, NJ 1989, 50–86.

26 Hua-yu Li, *Mao and the Economic Stalinization of China, 1948–1953*, Lanham, MD 2006, bes. 61–148.

27 Thomas Lyons, *Economic Integration and Planning in Maoist China*, New York 1987.

28 Frederick C. Teiwes, The Establishment and Consolidation of the New Regime, 1949–1957, in: Roderick MacFarquhar (Hg.), *The Politics of China: The Eras of Mao and Deng, 1949–1989*, New York 1993, 5–86.

29 Edward Friedman/Paul G. Pickowicz/Mark Selden, *Chinese Village, Socialist State*, New Haven, CT 1991, bes. 122 ff., 190–94, 277 ff.

30 Donald W. Treadgold (Hg.), *Soviet and Chinese Communism: Similarities and Differences*, Seattle, WA 1967.

31 Mark Selden, *The Political Economy of Chinese Socialism*, Armonk, NY 1988, 71.

32 Duanfang Lu, *Remaking Chinese Urban Form: Modernity, Scarcity and Space, 1949–2005*, London 2006, 47–66, 101–5.
33 Zur Situation in den Staatsbetrieben vgl. Andrew G. Walder, *Communist Neo-Traditionalism: Work and Authority in Chinese Industry*, Berkeley, CA 1986.
34 Duanfang Lu, *Remaking Chinese Urban Form*, 160 f.
35 Vgl. Vivienne Shue, *The Reach of the State: Sketches of the Chinese Body Politic*, Stanford, CA 1988; Walder, *Communist Neo-Traditionalism*, Berkeley, CA 1986.
36 Peter Zarrow, Social and Political Developments: The Making of the Twentieth-Century Chinese State, in: Kam Louie (Hg.), *The Cambridge Companion to Modern Chinese Culture*, Cambridge 2008, 38.
37 Vgl. Kam Louie, *Inheriting Tradition: Interpretations of the Classical Philosophers in Communist China, 1949–1966*, Hongkong 1986.
38 Richard C. Bush, *Religion in Communist China*, Nashville 1970, 357.
39 Xu Fuguan, *Xueshu yu zhengzhi zhijian* [Zwischen Wissenschaft und Politik], Taibei 1980, 60.
40 Zitiert nach Ni Peimin, Practical Humanism of Xu Fuguan, in: Chung-ying Cheng/Nicholas Bunnin (Hg.), *Contemporary Chinese Philosophy*, Oxford 2002, 281–304.
41 Daniel L. Overmyer, Chinese Religious Traditions from 1900–2005: An Overview, in: Louie, *Modern Chinese Culture*, 173–97, hier: 193.
42 Harriet Evans, Gender in Modern Chinese Culture, in: ebd., 68–90, hier: 74 f.
43 Tani E. Barlow, Theorizing Woman: Funü, Guojia, Jiating, in: Angela Zito/Tani E. Barlow (Hg.), *Body, Subject and Power in China*, Chicago 1994, 253–89.
44 Meng Yue, Female Images and National Myth, in: Tani E. Barlow (Hg.), *Gender Politics in Modern China*, Durham, NC 1993, 118–36.
45 Hu Sheng, Zhongguo jindai lishide fenqi wenti [Die Periodisierungsfrage der modernen chinesischen Geschichte], in: *Lishi yanjiu* [Geschichtsforschungen] 1959.1, 5–15.
46 David E. Apter/Tony Saich, *Revolutionary Discourse in Mao's Republic*, Cambridge, MA 1994.
47 Qingsheng Zhou, The Creation of Writing Systems and Nation Establishment: The Case of China in the 1950s, in: Minglang Zhou (Hg.), *Language Policy in the People's Republic of China: Theory and Practice since 1949*, Boston 2004, 55–70.
48 Ping Chen, *Modern Chinese: History and Sociolinguistics*, Cambridge 1999, 23–27.
49 Colin Mackerras, Music and Performing Arts: Tradition, Reform and Political and Social Relevance, in: Louie, *Modern Chinese Culture*, 253–71, hier: 260.
50 Lin Xiaoping, Contemporary Chinese Painting: The Leading Masters and the Younger Generation, in: *Leonardo* 20 (1987), 47–55.
51 Chen Xiaomei, Misunderstanding Western Modernism: The Menglong Movement in Post-Mao China, in: *Representations* 35 (1991), 143–63. Zur Einordnung in die allgemeine Entwicklung der Dichtkunst nach Mao vgl. Edward Morin (Hg.), *The Red Azalea: Chinese Poetry since the Cultural Revolution*, Honolulu 1990.
52 Einen guten Überblick bietet der Sammelband von George S. Semsel (Hg.), *Chinese Film: The State of the Art in The People's Republic*, New York 1987.

53 Li Xiaoping, The Chinese Television System and Television News, in: *China Quarterly* 126 (1991), 340–55.
54 Frederick C. Teiwes/Warren Sun, *China's Road to Disaster: Mao, Central Politicians, and Provincial Leaders in the Unfolding of the Great Leap Forward 1955–1959*, Armonk, NY 1999, 53–87.
55 Jin Dexin u.a. (Hg.), *Zhonghua renmin gongheguo shi* [Geschichte der Volksrepublik China], Kaifeng 2005, 180–83.
56 Eine gute Zusammenfassung aus der Perspektive der Massenmobilisierung bietet Robert Weatherley, *Politics in China since 1949: Legitimizing Authoritarian Rule*, London 2006, 41–57.
57 Judith Shapiro, *Mao's War Against Nature: Politics and the Environment in Revolutionary China*, Cambridge 2001, 21–66.
58 Lorenz M. Lüthi, *The Sino-Soviet Split: Cold War in the Communist World*, Princeton, NJ 2008, 80–113.
59 Aber es gab auch Widerstände wie das Beispiel des Dorfes Da Fo zeigt: Ralph A. Thaxton, *Catastrophe and Contention in Rural China: Mao's Great Leap forward Famine and the Origins of Righteous Resistance in Da Fo Village*, Cambridge 2008.
60 Shapiro, *Mao's War against Nature*, 86–89.
61 Ellis Joffe, *Party and Army Professionalism and Political Control in the Chinese Officer Corps, 1949–1964*, Cambridge, MA ³1971.
62 Harrison E. Salisbury, *The New Emperors: China in the Era of Mao and Deng*, Boston 1992.
63 Frederick C. Teiwes/Warren Sun, *The Tragedy of Lin Biao: Riding the Tiger during the Cultural Revolution, 1966–1971*, London 1996, 10–56.
64 Jasper Becker, *Hungry Ghosts: Mao's Secret Famine*, London 1996, 268–71.
65 Lester Ross, *Environmental Policy in China*, Bloomington, ID 1988.
66 Vgl. Jean Oi, *State and Peasant in Contemporary China: The Political Economy of Village Government*, Berkeley, CA 1989; Vivienne Shue, *Peasant China in Transition: The Dynamics of Development toward Socialism, 1949–1956*, Berkeley, CA 1988; Helen F. Siu, *Agents and Victims in South China: Accomplices in Rural Revolution*, New Haven, CT 1989.
67 William E. Griffith, *Sino-Soviet Relations, 1964–1965*, Cambridge 1967.
68 Richard Baum/Frederick Teiwes, *Ssu-Ch'ing: The Socialist Education Movement of 1962–1966*, Berkeley, CA 1968.
69 Huang Zongzhi, *Wenge zhong de nongcun jieji douzheng* [Klassenkampf in den Dörfern während der Kulturrevolution], Beijing 1998, 49 f.
70 Li Xiaobing, *A History of the Modern Chinese Army*, Lexington, KY 2007, 196–98.
71 Eine wichtige Rolle spielte dabei der 10. Panchen Lama, den die Guomindang-Regierung noch zwei Monate vor dem Zusammenbruch ihrer Herrschaft auf dem Festland anerkannt hatte. Der junge Panchen Lama erklärte sich im Oktober 1949 zur Zusammenarbeit mit der neuen kommunistischen Regierung bereit. Er wurde von Truppen der Volksbefreiungsarmee nach Tibet begleitet, was von chinesischer Seite geschickt als «friedliche Befreiung Tibets» propagiert wurde. Vgl. Hsiao-ting Lin, *Tibet and Nationalist China's Frontier: Intrigues and Ethnopolitics, 1928–49*, Vancouver 2006, 201.
72 Ausführlich werden diese Jahre dargestellt bei Melvyn Goldstein, *A His-*

tory of Modern Tibet. Bd. 2: *The Calm Before the Storm, 1951–1955*, Berkeley, CA 2007, 399–540.

73 Ajit S. Bhalla/Shufang Qiu, *Poverty and Inequality among Chinese Minorities*, London 2006, 78 f.

74 Morris Rossabi (Hg.), *Governing China's Multiethnic Frontiers*, Seattle, WA 2004, 6–8.

75 Jonathan N. Lipman, *Familiar Strangers: A History of Muslims in Northwest China*, Seattle, WA 1997, xxii f.

76 Uradyn E. Bulag, Inner Mongolia: The Dialects of Colonization and Ethnic Building, in: Rossabi, *Governing China's Multiethnic Frontiers*, 84–116.

77 Donald McMillen, *Chinese Communist Power and Policy in Xinjiang, 1949–1977*, Boulder, CO 1979, 113 f.

78 June Teufel Dreyer, *China's Forty Millions: Minority Nationalities and National Integration in the People's Republic of China*, Cambridge, MA 1976, 169 f.

79 Carl Riskin, *China's Political Economy: The Quest for Development since 1949*, Oxford 1987, 148–83.

80 Peter R. Moody, The New Anti-Confucius-Campaign in China: The First Round, in: *Asian Survey* 14 (April 1974), 307–24, hier: 313.

81 Wolfgang Ommerborn, Die Politisierung der Konfuzius-Debatte bis 1976 und die Bedeutung der akademischen Neubewertung des Konfuzius nach dem Tod Mao Zedongs in der Volksrepublik China, in: ders./Konrad Wegmann (Hg.), *Politisches Denken Chinas in alter und neuer Zeit*, Münster 2000, 86–122.

82 Zur Legitimationskrise vgl. Weatherley, *Politics in China*, 58–83.

83 Harvey W. Nelsen, *The Chinese Military System: An Organizational Study of the Chinese People's Liberation Army*, Boulder, CO [2]1981. Mit den Ursprüngen der Kulturrevolution hat sich ausführlich Roderick MacFarquhar befasst. Vgl. ders., *The Origins of the Cultural Revolution*, Bd. 3: *The Coming of the Cataclysm, 1961–1966*, Oxford 1997.

84 Tom Fisher, The Play's the Thing: Wu Han and Hai Rui Revisited, in: Jonathan Unger (Hg.), *Using the Past to Serve the Present: Historiography and Politics in Contemporary China*, Armonk, NY 1993, 9–45.

85 Paul Clark, *The Chinese Cultural Revolution: A History*, Cambridge 2008, bes. 10–108, 157–216.

86 Anne F. Thurston, *Enemies of the People*, Cambridge, MA 1988; Lynn T. White III., *Policies of Chaos: The Organizational Causes of Violence in China's Cultural Revolution*, Princeton, NJ 1989, 221–338.

87 Liang Heng/Judith Shapiro, *Son of the Revolution*, New York 1983; Yue Daiyun/Carolyn Wakeman, *To the Storm: The Odyssey of a Revolutionary Chinese Woman*, Berkeley, CA 1985; Jung Chang, *Wilde Schwäne: Die Geschichte einer Familie in China von der Kaiserzeit bis Heute*, München 1991; Anne F. Thurston, *A Chinese Odyssey: The Life and Times of a Chinese Dissident*, New York 1991.

88 Zu den Ereignissen in Shanghai vgl. Elizabeth J. Perry/Li Xun, *Proletarian Power: Shanghai in the Cultural Revolution*, Boulder, CO 1997.

89 Thomas P. Bernstein, *Up to the Mountains and Down to the Villages: The Transfer of Youth form Urban to Rural China*, New Haven, CT 1977.

90 Der Verfassungstext ist in der *Peking Review* vom 30. April 1969, 36–39, wiedergegeben.

91 Jin Qiu, *The Culture of Power: The Lin Biao Incident in the Cultural Revolution*, Stanford, CA 1999, 107–36.
92 Ebd., 163–199.
93 Zhou Enlai spielte seine Rolle als enger Vertrauter Maos geschickt aus und konnte sich gegen dessen Rachebedürfnis durchsetzen. Vgl. Gao Wenqian, *Zhou Enlai: The Last Perfect Revolutionary: A Biography*, New York 2007.
94 Die Fraktionskämpfe der letzten Jahre der Kulturrevolution werden ausführlich beschrieben bei Frederick C. Teiwes/Warren Sun, *The End of the Maoist Era: Chinese Politics During the Twilight of the Cultural Revolution, 1972–1976*, Armonk, NY 2007.
95 Dies., The First Tiananmen Incident Revisited: Elite Politics and Crisis Management at the End of the Maoist Era, in: *Pacific Affairs* 77 (2004), 211–35.
96 Chen Xiaomei, Introduction, in: dies. (Hg.), *Reading the Right Text: An Anthology of Contemporary Chinese Drama*, Honolulu 2003, 47.
97 David Clarke, Revolution in Vision: Chinese Art and the Experience of Modernity, in: Louie, *Modern Chinese Culture*, 272–96, hier: 284.
98 Elonore Baumberger/Jürg Baumberger, *Beethoven kritisieren! Konfuzius verurteilen: Was geschah in China 1973/74?*, Reinbek 1975, 89 f.
99 Tan, Sor-Hoon, Modernizing Confucianism and ‹New Confucianism›, in: Louie, *Modern Chinese Culture*, 135–154, hier: 147; Teiwes/Sun, *The End of the Maoist Era*, 158–62.
100 Christine P. Wong, Legacies of the Maoist Development Strategy: Rural Industrialization in China from the 1970s to the 1990s, in: Law Kam-Yee (Hg.), *The Chinese Cultural Revolution Reconsidered: Beyond Purge and Holocaust*, New York 2003, 203–17, hier: 203.
101 David Zweig, *Agrarian Radicalism in China, 1968–1981*, Cambridge, MA 1989, 190–201.
102 Bruce J. Dickson, The Republic of China on Taiwan's ‹Pragmatic Diplomacy›, in: Alexancer C. Tan/Steve Chan/Calvin Jillson (Hg.), *Taiwan's National Security: Dilemmas and Opportunities*, Aldershot 2001, 84–103, hier: 85.
103 Sergei N. Goncharov/John W. Lewis/Xue Litai, *Uncertain Partners: Stalin, Mao, and the Korean War*, Stanford, CA 1993, bes. 76–167.
104 Simei Qing, *From Allies to Enemies: Visions of Modernity, Identity, and U.S.-China Diplomacy*, 1945–1960, Cambridge, MA 2007, 143–68.
105 Gordon H. Chang, *Friends and Enemies: The United States, China, and the Soviet Union, 1948–1972*, Stanford, CA 1990, 76–80.
106 Kuo-Kang Shao, Zhou Enlai's Diplomacy and the Neutralization of Indo-China, 1954–1955, in: *China Quarterly* 107 (September 1986), 483–504.
107 Lorenz M. Lüthi spricht von einem Kalten Krieg innerhalb der kommunistischen Welt: *The Sino-Soviet Split: Cold War in the Communist World*, Princeton, NJ 2008. Sergey Radchenko sieht in der grundsätzlichen Ungleichheit der Allianzpartner die Ursache für den endgültigen Zusammenbruch des Bündnisses: *Two Suns in the Heavens: The Sino-Soviet Struggle for Supremacy, 1962–1967*, Stanford, CA 2009.
108 Barry Naughton, The Third Front: Defense Industrialization in the Chinese Interior, in: *China Quarterly* 115 (September 1988), 351–86. Zum Vietnamkrieg und zu seinen Auswirkungen vgl. David W. P. Elliott, *The Viet-*

namese War: Revolution and Social Change in the Mekong Delta, 1930–1975, 2 Bde., Armonk, NY 2003, bes. Bd. 2, 866, 1297.

109 Vgl. dazu John W. Lewis/Litai Xue, *China Builds the Bomb*, Stanford, CA 1988.

110 Zu den innenpolitischen Faktoren einer Annäherung Chinas an die USA vgl. Li Jie, China's Domestic Politics and the Normalization of Sino-U.S. Relations, 1969–1979, in: William C. Kirby/Robert S. Ross/Gong Li (Hg.), *Normalization of U.S.-China Relations: An International History*, Cambridge, MA 2005, 56–89. Zum Nixon-Besuch vgl. Margaret MacMillan, *Nixon and Mao: The Week that Changed the World*, New York 2007, 146 ff.

111 Gunter Schubert, Taiwan, in: Brunhild Staiger (Hg.), *Das Große China-Lexikon*, Darmstadt 2003, 740–42.

112 Die Perspektive der New Territories schildert ausführlich James Hayes, *The Great Difference: Hong Kong's New Territories and Its People, 1898–2004*, Hong Kong 2006.

113 Gordon Mathews/Eric Kit-wai Ma/Tai-lok Lui, *Hong Kong, China: Learning to Belong to a Nation*, London 2008, 22–39.

114 Tu Wei-ming, *The Inaugural Wu The Yao Memorial Lectures 1995*, Singapore 1996, 19.

115 Tu Wei-ming (Hg.), *Confucian Ethics Today: The Singapore Challenge*, Singapore 1984, 80.

IV. Die achtziger Jahre: Staatliche Reformen, Öffnung nach außen und Demokratiebewegung

1 Qian Yingyi, The Process of China's Market Transition, 1978–1998: The Evolutionary, Historical, and Comparative Perspectives, in: Lowell Dittmer/Liu Guoli (Hg.), *China's Deep Reform: Domestic Politics in Transition*, Lanham, MD 2006, 229–50, hier: 238.

2 Thomas Fingar, *China's Quest for Independence: Policy Evolution in the 1970s*, Boulder, CO 1980; Roger Garside, *Coming Alive: China after Mao*, New York 1981.

3 Zitiert aus: Deng Xiaoping, Über die Vier Modernisierungen, Rede am 18. März 1978, in: *Gesammelte Werke von Deng Xiaoping (1975–1982)*, Bd. 2, Beijing 1984, 102.

4 Peter Zarrow, Social and Political Developments: The Making of the Twentieth-Century Chinese State, in: Kam Louie, *The Cambridge Companion to Modern Chinese Culture*, Cambridge 2008, 20–45, hier: 20.

5 Zur Rolle Deng Xiaopings in dieser Umbruchsphase vgl. David S. G. Goodman, *Deng Xiaoping and the Chinese Revolution: A Political Biography*, London 1994, bes. 90–101.

6 Kay Möller, *Die Außenpolitik der Volksrepublik China 1949–2004: Eine Einführung*, Wiesbaden 2005, 97–101.

7 Goodman, *Deng Xiaoping*, 22–48.

8 David Bonavia, *Deng: Godfather of Modern China*, Hong Kong 1989.

9 David Shambaugh vertritt die These von der großen Anpassungsfähigkeit der KPCh, der es immer wieder gelingt, aus Phasen ihres drohenden Untergangs zu erstarken: *China's Communist Party: Atrophy and Adaptation*, Berkeley, CA 2008, 175.

10 Ruan Ming/Nancy Liu, *Deng Xiaoping: Chronicle of an Empire*, Boulder, CO 1994, 18–60; Michael Schoenhals, The 1978 Truth Criterion Controversy, in: *China Quarterly* 126 (June 1991), 243–68.

11 Lü Xiaobo, *Cadres and Corruption: The Organizational Involution of the Chinese Communist Party*, Stanford, CA 2000, 154–74.

12 Samuel P. Ho/Ralph W. Huenemann, *China's Open Door Policy: The Quest for Foreign Technology and Capital*, Vancouver 1984.

13 David Zweig, *Internationalizing China: Domestic Interests and Global Linkages*, Ithaca, NY 2002, bes. 23–48.

14 Kenneth Lieberthal, *Governing China: From Revolution through Reform*, New York [2]2004, 259.

15 William H. Mott IV/Kim Jae Chang, *The Philosophy of Chinese Military Culture: Shih vs. Li*, New York 2006.

16 Zur Biographie Hu Yaobangs vgl. Zhong Mei Yang, *Hu Yao-bang: A Chinese Biography*, Armonk, NY 1988.

17 Melanie Manion, Cadre Recruitment and Management in the People's Republic of China, in: *Chinese Law and Government* 17 (1984), 3–128.

18 Louis Putterman, The Restoration of the Peasant Household as Farm Production Unit in China: Some Incentive Theoretic Analysis, in: Elizabeth J. Perry/Christine Wong (Hg.), *The Political Economy of Reform in Post-Mao China*, Cambridge, MA 1985, 63–82. Vgl. auch Daniel Kelliher, *Peasant Power in China: The Era of Rural Reform, 1979–1989*, New Haven, CT 1992.

19 Putterman, Restoration of the Peasant Household.

20 Kevin O'Brian, Accommodating Democracy in a One-Party State: Introducing Village Elections in China, in: *China Quarterly* 162 (Juni 2000), 465–89; Susan V. Lawrence, Democracy, Chinese Style, in: *Australian Journal of Chinese Affairs* 32 (1994), 61–70.

21 Lü Xiaobo, *Cadres and Corruption: The Organizational Involution of the Chinese Communist Party*, Stanford, CA 2000, 222–27.

22 Im Jahr 2000 stieg die Zahl der Bezirke auf 45 000 an.

23 Dorothy J. Solinger, China's Transients and the State: A Form of Civil Society?, in: *Politics and Society* 21 (1993), 91–122; dies., China's Urban Transients in the Transition from Socialism and the Collapse of the Communist ‹Urban Public Goods Regime›, in: *Comparative Politics* 27 (1995), 127–46.

24 Piper Rae Gaubatz, Globalization and the Development of New Central Business Districts in Beijing, Shanghai and Guangzhou, in: Laurence J. C. Ma/Fulong Wu (Hg.), *Restructuring the Chinese City: Changing Society, Economy and Space*, London 2005, 98–121.

25 Thomas Scharping, *Birth Control in China 1949–2000: Population Policy and Demographic Development*, London 2003, bes. 43–80.

26 Tyrene White, *China's Longest Campaign: Birth Planning in the People's Republic, 1949–2005*, Ithaca, NY 2006, 1–18, 244–50.

27 James D. Seymour, *The Fifth Modernization: China's Human Rights Movement, 1978–1979*, Stanfordville, NY 1980; Merle Goldman, *From Comrade to Citizen: The Struggle for Political Rights in China*, Cambridge, MA 2005, 25–50; dies., The Reassertion of Political Citizenship in the Post-Mao Era: The Democracy Wall Movement, in: dies./Elizabeth J. Perry (Hg.), *Changing Meanings of Citizenship in Modern China*, Cambridge, MA 2002, 159–86.

28 Vgl. dazu den Text des Kommuniqués des Plenums des XI. ZK in der *Peking Review* vom 9. Dezember 1978, 6–16.

29 Zur Biographie vgl. David Shambaugh, *The Making of a Premier: Zhao Ziyang's Provincial Career*, Boulder, CO 1984.

30 Susan L. Shirk, *The Political Logic of Economic Reform in China*, Berkeley, CA 1993.

31 Richard Baum, Deng Liqun and the Struggle against Bourgeois Liberalization, 1979–1993, in: *China Information* 9 (1995), 1–35, hier: 10–13.

32 Susan L. Shirk, The Chinese Political System and the Political Strategy of Economic Reform, in: Kenneth G. Lieberthal/David M. Lampton (Hg.), *Bureaucracy, Politics, and Decision Making in Post-Mao China*, Berkeley, CA 1992, 59–91.

33 Carol Lee Hamrin, The Party Leadership System, in: ebd., 95–124, hier: 107–109, 121.

34 Nick Knight, *Rethinking Mao: Explorations in Mao Zedong's Thought*, Lanham, MD 2007, 197–241.

35 Nicholas R. Lardy, *Agriculture in China's Modern Economic Development*, New York 1983; Zhou Kate Xiao, *How the Farmers Changed China: Power of the People*, Boulder, CO 1996; David Zweig, *Freeing China's Farmers: Rural Restructuring in the Reform Era*, Armonk, NY 1997.

36 Zhao Ziyang hat seine Wahrnehmung der Ereignisse von 1989 in autobiographischen Aufzeichnungen während seines Hausarrestes festgehalten. Nach seinem Tod wurden sie außer Landes geschmuggelt und veröffentlicht: Bao Pu/Renee Chiang/Adi Ignatius (Hg.), *Prisoner of the State: The Secret Journal of Zhao Ziyang*, New York 2009, hier: 1–49.

37 Bates Gill/James Mulvenon, Chinese Military-Related Think Tanks and Research Institutions, in: *China Quarterly* 171 (September 2002), 617–24.

38 Richard Baum, *Burying Mao: Chinese Politics in the Age of Deng Xiaoping*, Princeton, NJ 1994, 341–68.

39 Vgl. dazu Sebastian Heilmann, *Das Politische System der Volksrepublik China*, Wiesbaden 2002, 46–49.

40 Vgl. dazu ausführlich Suzanne Pepper, *China's Education Reform in the 1980s: Policies, Issues and Historical Perspectives*, Berkeley, CA 1990.

41 Torbjörn Lodén, *Rediscovering Confucianism: A Major Philosophy of Life in East Asia*, Folkestone 2006, 174.

42 Zhao Dunhua, Recent Progress of Christian Studies Made in Chinese Society, in: Yang Huilin/Daniel H. N. Yeung (Hg.), *Sino-Christian Studies in China*, Newcastle 2006, 246–51.

43 He Jianming, Daojiao pian [Daoismus-Teil], in: He Guanghu (Hg.), *Zongjiao yu dangdai Zhongguo shehui* [Religion und die zeitgenössische chinesische Gesellschaft], Beijing 2006, 109–224, hier: 149–89, 209–13.

44 Wang Yuhuo/He Baoyu, Yisilanjiao pian [Islam-Teil], in: ebd., 403–88, hier: 442–47.

45 Morris Rossabi (Hg.), *Governing China's Multiethnic Frontiers*, Seattle, WA 2004, 9f.

46 Uradyn Bulag, Inner Mongolia: The Dialects of Colonization and Ethnicity Building, in: ebd., 84–116, hier: 93ff.

47 Michael Dillon, *Xinjiang: Ethnicity, Separatism, and Control in Chinese Central Asia*, Durham, NC 1995, 4.

48 Gardner Bovingdon, Heteronomy and Its Discontents: ‹Minzu Regional Autonomy› in Xinjiang, in: Rossabi, *Governing China's Multiethnic Frontiers*, 117–54, hier: 125.
49 Melvyn C. Goldstein, Tibet and China in the Twentieth Century, in: ebd., 186–229, hier: 201.
50 Melvyn C. Goldstein, *The Snow Lion and the Dragon: China, Tibet and the Dalai Lama*, Berkeley, CA 1999, 76 f.
51 Liu Kang, Media Boom and Cyber Culture: Television and the Internet in China, in: Louie, *Modern Chinese Culture*, 318–38, hier: 319.
52 Merle Goldman/Leo Ou-Fan Lee (Hg.), *An Intellectual History of Modern China*, Cambridge 2002, 499 ff.
53 Perry Link, *The Uses of Literature: Life in the Socialist Chinese Literary System*, Princeton, NJ 2000, 15–21.
54 Vgl. den vollständigen Text bei Seymour, *Fifth Modernization*, 47–69. Zur Biographie Wei Jingshens vgl. Song Jingchen, *Minzhu doushi: Wei Jingsheng zhuan* [Kämpfer für Demokratie: Eine Biographie Wei Jingshengs], Hongkong 1998.
55 Harrison, The Problem of the Fifth Modernization, 869–78.
56 Liu Binyan, *People or Monsters? And Other Stories and Reportage from China after Mao*, Bloomington 1983, 11–68.
57 Link, *The Uses of Literature*, 21–24.
58 Tang Tsou, *The Cultural Revolution and Post-Mao Reforms: A Historical Perspective*, Chicago 1986, 3–66.
59 Philip C. C. Huang, Public Sphere and Civil Society in China, in: *Modern China* 19 (1993), 216–40, hier: 224.
60 Merle Goldman, *Sowing the Seeds of Democracy in China: Political Reform in the Deng Xiaoping Era*, Cambridge, MA 1994, bes. 238–362.
61 Merle Goldman, A New Relationship between the Intellectuals and the State in the Post-Mao Period, in: dies./Lee, *An Intellectual History of Modern China*, 499–538, hier: 506.
62 Edward X. Gu, Plural Institutionalism and the Emergence of Intellectual Public Spaces in China: A Case Study of Four Intellectual Groups, in: Zhao Suisheng (Hg.), *China and Democracy: Reconsidering the Prospects for a Democratic China*, London 2000, 141–72, hier: 165 ff.
63 Dies gilt für Romane wie *Wörterbuch von Maqiao* von Han Shaogang, *Chronik eines Blut-Kaufmanns* von Yu Hua und *Die Republik des Weins* von Mo Yan.
64 Jessica Yeung, *Ink Dances in Limbo: Gao Xingjian's Writing as Cultural Translation*, Hong Kong 2008, 79–100.
65 Vgl. dazu ausführlich Sy Ren Quah, *Gao Xingjian and Transcultural Chinese Theater*, Honolulu 2004, bes. 93–188.
66 Übersetzung: Yan Haiping (Hg.), *Theater and Society: An Anthology of Contemporary Chinese Drama*, Armonk, NY 1998, 3–59.
67 Quah, *Gao Xingjian*, 63. Vgl. auch Julia Lovell, *The Politics of Cultural Capital: China's Quest for a Nobel Prize in Literature*, Honolulu 2006, 163–84.
68 Andreas Steen, Cui Jian, in: Edward L. Davis (Hg.), *Encyclopedia of Contemporary Chinese Culture*, London 2005, 118.
69 Geremie R. Barmé/Linda Jaivin, *New Ghosts, Old Dreams*, New York 1992, 248–52.

70 Geremie R. Barmé, *In the Red: On Contemporary Chinese Culture*, New York 1999, 130.
71 Chris Berry, Cinema: From Foreign Import to Global Brand, in: Louie, *Modern Chinese Culture*, 297–317, hier: 297.
72 Zhang Yingjin, *Screening China: Critical Interventions, Cinematic Reconfigurations, and the Transnational Imaginary in Contemporary Chinese Cinema*, Ann Arbor 2002, 59f., 126–29.
73 Zhang Jianping schreibt in seiner Historiographiegeschichte der Volksrepublik von einer «neuen Epoche» (*xin shiqi*). Vgl. ders., *Xin Zhongguo shixue wushi nian* [50 Jahre Geschichtswissenschaft im Neuen China], Beijing 2003, 293–371.
74 Ebd., 409–29.
75 Wang Xuedian, *Ershi shiji Zhongguo shixue pinglun* [Eine kritische Darstellung der chinesischen Geschichtswissenschaft im 20. Jahrhundert], Jinan 2002, 377–401.
76 Su Xiaokang/Wang Luxiang, *Deathsong of the River: A Reader's Guide to the Chinese TV Series ‹Heshang›*, Ithaca, NY 1991, 131.
77 Vgl. Chen Xiaomei, Occidentalism as Counterdiscourse: ‹He Shang› in Post-Mao China, in: *Critical Inquiry* 18 (Summer 1992), 686–712, bes. 693ff.
78 Zur Neubewertung des Konfuzianismus vgl. die Beiträge chinesischer Autoren in: Silke Krieger/Rolf Trauzettel (Hg.), *Konfuzianismus und die Modernisierung Chinas*, Mainz 1990.
79 Hans-Georg Möller, Der Konfuzianismus und die Volksrepublik China: Variationen zum Thema ‹Aus Alt mach Neu›, in: Gregor Paul/Martin Woesler (Hg.), *Zwischen Mao und Konfuzius? Die Geschichte der Volksrepublik China als Resultat und Reflex von Tradition und Neuerung*, Bochum 2000, 15–28, hier: 25f.
80 Wolfgang Ommerborn, Die Politisierung der Konfuzius-Debatte bis 1976 und die Bedeutung der akademischen Neubewertung des Konfuzius nach dem Tod Mao Zedongs in der Volksrepublik China, in: ebd., 29–63, hier: 31–33.
81 Die Ereignisse dokumentieren ausführlich Michel Oksenberg/Lawrence Sullivan/Marc Lambert (Hg.), *Beijing Spring 1989: Confrontation and Conflict: The Basic Documents*, Armonk, NY 1990.
82 June Teufel Dreyer, Recent Developments in the Chinese Military, in: David A. Graff/Robin Higham (Hg.), *A Military History of China*, Boulder, CO 2002, 285–302, hier: 285; Peter Worthing, *A Military History of Modern China: From the Manchu Conquest to Tian'anmen Square*, Westport, CT 2007, 192. Vgl auch Andrew Scobell, *China's Use of Military Force: Beyond the Great Wall and the Long March*, Cambridge 2003, 144–67.
83 Vgl. Michel Oksenberg (Hg.), *Beijing Spring 1989*, 376–82; Wong Yiu-chung, *From Deng Xiaoping to Jiang Zemin: Two Decades of Political Reform in the People's Republic of China*, Lanham, MD 2005, hier: 217–52.
84 Paul H. B. Godwin, The Chinese Defense Establishment in Transition: The Passing of a Revolutionary Army? in: A. Doak Barnett/Ralph N. Clough (Hg.), *Modernizing China: Post-Mao Reform and Development*, Boulder, CO 1986, 63–80, hier: 66, 71, 75.
85 Jonathan D. Pollack, Structure and Process in the Chinese Military System, in: Lieberthal/Lampton, *Bureaucracy, Politics*, 151–180, hier: 179.

86 *Dushu* lässt sich in vielen Punkten mit der *New York Review of Books* vergleichen. Die Zeitschrift stellt das wichtigste Meinungsbildungsorgan seit Beginn des Reformprozesses in den späten siebziger Jahren dar. Wang Hui gibt allerdings offen zu, dass auch *Dushu* als offizielles Organ nicht die Macht besitzt, sich staatlichen Interventionen zu widersetzen. Vgl. Wang Hui, *China's New Order: Society, Politics, and Economy in Transition*, Cambridge, MA 2003, 9.

87 Ebd., 43–45.

88 Vgl. Fang Lizhis Rede in Shanghai vom 17. November 1986, in: ders., *Die unwiderstehliche Macht der Freiheit: Die nächste Revolution in China heißt Demokratie*, Rosenheim 1990, 21–39, hier: 32.

89 Wang Chaohua (Hg.), *One China, Many Paths*, London 2003, 13.

V. China im Übergang zum Kapitalismus

1 Richard Baum/Alexei Shevchenko, The State of the State, in: Merle Goldman/Roderick MacFarquhar (Hg.), *The Paradox of China's Post-Mao Reforms*, Cambridge, MA 1999, 333–60, hier: 333 f.; Yasheng Huang, *Capitalism with Chinese Characteristics: Entrepreneurship and the State*, Cambridge 2008, bes. 233–98. Vgl. auch die Beiträge in dem Sammelband von Christopher A. McNally (Hg.), *China's Emergent Political Economy: Capitalism in the Dragon's Lair*, London 2008.

2 S. Gordon Redding, *The Spirit of Chinese Capitalism*, Berlin 1990. Einen Vergleich kapitalistischer Entwicklung in verschiedenen chinesischen Gesellschaften bietet Gary G. Hamilton, *Commerce and Capitalism in Chinese Societies*, London 2006, bes. 127–268.

3 Pei Minxin, *China's Trapped Transition: The Limits of Developmental Autocracy*, Cambridge, MA 2006, bes. 211–15.

4 Yan Jiaqi, The Nature of Chinese Authoritarianism, in: Carol Lee Hamrin/Suisheng Zhao (Hg.), *Decision-Making in Deng's China: Perspectives from Insiders*, Armonk, NY 1995, 3–14, hier: 3.

5 Zitiert nach *Beijing Review* 35 (13.–19. April 1992), 5. Tatsächlich gab es eine «neue Linke» unter den Intellektuellen, die sich mit ihren liberal gesinnten Gegnern Debatten über den Charakter des chinesischen Staates lieferten. Vgl. dazu Zheng Yongnian, *Globalization and State Transformation in China*, Cambridge 2004, 162–86. Zu den unterschiedlichen Diskursen vgl. auch Wang Chaohua (Hg.), *One China, Many Paths*, London 2003.

6 You-tien Hsing, *Making Capitalism in China*, New York 1998, 8–67.

7 Tony Saich, Negotiating the State: The Development of Social Organizations in China, in: Lowell Dittmer/Liu Guoli (Hg.), *China's Deep Reform: Domestic Politics in Transition*, Lanham, MD 2006, 285–301, hier: 296. Zur Regionalisierung vgl. auch Elizabeth J. Remick, *Building Local States: China During the Republican and Post-Mao Eras*, Cambridge, MA 2004, 151–263.

8 Zheng Yongnian, *Globalization and State Transformation*, bes. 187–202. Vgl. auch Dali L. Yang, *Remaking the Chinese Leviathan: Market Transition and the Politics of Governance in China*, Stanford, CA 2004.

9 Lowell Dittmer/Yu-shan Wu, Leadership Coalitions and Economic Transformation in Reform China: Revisiting the Political Business Cycle, in: Dittmer/Liu, *China's Deep Reform*, 49–80, hier: 72 f.

10 David S. G. Goodman (Hg.), *The New Rich in China: Future Rulers, Present Lives*, London 2008, 2. Viele der ärmsten Landkreise Chinas befinden sich in Minderheitengebieten des Nordwestens und der Südwestprovinzen. Vgl. dazu Ajit S. Bhalla/Shufang Qiu, *Poverty and Inequality among Chinese Minorities*, London 2006, 13.

11 Die Ursprünge der Entwicklung dieser neuen Klassen der politischen Führung Chinas untersucht Joel Andreas. Er betrachtet Maos Angriffe auf die intellektuelle Elite und die aus der ländlichen Revolution hervorgegangene revolutionäre Parteielite als Grundlage für die Entstehung der Technokratenklasse in der postmaoistischen Zeit: Joel Andreas, *Rise of the Red Engineers: The Cultural Revolution and the Origins of China's New Class*, Stanford, CA 2009.

12 Zang Xiaowei, *Elite Dualism and Leadership Selection in China*, London 2004, 2, 170.

13 Vgl. dazu Andrew J. Nathan/Bruce Gilley, *China's New Rulers: The Secret Files*, New York 2002.

14 Suisheng Zhao, Deng Xiaoping's Southern Tour: Elite Politics in Post-Tiananmen China, in: *Asian Survey* 33 (1993), 739–56.

15 Willy Wo-Lap Lam, *Chinese Politics in the Hu Jintao Era: New Leaders, New Challenges*, Armonk, NY 2006, 10–15, 249. Vgl. auch Li Cheng, *China's Leaders: The New Generation*, Lanham, MD 2001.

16 Joseph Fewsmith, Historical Echoes and Chinese Politics: Can China Leave the Twentieth Century Behind? in: Dittmer/Liu, *China's Deep Reform*, 319–50, hier: 344 f.

17 Jonathan Fenby, *The Penguin History of Modern China: The Fall and Rise of a Great Power, 1850–2008*, London 2008, 670.

18 Vgl. Stanley Lubman, *Bird in a Cage: Legal Reforms in China After Mao*, Stanford, CA 1999. Die Verrechtlichung in Bezug auf die chinesische Arbeiterschaft schildert Mary Elizabeth Gallagher, *Contagious Capitalism: Globalization and the Politics of Labour in China*, Princeton, NJ 2005, 98–132.

19 Mireille Delmas-Marty/Pierre-Étienne Will (Hg.), *La Chine et la démocratie*, Paris 2007, 681–710. Vgl. auch Randall Peerenboom, *China's Long March toward Rule of Law*, Cambridge 2002.

20 Lam, *Chinese Politics*, 151 f., 250 ff.

21 George J. Gilboy/Eric Heginbotham, The Latin Americanization of China? in: *Current History* 103 (September 2004), 256–61.

22 Yufan Hao/Michael Johnston, Corruption and the Future of Economic Reform in China, in: Arnold J. Heidenheimer/Michael Johnston (Hg.), *Political Corruption: Concepts and Contexts*, New Brunswick [3]2007, 583–604. Vgl. dazu auch Lü Xiaobo, *Cadres and Corruption: The Organizational Involution of the Chinese Communist Party*, Stanford, CA 2000, 190–227.

23 Barry Naughton, *Growing out of the Plan: Chinese Economic Reform, 1978–1993*, Cambridge 1996, 142.

24 Christopher A. McNally, Reflections on Capitalism and China's Emergent Political Economy, in: ders. (Hg.), *China's Emergent Political Economy: Capitalism in the Dragon's Lair*, London 2008, 17–35, hier: 25.

25 Xiaolu Wang, The Contribution of the Non-State Sector to China's Economic Growth, in: Ross Garnaut/Ligang Song (Hg.), *China's Third Economic Transformation*, London 2004, 15–18, hier: 25 f.
26 Thomas P. Bernstein/Xiaobo Lü, *Taxation without Representation in Contemporary Rural China*, Cambridge 2003, bes. 48–83.
27 Jonathan Unger/Anita Chan, Inheritors of the Boom: Private Enterprise and the Role of Local Government in a Rural South China Township, in: *China Journal* 42 (Juli 1999), 45–74. Ein Beispiel aus Xinji in der Provinz Hebei bieten Marc Blecher/Vivienne Shue, Into Leather: State-Led Development and the Private Sector in Xinji, in: *China Quarterly* 166 (Juni 2001), 368–93.
28 Liu Ping, China Lifts Government Control on Prices on Great Part of Goods, in: *China Economic News* 29 (Juli 2001), 2–4.
29 John P. Burns, The Chinese Communist Party's Nomenklatura System as a Leadership Selection Mechanism: An Evaluation, in: Kjeld Erik Brødsgaard/Zheng Yongnian (Hg.), *The Chinese Communist Party in Reform*, London 2006, 33–58.
30 Bruce J. Dickson, *Red Capitalists in China: The Party, Private Entrepreneurs, and Prospects for Political Change*, Cambridge 2003, 159; Margaret M. Pearson, *China's New Business Elite: The Political Consequences of Economic Reform*, Berkeley, CA 1997, bes. 100–66.
31 McNally, *Capitalism and China's Emergent Political Economy*, 28–30.
32 Naughton, *Growing out of Plans*, 26–32, 259–64, 284–307.
33 Yang Zhong, Dissecting Chinese County Governmental Authorities, in: Zheng Yongnian/Joseph Fewsmith (Hg.), *China's Opening Society: The Non-State Sector and Governance*, London 2008, 136–60.
34 S. Gordon Redding/Michael A. Witt, *The Future of Chinese Capitalism: Choices and Chances*, Oxford 2007, 81–101.
35 Vgl. National Bureau of Statistics of China (komp.), *Zhongguo tongji nianjian, China Statistical Yearbook 2002*, Beijing 2002, 95.
36 John R. Logan/Susan S. Fainstein, Introduction: Urban China in Comparative Perspective, in: John R. Logan (Hg.), *Urban China in Transition*, Malden, MA 2008, 1–24, hier: 3.
37 Diesen Prozess hat Anne-Marie Broudehoux für Beijing untersucht. Vgl. dies., *The Making and Selling of Post-Mao Beijing*, New York 2004.
38 David G. Goodman, The New Middle Class, in: Goldman/MacFarquhar, *Paradox of China's Post-Mao Reforms*, 241–62.
39 David S. G. Goodman, Why China Has No New Middle Class: Cadres, Managers and Entrepreneurs, in: ders., *New Rich*, 23–37, hier: 36 f.
40 Bruce J. Dickson, Cooptation and Corporatism in China: The Logic of Party Adaptation, in: Dittmer/Liu, *China's Deep Reform*, 119–39.
41 Baogang Guo, Political Legitimacy in China's Transition: Toward a Market Economy, in: ebd., 147–75. Vgl. dazu David Shambaugh, *China's Communist Party: Atrophy and Adaptation*, Berkeley, CA 2008, 103–82.
42 Vivienne Shue, State Power and Social Organization in China, in: Joel S. Migdal u. a. (Hg.), *State Power and Social Forces: Domination and Transformation in the Third World*, New York 1994, 65–88.
43 Tony Saich, Negotiating the State: The Development of Social Organisations, in: *China Quarterly* 161 (März 2000), 124–41; Gary D. Rawnsley, The

Media, Internet and Governance in China, in: Zheng Yongnian/Fewsmith, *China's Opening Society*, 118–35.

44 Vgl. dazu Guobin Yang, The Internet and Civil Society in China: Coevolutionary Dynamics and Digital Formations, in: Dittmer/Liu, *China's Deep Reform*, 303–18.

45 Liu Kang, Media Boom and Cyber Culture: Television and the Internet in China, in: Kam Louie (Hg.), *The Cambridge Campanion to Modern Chinese Culture*, Cambridge 2008, 318–38, hier: 319.

46 Gary D. Rawnsley, The Media, 118 ff.

47 Einen guten Überblick über das Verhältnis zum zentralasiatischen Raum bietet Peter Ferdinand, China and Central Asia, in: Kjeld Erik Brødsgaard/Bertel Heurlin (Hg.), *China's Place in Global Geopolitics: International, Regional and Domestic Challenges*, London 2002, 130–45.

48 Kay Möller, *Die Außenpolitik der Volksrepublik China 1949–2004: Eine Einführung*, Wiesbaden 2005, 113–19.

49 Solomon M. Karmel, *China and the People's Liberation Army: Great Power or Struggling Developing State?* New York 2000, 180.

50 Lam, *Chinese Politics*, 165–168. Vgl. den Sammelband Sujian Guo (Hg.), *China's ‹Peaceful Rise› in the 21st Century: Domestic and International Conditions*, Aldershot 2006 sowie Zheng Bijian, *China's Peaceful Rise: Speeches of Zheng Bijian*, Washington, DC 2005, bes. 1–13.

51 Chen Jian, *Mao's China and the Cold War*, Chapel Hill, NC 2001, 277–81.

52 Vgl. dazu Stephanie Roemer, *The Tibetan Government-in-Exile: Politics at Large*, London 2008, bes. 58–172.

53 Mette Halskov Hansen, Ethnic Conflict and Accommodation in China, in: Brødsgaard/Heurlin, *China's Place in Global Geopolitics*, 149–63, hier: 163.

54 Robert A. Scalapino, Taiwan: Opportunities and Challenges, in: Alexander C. Tan/Steve Chan/Calvin Jillson (Hg.), *Taiwan's National Security: Dilemmas and Opportunities*, Aldershot 2001, 1–19, hier: 2–5.

55 Robert S. Ross, Comparative Deterrence: The Taiwan Strait and the Korean Peninsula, in: Alastair Iain Johnston/ders., *New Directions in the Study of China's Foreign Policy*, Stanford, CA 2006, 13–49.

56 Zur Haltung Chinas vgl. Shi Yinhong, China and the North Korean Nuclear Problem: Diplomatic Initiative, Strategic Complexities, and Relevance of Security Multilateralism, in: Guoguang Wu/Helen Landsdowne (Hg.), *China Turns to Multilateralism: Foreign Policy and Regional Security*, London 2007, 90–103.

57 Michael Yahuda, The Limits of Economic Interdependence: Sino-Japanese Relations, in: Johnston/Ross, *New Directions*, 162–85.

58 Vgl. dazu ausführlich Roger Handberg/Zhen Li, *Chinese Space Policy: A Study in Domestic and International Politics*, London 2007.

59 Liang Lijuan, *He Zhenliang and China's Olympic Dream*, Beijing 2007, 95 f.

60 Li Xiguang/Li Kang, *Yaomohua Zhongguo de beihou* [Die Verschwörung, die China dämonisiert], Beijing 1996, 83.

61 Peter Hays Gries, *China's New Nationalism: Pride, Politics, and Diplomacy*, Berkeley, CA 2005, 125–50.

62 Joseph Fewsmith, Historical Echoes and Chinese Politics: Can China Leave the Twentieth Century Behind? in: Tyrene White (Hg.), *China Briefing 2000: The Continuing Transformation*, Armonk, NY 2000, 11–48.

63 Michel Hockx, The Involutionary Tradition in Modern Chinese Literature, in: Louie, *Modern Chinese Culture*, 234–52, hier: 250 f.

64 Geoffrey Murray u. a., *Green China: Seeking Ecological Alternatives*, London 2002, 178–203. Zum Einfluss der UNO in China vgl. Ann Kent, *Beyond Compliance: China, International Organizations, and Global Security*, Stanford, CA 2007, 144–180.

65 Nicholas R. Lardy, *Foreign Trade and Economic Reform in China, 1978–1990*, Cambridge 1992, bes. 7–83. Vgl. auch ders., *Integrating China into the Global Economy*, Washington, DC 2002; Kent, *Beyond Compliance*, 103–43.

66 Margaret M. Pearson, China in Geneva: Lessons from China's Early Years in the World Trade Organisation, in: Johnston/Ross, *New Directions*, 242–75.

67 Vgl. dazu ausführlich Vaclav Smil, *China's Past, China's Future: Energy, Food, Environment*, London 2004, 9–71.

68 Zum Konflikt mit Angola vgl. Ian Taylor, *China and Africa: Engagement and Compromise*, London 2006, 75–92.

69 Zum Aufstieg der Perlfluss-Region vgl. Michael J. Enright u. a., *Regional Powerhouse: The Greater Pearl River Delta and the Rise of China*, Singapore 2005, hier: 242–61.

70 Von den sieben Provinzen mit der höchsten Abwanderungsrate befinden sich sechs im Landesinneren: Sichuan, Jiangxi, Hunan, Hubei, Henan und Guangxi.

71 World Bank Transition Economic Division (Hg.), *Transition*, Washington, DC 1993, 7.

72 Generell zum Verhältnis Zentrum und Peripherien vgl. David S. G. Goodman, Centre and Periphery after Twenty Years of Reform: Redefining the Chinese Polity, in: Werner Draguhn/ders. (Hg.), *China's Communist Revolutions: Fifty Years of the People's Republic of China*, London 2002, 250–76.

73 Vgl. dazu Peter T. Y. Cheung u. a., *Provincial Strategies of Economic Reform in Post-Mao China*, Armonk, NY 1998.

74 Ausführlich dazu Lü Xiaobo/Elisabeth J. Perry (Hg.), *Danwei: The Changing Chinese Workplace in Historical and Comparative Perspective*, Armonk, NY 1997.

75 Zum Verhältnis zwischen den Stadtvierteln und der Kommunistischen Partei vgl. Karuko Kijima/Ryosei Kokubun, The ‹Shequ› Construction Programme and the Chinese Communist Party, in: Kjeld Erik Brødsgaard/Zheng Yongnian (Hg.), *Bringing the Party back in: How China is Governed*, Singapore 2004, 217–38.

76 Min Zhou/Guoxuan Cai, Trapped in Neglected Corners of a Booming Metropolis: Residential Patterns and Marginalization of Migrant Workers in Guangzhou, in: Logan, *Urban China in Transition*, 226–49.

77 Ein anschauliches Fallbeispiel des ländlichen Raumes im Osten der Provinz Henan bieten Chen Guidi/Wu Chuntao, *Zur Lage der chinesischen Bauern: Eine Reportage*, Frankfurt a. M. ²2007.

78 Azizur Rahman Khan/Carl Riskin, *Inequality and Poverty in China in the Age of Globalization*, Oxford 2001, bes. 28–80.

79 Carl Riskin u. a. (Hg.), *China's Retreat From Equality: Income Distribution and Economic Transition*, Armonk, NY 2001, bes. 125–212.

80 Minglu Chen, Entrepreneurial Women: Personal Wealth, Local Politics and Tradition, in: Goodman, *New Rich*, 112–25, hier: 124 f.

81 Huang Yasheng, *Capitalism*, 65, 124.

82 Vgl. dazu ausführlich Leslie T. Chang, *Factory Girls: From Village to City in a Changing China*, New York 2008, bes. 98–119.

83 Sing Lee/Arthur Kleinmann, Suicide as Resistance in Chinese Society, in: Mark Selden/Elizabeth J. Perry (Hg.), *Chinese Society: Change, Conflict and Resistance*, New York 2000, 289–311.

84 Dies ist auch das Ergebnis von Veronica Pearson, A Broken Compact: Women's Health in the Reform Era, in: Dittmer/Liu, *China's Deep Reform*, 431–49. Einen Vergleich bieten C. Cindy Fan/Joanna Regulska, Gender and the Labor Market in China and Poland, in: Logan, *Urban China in Transition*, 89–112.

85 Government of China – State Statistical Bureau, *China's Ethnic Statistical Yearbook 2000*, Beijing 2000, 47.

86 Bhalla/Qiu, *Poverty and Inequality*, 39–168.

87 William Safran, *Nationalism and Ethnoregional Identity in China*, London 1998, 5.

88 Zur Problematik des ethnischen Nationalismus nach 1978 vgl. Zheng Yongnian, *Discovering Chinese Nationalism in China: Modernization, Identity, and International Relations*, Cambridge 1999, 35–45.

89 Gardner Bovingdon, Heteronomy and Its Discontents: ‹Minzu Regional Autonomy› in Xinjiang, in: Morris Rossabi (Hg.), *Governing China's Multiethnic Frontiers*, Seattle, WA 2004, 126.

90 Sabine Dabringhaus, *Territorialer Nationalismus in China: Historisch-geographisches Denken, 1900–1949*, Köln 2006, 169–204.

91 Uradyn E. Bulag, Inner Mongolia: The Dialectics of Colonization and Ethnicity Building, in: Rossabi, *Governing China's Multiethnic Frontiers*, 102–12.

92 David Bachman, Making Xinjiang Safe for the Han? Contradictions and Ironies of Chinese Governance in China's Northwest, in: ebd., 155–85, hier: 182.

93 Jonathan N. Lipman, White Hats, Oil Cakes, and Common Blood: The Hui in the Contemporary Chinese State, in: ebd., 19–52, hier: 26–33. Vgl. auch Dru C. Gladney, *Dislocating China: Reflections on Muslims, Minorities, and Other Subaltern Subjects*, Chicago 2004, 150–75.

94 Li Xiaoping, Focus (Jiaodan Fangtan) and the Changes in the Chinese Television Industry, in: *Journal of Contemporary China* 11 (2002), 17–34.

95 Vaclav Smil bezieht sein Kapitel «the world's greatest famine» nicht nur auf den «Großen Hunger» nach 1958, sondern sieht die Gefahr auch für die Gegenwart. Vgl. ders., *China's Past*, 73–86.

96 *China Statistical Yearbook 2002*, Beijing: Statistical Press 2002, Tabelle 12.2.

97 Jennifer L. Turner, The Dirty Burden: The Costs and Challenges of Environmental Degradation in China, in: Edward L. Hughes (Hg.), *Economics and National Security: The Case of China*, Carlisle, PA 2001, 331–52.

98 Vaclav Smil, *China's Environmental Crisis*, Armonk, NY 1993.

99 Vgl. dazu ders., *Environmental Problems in China: Estimates of Economic Costs*, Honolulu 1996.

100 Vgl. dazu Deidre Chetham, *Before the Deluge: The Vanishing World of the Yangtze's Three Gorges*, New York 2004.

101 James E. Nickum/Yok-Shiu F. Lee, Same Longitude, Different Latitudes: Institutional Change in Urban Water in China, North and South, in: Neil

T. Carter/Arthur P. J. Mol (Hg.), *Environmental Governance in China*, London 2007, 83–99.

102 Arthur P. J. Mol/Neil T. Carter, China's Environmental Governance in Transition, in: ebd., 1–22, hier: 3.

103 Abigail R. Jahiel, The Organization of Environmental Protection in China, in: *China Quarterly* 156 (1998), 757–87, hier: 757, 785 f.

104 Elizabeth Economy, Environmental Governance: The Emerging Economic Dimension, in: Carter/ Mol, *Environmental Governance*, 23–39, hier: 30–32.

105 Han Shi/Lei Zhang, China's Environmental Governance and Rapid Industrialisation, in: ebd., 123–44, hier: bes. 136–42.

106 Zhao Shuisheng, A Tragedy of History: China's Search for Democracy in the Twentieth Century, in: ders. (Hg.), *China and Democracy: The Prospect for a Democratic China*, New York 2000, 33–51.

107 Randall Peerenboom, Globalization, Path Dependency, and the Limits of Law: Administrative Law Reform and Rule of Law in the People's Republic of China, in: ebd., 191–219. Zur Selbstverwaltung auf der Dorfebene vgl. Elizabeth J. Perry/Merle Goldman (Hg.), *Grassroots Political Reform in Contemporary China*, Cambridge, MA 2007.

108 Zheng Yongnian, Interest Representation and the Transformation of the Chinese Communist Party, in: Brødsgaard/ders., *Bringing the Party Back In*, 269–301, bes. 271–81.

109 Vgl. dazu ausführlich Zhao Suisheng (Hg.), *Debating Political Reform in China: Rule of Law vs. Democratization*, Armonk, NY 2006.

110 Randall Peerenboom, A Government of Laws: Democracy, Rule of Law, and Administrative Law Reform in China, in: Zhao Shuisheng, *Debating Political Reform*, 58–78.

111 Etwa Andrew J. Nathan, Chinese Democracy: The Lessons of Failure, in: Zhao Suisheng, *China and Democracy*, 21–32.

112 Song Xianlin, Reconstructing the Confucian Ideal in 1980s China: The ‹Culture Craze› and New Confucianism, in: John Makeham (Hg.), *New Confucianism. A Critical Examination*, New York 2003, 81–104.

113 Vgl. auch den Sammelband Krieger/Trauzettel, *Konfuzianismus und die Modernisierung Chinas*.

114 Hu Shaohua, Confucianism and Western Democracy, in: Zhao Suisheng, *China and Democracy*, 55–72, hier: 69.

115 Kam Louie, Defining Modern Chinese Culture, in: ders., *Modern Chinese Culture*, 1–19, hier: 13. Zum Einfluss der Globalisierung auf die chinesische Gesellschaft vgl. Doug Guthrie, *China and Globalization: The Social, Economic, and Political Transformation of Chinese Society*, New York 2006, 73–112, 175–216.

116 Tu Wei-ming, Cultural China: The Periphery as the Center, in: *Daedalus*, 1–32.

117 Louie, Defining Modern Chinese Culture, 13.

118 Zit. nach Kam Louie, *Critiques of Confucius in Contemporary China*, Hongkong 1980, 3.

119 Danny Schechter, *Falun Gong's Challenge to China: Spiritual Practice or ‹Evil Cult›?*, New York 2001.

120 David A. Palmer, *Qigong Fever: Body, Science and Utopia in China*, London 2007, 281–306.

121 Zhao Shiyu, *Kuanghuan yu richang: Ming Qing yilaide miaohui yu minjiang shehui* [Karneval und Alltagsleben: Tempelfeste und das einfache Volk seit der Ming-Qing-Zeit], Beijing 2002.
122 Vgl. dazu James A. Flath, Managing Historical Capital in Shandong: Museum, Monument and Memory in Provincial China, in: *Public Historian* 242 (Frühjahr 2002), 50–53.
123 Prasenjit Duara, Historical Consciousness and National Identity, in: Louie, *Chinese Modern Culture*, 46–67, hier: 62 f.
124 Feng Xiaocai, Shanghai xiaceng minzhong dui wusi yundong de fanying: ‹Riren zhidu› fengchao wei zhongxin [Die Reaktion der Unterschichten Shanghais auf die Vierte-Mai-Bewegung: konzentriert auf Unruhen über Vergiftung durch die Japaner], in: *Shehui kexue yanjiu* 2005.3, 136–45.
125 Tu Wei-ming, Cultural China, 22.
126 Vgl. dazu Liu Xiaofeng, Sino-Christian Theology in the Modern Context, in: Yang Huilin/Daniel H. N. Yeung (Hg.), *Sino-Christian Studies in China*, Cambridge 2006, 52–89, hier: 67–79; Zhuo Xinping, The Significance of Christianity for the Modernization of Chinese Society, in: ebd., 252–64.
127 Vgl. dazu Huang Shiqi, Nonformal Education and Modernization, in: Ruth Hayhoe (Hg.), *Education and Modernization: The Chinese Experience*, Oxford 1992, 141–82, hier: 172 f.
128 David K. K. Chan/Ka-Ho Mok, The Resurgence of Private Education in Post-Mao China: Problems and Prospects, in: Glen Peterson u. a. (Hg.), *Education, Culture, and Identity in Twentieth-Century China*, Ann Arbor, MI 2001, 297–313.
129 Ebd., 298, 308 f.
130 Zitiert nach Liu Kang, Media Boom and Cyber Culture: Television and the Internet in China, in: Louie, *Modern Chinese Culture*, 318–38, hier: 335.

Epilog

1 Jiang Zemin, *Report at the Sixteenth Party Congress*, November 2002 (www.16congress.org.cn/english/features/49007.htm, Zugriff am 7. 6. 2009).
2 Susan Whiting, *Power and Wealth in Rural China: The Political Economy of Institutional Change*, Cambridge 2001.
3 Andrew J. Nathan, *Chinese Democracy*, New York 1985, 127; Marina Svensson, *Debating Human Rights in China: A Conceptual and Political History*, Lanham, MD 2002, 98–128.
4 Nathan, *Chinese Democracy*, 55.

Zeittafel

1865	Beginn einer staatlichen Rüstungsindustrialisierung (Waffenfabriken, Schiffswerften)
1876	Erste Eisenbahn in China, erste chinesische Studenten in Europa
1876–1879	Hungerkatastrophen in Nordchina
1884–1885	Chinesisch-französischer Krieg
1894–1895	Chinesisch-japanischer Krieg (Unabhängigkeit Koreas, Taiwan japanische Kolonie)
seit 1895	Aufbau ausländischer Industriebetriebe in den Treaty Ports, Serie großer chinesischer Anleihen auf internationalen Kapitalmärkten (Ära des Finanzimperialismus)
1900	Boxeraufstand
1902–1911	Letztes großes Reformwerk (*xin zheng*, «Neue Politik») der Qing-Dynastie
1904–1905	Russisch-japanischer Krieg im Nordosten Chinas
1905	Anti-amerikanische Boykotte in Shanghai und Südchina
1911 (Dez.)	Sturz der Qing-Dynastie
1912 (1. 1.)	Ausrufung der Chinesischen Republik (erster Präsident: Sun Yatsen)
1914	Japanische Okkupation des deutschen Pachtgebiets in Shandong
1915	«21 Forderungen» Japans, Beginn der «Bewegung für Neue Kultur»
1916	Zerfall Chinas in Territorien einer Vielzahl von Warlords (Militärführern)
1917 (14. 8.)	Chinesische Kriegserklärung an Deutschland
1917–1923	«Goldenes Zeitalter» des chinesischen nationalen Kapitalismus
1919	Beginn der Vierten-Mai-Bewegung
1921	Gründung der Kommunistischen Partei Chinas in Shanghai
1923–1927	Einheitsfront der Guomindang Sun Yatsens mit den Kommunisten
1925 (12. 3.)	Tod Sun Yatsens
1926–1927	Nordfeldzug Chiang Kaisheks, des militärischen Führers der Guomindang
1927	Blutige Säuberungen in Shanghai und anderen Städten gegen die Kommunisten, Gründung der Nationalregierung in Nanjing unter Chiang Kaishek
1928–1930	Große Hungersnot in Nordchina
1929	Gründung des Jiangxi-Sowjets
1931 (Sept.)	Japanische Besetzung der Mandschurei (Mukden-Zwischenfall)
1932	Proklamation des japanischen Marionettenstaates «Mandschukuo»
1934–1935	«Langer Marsch»
1936 (12. 12.)	Xi'an-Zwischenfall, zweite Einheitsfront zwischen Guomindang und Kommunisten

1937 (Juli)	Beginn des Japanisch-chinesischen Krieges, Massaker an der Zivilbevölkerung (Nanjing)
1940	Rückzug der Nationalregierung nach Chongqing
1941	Beginn des Pazifischen Krieges (7.12. Pearl Harbor), japanische Einnahme Hongkongs
1947	Scheitern der amerikanischen Vermittlungen im Konflikt zwischen Chiang Kaishek und Mao Zedong Niederschlagung von Aufständen der Taiwanesen gegen das Guomindang-Regime
1946–1949	Bürgerkrieg in China
1949	(Frühjahr) Fall der großen Städte an die Kommunisten, (1.10.) Verkündung der Gründung der Volksrepublik China, (Dez.) Flucht der nationalchinesischen Regierung nach Taiwan
1950	Unterzeichnung eines chinesisch-sowjetischen Freundschafts- und Beistandsvertrags in Moskau
1950/51	Besetzung Tibets durch Truppen der Volksbefreiungsarmee (17-Punkte-Abkommen)
1950–53	Chinesische Beteiligung am Koreakrieg
1953	Erster Fünfjahresplan nach sowjetischem Modell (forcierte Entwicklung der Schwerindustrie)
1953–56	Kollektivierung der Landwirtschaft und Verstaatlichung von Industrie und Handel
1954	Neue Verfassung der Volksrepublik China
1955	Solidaritätskonferenz afrikanischer und asiatischer Staaten in Bandung (Fünf Prinzipien «friedlicher Koexistenz» als Leitlinie chinesischer Außenpolitik)
1956	«Hundert-Blumen-Bewegung»
1957	«Kampagne gegen Rechtsabweichler» zur Unterdrückung von Kritik und Opposition
1958	Verkündung der Politik des «Großen Sprungs nach vorn» (Volkskommunen), (Aug./Sept.) Beschießung der Quemoy-Inseln vor Taiwan durch Truppen der VR China («Quemoy-Krise»)
1959	(März) Niederschlagung des Aufstandes in Tibet, Flucht des 14. Dalai Lama nach Indien
1959–1961	«Drei Bittere Jahre» (größte historisch bekannte Hungerkatastrophe)
1963	«Sozialistische Erziehungsbewegung» zur Stabilisierung des Parteieinflusses auf dem Lande
1964	(Mai) Erste Edition der Zitate des Vorsitzenden Mao («Mao-Bibel»), (Okt.) Zündung der ersten chinesischen Atombombe
1966	Beginn der «Großen Proletarischen Kulturrevolution»
1967	«Januarsturm» in Shanghai, Bildung von «Revolutionskomitees» aus Militärs, Parteikadern und Vertretern der Massenorganisationen
1969	(März) Schwere Zwischenfälle an der sowjetisch-chinesischen Grenze (Ussuri-Konflikt), (April) offizielles Ende der Kulturrevolution
1971	(April) Erste chinesisch-amerikanische Annäherungen (Pingpong-Diplomatie), (Okt.) Aufnahme der VR China in die UNO

1972 (Febr.) Besuch des US-Präsidenten Richard Nixon in China, (Sept.) Besuch des japanischen Premiers Kakuei Tanaka, (Okt.) Aufnahme diplomatischer Beziehungen mit der BRD

1976 (7.1.) Tod Zhou Enlais, (April) erster «Tiananmen-Zwischenfall», (Juli) Erdbeben in Tangshan (Hebei), (8.9.) Tod Mao Zedongs, (Okt.) Verhaftung der «Viererbande» um Maos Witwe Jiang Qing

1978 (Okt.) Friedens- und Freundschaftsvertrag mit Japan, Beginn der marktorientierten Reformpolitik der «Vier Modernisierungen» (Landwirtschaft, Industrie, Wissenschaft und Technik, Militär) und Öffnung nach außen

1979 (Jan.) Aufnahme diplomatischer Beziehungen mit den USA, (März) Verhaftung Wei Jingshengs, des Verfechters der Demokratisierung als fünfter Modernisierung Chinas, Joint-Ventures-Gesetz und Errichtung der ersten Sonderwirtschaftszonen

1980 Beitritt Chinas zur Weltbank und zum Internationalen Währungsfond

1983 «Kampagne gegen geistige Verschmutzung»

1986 (Dez.) Grenzkonflikt mit Indien, Studentenunruhen in Beijing mit der Forderung nach mehr Demokratie

1987 (Jan.) Absetzung des Generalsekretärs Hu Yaobang wegen zu großer Liberalität, (Juli) Aufhebung des Kriegsrechts auf Taiwan, (Sept./Okt.) Unterdrückung von Demonstrationen in Tibet

1988 (Jan.) auf Taiwan mit Lee Tenghui erstmals einheimischer Staatspräsident, Fortsetzung des Demokratisierungsprozesses, Unternehmensreform auf dem Festland, wachsende Probleme mit Korruption innerhalb und außerhalb der Partei, Zunahme der Inflation, Verbot des Dokumentarfilms «Elegie des Flusses» (*He shang*)

1989 (Jan.) Unruhen in Tibet nach dem Tod des 10. Panchen Lama, Zulassung von Oppositionsparteien auf Taiwan, (April) Umschlagen von Trauerkundgebungen für Hu Yaobang in Massendemonstrationen, (Mai) Besuch des KPdSU-Generalsekretärs Gorbatschow in Beijing, Verhängung des Kriegsrechts über die Hauptstadt, (3./4. Juni) Blutige Niederschlagung der Protestbewegung durch die Armee, (Dez.) Verleihung des Friedensnobelpreises an den 14. Dalai Lama

1992 Wiederbelebung des Reformprozesses durch Deng Xiaopings Reise in den Süden

1997 Niederschlagung von muslimischen Unruhen in Xinjiang, (19. Febr.) Tod Deng Xiaopings, Rückkehr Hongkongs unter chinesische Hoheit, Privatisierung der hochverschuldeten Staatsbetriebe

1999 Verbot der Falungong-Sekte

2000 Portugiesische Rückgabe Macaos an China

2001 Bericht der Regierung über fortschreitende Umweltzerstörung (Bevölkerungsexplosion, Zersiedlung, Raubbau, Überweidung), (Juli) Sicherheitsbündnis «Shanghai Cooperation Organization» (China, Russland, Kasachstan, Kirgistan, Tadschikistan, Usbekistan), (Dez.) Beitritt Chinas zur WTO

2003	(Febr.) Ausbruch der SARS-Krankheit, (Okt.) erste Entsendung einer bemannten chinesischen Raumkapsel, neues Sicherheitskonzept eines «friedlichen Aufstiegs Chinas»
2004	Erstmals friedlicher Machtwechsel in der KPCh
2006	(März) Strategie zur ländlichen Armutsbekämpfung, (Mai) Inbetriebnahme des Drei-Schluchten-Staudamms, einer der größten Talsperren der Welt, (Juli) Eröffnung des letzten Streckenabschnitts der Qinghai-Tibet-Eisenbahn
2008	(März/April) Unruhen in Tibet, (Aug.) Olympische Sommerspiele in Beijing

Literaturverzeichnis

Quellen

Angle, Stephen C./Marina Svensson (Hg.): *The Chinese Human Rights Reader: Documents and Commentary, 1900–2000*, Armonk, NY 2001.

Bao Pu u. a. (Hg.): *Prisoner of the State: The Secret Journal of Zhao Ziyang*, New York 2009.

Baumler, Alan (Hg.): *Modern China and Opium: A Reader*, Ann Arbor 2002.

Brandt, Conrad/John K. Fairbank/Benjamin Schwartz (Hg.): *Der Kommunismus in China. Eine Dokumentar-Geschichte*, München 1955.

Brook, Timothy (Hg.): *Documents on the Rape of Nanking*, Ann Arbor 2000.

Cheng, Pei-kai/Michael Lestz (Hg.): *The Search for Modern China: A Documentary Collection*, New York 1999.

De Bary, William Theodore u. a. (Hg.): *Sources of Chinese Tradition*, 2 Bde., New York 1960.

Grimm, Tilemann (Hg.): *Mao Tse-tung: Über Die Revolution. Ausgewählte Schriften*, Frankfurt a. M. 1971.

Lawrance, Alan (Hg.): *China Since 1919 – Revolution and Reform: A Sourcebook*, London 2004.

Leutner, Mechthild (Hg.), *Quellen zur Geschichte der deutsch-chinesischen Beziehungen 1897–1995*, Berlin 1995 ff. (bisher 6 Bde.).

Mao Zedong [Mao Tse-tung]: *Ausgewählte Werke*, Bd. 1–4, Beijing 1968.

Mao Zedong: *Mao's Road to Power: Revolutionary Writings 1912–1949*, hg. v. Stuart R. Schram, 7 Bde., Armonk, NY 1992–2005.

Mao Zedong Texte. Dt. Bearbeitung u. chin. Orginalfassung, hg. v. Helmut Martin, 6 Bde., München 1979–82.

Sun Yatsen: *Reden und Schriften*, hg. von B. Scheibner u. H. Scherner, Leipzig 1974.

Teng, Ssu-Yu/John K. Fairbank (Hg.): *China's Response to the West: A Documentary Survey, 1839–1923*, Cambridge, MA 1954 (viele Auflagen).

Epochenübergreifend

Brødsgaard, Kjeld Erik/David Strand (Hg.): *Reconstructing Twentieth-Century China: State Control, Civil Society, and National Identity*, Oxford 1998.

Ching, Julia: *Chinese Religions*, New York 1993.

Dabringhaus, Sabine: *Mao Zedong*, München 2008.

Elleman, Bruce A.: *Modern Chinese Warfare, 1795–1989*, London 2001.

Fenby, Jonathan: *Generalissimo: Chiang Kai-shek and the China He Lost*, London 2003.

Fenby, Jonathan: *The Penguin History of Modern China: The Fall and Rise of a Great Power, 1850–2008*, London 2008.

Goldman, Merle/Elizabeth J. Perry (Hg.): *Changing Meanings of Citizenship in Modern China*, Cambridge, MA 2002.

Harrison, Henrietta: *China*, London 2001.
Hayhoe, Ruth: *China's Universities, 1895–1995: A Century of Cultural Conflict*, New York 1996.
Klein, Thoralf: *Geschichte Chinas. Von 1800 bis zur Gegenwart*, Paderborn/München/Wien 2007.
Kirby, William C. (Hg.): *Realms of Freedom in Modern China*, Stanford, CA 2004.
Li, Lillian M.: *Fighting Famine in North China: State, Market, and Environmental Decline, 1690s–1990s*, Stanford, CA 2007.
Li, Lillian M. u. a.: *Beijing: From Imperial Capital to Olympic City*, New York 2007.
Louie, Kam (Hg.): *The Cambridge Companion to Modern Chinese Culture*, Cambridge 2008.
Mitter, Rana: *A Bitter Revolution: China's Struggle with the Modern World*, Oxford 2004.
Mitter, Rana: *Modern China: A Very Short Introduction*, Oxford 2008.
Ommerborn, Wolfgang/Konrad Wegmann (Hg.): *Politisches Denken Chinas in alter und neuer Zeit*, Münster 2000.
Osterhammel, Jürgen: *China und die Weltgesellschaft. Vom 18. Jahrhundert bis in unsere Zeit*, München 1989.
Pepper, Suzanne: *Radicalism and Education Reform in 20th Century China: The Search for an Ideal Development Model*, Cambridge 1996.
Perry, Elizabeth J.: *Challenging the Mandate of Heaven: Social Protest and State Power in China*, Armonk, NY 2002.
Peterson, Glen/Ruth Hayhoe/Lu Yongling (Hg.): *Education, Culture, and Identity in Twentieth-Century China*, Ann Arbor, MI 2001.
Rossabi, Morris (Hg.): *Governing China's Multiethnic Frontiers*, Seattle, WA 2004.
Saich, Tony/Hans van de Ven (Hg.): *New Perspectives on the Chinese Communist Revolution*, Armonk, NY 1995.
Schmidt-Glintzer, Helwig: *Kleine Geschichte Chinas*, München 2008.
Schoppa, Keith R.: *Revolution and Its Past: Identities and Change in Modern Chinese History*, Upper Saddle River, NY ²2006.
Schoppa, R. Keith: *The Columbia Guide to Modern Chinese History*, New York 2000.
Smith, Stephen A.: *Revolution and the People in Russia and China: A Comparative History*, Cambridge 2008.
Spence, Jonathan: *Chinas Weg in die Moderne*, München 2001.
Staiger, Brunhild/Stefan Friedrich/Hans-Wilhelm Schütte (Hg.): *Das Große China-Lexikon*, Darmstadt 2003.
Svensson, Marina: *Debating Human Rights in China: A Conceptual and Political History*, Lanham, MD 2002.
Tubilewicz, Czeslaw (Hg.): *Critical Issues in Contemporary China*, New York/London 2008.
Twitchett, Denis/John K. Fairbank (Hg.): *The Cambridge History of China*, Bde. 10–15, Cambridge 1978–1991.
Wakeman, Frederic Jr./Wang Xi (Hg.): *China's Quest for Modernization: A Historical Perspective*, Berkeley, CA 1997.
Wang, Gabe T.: *China's Population: Problems, Thoughts and Policies*, Aldershot 1999.
Wasserstrom, Jeffrey N. (Hg.): *Twentieth-Century China: New Approaches*, London 2003.
Wasserstrom, Jeffrey N.: *Global Shanghai, 1850–2010: A History in Fragments*, London 2009.

Worthing, Peter: *A Military History of Modern China: From the Manchu Conquest to Tian'anmen Square*, Westport, CT 2007.
Zhao Suisheng: *A Nation-State by Construction: Dynamics of Modern Chinese Nationalism*, Stanford, CA 2004.

Späte Qing-Zeit und Republik

Amelung, Iwo: *Der Gelbe Fluß in Shandong (1851–1911). Überschwemmungskatastrophen und ihre Bewältigung im China der späten Qing-Zeit*, Wiesbaden 2000.
Averill, Stephen: *Revolution in the Highlands. China's Jinggangshan Base Area*, Lanham, MD 2006.
Bergère, Marie-Claire: *L'âge d'or de la bourgeoisie chinoise 1911–1937*, Paris 1986.
Brook, Timothy: *Collaboration: Japanese Agents and Local Elites in Wartime China*, Cambridge, MA 2005.
Chang, Iris: *Die Vergewaltigung von Nanking. Das Massaker in der chinesischen Hauptstadt am Vorabend des Zweiten Weltkriegs*, Zürich 1999.
Ch'en, Jerôme: *China and the West: Society and Culture, 1815–1937*, London 1979.
Cong, Xiaoping: *Teacher's Schools and the Making of the Modern Chinese Nation-State, 1897–1937*, Vancouver 2007.
Curran, Thomas D.: *Educational Reform in Republican China: The Failure of Educators to Create a Modern Nation*, Lewiston, NY 2005.
Dabringhaus, Sabine: *Geschichte Chinas, 1279–1949*, München 2006 (Oldenbourg Grundriss der Geschichte, 35).
Dirlik, Arif: *The Origins of Chinese Communism*, New York 1989.
Dong, Madeleine Yue: *Republican Beijing: The City and Its Histories*, Berkeley, CA 2003.
Duara, Prasenjit: *Culture, Power, and the State: Rural North China, 1900–1942*, Stanford, CA 1988.
Edwards, Louise: *Gender, Politics, and Democracy: Women's Suffrage in China*, Stanford, CA 2008.
Eglauer, Martina: *Wahrnehmung des Fremden. Die Rolle des Westens beim Modernisierungsprozess in China*, Stuttgart 2005.
Fan Hong: *Footbinding, Feminism and Freedom: The Liberation of Women's Bodies in Modern China*, London 1997.
Gerth, Karl G.: *China Made: Consumer Culture and the Creation of the Nation*, Cambridge, MA 2003.
Harrison, Henrietta: *The Making of the Republican Citizen: Political Ceremonies and Symbols in China, 1911–1929*, New York 1999.
Hu Jubin: *Projecting a Nation: Chinese National Cinema before 1949*, Hong Kong 2003.
Hunt, Michael H.: *The Genesis of Chinese Communist Foreign Policy*, New York 1996.
Karl, Rebecca E.: *Staging the World: Chinese Nationalism at the Turn of the Twentieth Century*, Durham, NC 2002.
Karl, Rebecca E./Peter Zarrow (Hg.): *Rethinking the 1898 Reform Period: Political and Cultural Change in Late Qing China*, Cambridge, MA 2002.
Kuhn, Dieter: *Die Republik China von 1912 bis 1937. Eine politische Ereignisgeschichte*, 2 Bde., Heidelberg 2004.
Lary, Diana: *China's Republic*, Cambridge 2007.

Leutner, Mechthild/Klaus Mühlhahn (Hg.): *Kolonialkrieg in China: Die Niederschlagung der Boxerbewegung 1900–1901*, Berlin 2007.
Leutner, Mechthild/Nicola Spakowski (Hg.): *Women in China: The Republican Period in Historical Perspective*, Münster 2005.
Li Huaiyin: *Village Governance in North China, 1875–1936*, Stanford, CA 2005.
Liu, Lydia H.: *Translingual Practice: Literature, National Culture and Translated Modernity: China, 1900–1937*, Stanford, CA 1995.
Matsusaka, Yoshihisa Tak: *The Making of Japanese Manchuria, 1904–1932*, Cambridge, MA 2001.
Osterhammel, Jürgen: *Shanghai, 30. Mai 1925. Die Chinesische Revolution*, München 1997.
Rubinstein, Murray A. (Hg.): *Taiwan: A New History*, Armonk, NY 1999.
Schram, Stuart R.: Mao Tse-tung's Thought to 1949, in: John K. Fairbank/Albert Feuerwerker (Hg.), *The Cambridge History of China*, Bd. 13: *Republican China, 1912–1949*, Cambridge 1986, 789–870.
Smith, Stephen A.: *Like Cattle and Horses: Nationalism and Labor in Shanghai, 1895–1927*, Durham, NC 2002.
Strauss, Julia C.: *Strong Institutions in Weak Polities: State Building in Republican China, 1927–1940*, Oxford 1998.
Tsin, Michael: *Nation, Governance, and Modernity in China: Canton, 1900–1927*, Stanford, CA 1999.
Vittinghoff, Natascha: *Die Anfänge des Journalismus in China (1890–1911)*, Wiesbaden 2002.
Xu Guoqi: *China and the Great War: China's Pursuit of a New National Identity and Internationalization*, Cambridge 2005.
Yeh Wen-hsin (Hg.): *Becoming Chinese: Passages to Modernity and Beyond*, Berkeley, CA 2000.
Zanasi, Margherita: *Saving the Nation: Economic Modernity in Republican China*, Chicago 2006.
Zarrow, Peter: *China in War and Revolution, 1895–1949*, London 2005.
Zarrow, Peter (Hg.): *Creating Chinese Modernity: Knowledge and Everyday Life, 1900–1940*, New York 2006.

Volksrepublik China

Apter, David E./Tony Saich: *Revolutionary Discourse in Mao's Republic*, Cambridge, MA 1994.
Barmé, Geremie R.: *In the Red: On Contemporary Chinese Culture*, New York 1999.
Barnouin, Barbara/Yu Changgen: *Zhou Enlai: A Political Life*, Hongkong 2006.
Baum, Richard: *Burying Mao: Chinese Politics in the Age of Deng Xiaoping*, Princeton, NJ 1994.
Becker, Jasper: *Hungry Ghosts: Mao's Secret Famine*, London 1996.
Brødsgaard, Kjeld Erik/Zheng Yongnian (Hg.): *The Chinese Communist Party in Reform*, London 2006.
Chang, Gordon H.: *Friends and Enemies: The United States, China, and the Soviet Union, 1948–1972*, Stanford, CA 1990.
Chen Jian: *Mao's China and the Cold War*, Chapel Hill, NC 2001.
Clark, Paul: *The Chinese Cultural Revolution: A History*, Cambridge 2008.

Dickson, Bruce J.: *Democratization in China and Taiwan: The Adaptability of Leninist Parties*, Oxford 1997.
Dittmer, Lowell/Liu Guoli (Hg.): *China's Deep Reform: Domestic Politics in Transition*, Lanham, MD 2006.
Domenach, Jean-Luc: *Der vergessene Archipel. Gefängnisse und Lager in der Volksrepublik China*, Hamburg 1995.
Draguhn, Werner/David S. G. Goodman (Hg.): *China's Communist Revolutions: Fifty Years of the People's Republic of China*, London 2002.
Dutton, Michael/Hsiu-ju Stacy Lo/Dong Dong Wu: *Beijing Time*, Cambridge, MA 2008.
Edmonds, Richard Louis (Hg.), *The People's Republic of China after 50 Years*, Oxford 1999.
Friedman, Edward/Paul G. Pickowicz/Mark Selden: *Chinese Village, Socialist State*, New Haven, CT 1991.
Gänßbauer, Monika: *Parteistaat und protestantische Kirche. Religionspolitik im nachmaoistischen China*, Frankfurt a. M. 2004.
Gao Wenqian: *Zhou Enlai. The Last Perfect Revolutionary: A Biography*, New York 2007.
Goldman, Merle: *Sowing the Seeds of Democracy in China: Political Reform in the Deng Xiaoping Era*, Cambridge, MA 1994.
Goldman, Merle: *From Comrade to Citizen: The Struggle for Political Rights in China*, Cambridge, MA 2005.
Goldman, Merle/Roderick MacFarquhar (Hg.): *The Paradox of China's Post-Mao Reforms*, Cambridge, MA 1999.
Goodman, David S. G. (Hg.): *The New Rich in China: Future Rulers, Present Lives*, London 2008.
Gries, Peter Hays: *China's New Nationalism: Pride, Politics, and Diplomacy*, Berkeley, CA 2005.
Harding, Harry: *Organizing China: The Problem of Bureaucracy, 1949–1976*, Stanford, CA 1981.
Heberer, Thomas/Wolfgang Taubmann: *Chinas ländliche Gesellschaft im Umbruch. Urbanisierung und sozio-ökonomischer Wandel auf dem Lande*, Opladen 1998.
Heilmann, Sebastian: *Das politische System der Volksrepublik China*, Wiesbaden ²2004.
Huang Yasheng: *Capitalism with Chinese Characteristics: Entrepreneurship and the State*, Cambridge 2008.
Hughes, Christoper R.: *Chinese Nationalism in the Global Era*, London 2006.
Hutchings, Graham: *Modern China: A Companion to a Rising Power*, London 2000.
Jensen, Lionel M./Timothy B. Weston: *China's Transformations: The Stories Beyond the Headlines*, Lanham, MD 2007.
Karmel, Solomon M.: *China and the People's Liberation Army: Great Power or Struggling Developing State?* New York 2000.
Kraus, Richard C.: *The Party and the Arty in China: The New Politics of Culture*, Lanham, MD 2004.
Krieger, Silke/Rolf Trauzettel (Hg.): *Konfuzianismus und die Modernisierung Chinas*, Mainz 1990.
Lardy, Nicholas R.: *Foreign Trade and Economic Reform in China, 1978–1990*, Cambridge 1992.

Law Kam-Yee (Hg.): *The Chinese Cultural Revolution Reconsidered: Beyond Purge and Holocaust*, New York 2003.

Lawrance, Alan: *China under Communism*, London 1998.

Lemoine, Françoise: *L'économie de la Chine*, Paris [4]2006.

Li Xiaobing: *A History of the Modern Chinese Army*, Lexington 2007.

Lieberthal, Kenneth: *Governing China: From Revolution through Reform*, New York [2]2004.

Lieberthal, Kenneth/Michel Oksenberg: *Policy Making in China: Leaders, Structures, and Processes*, Princeton, NJ 1988.

Lu Duanfang: *Remaking Chinese Urban Form: Modernity, Scarcity and Space*, 1949–2005, London 2006.

Lü Xiaobo: *Cadres and Corruption: The Organizational Involution of the Chinese Communist Party*, Stanford, CA 2000.

MacFarquhar, Roderick: *The Origins of the Cultural Revolution*, 3 Bde., Oxford 1974–1997.

MacFarquhar, Roderick/Michael Schoenhals: *Mao's Last Revolution*, Cambridge, MA 2006.

MacMillan, Margaret: *Nixon and Mao: The Week that Changed the World*, New York 2007.

Makeham, John (Hg.): *New Confucianism. A Critical Examination*, New York 2003.

Meisner, Maurice: *Mao's China and After. A History of the People's Republic*, New York [3]1999.

Mol, Arthur P.J./Neil T. Carter: *Environmental Governance in China*, London 2007.

Möller, Kay: *Die Außenpolitik der Volksrepublik China 1949–2004. Eine Einführung*, Wiesbaden 2005.

Naughton, Barry: *Growing out of the Plan: Chinese Economic Reform, 1978–1993*, Cambridge 1996.

Naughton, Barry: *The Chinese Economy: Transitions and Growth*, Cambridge, MA 2007.

Peerenboom, Randall: *China's Long March toward Rule of Law*, Cambridge 2002.

Peerenboom, Randall: *China Modernizes: Threat to the West or Model for the Rest?* Oxford 2007.

Pye, Lucian W.: *The Spirit of Chinese Politics. A Psychocultural Study of the Authority Crisis in Political Development*, Cambridge, MA 1968.

Redding, S. Gordon: *The Spirit of Chinese Capitalism*, Berlin 1990.

Qing Simei: *From Allies to Enemies: Visions of Modernity, Identity, and U.S.-China Diplomacy, 1945–1960*, Cambridge, MA 2007.

Qiu Jin: *The Culture of Power: The Lin Biao Incident in the Cultural Revolution*, Stanford, CA 1999.

Schoenhals, Michael: *Saltationist Socialism. Mao Zedong and the Great Leap Forward 1958*, Stockholm 1987.

Schubert, Gunter: *Chinas Kampf um die Nation: Dimensionen nationalistischen Denkens in der VR China, Taiwan und Hongkong an der Jahrtausendwende*, Hamburg 2002.

Selden, Mark/Elizabeth J. Perry (Hg.): *Chinese Society: Change, Conflict and Resistance*, New York 2000.

Shambaugh, David: *China's Communist Party: Atrophy and Adaptation*, Berkeley, CA 2008.

Shapiro, Judith: *Mao's War against Nature: Politics and the Environment in Revolutionary China*, Cambridge 2001.
Smil, Vaclav: *China's Past, China's Future: Energy, Food, Environment*, London 2004.
Stockman, Norman: *Understanding Chinese Society*, Cambridge 2000.
Strauss, Julia (Hg.): *The History of the PRC (1949–1976)*, Cambridge 2007.
Sullivan, Lawrence R.: *Historical Dictionary of the People's Republic of China*, Lanham, MD 1997.
Tang Tsou: *The Cultural Revolution and Post-Mao Reforms. A Historical Perspective*, Chicago/London 1986.
Teiwes, Frederick C./Warren Sun: *The Tragedy of Lin Biao: Riding the Tiger During the Cultural Revolution, 1966–1971*, London 1996.
Teiwes, Frederick C./Warren Sun: *The End of the Maoist Era: Chinese Politics during the Twilight of the Cultural Revolution, 1972–1976*, Armonk, NY 2007.
Unger, Jonathan (Hg.): *The Nature of Chinese Politics: From Mao to Jiang*, Armonk, NY 2002.
Walden, George: *China: A Wolf in the World*, London 2008.
Weatherley, Robert: *Politics in China Since 1949: Legitimizing Authoritarian Rule*, London 2006.
Zang Xiaowei: *Elite Dualism and Leadership Selection in China*, London 2004.
Zhao Suisheng (Hg.): *Debating Political Reform in China: Rule of Law vs. Democratization*, Armonk, NY 2006.
Zheng Yongnian/Joseph Fewsmith (Hg.): *China's Opening Society: The Non-State Sector and Governance*, London 2008.

Abbildungen

S. 26: Konfuzius als Lehrer. Holzschnitt, um das Jahr 0; akg-images.
S. 64: Arbeiteraufstand in der Nanjing Road, 30. Mai 1925. Von Fang Ganmin, 1937, Tusche und Aquarell auf Papier; akg-images.
S. 112: 1. Jahrestag der Volksrepublik China, 1. Oktober 1950; akg-images.
S. 156: Studentenproteste auf dem Platz des Himmlischen Friedens. Studenten errichteten eine «Göttin der Demokratie», die der Freiheitsstatue in New York nachempfunden ist. Mai 1989; ullstein bild.
S. 194: Shanghai, Uferpromenade «The Bund», Blick auf die Skyline von Pudong mit Jin Mao Tower; akg-images/Bildarchiv Monheim.

Personenregister

Ba Jin (1904–2005) 95
Bai Shouyi (1909–2003) 188
Batur, Osman (1899–1951) 110, 254
Bergère, Marie-Claire 89, 244, 246, 259
Bergson, Henri (1859–1941) 92
Brzinski, Zbigniew (geb. 1928) 164

Cai Yuanpei (1868–1940) 101 f., 252
Can Xue (geb. 1953) 185
Carter, Jimmy (geb. 1924) 162, 164
Chang Bo 106, 253
Chen Duxiu (1879–1942) 50, 53 f., 245
Chen Kaige (geb. 1952) 187
Chen Yi (1901–1972) 152
Chen Yun (1905–1995) 137, 160 f., 170 ff., 175, 190 f., 198 f.
Chiang Chingkuo (Jiang Jingguo, 1910–1988) 153
Chiang Kaishek (1887–1975) 15, 18, 65, 71, 73 ff., 77–86, 90, 98, 105, 139, 152 f., 273 f.
Chruschtschow, Nikita (1894–1971) 137
Cixi (1835–1908) 32, 34, 45
Cui Jian (geb. 1961) 186, 263

Dalai Lama, 13. (1876–1933) 41, 108 f., 253
Dalai Lama, 14. (geb. 1935) 109, 138 f., 180 f., 209, 243, 263, 274 f.
Demchugdongrob (1902–1966) 107, 253
Deng Liqun (geb. 1915) 161, 171, 262
Deng Xiaoping (1904–1997) 11, 15, 18, 20, 24, 114, 116, 119, 152, 158–181, 183, 191 f., 195, 198 f., 225, 234, 238, 260–266, 275
Ding Ling (1904–1986) 95, 128
Ding Wenjiang (1887–1936) 82, 93 f.
Dirlik, Arif 55, 85
Dong Xiwen (1914–1973) 130
Duara, Prasenjit 239, 253 f., 272

Eastman, Lloyd 81, 249
Eisenstadt, S. N 17
Elleman, Bruce A. 17, 240, 248 f.

Fairbank, John K. (1907–1991) 12, 239, 248
Fang Lizhi (geb. 1936) 192, 265
Fei Xiaotong (1910–2005) 219
Feng Xiaocai 229, 272
Feng Youlan (1895–1990) 94, 126 f., 177, 189, 251
Feng Yuxiang (1882–1948) 80
Franke, Wolfgang (1912–2007) 12, 239
Fu Baoshi (1904–1965) 130

Gao Jianfu (1879–1951) 101
Gao Xingjian (geb. 1940) 185 f., 263
Gao Yihan (1884–1968) 54
Ghenghis Khan (1167–1227) 221
Goodman, David S. G. 205, 250, 260, 266 ff., 269 f., 270
Gorbatschow, Michail (geb. 1931) 190, 275
Gregory, James 252
Gu Jiegang (1893–1980) 111, 254
Guangxu-Kaiser (1871–1908) 21, 32, 45
Gyalo Thondup (geb. 1928) 180

Hajime, Kawakami (1879–1946) 78
He Zhen 56, 59, 246
He Zhenliang (geb. 1929) 211, 268
Hobsbawm, Eric 229
Hu Jintao (geb. 1942) 198–201, 212, 226
Hu Shaohua 227
Hu Sheng (1918–2000) 129
Hu Shi (1891–1962) 54, 82, 91, 93
Hu Yaobang (1915–1989) 161, 166–171, 174 ff., 180, 190, 197, 222, 275
Hua Guofeng (1921–2008) 158 f., 162, 164, 166, 170

Huang, Philip C.C. 184
Hughes, Christopher R. 10
Huxley, Thomas H. (1825–1895) 31

Jiang Kanghu (1883–1954) 55
Jiang Qing (1913–1991) 145 f., 159, 275
Jiang Zemin (geb. 1926) 18, 176, 192, 197–200, 205, 235
Jin Songcen (1874–1947) 59
Joffe, Adolf (1883–1927) 78 f., 248

Kim Il Song (1912–1994) 149
Kirby, William C. 14
Kang Sheng (1898–1975) 87
Kang Youwei (1858–1927) 21, 32 f., 58, 241
Kam Louie 227
Kemal, Ahmed 109
Konfuzius (551–479) 7, 32, 84, 141 f., 146, 189, 227, 241, 258g., 264, 283
Kuhn, Philip A. 27

Lee Tenghui (geb. 1923) 153, 275
Lenin (1870–1924) 76 f., 81, 87, 170, 184, 195, 235
Li Da (1890–1966) 104, 253
Li Dazhao (1889–1927) 47, 104
Li Hongzhi (geb. 1951 oder 1952) 228 f.
Li Peng (geb. 1928) 161, 191, 199, 206
Li Shizeng (1881–1954) 55, 59
Li Shu (1912–1988) 188
Liang Shuming (1893–1988) 88, 92 f., 251
Liang Qichao (1873–1929) 32–36, 50 ff., 58, 91, 236
Lin Biao (1907–1971) 129, 135, 137, 142, 144 ff.
Lin Fengmian (1900–1991) 101, 130
Lin Xinwu (geb. 1942) 182
Lin Zongsu (1878–1944) 59
Liu Binyan (1925–2005) 183
Liu E (1857–1909) 36, 242
Liu Shaoqi (1898–1969) 123, 137, 142 f.
Liu Shipei (1884–1919) 56
Liu Shuya (1893–1958) 50
Liu Xiaolin 205
Lytton, 2nd Earl of (1876–1947) 69
Lu Xinhua (geb. 1954) 182
Lu Xun (1881–1936) 95, 97, 100
Lu Yin (1898–1934) 104

Ma Chongying (1910–1936?) 109
Ma Yuan (geb. 1953) 195
MacArthur, Douglas (1880–1964) 149
Mao Dun (1896–1981) 98
Mao Zedong (1893–1976) 12, 15, 18 f., 22 f., 36, 39, 74, 79, 84 f., 99, 129, 144, 146, 160, 164, 173, 176, 184, 233, 264, 274
Marshall, George C. (1880–1959) 75, 90
McClure, Robert 73
McCord, Edward A. 51
Medhurst, Walter H. (1796–1857) 29, 239
Mitter, Rana 13
Morrison, Robert (1782–1834) 61

Ni Tuoshen (1903–1972) 62

Ouyang Jingwu (1871–1943) 62

Pan Wei 225 f.
Panchen Lama (10., 1938–1989) 181, 257, 275
Pei Minxin 195
Peng Dehuai (1898–1974) 134 f.
Pomeranz, Kenneth 16,
Puyi (1906–1967) 44, 68, 110

Qiao Shi (geb. 1924) 199
Qiu Jin (1875–1907) 59

Reclus, Elisée (1830–1905) 55

Saifudin, Aziz (1915–2003) 140
Shambaugh, David 207, 260
Shen Congwen (1902–1988) 97 f., 130, 251
Sheng Dingyi (1883–1928) 88
Song Jiaoren (1882–1913) 46
Spencer, Herbert (1820–1903) 31
Stalin (1878–1953) 87, 123, 149
Stowe, Harriet Beecher (1811–1896) 37
Su Tong (geb. 1963) 185

Su Xiaokang (geb. 1949) 188
Sun Yatsen (1866–1925) 15, 23, 44, 46 f., 55 f., 59, 74, 77 f., 80, 82, 273

Tan Sitong (1865–1898) 227
Tang Tsou 184
Teng Ssu-yu (Deng Siyu) 12
Thompson, Edward P. (1924–1993) 229
Thompson, Roger 35
Tolstoi, Leo (1828–1910) 56
Tu Wei-ming (geb. 1940) 155 f., 226 f., 230

Ulanhu (1906–1988) 107

Verdi, Giuseppe (1813–1901) 18, 44, 130

Wang Geng 72
Wang Hui 192, 265
Wang Jingwei (1883–1944) 80, 248
Wang Luxiang (geb. 1956) 188
Wang Shiwei (1906–1947) 100, 158
Weber, Max (1864–1920) 16, 188
Wei Hui (geb. 1973) 212
Wei Jingsheng (geb. 1950) 183, 275
Wei Yuan (1794–1856) 30
Wen Jiabao (geb. 1942) 201 f., 226
Wen Yiduo (1899–1946) 96 f.
Wong R. Bin 16
Wood, Shirley 120
Wu Han (1909–1969) 143
Wu Woyao (1866–1910) 36

Xiong Lei 212
Xu Beihong (1895–1953) 101
Xu Bing (geb. 1925) 177
Xu Fuguan (1902–1982) 127
Xu Zhenya (1889–1937) 96
Xue Fucheng (1838–1894) 30

Yan Jiaqi (geb. 1942) 195
Yan Yangchu (James Y. C. Yen, 1899–1990) 88
Yu Dan (geb. 1965) 227
Yu Guozhen 61
Yu Hua (geb. 1960) 185, 263
Yu Jian (geb. 1954) 222
Yuan Shikai (1859–1916) 44, 46 ff., 54, 238

Zang Xiaowei 8, 197
Zarrow, Peter 160
Zhang Ailing (1920–1995) 101, 130
Zhang Binglin (Zhang Taiyan, 1868–1936) 23, 52 f., 93, 227
Zhang Dainian (1909–2004) 227
Zhang Junmai (Carsun Chang, 1886–1969) 92 f.
Zhang Yimou (geb. 1951) 187
Zhang Zhidong (1837–1909) 31
Zhao Shiyu 229
Zhao Shuli (1906–1970) 99
Zhao Ziyang (1919–2005) 161, 170 f., 174 ff., 190 f., 197, 262
Zhou Enlai (1898–1976) 15, 79, 129, 145 f., 159, 166, 259, 275
Zhou Zuoren (1885–1967) 130
Zhu Rongji (geb. 1928) 198 ff., 222

Sachregister

Afrika 40, 150, 213 f., 274
Amerika, amerikanisch (USA, Vereinigte Staaten) 10, 29, 35, 37 f., 42 f., 54, 66, 69, 74 f., 90, 96, 138, 149, 151, 153, 156, 164 f., 206–212, 226, 228, 273 ff.
Anarchisten 55 f., 59, 63
antichristlich 66, 70
Anti-Opium-Politik 34
Antiimperialismus, antiimperialistisch 13, 22, 66–82, 70, 75, 85
Armee 28, 44 f., 48, 68 f., 77, 80, 84 f., 90, 107 f., 110, 117, 119, 133, 137–144, 147, 149, 161, 163, 175, 187, 191 f., 234, 257, 274 f.
Aristokratie 108 f., 231
Asien 40, 55, 166, 195, 198, 207 f., 233, 238
Aufklärung 53, 60, 97 f., 188
Ausländer (Fremde) 10, 22, 28 f., 40, 62, 66, 68, 106, 208, 212
Auslandschinesen 43 f., 66, 101, 155, 227, 230, 247
Außenministerium 69, 82
Außenpolitik 40, 82 f., 110, 148, 152, 164, 207, 210, 213
Äußere Mongolei 42
Autonomie 37, 41, 68, 81, 107, 109 f., 138–141, 153 f., 179 f., 203, 209, 219 ff.

Banken 46, 69, 89, 169, 199, 204
Barbaren, Barbarenvölker 13, 23
Bauern 13, 23, 66, 69, 70, 73 f., 79 f., 80, 84 ff., 95–99, 107, 115, 122, 124 f., 128, 132 ff., 148, 156, 167, 169, 174 f., 185, 191, 217–220
Beijing (Peking) 8, 13, 19, 21, 29, 37, 39 f., 51, 54, 61, 66, 70, 72, 75, 80, 90, 92, 103, 117 f., 123, 130–139, 144, 148–154, 158–165, 169, 178–183, 186, 192, 196 f., 203, 207–216, 220 f., 224, 226
Beijing-Universität 54, 70, 93, 102
Bevölkerungswachstum 42, 219, 223
«Bewegung für Neue Kultur» (Neue Kulturbewegung) 9, 19, 237, 273
«Bewegung vom 30. Mai 1925» 67, 79 f.
Bibel 61, 146, 274
Bildung 21, 27, 29, 34, 37 f., 44, 54, 59, 62, 87 f., 102 ff., 109 f. 121, 125, 132 ff., 138 f., 157, 177, 183, 196, 202, 219, 221, 230, 230 f., 242
Boxeraufstand, Boxerkrieg 10, 21 f. 40, 42, 66, 129
Boykott 19, 35, 49, 57, 66, 69, 75, 230, 273
Bürgerkrieg 9, 28, 62, 65, 74 f., 85, 90, 107, 113, 142, 144, 191, 214, 233, 238 f., 274

Chinesisch-japanischer Krieg 9, 72, 90, 273
Chongqing 74, 271
Christentum 30, 61 f., 70, 127 f., 227, 230
Clansystem 27, 43
Cliquen 18, 50 f., 82

danwei (Arbeitseinheit) 125, 136, 157, 168, 177, 216 f.
Daoismus, daoistisch 39, 56, 94, 127, 178, 206, 247
Demokratie 6, 24, 55, 74, 90, 94, 116, 123, 126 f., 152, 157 f., 169, 183, 189 f., 197, 201, 225 f., 238, 275
Demonstrationen 19, 21, 69, 75, 79, 96, 145, 158, 166, 181, 190 f., 228, 275
Demütigung 28, 49, 87, 104, 212
Deutschland 8, 49, 91 f., 98, 273
Dezentralisierung 19, 123, 132, 134, 157, 169, 171, 202, 222, 230, 234
Diktatur, diktatorisch 23, 47 f., 54, 78, 115, 118, 122, 131, 170, 173, 184
Diplomaten 10, 20, 30, 41, 49, 148, 150 ff. f., 162, 165, 207, 210, 275

Dissidenten 158, 169, 225, 228, 234
«Dokument 19» 177
«Drei Volksprinzipien» 15, 74, 77 f.
Drei-Welten-Theorie 151, 164
Dynastie, dynastisch 9 ff., 14, 19, 21, 27 f., 30, 34, 37, 41 f., 44 f., 48, 52 f., 59, 65, 69, 91, 105 f.

Einheitsfront 65, 73–79, 141, 152, 273
Eisenbahn 15, 45 f., 58, 67 f., 152, 243 f., 273, 276
Erster Weltkrieg 23, 48 f., 57, 68, 74, 92, 108
Erziehungsministerium 103
ethnisch 17, 23, 33, 52 f., 103–107, 139 f., 180, 208, 220 f., 230, 276
Europa 11, 25, 22 ff., 29, 31, 40, 50, 57, 65, 92, 94, 97, 110, 150, 156, 189, 205, 211, 218, 238, 243, 258
Exekution 114, 220
Exilregierung 14, 180, 208

Familie 8, 27, 54, 56, 58 ff., 73, 77, 104, 114, 125, 141, 145 f., 159, 169, 174, 205, 218, 238, 243, 258
Falungong 228 f., 275
Finanzministerium 82
Flüchtlinge 83, 150
Fortschritt 14, 16, 31 f., 36, 42, 52, 55, 57, 74, 76, 92 f. 104, 125, 131, 152 f., 157, 171, 200, 209, 211, 219, 239
Fraktion, Fraktionalismus 31 f., 94, 144–147, 159, 161, 163, 171 f., 175, 199, 241, 259
Frankreich 41, 49, 55, 77, 98, 101, 150, 162, 244
Frauenbewegung 58 f., 87, 104 f., 127
Frieden 49 f., 75
Fünfjahresplan 123, 132 f., 133, 274

Gedichte (Dichtkunst) 36, 96 f., 130, 222, 256
Gelber Fluss (Huanghe) 73, 188, 224, 275
Geheimgesellschaft 66, 81, 120, 206
Geschichtsschreibung 11, 129, 211
Gewerkschaften 67, 120, 217
Gilden (*gongsuo*) 28, 34, 58, 66
Gleichberechtigung, Gleichstellung 10, 34, 59, 104 f., 146, 219
Globalisierung 10, 189, 227
Grenzen 14, 23, 28, 40, 105 f., 176, 199, 223, 230, 233, 238
«Großer Sprung nach vorn» 20, 114, 132–141, 143, 168 f.
Großmacht 39 f., 46 f., 116, 148, 165, 207, 233, 237
Grundbesitz 55, 84, 108, 124
Guangzhou (Kanton) 8, 44, 61, 67, 79 ff., 102, 215, 241
guanxi (persönliche Beziehungen) 18, 27, 44, 46 ff., 62, 65, 69, 71, 74, 76–79, 81, 84 ff., 106 f., 115, 148, 152 f., 209, 246, 248 f., 257, 273 f.
Guerilla, Partisanenkrieg 85 f., 90, 115, 117, 134, 137
Guomindang (Nationalchinesische Partei) 9, 44, 46 ff., 62, 65, 69, 71, 74, 76–79, 81, 84 ff., 106 f., 115, 148, 152 f., 209, 246–249, 257, 273 f.

Hanchinesen 17, 52 f., 105 f., 111, 141, 179 f., 219 f.
Handelskammer 34 f., 66, 79
Handelsministerium (*shangbu*) 57
Heimat 28, 43, 56, 59, 97, 103, 107, 125, 159, 186, 219, 228
Herrschaftselite 27, 115
Himalaya 41
Hongkong 8, 44, 58, 60, 67, 120, 126, 152–155, 161, 195, 215, 227
Hui 179, 192, 221
Hundert-Blumen-Bewegung 114, 121 f., 126, 131, 174
Hundert-Tage-Reform 14, 21, 32, 227
Hungerkatastrophe 114, 132, 135, 273 f.
Ideologie, ideologisch 9, 18, 22, 24, 27, 36, 55, 65, 76, 81, 83, 85 ff., 99, 116, 118, 128–133, 137, 145, 148, 150, 152, 162, 164, 168, 171, 177, 195 f., 200, 206, 227, 229, 235

Imperialismus 12, 14, 17, 23, 39, 41, 48, 68, 99, 111, 210, 233, 240, 273
Imperialmächte 28, 42, 45, 52, 71
Imperium 5, 22 f., 28, 39–43, 48 f., 65, 89, 105 f., 110, 139, 230, 253

Indigenisierung 62, 70
Industrialisierung 15, 57 f., 94, 124, 147, 152 f., 155, 250, 273
Industrie 11, 15 f., 45, 55, 57 f., 67 f. 78, 81, 89, 114 ff., 122, 124, 132–136, 140, 141, 147, 151 f., 154, 157 f., 162, 166, 168, 175, 183, 202 f., 205, 217 f., 223, 225, 237 f., 246, 273 ff.
Inflation 119 f., 158, 170, 172, 190, 198, 275
Innere Mongolei 42, 47, 49, 107 f., 139 f., 180, 220 f.
Internationale Niederlassung (Shanghai) 47, 67 f., 100
Internationalisierung 10, 14, 153, 164, 207, 213
Internet 206 f., 222, 228, 231, 237
Intellektuelle 6,10, 12, 19, 21, 24, 35 ff., 50–55, 59, 67, 70, 74, 77, 82, 90–94, 100, 111, 114 f., 121 f., 126, 129, 131, 147, 156, 158, 162, 170, 177 f., 182–193, 200, 211 f., 222, 225 f., 233, 236, 265 f.
Islam 109 f., 127, 141, 178 f., 221, 262
Isolation 6, 20, 145, 147–153

Japan 8 f., 14 f., 19, 22, 29, 32 ff., 37–41, 44, 48 f., 52, 54–59, 62, 66–75, 78 f., 82–87, 90, 92, 98–103, 107, 110 f., 151 f., 164,f., 209 ff., 229, 237, 241, 273 ff.
joint ventures 165, 168, 213, 275
Journalisten 30, 36, 59

Kaiserhof 18, 21, 31 f., 45 ff.
Kalter Krieg 11, 24, 38, 148 ff., 208, 259
Kampfkunst 39, 60, 99, 252
Kapitalismus, Kapitalisten 11,16, 24, 42, 55, 74, 88 f., 146, 158, 195–198, 238
Kasachen 141
Katholizismus 62, 127 f., 178
Kino 60, 130
Klassenfeind 113 f.
Klassenkampf 116, 131, 137, 142, 146, 257
Kloster 108, 139, 178
Kollaborateure 73, 167, 102, 221, 248
Kollektivierung 113 f., 121–125, 128, 169, 174
Kolonialismus 29, 32, 36 f., 40, 68, 76, 107, 110, 152, 152
Komintern 21, 76, 78 f., 107
Kommerzialisierung 16, 29, 174
Kommunismus, kommunistisch 8, 11, 13, 16 f., 20 f., 23, 47, 56, 65, 71, 74, 76–86, 90 f., 94, 99 f., 100, 103, 107, 113–116, 118 f., 121 f., 127–131, 133, 138 f., 143–149, 153 f., 160, 162 f., 167, 177 f., 178, 184 ff., 189, 206 ff., 211, 226, 230 f., 234–238, 247, 257, 273
Kommunistische Partei Chinas (KPCh) 74–79, 85, 100, 113, 116, 118 f., 13, 138, 159, 163, 168, 170 f., 197, 200–205, 228, 234, 276
Konfuzianismus 16, 19, 21 f., 30–33, 43, 53–56, 84, 92–95, 126, 129, 146, 153, 156, 189, 227, 234, 237, 264
konstitutionell 21, 32, 35 f., 46, 76, 226
Konsum, Konsumgesellschaft 17, 24, 34, 174, 190, 196, 202 f., 205 ff., 229, 231, 234 f.
Konterrevolutionär 114, 120, 183, 191, 247
Kontraktor (*baogong*) 58
Konvertiten 61, 70, 120
Konzessionen 32, 40, 68
Korea, Koreakrieg 20, 40 f., 55, 68, 110, 117, 121, 133, 149, 161, 207, 209 f., 233, 236
Korruption 32, 100, 120 f., 158, 167 f. 172, 184, 190 f., 202, 221 f., 235, 275
Kosmopolitismus 35, 77, 85, 120
Kriegsherren (warlords) 50 f., 54, 57, 77, 80 f., 89, 238, 273
Kulturgüter 35, 140
Kulturrevolution 10, 24, 113 f., 116, 119, 129, 131, 133, 135, 137, 139–147, 151, 159, 163 f., 166 ff., 182, 185, 187, 237, 258 f.
Kunst 36 f., 99–102, 130, 143, 146, 177, 187, 211, 242, 252
Kurzgeschichten 95

Landesinneres 9, 29, 40, 102 f., 196, 214 f., 225, 269
Landflucht 217
Landreform 84 f., 114, 123 f., 139

Landsmannschaften (*huiguan*) 28, 58
Landverschickung 134
Landwirtschaft 15, 57, 83, 113, 122–125, 132, 141, 152, 166, 174, 217 f., 274 f.
Langer Marsch 65, 273
Lhasa 41, 108, 139, 180 f., 209
Liberalisierung 24, 141, 153, 169, 176–180, 183 f., 190, 202, 226, 234
literati (Gelehrtenbeamte) 7, 21
Literatur 11 f., 19, 35 ff., 61, 91, 95–101, 130, 158, 182, 185 ff., 195, 203, 222
Lokalverwaltung 180, 218
Loyalität 22, 28, 53, 86, 90, 119, 128, 159, 192

Machtkampf 23, 50, 76, 127, 135, 145, 148, 161, 172, 190
Mandschukuo 68 f., 107, 110, 273
Mandschurei 40 f., 49, 67 ff., 84, 90, 110, 141, 273
Maoismus 137, 233
Märtyrer 50, 59, 227
Markt, Marktwirtschaft 29 f., 57, 88, 125, 133, 146, 155, 157, 161, 163, 167 f., 171–176, 196, 198, 202 ff., 213, 217, 225, 237, 273 f.
Marxismus, marxistisch 12, 23 f., 74, 77 f., 84 f., 87, 97, 99, 104, 116, 122, 132, 170, 173, 184, 188, 229
Marxisten 53, 58
Massaker 9, 73, 81, 191, 248, 274
Massenkampagnen 9, 113 ff., 122, 125, 136, 142, 147, 176
Meiji-Regierung (Japan) 33
Meistererzählung 11, 17
Menschenrechte 104, 214, 238
Metaphysik 92 ff., 251
Migration 14, 28, 42, 141, 179, 209, 215, 220, 243
Militär, Militarisierung, Militärkommission 18 ff., 24, 28 f., 34, 38, 41, 44–51, 68 f., 79–86, 90, 94, 108, 116–119, 122, 133–138, 142, 144 f., 159, 161, 175, 183, 192, 200, 207, 210, 234, 243, 274 f.
Milizen 90, 108, 133, 138
Minderheiten 14, 139 f., 179 f., 185, 219 ff., 266
Mission, Missionare 29 f., 38, 61, 70, 73, 90, 128, 189
Moderne 10, 16 f., 29, 31, 33–41, 43, 52, 65 f., 71 f., 88 f., 91–94, 97–106, 109, 111, 129, 189, 205, 211, 227, 237
Modernisierung 10 f., 14–17, 31, 35 f., 43, 50, 53, 61, 78, 82, 91, 96, 102, 108, 111, 117, 129, 131, 139, 166, 178, 182 f., 189, 192, 209, 223, 226, 230, 239 f., 251
Modernität 10, 17, 35, 100 f., 103, 127, 149
Monarchie 12, 19, 21, 27, 32, 34, 46, 48, 62
Mongolen 14, 23, 52, 105, 107, 140, 142, 180, 220
Moral 23 f., 27, 52, 73, 92, 96, 127, 167 f., 188, 206, 228
Multilaterismus 40, 207
Museum 102, 117
Muslime (sieh auch Islam) 139, 179, 221

Nanjing 69, 73, 78, 81, 102
Nanjing-Regime 9, 15, 98, 111
«nationale Essenz» 227
Nationalismus 10, 13 f., 20, 22 f., 36, 50–53, 65 f., 78, 80, 85, 91, 94, 97, 104–107, 111, 141, 211, 220, 230, 234 f., 237
Nationalitäten 139, 179
Nationalregierung (siehe auch Nanjing-Regime) 72, 81–90, 99, 108 f., 111
Naturkatastrophen 42, 115, 136, 249, 273 f.
Naturwissenschaft 29, 38, 92
Neoliberalismus 132
Netzwerk 18, 43, 88, 103, 118, 126, 131, 145, 160, 184 f., 195, 213, 218
«Neue Politik» (*xinzheng*) 32, 55, 273
Neukonfuzianer 16, 91–95, 126 f., 155, 189, 226 f.
Nian-Rebellen 28
Nordfeldzug 80 f., 273

Öffentlichkeit 35 f., 49 f., 69 f., 102, 184, 191, 206 f.

Öffnung 9, 11, 16, 20, 31, 33, 40, 42, 45, 54, 65, 88, 96, 102, 131, 157 f., 160, 164, 171, 176, 186 f., 196, 202, 211, 217, 225, 233, 236
Olympia 38 f., 158, 208, 211, 236, 242
Oper 60, 91, 99, 128, 143
Opiumkriege 10, 12, 28, 30, 240
Opposition 6, 52, 140, 153, 182, 203, 209, 221, 274 f.
Ostturkestan (siehe auch Xinjiang) 109 f., 221

Qing-Dynastie 11, 14, 37, 41 f., 44, 52, 59, 106, 244, 273

Pachtgebiete 28, 32, 68
Panasianismus 14
Parlament 34, 45 f., 48, 55, 94
Parteifunktionär 77, 121 f., 160, 164, 201, 205
Parteistaat 5, 9, 82, 113, 115, 131, 146, 159, 186
Parteitag 144, 159, 172 f., 198, 203, 235
Parteiveteranen 167, 172, 192, 196
Parteivorsitz 46, 122, 159 f., 170, 172
Patriotismus 13, 36, 45, 236, 242
Peripherie 8, 28, 40, 42, 68, 76, 103, 106, 111, 138, 151, 179, 221
Philosophie 62, 78, 92 ff., 126, 177, 189, 251
Pingpong-Diplomatie 151 f., 274
Politbüro 119, 159, 172 f., 190, 199 f.
Politikwissenschaftler 54, 184, 195, 225 f.
Politisierung 36, 91, 130, 171
Polizei 35, 75, 82, 90, 108, 142
Presse 29 f., 35 f., 48, 56, 66, 70, 95, 135, 184, 189 f.
Privateigentum 122, 124, 203
Privatunternehmer 168, 173, 202
Privatwirtschaft 19, 74, 157 f., 195, 202 f.
Propaganda 62, 82, 91, 105, 128, 130 f., 138, 145, 170 f., 179, 182, 212, 221
Protektorat 40, 42, 49, 109 f.
Protest 19 f., 20 f., 29, 35, 46, 49, 61 f., 66 f., 69 f., 75, 80, 111, 127 f., 175, 181, 185 f., 190, 192, 210, 228 ff., 247 f., 275
Protestantismus 61 f., 127 f.

Radikalisierung 55, 111, 141, 144 ff.
Rasse, Rassismus 23, 31, 43, 52 f., 71, 104, 111
«Rechtsabweichler» 121, 135 f., 140 f., 147, 159, 183, 274
Rehabilitation 159, 162
Reportageliteratur 98, 100, 252
Rettung Chinas 33, 38, 92
Rikschakuli 58, 75, 83, 117
Riten 27, 161
Roman 30, 36 f., 69, 91, 96, 99, 101, 185, 212, 221, 263
Rote Armee (siehe auch Volksbefreiungsarmee) 85, 90
Rotgardisten 8, 140, 143 f., 146, 183, 187
Rückständigkeit 16, 97
Russisch-japanischer Krieg 40, 273
Russland 42, 48, 68, 77, 220, 275, 40, 79, 150

Säuberung 35, 114, 118 ff., 131, 137, 145, 163, 168, 199, 273
Schriftsteller 69, 83, 96, 98, 100, 104, 128, 130, 132, 182, 184–188
Selbstkritik 87, 121 f.
Selbststärkung 31, 37
Shanghai 13, 18, 36 f., 41, 47, 53, 56–61, 67, 69–76, 79, 81, 96, 100 ff., 120, 144, 154, 182, 187, 192, 198, 209, 212 f., 215
«Shanghaier Fünf» 209, 220
Sinisierung 23, 62, 85, 139, 179, 209
soft power 208
Sonderrechte 39 f.
Sowjetunion 11, 20 f., 24, 71, 74–79, 84, 87, 90, 94, 98, 109–113, 121, 123 ff., 132 f., 136 f., 140–151, 162 f., 182, 190, 208, 220, 236
Sozialdarwinismus 31, 51 f., 68, 104
Sozialismus 16, 20, 55 f., 74, 85, 99, 125, 145 f., 157, 184, 188, 195, 218, 230, 233
Spitzenkader 119, 129, 145, 172, 205, 22, 234
Sport 38 f., 71 f., 90, 106, 120, 151, 206, 208, 211, 236
Sprache 19, 23, 29, 33 f., 54, 67, 77, 91, 96, 98 ff., 129, 177, 186, 219, 222, 252

Staatliche Planungskommission 119, 123
Staatsbetriebe 158, 170, 203 f., 256, 275
Staatsbürger 22, 33, 38, 50 ff., 60, 75, 102 f., 190, 235 f.
Staatsbürokratie 33, 115, 135
Staatsmacht 15, 116, 129, 152, 173, 179, 185, 221
Staatsrat 82, 119, 125, 133, 170, 185
Staatsvolk 22, 65
Studenten 18–21, 29, 54 f., 67, 69 f., 75, 82, 103, 121, 128, 134, 173, 175, 177, 185 f., 190 f., 275

Taiping-Aufstand 12, 28, 32, 129
Taiwan 14 f., 32, 40 f., 44, 67, 101, 110, 149, 152–155, 161, 180, 186, 189, 195, 203, 208 ff., 247, 274 f.
Tanz 130, 143
Technokraten 123, 133, 176, 197, 266
Technologie 29, 31, 123, 126, 145, 160 f.
Theater 36 f., 97, 101, 130, 143, 186
Tian'anmen 197, 275
Tianjin 61, 68, 90
Tibet, Tibeter 14, 23, 41, 47, 52, 105 f., 108 f., 138 f., 180 f., 208 f., 219, 274 f. f
Tongmenghui 44, 55
Tradition 7 f., 13, 16, 21 ff., 28 f., 31, 33, 37, 51 ff., 60, 65 f., 77, 87, 89, 91, 93, 95, 101–106, 111, 115, 127, 130, 146, 156, 177 ff., 185, 187, 189, 200, 211, 215, 226, 230, 233
transnational 14, 227, 230
Tributbeziehungen 28, 41
Turkvölker 14, 23, 52, 105, 109 f., 141, 179, 220 f.

Uighuren 141, 220
Umerziehung 19, 144
Umweltschutz 224
Umweltzerstörung 139, 223, 275
Unabhängigkeit 35, 41 f., 44, 46, 59, 68, 79, 107–110, 128, 148, 152, 193, 210, 273
Ungleiche Verträge 28, 49, 61, 67, 148
Ungleichheit 6, 40, 55, 214–218, 223, 231, 233, 259
UN (Vereinte Nationen) 148 f., 151, 214, 269
Untergrundkirche 128, 178

Verfassung 34, 72, 87, 94, 144, 173, 199, 219, 258, 274
Versailles 49 f., 75
Verstaatlichung 46, 125, 152, 274
Verteidigung 15, 45, 93, 134, 157, 166, 236
Verträge 28, 40, 110, 174
Vertragshäfen (treaty ports) 28 ff., 39 f., 52, 89, 209
Verwestlichung 7, 10, 17, 93, 96, 226, 237, 246
Vielvölkerreich 22, 28, 39, 65, 105 f., 111
Viererbande 145, 147, 275
«Vier Modernisierungen» 166, 169, 183, 192, 196
Vierte-Mai-Bewegung 13, 16, 19, 21, 70, 91, 158, 182, 272
Vietnam 41, 55, 150 f., 165, 183, 207, 236, 259
Völkerbund 69, 110
Volksbefreiungsarmee (VBA) 90, 117, 119, 133, 137 ff., 175, 191, 257, 274
Volkskommune 113, 125, 133–138, 168, 174, 214
Volkskongress 19, 125, 130, 166, 168, 173 f., 190, 198 f.
Volkstradition 91, 101

Wanderarbeiter 174, 215, 217 f.
Weltanschauung 21
Weltbank 149, 213, 223, 275
«Weltgesellschaft» 31, 55
Weltmacht 7, 25, 208, 211
Weltraum 211
Westen, westlich 2, 10 f., 15 f., 20, 23, 29–33, 35, 37, 39, 42 f., 50, 60, 63, 89, 92 f., 99, 110, 127, 131, 149 ff., 155, 164, 166, 182, 187 f., 209, 212, 214, 229, 237 f., 240, 279
Widerstand 13 f., 17, 21 f., 45, 47 f., 57, 62, 69 f., 72 f., 75, 97, 99 f., 108 ff., 114, 134, 139 f., 149, 175, 183, 208, 211, 221, 257
Wiederaufbau 5, 88, 103, 113, 116, 124, 137, 145

Wiedervereinigung 76, 7 f., 105, 107, 111, 149, 210
Wirtschaftsbourgeoisie 57, 89, 120
Wirtschaftswachstum 122, 161, 166, 198, 204
Wissenschaft 9, 29, 37, 60 f., 92–95, 99, 103, 111, 126, 129, 141 f., 155, 160, 166, 171, 177–183, 188 f., 201, 208, 210, 212, 229 f., 237
«Wurzelsucher» 185, 188

Xi'an-Zwischenfall 73, 273
Xinjiang 109 f., 140 f., 150, 208, 214, 220 f.

Yan'an 74, 86 f., 99 f., 115, 121, 128, 133, 158
Yangzi 224

Yuan-Dynastie (1270–1368) 89, 91

Zensur 48, 99, 187, 206, 234
Zentralkomitee 107, 119, 169, 171–175
Zentralregierung 51, 117 f., 164, 168, 197, 203 f., 216, 225, 234 f.
Zentralstaat 5, 22, 24, 34, 65, 75, 77 f., 111, 170, 204, 221, 225
Zivilgesellschaft 24, 153, 158, 206, 221
Zweiter Weltkrieg 149, 152, 154, 211, 233